***ACCESO GRATIS* a la Lectura en la Nube**

Para visualizar el libro electrónico en la nube de lectura envíe junto a su nombre y apellidos una fotografía del código de barras situado en la contraportada del libro y otra del ticket de compra a la dirección:

ebooktirant@tirant.com

En un máximo de 72 horas laborales le enviaremos el código de acceso con sus instrucciones.

SISTEMA MONETARIO Y FINANCIERO INTERNACIONAL Y EUROPEO

SISTEMA MONETARIO Y FINANCIERO INTERNACIONAL Y EUROPEO

José Rafael Marín Aís

tirant lo blanch
Valencia, 2026

En caso de erratas y actualizaciones, la Editorial Tirant lo Blanch publicará la pertinente corrección en la página web www.tirant.com.

© TIRANT LO BLANCH
EDITA: TIRANT LO BLANCH
C/ Artes Gráficas, 14 - 46010 - Valencia
TELFS.: 96/361 00 48 - 50
FAX: 96/369 41 51
Email: tlb@tirant.com
www.tirant.com
Librería virtual: www.tirant.es
DEPÓSITO LEGAL: V-4806-2025
ISBN: 979-13-7010-933-2

Si tiene alguna queja o sugerencia, envíenos un mail a: *atencioncliente@tirant.com*. En caso de no ser atendida su sugerencia, por favor, lea en *www.tirant.net/index.php/empresa/politicas-de-empresa* nuestro procedimiento de quejas.

Responsabilidad Social Corporativa: http://www.tirant.net/Docs/RSCTirant.pdf

"Cuando revientan los diques, la enorme masa de agua acumulada se precipita violentamente hacia abajo por el barranco hasta el mar, y esta liberación de fuerzas largamente contenidas produce una triple catástrofe. En primer lugar, la avenida destruye las obras del hombre en las tierras cultivadas que se extienden por debajo del dique construido. En segundo lugar, el agua que potencialmente daba vida se vierte en el mar y se pierde sin prestar al hombre ningún servicio. En tercer lugar, la descarga de las aguas vacía el depósito y deja a secas sus márgenes altas, con lo cual condena a muerte a la vegetación que antes había podido echar raíces allí; en suma, que las aguas que habían hecho fructificar mientras subsistía el dique, causan desastres en todas partes, en las tierras que abandonan como en aquellas que quedan sumergidas bajo ellas, tan pronto como la explosión del dique las deja en libertad"[1].

"La liberté des hommes n'est pas un don de la nature. Seul peut la rendre posible un système qui conduise les individus à decider d'accomplir, libremente, les actes que l'intérêt général attend d'eux. Vouloir la liberté sans voulouir les conditions qui la rendent possible, c'est aller au-devant de graves désillusions. Sans régulation monétaire, la liberté ne peut engenderer que le désordre. L'Europe se fera par la monnaie, ou ne se fera pas"[2].

---

1 Arnold J. TOYNBEE, "VIII Edades Heroicas. XXIX. El Curso de la Tragedia: 3. El cataclismo y sus consecuencias" en *Estudio de la Historia (2). Compendio de D. C. Somervell. Vols. V-VIII*, Alianza Editorial, 3ª Edición, 1975, p. 482.

2 Jacques RUEFF, *l'Europe se fera par la monnaie ou ne se fera pas*, 1950.

A Leonardo
A mis padres
A Cristina

Índice

CAPÍTULO III: ESPECIFICIDADES NORMATIVAS EN EL ÁMBITO DE LAS RELACIONES MONETARIAS Y FINANCIERAS INTERNACIONALES 291

Prólogo

JAVIER ROLDÁN BARBERO
Catedrático de Derecho internacional público y Relaciones internacionales
Universidad de Granada

Rafael Marín Aís fue un estudiante brillante –en verdad, excepcional- en la doble licenciatura de Derecho y Administración de Empresas. En ambas titulaciones se licenció con el premio extraordinario al mejor expediente. Hablamos del año 2008, año en que, por cierto, se desencadenó la Gran Recesión.

Su talento y su formación sin duda le alcanzaban, pero su carácter y su calidad moral no, para haber hecho una carrera frenética y adinerada en el mundo de la finanzas, para haberse convertido en un tigre, un tiburón financiero, acaso un lobo de Wall Street. Por suerte para nuestro sistema público universitario y para nuestro departamento, prefirió hacer carrera académica con las incertidumbres y dilaciones, pero también los atractivos, que esta carrera lleva consigo.

Más centrado en su primera etapa investigadora en el campo de los derechos humanos, en realidad, su temperamento meditabundo e introspectivo le ha apartado de los vértigos y ansiedades propios de nuestro tiempo y nuestro modelo universitario, temporizando sus publicaciones y su currículum, pero, a cambio, ensanchando su instrucción general en Derecho internacional y Derecho de la Unión Europea, como docente y como investigador (y también como activo colaborador en la gestión universitaria). El productivismo capitalista desenfrenado parece haber contagiado el espíritu polígrafo de nuestra universidad, en detrimento de la lectura reposada y reflexiva y también de la merecida atención a la docencia. Rafael Marín ha quedado bastante inmunizado de este aceleracionismo, este productivismo desorientado.

Esta formación general, transversal, le ha ayudado sobremanera al profesor Marín para escrutar y explicarnos el abigarrado sistema financiero y monetario internacional, ambos campos – el financiero y el monetario- estrecha, inextricablemente unidos. Aunque vivamos tiempos de cierta desglobalización y desregulación normativa, se trata de un ámbito requerido de seguridad jurídica, abocado a una inevitable interdependencia y conectividad entre las naciones y las personas. La interdependencia afecta también a los distintos ámbitos de la economía, siendo el comercial el que suscita más estudios desde nuestra perspectiva iusinternacionalista. Sin embargo, la globalización es sobre todo financiera y el modelo económico rampante está dominado por la financiarización. Hablando de interconexiones, Rafael Marín ha querido y podido entablar un análisis emparejado del sistema jurídico internacional y del sistema jurídico de la UE; este último sistema es dependiente en este campo del general, al que desde luego "endurece" con perfiles muy propios, pero del que no deja de contagiarse en algunos de sus rasgos intergubernamentales y en algunas de sus incertidumbres jurídicas.

Es mérito del autor de esta obra el haber escudriñado un ámbito muy intrincado, oscurantista y técnico de las relaciones jurídicas internacionales. Un ámbito, sin embargo, trascendental para determinar el estado del mundo, su orden y desorden, aproximarnos a saber quién manda aquí, de quién es la responsabilidad de las decisiones benéficas y maléficas que conforman el estado de cosas, las vidas y haciendas de las personas y de los pueblos. No se puede tener una valoración crítica y constructiva del mundo que es y del mundo que debería ser con una visión superficial, panfletaria de este conglomerado, huelga decir que manifiestamente injusto y mejorable.

El libro contiene muchos elementos de interés, muchos datos y opiniones que los internacionalistas generalistas desconocíamos. Hay tesis plausibles como la de sostener que la estabilidad financiera internacional es un bien público global. Y hay, sobre todo, una aportación, por vía de inducción, a la teoría general del Derecho internacional, y también del unionista europeo, tributario pero diferenciado en este terreno, como decía, del ordenamiento internacional. La obra, en efecto, nos hace repensar nuestro conocimiento de la creación y aplicación de ambos ordenamientos jurídicos, de los sujetos y actores que pueblan el mundo financiero y monetario, donde se entremezclan (en colisión o colusión) agentes públicos y privados, físicos y digitales, en perjuicio ciertamente de los valores democráticos, tan maltrechos por tantas razones en un mundo donde crece una suerte de autoritarismo libertario que replantea el modelo de Estado. Como dice Rafael Marín Aís, este ámbito constituye un auténtico laboratorio de modernidad jurídica. Sería de justicia, a mi juicio, que el autor pueda con esta excelente y laboriosa monografía, junto con tantos otros méritos adicionales, monetizar la espléndida formación acumulada con su merecida, y diferida, promoción a profesor titular de Derecho internacional público y Relaciones internacionales.

CAPÍTULO 0:
Exposición de motivos. El sistema monetario y financiero internacional como origen de bienes y males públicos globales en un mundo polarizado, fracturado y ¿multipolar?

Las palabras pronunciadas por el actual Secretario General de Naciones Unidas, António Guterres, ante el auditorio de la reciente Cumbre para un Nuevo Pacto Financiero Mundial celebrada en junio de 2023 en Francia ilustran la incapacidad e impotencia del sistema monetario y financiero internacional actual de proporcionar los bienes públicos globales que una humanidad -situada y sitiada por el cambio climático "a las puertas del infierno"- necesita[1]. El Secretario General en mayo de 2023 presentó un documento donde sintetizaba algunos de

---

1 *"Casi 80 años después, la arquitectura financiera mundial es anticuada, disfuncional e injusta. Ya no es capaz de satisfacer las necesidades del mundo del siglo XXI: Un mundo multipolar caracterizado por economías y mercados financieros profundamente integrados. Pero también marcado por tensiones geopolíticas y crecientes riesgos sistémicos"*, véase https://news.un.org/es/story/2023/06/1522177 En 2017 con sede en París, fue creado un grupo informal de bancos centrales y autoridades nacionales de supervisión que aglutina a 145 miembros (el Banco Central Europeo entre ellos) procedentes de 90 jurisdicciones, y cuenta con 22 observadores, con el propósito de orientar las finanzas hacia la lucha contra el cambio climático y

los principales problemas enraizados en el sistema: los mayores costes de financiación para los países en desarrollo; la gran varabilidad e insuficiencia de acceso a la liquidez para países extremadamente pobres con una diminuta atribución de Derechos Especiales de Giro[2] en el continente africano, por ejemplo; la escasa inversión global en bienes públicos; la volatilidad de los mercados de capital…En este contexto, se formulan algunas propuestas para mejorar la arquitectura financiera internacional y la red mundial de seguridad financiera (en la que como se verá el Fondo Monetario Internacional tiene una importancia menguante)[3]. ¿Se detiene ya *el reloj del Apocalipsis en la hora final o se trata de promover cambios en la alquimia financiera para que todo continúe* igual? Quizá sea pronto para preparar la visita a Anubis, Cerbero o Caronte, no llega aún el Armageddon ni el *doomsday* generalizados o puede que no sea tan inminente la necesidad

potenciar el papel de los bancos centrales en este sentido, su denominación es *Network for Greening the Financial System.*

2 Como se verá, los Derechos Especiales de Giro distan mucho de ser una *moneda internacional* de reserva, como la que en su día propuso el economista británico John Maynard Keynes -el bancor- ligada a una Unión de Compensación Internacional.

3 Organización de Naciones Unidas, "Our Common Agenda–Reforms to the International Financial Architecture", *Policy Brief* nº 6, Nueva York, 2023. Los días 30 de junio a 3 de julio de 2025 tendrá lugar en Sevilla bajo los auspicios de Naciones Unidas la Cuarta Conferencia relativa a la Financiación del Desarrollo. En su marco será propuesta la creación de un *fondo global* para mitigar la pobreza de modo que durante las crisis y shocks económico-financieros no se vea mitigada la financiación de la protección social, con énfasis añadido para los países en desarrollo y aquellos de bajos ingresos. En la Cumbre del Futuro de 2024, fue adoptado el Pacto para el Futuro (Resolución aprobada por la Asamblea General el 22 de septiembre de 2024, A/RES/79/1) en la que además de apelar al logro de una mayor estabilidad financiera internacional, se aboga por *"[l]a reforma de la arquitectura financiera internacional [como] un paso importante para fomentar la confianza en el sistema multilateral".*

de mudarse de planeta para la humanidad, en unos tiempos donde la contabilidad permitiría seguir computando beneficios incluso si se produjera una total devastación y muchos instrumentos financieros supérstites podrían seguir otorgando réditos a personas jurídicas, en un mundo sin nosotros, donde la ficción habla de colapsología, de capitalismo en fase de necrosis[4]. Más allá de pictóricas evocaciones de Saturno devorando a sus hijos, cabe confiar en la capacidad de la intervención humana para evitar estos *puntos de no retorno*, estos peores escenarios. Cabe vaticinar, eso sí, que se verían anegadas las autopistas hacia el *inframundo*, en este proceso. La distopía es ya hace tiempo una realidad para una buena parte de la humanidad. África en su práctica totalidad clama desde hace décadas contra un sistema monetario y financiero global manifiestamente injusto.

El dinero es un instrumento, se ha dicho no intrínsecamente malévolo; desde la noche de los tiempos ha suscitado relaciones de amor-odio[5], es un concepto polisémico, poliédrico, en continua mutación, especialmente en nuestros días de *tokenización*[6] y digita-

---

4 El colapso y sus expectativas se convierten en una de las divisas más saludables del siglo XXI.

5 Recuérdese la canción Money del grupo británico de rock, Pink Floyd (1973) y su letra:
"Money, it's a crime
Share it fairly, but don't take a slice of my pie
Money, so it's said
It's the root of all evil today"

6 Daniel FERNÁNDEZ, *Dinero. Un viaje desde Mesopotamia hasta el Bitcoin*, Deusto, 2025, p. 20. La contabilidad mediante *tokens* se remonta al año 7500 a. C. en Mesopotamia, como uno de los primeros antecesores del dinero, llegando con posterioridad el uso de la cebada y la plata, los metales preciosos, la acuñación de moneda (los búhos atenienses constituyen el ejemplo de primera moneda internacional)... Por su parte, Bitcoin ha dado lugar a todo tipo de mistificaciones, desde la anarcocapitalista que encuentra hecho realidad su sueño de la desaparición del Estado y ve en la criptomoneda una riqueza

lización, donde es posible y se especula con que Bitcoin llegue ser dinero[7]. Bien es cierto que el circuito del actual dinero-deuda, dinero fiduciario, puede ser acusado de no ser completamente virtuoso[8].

El momento de finalización de la presente obra, coincide con la segunda guerra comercial esgrimida por la segunda administración norteamericana encabezada por Donald Trump. El uso inadecuado de los aranceles, como arma geopolítica, revela una realidad más profunda, más allá de las tentaciones hegemónicas: un intento desesperado de evitar que China alcance la hegemonía, pero también indica que para Estados Unidos la utilización de su divisa como primera moneda de reserva y más utilizada en las transacciones comerciales internacionales no ha sido tan ventajosa, ni desde el punto de vista interno ni desde el punto de vista externo (el célebre dilema de Triffin al que parece abonarse Trump). Existe un importante desbarajuste entre la realidad del sistema comercial internacional y la centralidad del dólar en el actual sistema monetario y financiero internacional;

---

inconfiscable, hasta las reticencias de los reguladores y bancos centrales, pasando por quienes han creído ver en Bitcoin una suerte de retorno al *patrón oro*. Sigue en nuestros días viva la eterna discusión en la historia del dinero entre los que sitúan su origen en el mercado (*bottom-up*) y quienes creen que es el Estado quien otorga al dinero su poder liberatorio (en el plano fiscal), la capacidad fiduciaria (certificación)...una discusión que también alcanza a Bitcoin y en la que se entabla, como en tantas otras un *diálogo de sordos*.

7 Cumpliendo sus tres funciones económicas clásicas: unidad de cuenta, medio de intercambio y depósito de valor. Funciones que están limitadas–desde el punto de vista fiduciario, técnico, legal- hasta la fecha.

8 El actual sistema monetario y financiero, como se irá descubriendo, más bien al contrario, permite que virtudes públicas se esfumen en vicios privados, jugando y parafraseando con el título de la célebre obra económica, de Bernard Mandeville, *La fábula de las abejas: o, vicios privados, beneficios públicos* (1714) que fuera precursora de *La riqueza de las naciones* de Adam Smith (1776) obra esta última fundacional de la ciencia económica moderna.

en plena tercera década del siglo XXI, dada la profundidad y extensión de los lazos y la interdependencia económica resulta una quimera intentar configurar un nuevo orden económico internacional dividido en torno a bloques geopolíticos, fracturado en torno a divisiones tales como las dicotomías relativas a: democracias-autocracias, nacionalismo-apertura a la coperación internacional, valores, Norte-Sur Gobal, etc. Esta nueva era *trumpista* nos muestra asimismo con ejemplos más burdos cuán fácil resulta la manipulación de los mercados financieros, esta vez orquestada directamente desde la Casa Blanca.

Dada mi formación en la Doble Licenciatura en Derecho y en Administración y Dirección de Empresas añado a mi condición de jurista dedicado al Derecho Internacional Público y al Derecho de la Unión Europea el interés por los asuntos financieros y monetarios en términos macroeconómicos y en cuanto a su regulación internacional[9]: esta vocación e interés se vieron acentuados por coincidir el momento de finalización de la Doble Licenciatura en 2008 con la expansión de una crisis financiera internacional, la *Gran Recesión*, de dimensiones sistémicas, que tras originarse en Estados Unidos alcanzó de lleno al Viejo Continente y esparció incertidumbre y zozobra al propio proyecto de integración europea y a la recién nacida zona euro, que se vio en los años posteriores seriamente amenazada y sacudida[10]. Como bien es

---

9 Como autor del presente trabajo declaro que, a pesar de ser finalizado en mayo de 2025, para su génesis y confección no ha sido utilizada ninguna herramienta de inteligencia artificial ni herramientas generativas (al estilo de las célebres ChatGPT o DeepSeek). Para bien o para mal, la limitada inteligencia natural de este autor es el ingrediente principal de este libro, aplicada obviamente a las enseñanzas recibidas en las etapas pre y posdoctoral.

10 Agustín José MENÉNDEZ MENÉNDEZ, *De la crisis económica a la crisis constitucional de la Unión Europea*, Eolas, León, 2012. Aún a día de hoy se plantean los desafíos derivados de reparar y revertir el daño ocasionado desde entonces a los derechos económicos y sociales en

sabido, para atajar la *Gran Recesión* se han venido aplicando medidas de saneamiento y de ajuste estructural en nuestros estados del bienestar que introdujeron desde entonces una sensación continua de insostenibilidad, y de ir *de mal en peor*[11]; medidas que a su vez han erosionado la credibilidad en las instituciones y en el proceso democrático liberal[12], con dosis importantes y crecientes de malestar social en nuestros países privilegiados, del primer mundo. Muy posiblemente es acertada y fundada la extendida creencia de que las medidas de austeridad, *punitivas*, adoptadas para hacer frente a este shock, como terapia, han sido padecidas

---

la eurozona, al respecto Giulia CILIBERTO, "The Challenges of Redressing Violations of Economic and Social Rights in the Aftermath of the Eurozone Sovereign Debt Crisis", *Goettingen Journal of International Law*, Vol. 11, nº 1, 2021, pp. 15-58.

11 Véase Rosa Ana ALIJA FERNÁNDEZ, "Los efectos de la crisis sobre la situación del personal docente universitario español a la luz de los estándares internacionales en la materia y los objetivos de la Unión Europea: la calidad del sistema universitario en entredicho", en Joaquín ALCAIDE FERNÁNDEZ y Eulalia W. PETIT DE GABRIEL (Eds.), *España y la Unión Europea en el Orden Internacional*, Tirant lo Blanch, Valencia, 2017, pp. 433-446. A título de ejemplo, la Universidad de Granada tenía un índice de temporalidad superior al 43% en su Personal Docente e Investigador a finales del mes de septiembre de 2022. Debe verse igualmente, Comité de Derechos Económicos, Sociales y Culturales, *Observaciones finales sobre el sexto informe periódico de España*, E/C.12/ESP/CO/6, 25 de noviembre de 2018, en sus apartados 13 y 14.

12 *"The events surrounding not only the Greek crisis, but also the crisis management in Italy, have clearly shown that formal parliamentary approval of austerity measures taken without a fully informed public debate about consequences and alternatives only reduces the legitimacy of the measures adopted and further erodes public trust in political institutions. If anything, adopting policy measures in a context which constitutes less than the shell of a democratic process violates economic and social human rights"*, Markus KRAJEWSKI, "Human rights and austerity programmes", en Thomas COTTIER, Rosa Mª LASTRA, Christian TIEJTE y Lucía SATRAGNO, *The Rule of Law in Monetary Affairs*, World Trade Forum, Cambridge University Press, 2014, pp. 490-518, en p. 517.

y serán padecidas en su mayor parte por quienes no tuvieron responsabilidad en la génesis de esta Gran Recesión, evitable y que fue sin duda propiciada por la acción humana (no fruto del azar, ni ocasionada de un modo fortuito).

Esta situación no ha sido cerrada y en los próximos años el euro volverá a ser puesto a prueba, con nuevos shocks asimétricos que supondrán también un nuevo test de estrés para la integración europea en su conjunto[13]: el interés de esta investigación no es puramente crematístico, existe una estrecha interrelación como se irá exponiendo y descubriendo conforme avance la investigación entre la preservación de la estabilidad financiera internacional y la tríada, democracia, derechos humanos y Estado de derecho[14], cuya salud depende también de la primera.

---

13 Tillmann Lauk expone una visión crítica de la Unión Económica y Monetaria donde sostiene que su creación obedece más una manifestación de *power politics* que a un razonamiento económico sosegado (el euro habría sido una condición francesa para aceptar la reunificación de Alemania): así mismo, este autor se muestra crítico con los dogmas procedentes de la ciencia económica en su síntesis neoclásica (la teoría de los agentes racionales, los mercados eficientes...). Se ofrece asimismo poca confianza y credibilidad a los acuerdos de Basilea III que establecen ratios muy bajos para las provisiones de capital, y cuya implementación en la Unión Europea a pesar de efectuarse mediante instrumentos de *hard law* se verá muy desnaturalizada y diluida debido a la gran influencia de la poderosa industria financiera en los Estados miembros. Se pone énfasis en que Basilea III a la hora de ponderar los riesgos de contagio sistémico no tiene debidamente en cuenta las interconexiones bancarias e igualmente se muestra una visión escéptica de la futura evolución de la Unión Bancaria, Unión Fiscal y Unión Política en ciernes que completarían el funcionamiento del euro (siguiendo para ello postulados de economistas alemanes que se mostraban en contra de la moneda única ya en los tiempos de Maastricht), véase, Tillmann C. LAUK, *The Triple Crisis of Western Capitalism. Democracy, Banking and Currency*, Palgrave Macmillan, 2014.

14 La Asamblea General en 2012 señaló que el Estado de Derecho constituye el "*fundamento indispensable de un mundo más pacífico, próspero y*

¿Cómo extender los principios del Estado de Derecho, no ya a organizaciones internacionales, sino también a actores privados de naturaleza transnacional que pueden ejercer poderes exorbitantes? ¿Es suficiente con establecer obligaciones de diligencia debida en instrumentos de *soft law*? A esto, entre otras cosas, me refiero cuando señalo que existe una *monetarización de los derechos humanos* (si se permite la licencia)[15]. Desde el punto de

---

justo" apelando a *"la necesidad del respeto y la aplicación universales del estado de derecho en los planos nacional e internacional y su compromiso solemne con un orden internacional basado en el estado de derecho y el derecho internacional, que, junto con los principios de la justicia, es esencial para la coexistencia pacífica y la cooperación entre los Estados"*, Resolución de la Asamblea General de Naciones Unidas 67/97. El estado de derecho en los planos nacional e internacional, aprobada el 14 de diciembre de 2012, A/RES/67/97. La Comisión de Venecia del Consejo de Europa también ha advertido de que el Estado de Derecho debe proteger los derechos humanos frente a abusos de poder procedentes de decisiones unilaterales de poderes privados capaces de afectar a gran número de personas, cuando ejercen autoridad pública, en suma los principios del Estado de Derecho se trasladan a las relaciones entre particulares... *"The Commission also stressed that individual human rights are affected not only by the authorities of the State, but also by hybrid (State-private) actors and private entities which perform tasks that were formerly the domain of State authorities, or include unilateral decisions affecting a great number of people, as well as by international and supranational organisations. The Commission recommended that the Rule of Law principles be applied in these areas as well. [...]The Rule of Law must be applied at all levels of public power. Mutatis mutandis, the principles of the Rule of Law also apply in private law relations"*, Comisión Europea para la Democracia a través del Derecho (Comisión de Venecia), Rule of Law Checklist, adoptada en Sesión Plenaria nº 106 celebrada en Venecia los días 11 y 12 de marzo de 2016, Consejo de Europa, 2016, apartados 16 y 17, p. 10.

15 Evidentemente tanto una crisis financiera internacional como las medidas que se adoptan en respuesta o como contrapartida a la asistencia financiera internacional que recibe el Estado menesteroso y su condicionalidad comprometen seriamente la capacidad estatal de atender a la obligación de realización progresiva de los derechos económicos,

vista jurídico internacional se hace complicado discernir sobre quién pesan y en qué grado las obligaciones internacionales dimanantes del Derecho Internacional de los Derechos Humanos, ¿Estados, organizaciones internacionales como el Fondo Mone-

---

sociales y culturales que establece el artículo 2.1 del Pacto Internacional de Derechos Económicos, Sociales y Culturales en virtud del que cada Estado Parte se compromete a destinar a este fin el máximo de recursos disponibles recurriendo para ello a la asistencia y cooperación internacionales en caso necesario. En el plano doctrinal un grupo de expertos encabezado por el profesor Willem van Genugten elaboró en 2002 en la Universidad de Tilburg los denominados *Tilburg Guiding Principles on World Bank, IMF and Human Rights,* véase Siobhán McINERNEY-LANKFORD, "International Financial Institutions and Human Rights: Select Perspectives on Legal Obligations", en Daniel D. BRADLOW y David B. HUNTER, *International Financial Institutions and International Law,* Kluwer Law International, 2010, pp. 239-285. Asimismo, Juan SOROETA LICERAS (Dir.), *Los Derechos Económicos, Sociales y Culturales en tiempos de crisis, Cursos de Derechos Humanos de Donostia-San Sebastián,* Volumen XII, Thomson Reuters Aranzadi, 2012; y, finalmente, Consejo de Europa, *La protección de los derechos humanos en tiempos de crisis económica,* Documento temático publicado por el Comisario para los Derechos Humanos del Consejo de Europa, CommDH/IssuePaper(2013)2, 2013: donde se alude a cómo los acuerdos de asistencia financiera internacional alcanzados con la troika (FMI, Banco Central Europeo y Comisión Europea) tuvieron un impacto negativo en derechos humanos como el relativo al agua (Irlanda), la salud (Grecia), la educación (España, Estonia...), así como hubo jurisprudencia de algunos tribunales constitucionales que dio preferencia a los derechos humanos sobre restricciones presupuestarias impulsadas en aplicación de dichos acuerdos en (Portugal, Letonia o Lituania). Finalmente, en este documento se resalta que la obligación de realización progresiva de los derechos económicos, sociales y culturales está conectada en el Pacto de 1966 con la obligación de alcanzar mediante la cooperación internacional la asistencia necesaria para permitirla, una cooperación económica internacional que debe estar presidida por la búsqueda del beneficio recíproco como indica el artículo 1.2 del mismo, y como ha precisado en numerosas *Observaciones Generales* el Comité encargado de su control.

tario Internacional[16] o la Unión Europea, redes informales de Estados y organizaciones internacionales, Consejo de Estabilidad Financiera, G-7, G-20, empresas multinacionales y otros actores no estatales?[17] Esperemos que la respuesta no se encuentre en la

---

16 En detalle Eisuke SUZUKI, "Responsibility of International Financial Institutions under International Law", en Daniel D. BRADLOW y David B. HUNTER, *International Financial Institutions and International Law, Kluwer Law International*, 2010, pp. 63-102: *"The accountability of international organisations is therefore in a Catch-22 situation because constituent Member States cannot be held liable for acts done by international organizations that enjoy a separate legal personality under international law"*, en p.88.

17 Véase Antoni PIGRAU SOLÉ, "Las políticas del FMI y del Banco Mundial y los Derechos de los Pueblos", *Fundació CIDOB Afers Internacionals*, nº 29-30, 1995, pp.139-175. Como bien es sabido la atribución de personalidad jurídica internacional o de la condición de sujetos de Derecho Internacional a las empresas privadas no se ha producido, y permanece en un estado de indeterminación: existen obligaciones en materia de derechos humanos que imponen deberes de diligencia debida a los Estados de forma mediata en relación con sus actividades, códigos de conducta, normas de *soft law* relativas a la responsabilidad social corporativa, insuficientes a todas luces; aprovechando la parcelación de las competencias estatales los grupos transnacionales han podido edificar un poder económico privado transnacional capaz de sustraerse al ejercicio de competencias estatales e incluso de tener una pujanza y posición de fuerza inusitadas en las negociaciones con los Estados. Ahora bien pese a esta ausencia de subjetividad, o de subjetividad limitada a ámbitos específicos como el Derecho de las inversiones, es cierto que la convergencia de regulación en los derechos internos podría contribuir a una práctica en que la exigencia de responsabilidad internacional en materia de derechos humanos a los grupos empresariales transnacionales estuviese extendida (algo que a día de hoy no se ha producido); asimismo, el Derecho Internacional permite que las empresas por razón de su nacionalidad estén sujetas a la competencia personal del Estado, o que en atención al lugar donde radican sus actividades se someta a la competencia territorial del Estado. La responsabilidad internacional del Estado puede aparecer por hechos ilícitos atribuibles a una sociedad sujeta a su ley personal, en determinados supuestos, a pesar de las dificultades para

expresión castiza 'a reclamar, al maestro armero'...No en vano en su sugerente obra Casino Capitalism, Susan Strange apuntaba en 1986 que las raíces del desorden económico causado por la incertidumbre financiera debían buscarse en causas monetarias y financieras y en aquellas decisiones gubernamentales que las habían alimentado, de una forma no accidental[18]. El célebre politólogo Francis Fukuyama señala que la confianza excesiva en la autorregulación de los mercados financieros, tendencia intensificada durante los mandatos de Thatcher y Reagan, simbolizada en el denominado Consenso de Washington tendente al adelgazamiento del Estado impulsado por las instituciones financieras internacionales y que suele ser identificada como neoliberalismo está en el origen de los actuales populismos de izquierda que encontramos en las democracias liberales, en Europa y América Latina, como una de las principales críticas y amenazas al liberalismo político (junto con los populismos de derecha)[19]. Frente a este Consenso de Washington podemos identificar un Consenso de Beijing[20] moldeado justamente por

---

hacerla efectiva, François RIGAUX, "Les sociétés transnationales", en Mohamed BEDJAOUI (Dir.), VV.AA, *Droit International. Bilan et Perspectives*, Vol. 1, Éd. Pedone, Unesco, 1991, pp. 129-140.

18 Susan STRANGE, *Casino Capitalism*, Basil Blackwell, Nueva York, 1986, p. 60. Más recientemente, un autor ilicitano habló con carácter visionario de *capitalismo de ficción*, un concepto que implica que es la realidad misma la que se convierte en objeto de transacción mercantil, Vicente VERDÚ, *El estilo del mundo: La vida en el capitalismo de ficción*, Anagrama, 2003. A título de muestra puede pensarse en el millonario arbitraje de inversiones que recientemente ganó un fondo de inversión soberano de Emiratos Árabes al Real Madrid Club de Fútbol a propósito de los derechos sobre el nombre del estadio de este último ante la Corte Internacional de Arbitraje de la Cámara de Comercio de París.

19 Francis FUKUYAMA, *El liberalismo y sus desencantados. Cómo defender y salvaguardar nuestras democracias liberales*, Deusto, 2022, pp. 35-45.

20 Yang YAO, "Beijing Consensus Or Washington Consensus. What Explains China's Economic Success?", *World Bank Economic Review*, Vol.

la corriente contraria, por una presencia desmedida del Estado en la economía a través de empresas estatales (*state-owned enterprises –SOEs-*), en una corriente que suele ser descrita como capitalismo de Estado combinado con autoritarismo político[21].

Existe un importante nexo entre la buena gestión financiera y el respeto al Estado de Derecho tal y como ha sido establecido en el Derecho de la Unión Europea en relación con los deberes que dimanan para los Estados miembros de la ejecución del presupuesto para la protección de sus intereses financieros con arreglo al artículo 322 TFUE[22].

Los mercados financieros internacionales han adquirido en los últimos años un grado de sofisticación, interdependencia, complejidad y magnitud sin precedentes: puede pensarse en los instrumentos financieros derivados[23], los futuros, la financiariza-

---

13, nº 1, 2011, pp. 26-31.

21 Con carácter premonitorio, Ian BREMMER, *The End of the Free Market: Who Wins the War Between States and Corporations?*, Portfolio, 2010.

22 En el marco del Reglamento 2020/2092/UE del Parlamento Europeo y del Consejo de 16 de diciembre de 2020 sobre un régimen general de condicionalidad para la protección del presupuesto de la Unión DOUE LI 433/1, de 22 de diciembre de 2020, cuya validez fue confirmada en las Sentencias del Pleno del Tribunal de Justicia de 16 de febrero de 2022, *Hungría c. Parlamento y Consejo, y Polonia c. Parlamento y Consejo,* asuntos acumulados C-156/21 y C-157/21, ECLI:EU:C:2022:97. Puede verse acerca de esta cuestión, Beatriz VÁZQUEZ RODRÍGUEZ, "Buena gestión financiera y respeto del estado de derecho en la UE: el mecanismo de condicionalidad para la protección del presupuesto de la UE", *Revista General de Derecho Europeo,* nº 58, 2022.

23 Siguiendo las indicaciones del G-20 y con ánimo de incrementar su transparencia y reducir el riesgo sistémico fue adoptado el Reglamento (UE) nº 648/2012 del Parlamento Europeo y del Consejo de 4 de julio de 2012 relativo a los derivados extrabursátiles, las entidades de contrapartida central y los registros de operaciones, DOUE L 201/1, de 27 de julio de 2012, cuyo considerando nº 4, indica: *"Los derivados extrabursátiles («contratos de derivados extrabursátiles») carecen de transparen-*

ción de la economía, con un predominio absoluto de las finanzas sobre la economía productiva. Existen unos poderes salvajes[24], fundamentalmente privados, que con su comportamiento pueden arrastrar y elevar notablemente el riesgo soberano en un mundo donde el dinero bancario, de reserva fraccionaria, está regulado, supervisado y parcialmente garantizado por los Estados. A este riesgo debe unirse el derivado de la creciente intermediación financiera que practican empresas no bancarias (*shadow banking*): bien podría hablarse de *armas financieras de destrucción masiva.*

El Derecho Internacional Público se ocupa del sistema monetario y financiero internacional, particularmente, desde la Conferencia Monetaria y Financiera de las Naciones Unidas de Bretton Woods de 1944[25]: hasta 1973 el capitalismo vive una "época dorada" que puede identificarse con la vigencia del pa-

---

cia, pues se trata de contratos negociados con carácter privado y solo las partes contratantes disponen por lo general de información sobre ellos. Estos contratos crean una compleja red de interdependencias que puede dificultar la determinación de la naturaleza y el nivel de los riesgos en juego. Como ha demostrado la crisis financiera, esas características incrementan la incertidumbre en momentos de tensión en los mercados y, en consecuencia, comprometen la estabilidad financiera. El presente Reglamento establece condiciones con vistas a atenuar esos riesgos y a mejorar la transparencia de los contratos de derivados".

24 Nótese la deliberada evocación de la obra de Luigi FERRAJOLI, *Poderes salvajes. La crisis de la democracia constitucional,* Trotta, Madrid, 2011. Comparemos a gigantes privados de la inversión como son BlackRock o Vanguard con el poder público de la absoluta mayoría de Estados que componen la denominada *comunidad internacional,* para entender el título de esta obra.

25 El establecimiento de este sistema y la creación del Fondo Monetario Internacional constituye el primer intento verdaderamente multilateral de crear un sistema monetario internacional articulado y sustentado desde el Derecho Internacional Público sobre los cimientos de un tratado multilateral de vocación universal. Con anterioridad hubo *conferencias monetarias internacionales,* como la celebrada en Génova en 1922 bajo los auspicios de la Sociedad de Naciones, pero con un pequeño número de Estados participantes y una representación muy

trón dólar-oro abandonado por decisión del presidente Nixon el 15 de agosto de 1971; desde entonces se ha hablado de un Bretton Woods II una vez abandonada la convertibilidad del dólar en oro y la paridad del resto de monedas con el dólar, un sistema donde los petrodólares y los actores privados ganan importancia progresiva. La invasión de Ucrania perpetrada por la Federación Rusa en febrero de 2022 y las medidas que el G-7 ha impulsado para contrarrestarla, entre ellas, la congelación de las reservas exteriores que posee el Banco Central de Rusia, han hecho que se haya hablado de la necesidad de consensuar un nuevo Bretton Woods III[26].

La visión del Derecho Internacional que se postula en la presente obra no puede ser agnóstica, y necesariamente debe importar las grandes cuestiones de la filosofía moral (matriz de la ciencia económica) que rodean este ámbito de estudio como son las relativas: al carácter justo o injusto de la regulación jurídica, al potencial transformador o cómplice del *statu quo* del diseño institucional y normativo del sistema monetario y financiero internacional, a cuál puede/debe ser el papel de los iusin-

---

reducida de la sociedad internacional, sin desembocar en la creación de una organización internacional de carácter permanente.

26 Ramón CASILDA BÉJAR, "Un nuevo sistema monetario y financiero internacional: Bretton Woods III", *Documento de Opinión. Instituto Español de Estudios Estratégicos*, nº 65, 2022. Más problemática resulta la confiscación (irreversible) que la congelación de activos de un Banco Central en el exterior (que entraría en el terreno de las contramedidas que excluyen la ilicitud de vulnerar las inmunidades soberanas en respuesta a la violación de una obligación internacional debida a la comunidad internacional a su conjunto). Puede pensarse en la decisión estadounidense de incautar fondos del Banco Central de Afganistán para aplicarlos a resarcir a víctimas del 11-S. Al respecto, Menno T. KAMMINGA, "Confiscating Russia's Frozen Central Bank Assets: A Permissible Third-Party Countermeasure?", *Netherlands International Law Review*, Vol. 70, 2023, pp. 1-17.

ternacionalistas al respecto, etc[27]. Evidentemente, la respuesta que este trabajo puede dar a las mismas, es únicamente *parcial y provisional*, siendo un estudio que se sitúa en la óptica temporal que permite haber visto esfumarse el espejismo poscolonial de las reinvindicaciones de un *Nuevo Orden Económico Internacional*[28], y también, con la distancia suficiente para apreciar que el proceso de globalización/mundialización económica y financiera se ha traducido en un incremento de los perdedores tanto en los países en vías de desarrollo como en los industrializados, con la excepción de la *rara avis* del "milagro" económico chino. Un Derecho Internacional digno del modelo de legitimidad en que se inserta tras la adopción de la Carta de Naciones Unidas debería ser aquel que permitiese garantizar la efectividad de las *consideraciones elementales de humanidad*. Personalmente, creo que no solo el Derecho Internacional debe atenerse de forma imperativa a ellas, si no que la propia Ciencia Económica es absolutamente estéril si continúa sustrayéndose a las mismas. En todo caso, parece cierto que el lucro como objetivo individual y colectivo traduce un lenguaje asimilable y comprensible con carácter universal, a pesar de las fracturas y retrocesos en el proceso de globalización[29].

El interés de estudiar en el presente el sistema monetario y financiero internacional, además, se ve acrecentado por diferentes acontecimientos y procesos que están modificando por la vía de hecho, de facto, su estructura, su idiosincrasia, entre ellos:

---

27 Jochen VON BERNSTORFF, "International Law and Global Justice: On Recent Inquiries into the Dark Side of Economic Globalization", European Journal of International Law, Vol. 26, nº 1, 2015, pp. 279-293.

28 La noción de *Nuevo Orden "Económico" Internacional*, también es manoseada y asociada a contextos diferentes, con ocasión de la segunda presidencia de Donald Trump, también ha sido propugnado como reclamo este emblema, Daniel LACALLE, *El nuevo orden económico mundial. EE. UU., China, Europa y el descontento global*, Deusto, 2025.

29 Branko MILANOVIC, *Capitalismo, nada más. El futuro del sistema que domina el mundo*, Taurus, 2020.

A) Los cambios en la distribución de poder en la sociedad internacional: ¿hasta qué punto un mundo multipolar, con la reemergencia de China[30] (la Nueva Ruta de la Seda, su plan *Made in China* 2025...) y la relevancia de otros BRICS[31] y emergentes, así como sus eventuales *guerras de divisas*, puede seguir amparando la hegemonía del dólar como primer

---

30 Desde octubre de 2016 el renminbi chino, el yuan, forma parte de la cesta de monedas utilizada para el cálculo de los Derechos Especiales de Giro en el FMI. Acerca del potencial de la moneda china para desbancar la hegemonía del dólar, se ha señalado: *"If China plays its cards right, it could become a significant international payments currency -perhaps even a significant reserve currency- but it's highly unlikely to be a safe haven currency that challenges the dollar's dominance"*, Eswar Shanker PRASAD, "Gaining Currency: The Rise Of The Renminbi", *IMF Blog*, 4 de agosto de 2017. Cuestión distinta, claro está, es la relativa a las repercusiones que el yuan digital como moneda central de su banco central pueda alcanzar en el futuro (India también se plantea acuñar una divisa digital...). China con una cuenta de capital relativamente cerrada y unos mercados financieros no particularmente desarrollados encuentra en estos ámbitos los principales hándicaps para ambiciones hegemónicas.

31 Acerca de las implicaciones que pueden derivarse de la estrategia de *desdolarización* acometida por Rusia en respuesta a las 'sanciones occidentales', sus posibilidades de converger con la lucha de China contra la hegemonía del dólar y la búsqueda de reforzar el rol internacional de su moneda, véase, Maria SHAGINA, "Western financial warfare and Russia's de-dollarization strategy: How sanctions on Russia might reshape the global financial system", *Finish Institute of International Affairs*, Briefing Paper nº 339, 24 de mayo de 2022. La coerción económica como arma para garantizar el orden y la paz no es en efecto nada nuevo bajo el sol, la cuestión latente es si su empleo en respuesta a la agresión rusa a Ucrania será compatible con la estabilidad política y comercial de la Unión, Ana NÚÑEZ CIFUENTES, "Mecanismos de sanción internacional a través del sistema financiero: un arma económica contra Putin", *Instituto Español de Estudios Estratégicos*, Documento Marco nº 2/2023, de 14 de febrero de 2023.

activo de reserva internacional, *sus privilegios exorbitantes...*?[32] Y, ¿hasta qué punto, estos cambios no terminarán haciendo mutar el sistema monetario y financiero, o produciendo, su fragmentación, su desacople (o *de-risking*), esto es la aparición de varios *sistemas monetarios y financieros*[33]? ¿Las organizaciones y foros intergubernamentales actuales son adecuados para la gobernanza global en este campo, piénsese en el Fondo Monetario Internacional, Consejo de Estabilidad Financiera o G-20? La guerra contra Ucrania ha supuesto que Rusia haya sido excluida de todos los servicios del Banco de Pagos Internacionales y se hayan congelado sus reservas de cambio[34]. ¿Hemos iniciado el camino de

---

32 De forma jocosa puede señalarse que con anterioridad a Vladimir Putin aquellos líderes que han osado intentar que el petróleo de sus países fuese pagado en una divisa distinta al dólar norteamericano han visto reducirse de forma considerable su esperanza de vida (así, los difuntos, Sadam Husein, Muamar el Gadafi o Hugo Chávez). Mención aparte para Irán, claro. Un ejemplo de la influencia de China lo hallamos en el acuerdo alcanzado entre el Banco de Desarrollo de China (CDB) y la República de Ecuador en septiembre de 2022 para renegociar y reestructurar un porcentaje considerable de la deuda del país andino. También puede pensarse en la reciente ruptura de Barbados con la Monarquía Británica y su aproximación a China. Encontramos igualmente, economías que siguen oficialmente dolarizadas, tales como la de Ecuador, El Salvador o Panamá.

33 Tras la Segunda Guerra Mundial se produjo una gran apertura del comercio internacional, sin embargo, la crisis financiera global iniciada en 2008 ha supuesto su desaceleración y ha hecho que se hable recientemente de una época de *slowbalization*, véase Shekhar AIYAR y Anna ILYNA, "Charting Globalization's Turn to Slowbalization After Global Financial Crisis", *IMF Blog,* 8 de febrero de 2023.

34 En este sentido se habla de un retorno de la geopolítica y del poder del Estado a la regulación del sistema monetario y financiero internacional que entronca con una tendencia creciente hacia la limitación y control de los flujos de capitales, comportando una cierta desintegración financiera internacional, Éric MONNET, "La

la reglobalización y la redolarización/ deseurización? En la financiación de los gastos de las Naciones Unidas, en atención a la fórmula que emplea la Asamblea General para considerar la riqueza económica relativa, China tras experimentar un espectacular aumento de su cuota hasta alcanzar el 20,004% en diciembre de 2024 es ya el segundo contribuyente, recortando su distancia con Estados Unidos (22%) y ambos se han distanciado de forma considerable de Japón (6,930%) como tercer contribuyente[35]. India, país más poblado del mundo, no parece prestarse a la labor de acrecentar el rol internacional del yuan, por el momento. Desde luego el apocado rol internacional de la moneda china no se compadece bien con la elevada estatura y peso mundial de su economía[36]. De momento más que una apuesta decidida por la desdolarización, China parece también verse abocada a ser una rehén más del uso internacional del dólar como divisa (paradójicamente necesita reservas de dólares para apoyar ese incipiente rol global del yuan). En contra de la idea generalmente asu-

---

nouvelle géopolitique monétaire et ses enjeux démocratiques", *Revue d'Économie Financière,* Vol. 145, nº 1, 2022, pp. 173-185. Desde los tiempos de Tucídides la moneda ha sido un elemento de política exterior: en nuestro tiempo son cada vez más abundantes las 'sanciones financieras', la congelación de reservas de bancos centrales...la coerción económica plantea (en un *continuum* de coerción) cada vez más dudas acerca de su compatibilidad con las diferentes *lex specialis* (OMC, FMI...) y con la *lex generalis* (principio de no intervención, inmunidades soberanas...), al respecto, Mohamed S. HELAL, "On Coercion in International Law", *New York University Journal on International Law and Politics,* Vol. 52, nº 1, 2019, pp. 98-108.

35 Resolución 79/249 de la Asamblea General de Naciones Unidas aprobada el 24 de diciembre de 2024, *Escala de cuotas para el prorrateo de los gastos de las Naciones Unidas,* A/RES/79/249.

36 Alessia AMIGHINI y Alicia GARCÍA-HERRERO "Third time lucky? China's push to internationalise the renminbi", *Bruegel Policy Brief,* nº 20, 2023.

mida de que no puede llegar a ser una moneda de reserva relevante sin la plena liberalización de su cuenta de capital, Eichengreen plantea cómo puede lograrlo a pesar de permitir solo un acceso limitado a sus mercados financieros; incrementando el acceso al yuan mediante préstamos y líneas Swap del Banco Central de la República Popular de China y potenciando la convertibilidad del yuan en dólar en centros financieros *offshore*, con una presencia creciente en mercados financieros internacionales: la paradoja estriba en que para China las reservas de dólares son clave para apoyar la internacionalización del yuan[37]. En este sentido la Nueva Ruta de la Seda (*Belt and Road Iniciative*) no pretende la apertura de los mercados financieros chinos a sus aliados, sino que busca incrementar la presencia china en los mercados internacionales, mediante una suerte de *globalización inversa*[38]. En la parte que ha transcurrido del presente siglo XXI puede observarse una disminución (73 a 59%) del porcentaje total de reservas mundiales de divisas para el dólar norteamericano, y si bien es cierto que el peso del euro desde su creación en cuanto a este mismo parámetro es relativamente estable (en torno a un 20%), también debe admitirse que la contribución en euros al PIB global medido a Paridad de Poder Adquisitivo (PPA) es decreciente desde la creación del euro (de un 17 a un 12%)[39]. La dislocación, fractura y fragmentación del orden

---

37 Barry EICHENGREEN, Camille MACAIRE, Arnaud MEHL, Eric MONNET y Alain NAEF, "Is Capital Account Convertibility Required for the Renminbi to Acquire Reserve Currency Status?", *Working Paper Series nº 892, Banque de France Publications*, noviembre de 2022.

38 Alessia AMIGHINI, *Money and Might: Along the Belt and Road Initiative*, Bocconi Editore, 2021.

39 Banco Central Europeo, *The international role of the euro,* junio de 2024. Se ha señalado que la erosión de esta posición de dominio del dólar no se corresponde con el incremento correlativo en la posición de reserva

monetario y financiero global que se hacen más explícitas y visibles bajo el segundo mandato de Donald Trump (como síntoma, y no solo como causa) plantean diferentes escenarios y situaciones posibles, más allá de la paulatina erosión de la centralidad del dólar: una posible fragmentación funcional de los sistemas de pago y de las zonas monetarias dominantes (en torno al dólar, yuan y euro) con redes menos jerárquicas; la continuación de la guerra por otros medios como los financieros -el Tesoro, los tipos de cambio-; la desvinculación, contestación y reacción frente a las denominadas *sanciones unilaterales* occidentales por parte del Sur Global; e incluso, ¿por qué no?, como una reacción frente a la disrupción unilateral, ¿podrían emerger un diálogo constructivo y un multilateralismo redivivos?[40]

B) La estrecha interrelación que existe (quizá desde la Guerra del Peloponeso[41]) entre la estabilidad financiera internacional y el mantenimiento de la paz y de la seguridad internacionales puede hacer que aparezcan nuevas crisis financieras internacionales, de proporciones *sistémicas*: los graves quebrantamientos *sistémicos* de la paz y la seguridad internacionales comprometen la estabilidad financiera internacional; del mismo modo, una crisis financiera internacional, como la iniciada en 2008, puede acentuar el

---

de una de las otras grandes divisas internacionales como la libra, el yen, o el euro, más bien se traduce en esfuerzos de diversificación en otras monedas poco convencionales, al respecto: Serkan ARSLANALP, Barry J. EICHENGREEN y Chima SIMPSON-BELL, "The Stealth Erosion of Dollar Dominance: Active Diversifiers and the Rise of Nontraditional Reserve Currencies", *IMF Working Papers*, 58/2022, de 24 de marzo de 2022.

40 Juan Carlos FERNÁNDEZ CELA, "Trump y la fractura del orden financiero global: cinco escenarios prospectivos", *Instituto Español de Estudios Estratégicos*, Documento de Investigación 33/2025, 9 de mayo de 2025.

41 Si se permite la licencia de extrapolar a este contexto la noción *internacional*.

riesgo de que la potencia en declive y la potencia en ascenso se aproximen a la *trampa de Tucídides*. Puede pensarse igualmente en la Gran Depresión de 1929 y las oleadas de proteccionismo y nacionalismo que se produjeron a continuación en Europa, con su fatal desenlace. Aunque históricamente son pocos los autores que se han adentrado en el estudio de las finanzas y de la economía como un componente esencial de la geopolítica, en el siglo XXI, y conforme avanza este, queda cada vez más patente que el elemento monetario y financiero -las guerras de divisas libradas a través de guerras comerciales- conforma una parte central de la pugna por el dominio geopolítico[42]. Es frecuente referirse al periodo comprendido entre 1929 y 1939 de entreguerras, así como a las consecuencias de la Gran Depresión de 1929 trayendo a colación la teoría de la estabilidad hegemónica formulada por el economista Charles Kindleberger: una vez Reino Unido dejó de ser el proveedor de los bienes públicos necesarios como potencia financiera hegemónica *de facto*, tuvo que articularse su relevo mediante la Conferencia de Bretton Woods celebrada en 1944 para refrendar la superioridad comercial, militar y financiera de Estados Unidos. El buen funcionamiento de un sistema internacional abierto depende con arreglo a esta teoría de que haya una potencia monetaria y financiera dominante capaz de procurar los bienes públicos globales necesarios y en la actualidad se constata que Estados Unidos bajo la segunda administración Trump percibe el rol internacional del dólar como una *carga* insoportable, a la vez que la Unión Europea no está capacitada para asumir su relevo, y que China carece también de la suficiente preparación e integración en los mercados financieros

---

42 Eduardo OLIER, "Geopolítica y finanzas internacionales", *Instituto Español de Estudios Estratégicos*, Documento de Investigación 1/2025, 31 de marzo de 2025.

internacionales como para erigir un sistema monetario y financiero enteramente alternativo[43].

C) La innovación en los mercados financieros presenta importantes e inquietantes manifestaciones y potenciales desarrollos: la irrupción de las criptomonedas[44], así como de

---

43 A esta situación se ha aludido como *trampa* o *brecha de Kindleberger*, véase Hélène REY, "*Prepárense para el euro global*", El País, 18 de mayo de 2025. Comparando el periodo de entreguerras con el actual, en opinión de la autora aparece una ventana de oportunidad para mejorar el rol internacional del euro*: "En el siglo XIX, esa potencia era el Reino Unido. Como potencia financiera hegemónica a nivel mundial —líder del sistema económico global y emisora de la moneda internacional dominante—, Londres suministraba bienes públicos críticos. Estos incluían, como señaló Kindleberger, un 'mercado para los bienes de emergencia, facilitado por el libre comercio británico', y un flujo de capital contracíclico, producido por la City londinense. El Reino Unido también apoyó la 'coordinación de las políticas macroeconómicas y los tipos de cambio', a través de las 'reglas del patrón oro', que fueron 'legitimadas e institucionalizadas por el uso'. Por último, el Banco de Inglaterra actuaba como 'prestamista de último recurso'. Pero la Primera Guerra Mundial le pasó factura al Reino Unido, que en la década de 1930 ya no disponía de recursos suficientes para apuntalar el sistema monetario internacional. Y aunque Estados Unidos era una potencia en ascenso, aún no estaba preparada para ocupar el lugar del Imperio Británico. Esta "brecha de Kindleberger" —el período entre hegemonías mundiales— coincidió con la Gran Depresión y la creciente agitación política que culminó en la Segunda Guerra Mundial"*. Esta autora se refiere a la obra de Charles P. KINDLEBERGER, *The World in Depression 1929-1939*, University of California Press, 1973.

44 Vid. Luis Miguel HINOJOSA MARTÍNEZ, "Clearing the crypto-assets wilderness: the EU Commission MiCA proposal", *Revista General de Derecho Europeo*, nº 55, 2021. Debe verse el Reglamento (UE) 2023/1114 del Parlamento Europeo y del Consejo, de 31 de mayo de 2023, relativo a los mercados de criptoactivos y por el que se modifican los Reglamentos (UE) nº 1093/2010 y (UE) nº 1095/2010 y las Directivas 2013/36/UE y (UE) 2019/1937, DOUE L 150, 9 de junio de 2023. Conforme la interconexión de los criptoactivos con el sistema financiero tradicional sea mayor, también serán mayores los riesgos para la estabilidad financiera internacional derivados de ellos, de modo que

las divisas digitales emitidas por bancos centrales -Central Bank Digital Currencies (CBDC)[45]-; asimismo, toda la pro-

---

el Consejo de Estabilidad Financiera ha efectuado una propuesta de marco regulatorio global, con recomendaciones, tomando como paso en la buena dirección el Reglamento *MiCA* de la Unión: el ecosistema de criptoactivos se caracteriza por "modelos de negocio inadecuados", problemas de liquidez, exceso de apalancamiento, gobernanza defectuosa, desprotección de consumidores e inversores, y debilidades en la gestión del riesgo…entre otros eufemismos, véase Consejo de Estabilidad Financiera, *International Regulation of Crypto-asset Activities. A proposed framework–for consultation,* 11 de octubre de 2022. A través del Reglamento de la Unión se pretende, entre muchos otros aspectos, someter a un régimen riguroso de autorización y control a los proveedores de servicios relacionados con los criptoactivos en el mercado interior, asimismo la prevención del abuso y del blanqueo de capitales, la protección de los consumidores e inversores, el establecimiento de un registro público de aquellos proveedores de servicios que no cumplan las normas…Finalmente, el Consejo de Estabilidad Financiera ha publicado una serie de recomendaciones que constituyen esta propuesta regulatoria global bajo la máxima *"Same activity, same risk, same regulation"*, véase Consejo de Estabilidad Financiera, *FSB Global Regulatory Framework for Crypto-Asset Activities,* 17 de julio de 2023.

45 Vid. Luis Miguel HINOJOSA MARTÍNEZ, "Euro digital o criptoeuro: ¿Está en juego la soberanía monetaria europea?", *Revista de Derecho Comunitario Europeo,* nº 69, 2021, pp. 471-508; asimismo, Francisco HERNÁNDEZ HERNÁNDEZ, "Hacia una moneda digital europea. El euro 2.0", *Revista de Derecho Comunitario Europeo,* nº 70, 2021, pp. 1006-1033. En otro orden de ideas, Maria SHAGINA, "Central Bank Digital Currencies and the implications for the global financial infrastructure: The transformational potential of Russia's digital rouble and China's digital renminbi", *Finish Institute of International Affairs,* Briefing Paper nº 329, 25 de enero de 2022. Bahamas con su *Digital Sand Dollar* y Nigeria con e-Naira, son dos de los primeros Estados en implementar una *Central Bank Digital Currency*: Bahamas, renombrado paraíso fiscal, y centro atractivo para la sede de empresas ligadas al *Exchange* de criptomonedas; Nigeria ha aplicado restricciones a la retirada de efectivo en los primeros meses de funcionamiento de su divisa digital. Existe una gran heterogeneidad de posibilidades a la hora de materializar

fusión de *Fintech, Regtech, smart contracts*… se ve aderezada con una cada vez mayor intervención de la inteligencia artificial[46]: ¿Qué rol quedará para la responsabilidad humana y la responsabilidad social corporativa[47], amén de la responsabilidad internacional, en este contexto? La Unión Europea intenta adaptarse a la Cuarta Revolución Industrial minimizando los riesgos derivados de la dependencia de tecnologías e infraestructuras digitales externas, regulando la *resiliencia operativa digital del sector financiero*[48]…

---

el diseño y funciones definitivas de estas divisas digitales de los bancos centrales, así mismo su lanzamiento puede obedecer a intereses estratégicos diversos, declarados o reales: por ejemplo, un intento de evitar que la proliferación de medios de pago digitales, privados, descentralizados haga disminuir la capacidad de fiscalización del Estado o la *soberanía monetaria*; modernizar la infraestuctura financiera y el sistema de pagos, preexistente, la inclusión financiera…

46 Eswar Shanker PRASAD, *El futuro del dinero. Cómo la revolución digital está transformando las monedas y las finanzas*, La Esfera de los Libros, Madrid, 2022.

47 El Derecho de la Unión lleva tiempo incrementando las obligaciones de presentar para determinadas empresas y grupos de empresas información no financiera relacionada con la sostenibilidad en sus estados financieros, véase la Directiva (UE) 2022/2464 del Parlamento Europeo y del Consejo de 14 de diciembre de 2022 por la que se modifican el Reglamento (UE) n.º 537/2014, la Directiva 2004/109/CE, la Directiva 2006/43/CE y la Directiva 2013/34/UE, por lo que respecta a la presentación de información sobre sostenibilidad por parte de las empresas, DOUE L 322/15, de 16 de diciembre de 2022. Puede verse igualmente, el Reglamento Delegado (UE) 2023/2772 de la Comisión, de 31 de julio de 2023, por el que se completa la Directiva 2013/34/UE del Parlamento Europeo y del Consejo en lo que respecta a las normas de presentación de información sobre sostenibilidad, DOUE L 2772, de 22 de diciembre de 2023.

48 Reglamento (UE) 2022/2554 del Parlamento Europeo y del Consejo de 14 de diciembre de 2022 sobre la resiliencia operativa digital del sector financiero y por el que se modifican los Reglamentos (CE) nº 1060/2009, (UE) nº 648/2012, (UE) nº 600/2014, (UE) nº 909/2014

El Salvador o la República Centroafricana llegaron a adoptar Bitcoin como "moneda" de curso legal e incluso forzoso, en el primero de ellos (abandonando en ambos casos estos experimentos efímeros)...La Unión Europea ha lanzado una iniciativa de Academia de Supervisión de las Finanzas Digitales[49]. Este nuevo y complejo ecosistema de finanzas digitales que la Unión Europea intenta a marchas forzadas regular, sin asfixiar la capacidad de innovación, origina una partición de los criptoactivos, una compartimentación difícilmente inteligible de las finanzas descentralizadas[50]: algunos criptoactivos quedan desregulados, otros caen en el ámbito del Reglamento MiCA antes referido, otros

---

y (UE) 2016/1011, DOUE nº 333, de 27 de diciembre de 2022. En esta misma materia la Comisión Europea ha urgido a transponer la Directiva (UE) 2022/2556 (DOUE L 333/153, de 27 de diciembre de 2022) a trece Estados miembros (España entre ellos), en marzo de 2025, al haber expirado en enero de 2025 su plazo de transposición.

49 Un proyecto presentado por la Comisión Europea en colaboración con las agencias que integran la Autoridad Europea de Supervisión (Autoridad Bancaria Europea, Autoridad Europea de Valores y Mercados (ESMA) y Autoridad Europea de Seguros y Pensiones de Jubilación), y con *la Florence School of Banking and Finance* adscrita al Instituto Universitario Europeo de Florencia, Agencia Europa, *Bulletin Quotidien Europe*, nº 13049, 25 de octubre de 2022, pp. 21-22.

50 Giovanni ZACCARONI, "Decentralized Finance and EU Law: The Regulation on a Pilot Regime for Market Infrastructures Based on Distributed Ledger Technology", *European Papers*, Vol. 7, nº 2, 2022, pp. 601-613. Este autor se refiere a la entonces Propuesta de la Comisión Europea, hoy ya Reglamento (UE) 2022/858 del Parlamento Europeo y del Consejo de 30 de mayo de 2022 sobre un régimen piloto de infraestructuras del mercado basadas en la tecnología de registro descentralizado y por el que se modifican los Reglamentos (UE) nº 600/2014 y (UE) nº 909/2014 y la Directiva 2014/65/UE, DOUE nº 151, de 2 de junio de 2022.

son instrumentos financieros[51]...Esta cuestión tampoco resulta del todo ajena a la ambicionada *autonomía estratégica abierta*[52] de la Unión Europea, amén de que nuevas oportunidades y desafíos aparecen en la lucha contra el crimen organizado y la financiación del terrorismo[53].

---

51 Estos últimos se regirían por la directiva conocida en la jerga financiera como *MIFID II*, Directiva 2014/65/UE del Parlamento Europeo y del Consejo, de 15 de mayo de 2014, relativa a los mercados de instrumentos financieros y por la que se modifican la Directiva 2002/92/CE y la Directiva 2011/61/UE (versión refundida), DOUE L 173/349, de 12 de junio de 2014. Existe ya una Directiva *MIFID III* Directiva (UE) 2024/790 del Parlamento Europeo y del Consejo, de 28 de febrero de 2024, por la que se modifica la Directiva 2014/65/UE relativa a los mercados de instrumentos financieros, DOUE L, de 8 de marzo de 2024, en aras de mitigar conflictos de intereses y brindar mejor protección a inversores minoristas; asimismo, este marco se completa con el Reglamento llamado "MIFIR", Reglamento UE nº 600/2014 del Parlamento Europeo y del Consejo de 15 de mayo de 2014 relativo a los mercados de instrumentos financieros y por el que se modifica el Reglamento (UE) nº 648/2012, DOUE L 173/84, de 12 de junio de 2014 , que a su vez fue modificado en virtud del Reglamento (UE) 2019/2175 para mejorar los poderes de las Autoridades Europeas de Supervisión, DOUE L 334/1, de 27 de diciembre de 2019.

52 En la Comunicación de la Comisión al Parlamento Europeo, al Consejo, al Comité Económico y Social Europeo y al Comité de las Regiones sobre una Estrategia de Finanzas Digitales para la UE, COM(2020) 591 final se propone como objetivo, casi como deseo "*un sector financiero digital europeo fuerte y dinámico potenciaría la capacidad de Europa para mantener y reforzar nuestra autonomía estratégica abierta en materia de servicios financieros y, por extensión, nuestra capacidad de regular y supervisar el sistema financiero para proteger la estabilidad financiera de Europa y nuestros valores*".

53 Doron GOLDBARSHT y Louis de KOKER, "From Paper Money to Digital Assets: Financial Technology and the Risks of Criminal Abuse", en Doron GOLDBARSHT y Louis de KOKER (Eds.), *Financial Technology and the Law. Combating Financial Crime.* Law, Springer, 2022, pp. 1-15. Véase el Reglamento (UE) 2023/1113 del Parlamento Europeo y del Consejo, de 31 de mayo de 2023, relativo a la información que acompaña a las

D) El cambio climático[54] en los próximos años tendrá implicaciones macroeconómicas difícilmente estimables, pero con un gran impacto desestabilizador por los riesgos financieros y no financieros a él asociados, así como por los ingentes costes que comportarán las transiciones iniciadas para su mitigación y la adaptación frente al mismo. Es un factor que cobra una importancia crucial en el mantenimiento de la estabilidad financiera internacional y hará que las entidades financieras (y no solo), mediante normas y estándares internacionales, se vean abocadas a incluir en sus estados financieros previsiones y provisiones aparejadas a los riesgos del cambio climático: de este modo se verá afectada la valoración de activos, sus resultados[55], etc. La sostenibilidad co-

---

transferencias de fondos y de determinados criptoactivos y por el que se modifica la Directiva (UE) 2015/849, DOUE L 150, 9 de junio de 2023.

54 A título de ejemplo, en sus funciones de supervisión bancaria el Banco Central Europeo debe evaluar y detectar vulnerabilidades en las entidades de crédito procedentes del cambio climático y de factores relacionados con la sostenibilidad medioambiental, a la par que las entidades de crédito deben gestionar con prudencia dichos riesgos y comunicarlos con arreglo al marco prudencial de forma transparente, véase, Banco Central Europeo, *Guía sobre riesgos relacionados con el clima y medioambientales. Expectativas supervisoras en materia de gestión y comunicación de riesgos*, Noviembre de 2020.

55 En 2021-2022 no en vano ha sido creado el *International Sustainability Standards Board (ISSB)* bajo los auspicios de la Fundación de derecho privado (y sin ánimo de lucro) *International Financial Reporting Standards* constituida con arreglo al derecho del Estado de Delaware (Estados Unidos) y que es también el paraguas legal de la Junta de Normas Internacionales de Contabilidad (IASB) creada en 2001. Debe prestarse especial atención al proceso de elaboración de una directiva en materia de presentación de informes sobre sostenibilidad empresarial (con información sobre el desempeño de las empresas en materia social y ambiental) en la que se tiene en cuenta diversas propuestas del Grupo Asesor de Información Financiera Europea (*European Financial Reporting Advisory Group)* una asociación de de-

recho privado creada en 2001 y situada en Bruselas para ayudar a la Comisión Europea prestando asesoría técnica en el desarrollo de estándares contables: *"Hay varias iniciativas internacionales importantes en marcha. Su objetivo es ayudar a lograr la convergencia y armonización mundial de los estándares de informes de sostenibilidad. La UE apoya plenamente esta ambición. Las empresas y los inversores de la UE que operan a nivel mundial se beneficiarán de dicha convergencia y armonización. La Comisión apoya las iniciativas del G20, el G7, la Junta de Estabilidad Financiera y otros para generar un compromiso internacional para desarrollar una línea de base de estándares de informes de sostenibilidad global que se basarían en el trabajo del Grupo de Trabajo sobre Divulgaciones Financieras Relacionadas con el Clima. Las propuestas de la International Financial Reporting Standards Foundation (IFRS Foundation) de crear un nuevo Sustainability Standards Board (SSB) son especialmente relevantes en este contexto, al igual que el trabajo ya realizado por iniciativas establecidas como la Global Reporting Initiative (GRI), el Sustainability Accounting Standards Board (SASB), el International Integrated Reporting Council (IIRC), el Climate Disclosure Standards Board (CDSB) y el CDP (Carbon Disclosure Project). Esta propuesta tiene como objetivo aprovechar y contribuir a las iniciativas internacionales de informes de sostenibilidad. Las normas de la UE para la presentación de informes de sostenibilidad deben desarrollarse en cooperación constructiva bidireccional con iniciativas internacionales líderes, y deben alinearse con esas iniciativas en la medida de lo posible, teniendo en cuenta las especificidades europeas"*, debe verse la Directiva (UE) 2022/2464 del Parlamento Europeo y del Consejo de 14 de diciembre de 2022, *loc. cit.* En cuanto al Grupo Asesor de Información Financiera Europea (EFRAG en lo sucesivo) vemos cómo una entidad privada ayuda a la Comisión Europea en una labor de interés público: *"EFRAG is a private association established in 2001 with the encouragement of the European Commission to serve the public interest. EFRAG extended its mission in 2022 following the new role assigned to EFRAG in the CSRD, providing Technical Advice to the European Commission in the form of fully prepared draft EU Sustainability Reporting Standards and/or draft amendments to these Standards. Its Member Organisations are European stakeholders and National Organisations and Civil Society Organisations. EFRAG's activities are organised in two pillars: A Financial Reporting Pillar: influencing the development of IFRS Standards from a European perspective and how they contribute to the efficiency of capital markets and providing endorsement advice on (amendments to) IFRS*

necta también con el aprovisionamiento de materias primas críticas y la *autonomía estratégica abierta* de la Unión Europea: en ese sentido debe valorarse una propuesta franco-germana (que se trasladaría al acto legislativo sobre materias primas críticas) de crear un fondo soberano de inversión público/ privado que combine fondos propios, préstamos, garantías, a fin de invertir en actividades de minería, refinería, reciclaje (y que sea catalogado como finanzas sostenibles)[56]… Desde hace décadas en el proceso de armonización contable que impulsa la Unión a través de actos legislativos en línea con las Normas Internacionales de Información Financiera *NIIF/ IFRS* han tenido influencia *standard-setting bodies* del ámbito internacional y de naturaleza jurídico-privada como son la Organización Internacional de Comisiones de Valores (IOSCO) y la Junta de Normas Internacionales de Contabilidad (IASB)[57]. La política monetaria se enfrenta a un desafío de magnitud descomunal ya que la transición hacia una economía neutra en carbono requiere de una ingente movilización de recursos financieros sin precedentes en un breve lapso temporal[58]. En este contexto se acelera la carrera por incorporar a la valoración financiera de las empresas así como en la información que estas deben pro-

---

Standards to the European Commission. Secondly, a Sustainability Reporting Pillar: developing draft EU Sustainability Reporting Standards, and related amendments for the European Commission".

56 Agencia Europa, *Bulletin Quotidien Europe*, nº 13033, de 1 de octubre de 2022, pp. 4-5.

57 Didier BENSADON, "L'Union européenne face aux normes internationales de reporting financier (IFRS): une mise en perspective historique", *Politiques et management public*, Vol. 33, nº 2, 2016, pp. 135-154. En relación con IOSCO e IASB, véase, Christos GORTSOS, *Fundamentals of Public International Financial Law. International Banking Law within the system of Public International Financial Law*, Nomos, 2012, pp. 162 y ss.

58 Ivan ODONNAT, "Changement climatique et politique monétaire en pratique", *Revue d'économie financière*, Vol. 145, nº 1, 2022, pp. 163-172.

porcionar la información relativa a los riesgos derivados de la naturaleza y especialmente del cambio climático, con las implicaciones de gran calado que se desprenden para su tratamiento *prudencial*[59]. En abril de 2021 el G-20 estableció un grupo de trabajo sobre finanzas sostenibles orientado a alinear los esfuerzos de las instituciones financieras con los objetivos del Acuerdo de París de 2015 *"G20 Sustainable Finance Working Group"*. ¿Es tan solo *Greenwashing* para iniciados e incautos? También encontramos movimientos de activismo medioambiental, de protesta, en la sociedad civil, que claman porque tanto en el Norte Global, como en el Sur Global, haya iniciativas de condonación de deuda a los países en desarrollo para que puedan mitigar el cambio climático a la par que culpan al G-7, Fondo Monetario Internacional y Banco Mundial de políticas erróneas[60].

---

59 En esta carrera que también se ha acelerado en Estados Unidos, parece que Europa y Asia-Pacífico han avanzado más rápidamente, véase Francesca SACCHI, "Bank Regulation and Disclosure to Foster Climate-Related Risk Analysis", *International Banker*, 20 de octubre de 2022. Una de las incógnitas es si el proceso internacional de convergencia normativa será o no parádojicamente a expensas de la propia *prudencia valorativa*. También cabe prestar atención a si el concepto de *double materiality* que ha surgido en el ámbito de la Unión Europea se trasladará a la regulación estadounidense: un concepto que obliga a presentar información no financiera a las grandes empresas y grupos acerca de su desempeño en términos sociales, medioambientales, de derechos humanos, en relación con la corrupción...a partir de la Directiva 2014/95/UE del Parlamento Europeo y del Consejo de 22 de octubre de 2014 por la que se modifica la Directiva 2013/34/UE en lo que respecta a la divulgación de información no financiera e información sobre diversidad por parte de determinadas grandes empresas y determinados grupos, DOUE L 330/1, de 15 de noviembre de 2014. En última instancia esta información *debería* repercutir en la valoración empresarial que efectúan los inversores.

60 A título de ejemplo, a finales de junio de 2022 se produjeron en París protestas frente a la oficina del Fondo Monetario Internacional en el

Una vez desplegado todo el elenco de *cisnes negros*, ¿logrará la Unión Europea completar la arquitectura institucional, competencial, normativa, para que la Unión Económica y Monetaria y el euro puedan superar y amortiguar nuevos *shocks asimétricos*, crisis de deudas soberanas, inflación fuera de control y otros desequilibrios macroeconómicos, sin erosionar ni desgastar todo el capital democrático, evitando que en sus Estados miembros triunfen opciones políticas nacional populistas[61], partidarias de la desintegración?

Tras haber esbozado el escenario material, el sustrato sobre el que se presenta este proyecto de monografía en el ámbito del Derecho Internacional Público y del Derecho de la Unión Europea, cabe formular las dos cuestiones de estudio que revisten mayor interés desde el punto de vista de estas disciplinas y que serán objeto primordial de la presente obra:

- Desde el punto de vista institucional en este ámbito del sistema monetario y financiero internacional, ¿qué peculiaridades

---

marco de una campaña *global* denominada "Debt for climate". También ha surgido una nueva tipología de instrumentos financieros que pueden aumentar la capacidad fiscal de los Estados aparentemente para destinar recursos a la lucha contra el cambio climático (*Debt-for-Climate Swaps*), véase Marcos CHAMON, Erik KLOK, Vimal THAKOOR, y Jeromin ZETTELMEYER, "Debt-for-Climate Swaps: Analysis, Design, and Implementation", *FMI Working Paper*, WP/22/162, 2022.

61 Philip Alston ha recomendado prestar atención a la redistribución y a los asuntos presupuestarios y de política fiscal y tributaria para contener el aluvión de líderes populistas que emplean la agenda misógina, nacionalista, xenófoba e incluso anti-derechos humanos, Philip ALSTON, "The Populist Challenge to Human Rights", *Journal of Human Rights Practice*, Vol. 9, nº 1, 2017, pp. 1-15. En marzo de 2025 la Comisión Europea ha presentado la iniciativa *Rearm Europe*, que busca incrementar la capacidad de defensa de la Unión en 800.000 millones de euros, en un contexto de máxima incertidumbre ante las inquietantes perspectivas de una improbable *paz rusa* en Ucrania, tras la era de negociaciones abierta por los Estados Unidos liderados por Trump con Arabia Saudí como anfitriona.

existen? Más allá de los sujetos tradicionales de Derecho Internacional Público, ¿qué otro elenco de actores, organismos, participan en los procesos de nomogénesis con sustantividad propia?, ¿qué otras formas de cooperación internacional institucionalizada han proliferado en el ámbito monetario y financiero, más allá de las clásicas organizaciones internacionales, y qué relación guardan estos organismos con las organizaciones internacionales formales? ¿Se derivan de estas especificidades institucionales implicaciones para la teoría de la subjetividad y la personalidad jurídica internacional?

- Desde el punto de vista normativo, ¿cuáles son las *nuevas tendencias*[62] *de creación y producción de normas y de obligaciones internacionales* más señaladas que tienen relevancia en el ámbito de las relaciones monetarias y financieras internacionales? Las normas financieras internacionales suelen estar dominadas por el *soft law*; encontramos también en este

---

62 A estas nuevas tendencias se refiere la profesora Paz Andrés Sáenz de Santa María: *"la flexibilidad explica también lo que se viene calificando como las nuevas tendencias en la elaboración del derecho internacional, en concreto en relación con los tratados, apuntando con ello al recurso a procedimientos informales de creación de normas, a través de fórmulas como la llamada diplomacia normativa (reuniones de representantes de los Estados, incluso con la presencia de expertos), las Conferencias de Estados Partes y otros foros similares en los que se establecen nuevas normas o se enmiendan las existentes; fenómeno que se registra en ámbitos muy diversos (comercio, medio ambiente, cooperación técnica…) y que puede dar lugar a la adopción de decisiones vinculantes sin subordinación a la exigencia del consentimiento individual […] Junto a lo anterior, la flexibilidad se proyecta también en los tipos de textos a los que en ocasiones se recurre para establecer la regulación de que se trate, pues al lado de fórmulas clásicas hoy contemplamos la aparición de estándares, prácticas recomendadas, instrumentos concertados no convencionales, etc., cuyo nivel de normatividad es diverso"*, Paz ANDRÉS SÁENZ DE SANTA MARÍA, *Sistema de Derecho Internacional Público*, 6ª ed., Civitas-Thomson Reuters, 2020, p. 126.

ámbito *soft law material* y *soft law formal*[63], actos unilaterales que pueden concertarse mediante externalidades de red, actos concertados no convencionales, acuerdos no normativos, etc. ¿Es posible que haya un *soft law* propiciado por la mayoría numérica en las organizaciones internacionales y sus órganos de Estados en vías de desarrollo y también que la apuesta por el *soft law* en otros casos constituya una manifestación de lo contrario, esto es, de hegemonía?[64]

---

63 Siguiendo al profesor Casanovas y la Rosa: *"la cuestión del Soft Law no se ha de plantear, como a veces se hace, exclusivamente como un aspecto del proceso de formación de la norma consuetudinaria: el Soft Law como pautas de comportamiento que todavía no han adquirido, ni la suficiente generalidad en la práctica, ni la necesaria convicción de su obligatoriedad. El Soft Law también ha de destacarse en el contenido de las normas que, sobre todo en determinados ámbitos, como el Derecho internacional económico, adoptan redacciones más flexibles y vagas [...] En unos casos son razones de política interior que hacen que los Estados prefieran formular sus compromisos en resoluciones, que no son objeto de aprobación parlamentaria, en lugar de hacerlo en forma de tratado que precisa un examen a nivel interno. En otros casos la causa se encuentra en un deseo de celeridad. Pero son sobre todo causas ligadas a la estructura misma de la comunidad internacional las que inclinan muchas veces hacia estas obligaciones vagas y difusas: las principales potencias que lideran el capitalismo liberal prefieren que los operadores económicos no se encuentren constreñidos por una red de compromisos jurídicos demasiado estricta. La falta de integración de la comunidad internacional hace que los Estados menos favorecidos utilicen la fuerza de su número para ir marcando 'hitos normativos' aunque no puedan arrastrar a todos los Estados hacia sus posiciones"*, Oriol CASANOVAS Y LA ROSA, "Unidad y pluralismo en Derecho internacional público", en VV.AA., *Cursos Euromediterráneos Bancaja de Derecho Internacional*, Vol. II, Aranzadi, 1998, p. 116.

64 Quizá sean "dos caras de la misma moneda".

CAPÍTULO I:
Introducción

1. LA ESTABILIDAD MONETARIA Y FINANCIERA INTERNACIONAL[65]: UN BIEN PÚBLICO GLOBAL JURÍDICAMENTE INDETERMINADO

El presente estudio defiende la idea de partida de que la estabilidad financiera internacional constituye un bien público global[66]. Puede hablarse igualmente de estabilidad monetaria y

---

65 *Institute for Monetary and Financial Stability* es el nombre de un centro universitario de la Universidad Goethe de Frankfurt.

66 Esta idea es defendida por Manuel LÓPEZ ESCUDERO, "Estabilidad económico-financiera y derecho internacional", *Anuario de la Facultad de Derecho de la Universidad Autónoma de Madrid,* nº 16, 2012, pp. 367-406. En el mismo sentido se pronuncia Luis Miguel HINOJOSA MARTÍNEZ, "Clearing the crypto-assets wilderness: the EU Comission's MiCA proposal", *loc. cit.*, p. 46, donde señala que la estabilidad financiera es un valioso bien público global en el que la Unión Europea ha invertido tiempo, esfuerzo y capital, y que la soberanía monetaria europea constituye el principal medio para su consecución. *"Bien public mondial"* en palabras de Jean-Marc SOREL, "L'évolution des institutions financières internationales: entre redéploiement et fragilité, une restructuration systémique en chantier", *Annuaire Français de Droit International,* Vol. 52, 2006. pp. 481-504, en p. 483. Asimismo, Federico LUPO-PASINI, "Financial Stability as a Common Concern of Humankind", en Thomas Cottier (Ed.), *The Prospects of Common Concern of Humankind in International Law,* Cambridge University Press, 2021, pp. 400-428. En este sentido se pronuncia Lucía SATRAGNO,

financiera global como bien público, en el bien entendido que la estabilidad monetaria es una de las precondiciones para la existencia de estabilidad financiera internacional (y a la inversa) dada la gran imbricación que existe entre ambas[67]. No deja de ser cierto que la dimensión local y la global de la estabilidad monetaria y financiera pueden estar a su vez reñidas.

La estabilidad monetaria internacional es condición necesaria pero no suficiente para lograr la estabilidad financiera internacional; a su vez la estabilidad monetaria como objetivo que guía las políticas monetarias de los bancos centrales cuenta con dos dimensiones que pueden estar reñidas en el medio/largo plazo: una dimensión interna relativa al mantenimiento intrínseco del valor del dinero -la estabilidad de precios-, y una dimensión externa relativa a su valor externo relativo en relación con otras monedas, dimensión que depende de las elecciones en materia de tipos de cambio[68].

A los efectos de este trabajo y de la simplificación se empleará de forma principal el término "estabilidad financiera internacional" como bien público global en el que lógicamente se incardina a su vez la estabilidad monetaria global. Se trata de un bien público global del que depende en buena medida la

---

Monetary Stability as a Common Concern in International Law. Policy Cooperation and Coordination of Central Banks, Brill/Nijhoff, Leiden/Boston, 2022; asimismo, Annamaria VITERBO, "International Monetary Stability and Global Financial Stability as Global Public Goods and the Role of International Economic Law", en Annamaria VITERBO, *International Economic Law and Monetary Measures. Limitations to States' Sovereignty and Dispute Settlement*, Edward Elgar, 2012, pp. 4-55.

67 Lucia SATRAGNO, "International Monetary Stability as a Common Concern of Humankind", en Thomas Cottier (Ed.), *The Prospects of Common Concern of Humankind in International Law*, Cambridge University Press, 2021, pp. 347-399.

68 Rosa Mª LASTRA, *International Financial and Monetary Law*, 2ª Edición, Oxford University Press, 2015, p. 56.

consecución de otros bienes públicos globales: la realización de los derechos económicos y sociales[69] y en términos más amplios de los derechos humanos, la protección del medioambiente[70], el derecho al desarrollo (incluyendo la seguridad alimentaria), la fortaleza del Estado de Derecho y de las sociedades democráticas[71], el contrato social intra e intergeneracional e incluso la paz y la seguridad internacionales[72]. En el sentido inverso, un grave quebrantamiento de la paz y de la seguridad internaciona-

---

69 Piénsese en la obligación de realización progresiva de los derechos económicos, sociales y culturales que establece el artículo 2.1 del Pacto Internacional de Derechos Económicos, Sociales y Culturales en virtud del que cada Estado Parte se compromete a destinar a este fin el máximo de recursos disponibles recurriendo para ello a la asistencia y cooperación internacionales en caso necesario.

70 Véase en este sentido la reciente Comunicación de la Comisión Europea al Parlamento Europeo, al Consejo, al Comité Económico y Social y al Comité de las Regiones, *Estrategia para financiar la transición a una economía sostenible*, COM(2021) 390 final, de 6 de julio de 2021.

71 Puede pensarse acerca de si la resurrección global del populismo en nuestro tiempo que tiene fenómenos como las presidencias de Donald Trump o el Brexit como máximas manifestaciones se habría producido en estos mismos términos sin la Gran Recesión de 2008, al respecto Barry EICHENGREEN, *The populist temptation. Economic grievance and political reaction in the modern era*, Oxford University Press, 2018.

72 Este vínculo (prosperidad y paz) se encuentra presente en las palabras inaugurales pronunciadas por el Secretario del Tesoro estadounidense Henry Morgenthau en la Conferencia Monetaria y Financiera de Naciones Unidas celebrada en Bretton Woods en julio de 1944: en ellas postula la necesidad de la cooperación internacional como solución frente al clima de agresión económica, proteccionismo, depreciaciones competitivas de la moneda, y obstáculos e inestabilidad cambiarios que tuvieron lugar durante la década de 1930 con las consecuencias por todos conocidas. Intervención de Henry Morgenthau en la Sesión Plenaria Inaugural Conferencia Monetaria y Financiera de Naciones Unidas, 1 de julio de 1944, disponible en: https://www.cvce.eu/content/publication/2003/12/12/34c4153e-6266-4e84-88d7-f655abf1395f/publishable_en.pdf

les -como pone de manifiesto la agresión perpetrada por Rusia contra Ucrania en febrero de 2022 y la cascada de *sanciones* (medidas restrictivas, contramedidas) que le suceden como respuesta de una parte importante de la comunidad internacional- también tiene cierto potencial para intensificar el grado de riesgo sistémico[73]: se trata de "sanciones" sin precedentes contra una economía integrada en el sistema económico-financiero global e integrante del G-20 que ha propiciado hasta diecinueve rondas de medidas restrictivas adoptadas por la Unión Europea[74]. El rublo llegó a apreciarse considerablemente en los cuatro primeros meses posteriores a la agresión, con respecto a un dólar que en

---

73 Algunos ejemplos de este ligamen entre paz y seguridad internacionales y estabilidad en los mercados financieros pueden verse: *"Recientemente se ha sabido que hubo una negociación inhabitual tanto en mercados financieros israelíes como estadounidenses en los días previos al ataque de Hamas de 7 de octubre, con una significativa apuesta porque las acciones de empresas israelíes cayeran con fuerza en el corto plazo. Es razonable pensar que los autores del ataque terrorista habían planificado también poder beneficiarse de esa información de la que solamente ellos disponían (el ejército israelí contaba con algunas evidencias, pero erróneamente no les dio relevancia). No es una novedad: aparentemente Al Qaeda invirtió en opciones de venta sobre empresas que se verían negativamente afectadas por los ataques del 11 de septiembre de 2001. Aunque en este caso el supervisor estadounidense (SEC) no encontró pruebas concluyentes, diversos autores detectaron una actividad inversora anómala en las fechas previas al ataque"*, Mikel LARREINA, "Finanzas artificiales: ¿finanzas inteligentes?", *El País*, 7 de enero de 2024.

74 Puede oírse el podcast, Katerina LINOS, Elena CHACHKO, Luis Miguel HINOJOSA MARTÍNEZ y Carmela PÉREZ BERNÁRDEZ, *Sanctions in Comparative Perspective*, Podcast Berkeley Law, *Borderlines*, Episode #22, 21 de diciembre de 2023. Asimismo, Carmela PÉREZ BERNÁRDEZ, "Las sanciones internacionales de la UE: el caso de Rusia", en Francisco ALDECOA y José Elías ESTEVE (dirs), *Retos y Oportunidades de la Presidencia Española del Consejo de la Unión Europea: Aportaciones de la Conferencia sobre el Futuro de* Europa, Valencia, Tirant lo Blanch, 2023, pp. 35-61. Asimismo, Celia CHALLET, "Les sanctions de l'Union européenne adoptées en réaction à la guerre en Ukraine", *Revue des Affaires Européennes*, nº 1, agosto 2023, pp. 169-182.

ese mismo periodo se apreció considerablemente con respecto al euro, a su vez. Desde entonces ha vagado su cambio con respecto al dólar, hasta volver a recuperarse en la era "Trump 2.0" ante las expectativas de unas inciertas "negociaciones de paz". En los primeros meses de la guerra de Ucrania, Rusia exigió que su gas fuera pagado en rublos como respuesta a las *sanciones*, en respuesta la Unión Europea arbitró unas directrices para que el pago pudiera continuar efectuándose en euros o dólares a través de la entidad Gazprombank (que finalmente en noviembre de 2024 fue también *sancionada* por Estados Unidos)[75]. En suma, se trata de unas "sanciones" cuya inédita magnitud presenta un potencial también inédito de *shocks* económicos, y oportunidades sin precedentes de evasión y circunvalación[76].

La estabilidad financiera internacional ha emergido especialmente tras la respuesta a la Gran Recesión de 2008 como un bien público global tutelado a través del Derecho Internacional Público[77]. Para el ordenamiento jurídico de la Unión Europea

---

75 *Bulletin Quotidien Europe* nº 12953, de 17 de mayo de 2022, pp. 5-6.

76 Nicholas MULDER, The Sanctions Weapon, *Finance and Development*, junio de 2022.

77 Puede adelantarse que efectivamente la estabilidad financiera global está en camino de consagrarse como un bien público global pero la arquitectura financiera internacional no reviste la suficiente entidad ni densidad normativa para su consecución: es clamorosa la ausencia de un marco jurídico inequívoco, existe una eterna discusión acerca de quién -si alguien- sería el prestamista de última instancia, cómo atacar en el plano transnacional la resolución de entidades financieras, más allá del ámbito regional y doméstico... Desde 2008, especialmente, el impulso del G-20 ha hecho evolucionar el funcionamiento del Fondo Monetario Internacional, su práctica como organización internacional y sus competencias implícitas hacia la persecución de la estabilidad financiera global. En ausencia de un marco multilateral jurídicamente vinculante para la resolución transfronteriza de entidades financieras, encontramos alguna propuesta proveniente del *staff* del Fondo Monetario Internacional para establecer un marco avanzado de coopera-

con carácter posterior a la crisis iniciada en 2008 el imperativo macroeconómico de la estabilidad financiera se ha convertido en una piedra angular, en una prioridad en torno a la que se ha fraguado un espectacular desarrollo institucional y normativo, una noción que ha orquestado el reajuste de los equilibrios propios de la integración económica desde entonces, especialmente en la Unión Económica y Monetaria, sin que exista en el Derecho originario[78] una definición explícita de la misma (más allá de la mención tangencial que recibe en el artículo 127.5 TFUE)[79]. Esta ausencia de definición no ha sido óbice para que en el derecho derivado de la Unión se haya establecido un mecanismo de supervisión económica y presupuestaria reforzada al que pueden ser sometidos por decisión de la Comisión Europea aquellos Estados miembros que experimenten o corran el riesgo de experimentar graves dificultades en su estabilidad financiera que pueda desbordarse a otros Estados miembros de la zona euro[80].

---

ción: Sean HAGAN y José VIÑALS, *Resolution of Cross-Border Banks—A Proposed Framework for Enhanced Coordination*, Legal and Monetary and Capital Markets Departments, Fondo Monetario Internacional, 11 de junio de 2010. Por ende, la estabilidad financiera internacional debe entenderse como bien público global en el camino desde una estructura sinalagmática hacia una estructura comunitaria en Derecho Internacional; este es uno de los ejemplos que utiliza Ángel J. RODRIGO, "La ciencia del Derecho internacional", en José María BENEYTO y Carlos JIMÉNEZ PIERNAS, (Dirs.), Concepto y Fuentes del Derecho Internacional, Tirant lo Blanch, Valencia, 2022, p. 405.

78 En el presente trabajo, *Derecho originario* será empleado como sinónimo de *Derecho primario.*

79 Gianni LO SCHIAVO, *The Role of Financial Stability in EU Law and Policy*, Kluwer Law International, 2016; Fernando LOSADA y Klaus TUORI, "Integrating Macroeconomics into the EU Single Legal Order: The Role of Financial Stability in Post-crisis Europe", *European Papers*, Vol. 6, nº 3, 2021, pp. 1367-1396.

80 Reglamento (UE) nº 472/2013 del Parlamento Europeo y del Consejo de 21 de mayo de 2013 sobre el reforzamiento de la supervisión económica y presupuestaria de los Estados miembros de la zona del

Dado el alto grado de internacionalización y de interdependencia que han alcanzado los mercados financieros así como su participación por parte de poderes privados que exceden en poder a los Estados soberanos[81], la consecución de este objetivo requiere de la cooperación internacional y de su tutela mediante el Derecho Internacional Público y el Derecho de la Unión Europea: los mercados financieros reducen *de facto* el ám-

---

euro cuya estabilidad financiera experimenta o corre el riesgo de experimentar graves dificultades, DOUE L 140/1, de 27 de mayo de 2013.

81 Sin ir más lejos debe pensarse en el inmenso poder de las agencias de calificación crediticia: si bien hay más de 130 en todo el mundo, los tres grandes, norteamericanas, tienen una cuota de mercado del 95% (Moody's, Standard & Poor's y Fitch). Se ha señalado que el exceso de confianza por parte de inversores y de reguladores en sus calificaciones crediticias puede comprometer y poner en riesgo seriamente la estabilidad financiera internacional, pues no están exentas de conflictos de interés en sus actuaciones y sus informes no son siempre certeros, rigurosos ni imparciales. Pese a que hay una mejora notable de su regulación en el ámbito europeo, por ejemplo, con obligaciones de registro, y de comunicar tanto la estructura organizacional como la metodología empleada en los *ratings* al supervisor (la Autoridad Europea de Valores y Mercados –ESMA-), lo cierto es que la sobrevaloración de sus pronunciamientos referida y los problemas para la estabilidad financiera no tienen visos de solución (se habla de mejorar la transparencia y comparabilidad de los *ratings*, debida diligencia, etc.). ¿Tiene sentido pensar que pudieran existir *agencias de calificación crediticia europeas*, o que una organización internacional pudiera efectuar estas calificaciones?, véase Iain MACNEIL, "Credit rating agencies: regulation and financial stability", en Thomas COTTIER, Rosa Mª LASTRA, Christian TIETJE y Lucía SATRAGNO, *The Rule of Law in Monetary Affairs. World Trade Forum*, Cambridge University Press, 2014, pp. 178-203. En el ámbito de la Unión se produjo una notable mejora de la regulación, pese a las dificultades expuestas, con la adopción del Reglamento nº 462/2013/UE del Parlamento Europeo y del Consejo de 21 de mayo de 2013 por el que se modifica el Reglamento (CE) no 1060/2009 sobre las agencias de calificación crediticia, DOUE L 146/1, de 31 de mayo de 2013.

bito de elección y la capacidad de regulación soberana y esfera disponible democráticamente para los Estados, de modo que dicha regulación debe desarrollarse necesariamente mediante la cooperación internacional para tener mínimas posibilidades de éxito. La pregunta que surge inmediatamente es si tras la crisis de 2008 el Derecho Internacional Público ha evolucionado lo suficiente como para tutelar de forma eficaz la estabilidad financiera internacional, y como para prevenir, evitar y en su caso paliar los daños que podrían derivarse de nuevas crisis financieras internacionales de proporciones *sistémicas*.

Las crisis financieras internacionales en su origen son catástrofes de origen humano (más allá de los componentes cíclicos de la economía) que a través de la acción jurídica internacional deben intentar prevenirse, evitarse, y cuando se producen requieren ineludiblemente de unas herramientas institucionales y normativas que escapan y desbordan a la acción aislada de cualquier Estado por poderoso que este sea. ¿En qué medida da el actual Derecho Internacional respuesta a estas necesidades? Esta cuestión se ha planteado con especial intensidad tras la Gran Recesión de 2008 cuyas nefastas consecuencias económico-financieras alcanzaron de lleno también de forma inusitada a países del primer mundo. Hasta ese momento se pensaba que las crisis financieras se concentrarían principalmente en los países en vías de desarrollo, puesto que desde el comienzo de la década de 1980 la gran estabilidad macroeconómica hacía que se hablase de una "Gran Moderación". En cuanto al origen de la crisis financiera global iniciada en 2007-2008 se ha apuntado como una de sus posibles causas al fenómeno de la titulización de créditos y deudas, un fenómeno de ingeniería financiera que si bien no fue tan novedoso en lo que respecta al intercambio de títulos de propiedad sobre los activos financieros[82], sí adquirió

---

[82] Al respecto puede verse, Manuel CASTILLA CUBILLAS, *Titulización de Créditos*, Aranzadi, 2003.

dimensiones y proporciones inéditas ya que aparecieron apuestas y contratos de derivados financieros de especial complejidad que convertían esos activos financieros y monetarios en títulos negociables en mercados extrabursátiles *over the counter*: es el caso entre otros de los conocidos como *Credit Default Swaps* en los que se intercambia el riesgo de incumplimiento crediticio, y que permiten especular sobre la capacidad de reembolso de deudas de otras empresas y Estados[83]. Se atribuye a un célebre inversor estadounidense, Warren Buffet, la calificación de los derivados como armas de destrucción masiva del sistema financiero (si a ello unimos el potencial de los futuros desarrollos de la inteligencia artificial, las consecuencias no pueden ser sino inquietantes y nada halagüeñas las perspectivas futuras para el éxito de su regulación jurídica)[84]. Como explica con gran deta-

---

83 Jean-Marc SOREL, "Quelle normativité pour le droit des relations monétaires et financières internationales ? ", *Collected Courses of The Hague Academy of International Law–Recueil des cours,* Vol. 404, 2019, p. 259. Estos instrumentos financieros derivados ocasionaban una doble exposición al riesgo crediticio con importantes lagunas acerca de cuál debía ser su reflejo contable, como ya había puesto de manifiesto la literatura especializada: *"What distinguishes credit derivatives from many other OTC derivatives is that credit derivatives give rise to dual credit exposures: a credit exposure to a counterparty (as in other OTC derivatives) and a credit exposure to the reference asset. Notwithstanding this duality, there are no uniform global standards that specify whether a credit derivative position should be viewed as being primarily part of the banking book (which would stress the credit risk in the reference asset) or the trading book (which would stress the credit risk of the counterparty)"*, Burkhard DREES, Garry J. SCHINASI, Charles Frederick KRAMER y R. S. CRAIG, *Modern Banking and OTC Derivatives Markets. The Transformation of Global Finance and its Implications for Systemic Risk,* Fondo Monetario Internacional, 2001, disponible en: https://www.elibrary.imf.org/view/books/084/04654-9781557759993-en/ch04.xml

84 Resultan imponderables los desafíos que plantea la inteligencia artificial para la democracia y los derechos fundamentales, cualquiera que sea

lle en un excelente trabajo López Escudero el inicio de la crisis en junio de 2007 está ligado a las pérdidas ocasionadas por las *hipotecas subprime* que fueron incluidas en conglomerados de instrumentos financieros complejos integrados con otros productos financieros de mayor calidad, originando *activos tóxicos* que fueron diseminados y difundidos por todo el sistema financiero internacional mediante la actuación de los bancos de inversión estadounidenses[85]. Entre las causas últimas que definen el con-

---

su grado de autonomía funcional (que no ontológica) futuro: teóricamente siempre habrá un centro humano al que imputar sus acciones, tratándose de herramientas que hasta la fecha carecen de conciencia, compasión, sentido de la verdad…En todo caso, el declive de la razón comunicativa humana es inevitable, como son imprevisibles sus consecuencias en la multiplicación de los riesgos en el sistema financiero, o inevitable la aparición de un totalitarismo tecnológico y digital inintelegible privado de la *razón cordial* que -para que continuemos siendo ciudadanos, si es que hemos llegado a serlo- propone Adela CORTINA ORTS, *¿Ética o ideología de la inteligencia artificial? El eclipse de la razón comunicativa en una sociedad tecnologizada*, Paidós, 2024. Nos encaminamos más a una *ideología* de la inteligencia artificial ante la cual la ética y el Derecho Internacional cumplirán funciones de legitimación ante una severa limitación para *regular* sus efectos. En este mismo orden de ideas, veáse, Jordi PIGEM, *Técnica y totalitarismo. Digitalización, deshumanización y los anillos del poder global*, Fragmenta Editorial, 2023.

85 Manuel LÓPEZ ESCUDERO, "La protección de la estabilidad financiera como bien público global", en Núria BOUZA, Caterina GARCÍA SEGURA, Ángel J. RODRIGO HERNÁNDEZ (Dirs.) y Pablo PAREJA ALCARAZ (Coord.), *La gobernanza del interés público global: XXV Jornadas de la Asociación Española de Profesores de Derecho Internacional y Relaciones Internacionales, Barcelona, 19-20 de septiembre de 2013*, Tecnos, 2015, pp. 645-680, en especial en 647-652. También puede consultarse la obra del economista Santiago NIÑO BECERRA, *El crash de 2010. Toda la verdad sobre la crisis*, Los libros del lince, 15ª Edición, 2009. Asimismo, Paul JORION, *L'implosion. La finance contre l'économie, ce que révèle et annonce la 'crise des subprimes'*, Fayard, 2008. La mayor aseguradora del mundo, la norteamericana AIG (American International Group, Inc.) se vio seriamente afectada en septiembre de 2008 puesto que ofrecía *Credit Default Swaps*

texto de esta crisis financiera global fueron apuntados múltiples fenómenos explicativos adicionales a los mencionados, del mismo modo que la solución para unos debía venir de la mano de un mayor *laissez faire* y para otros el énfasis radicaba en que los mercados financieros necesitan una regulación e intervención más extensivas e intrusivas. De este modo, como posibles explicaciones de la génesis de la crisis de 2008 junto con sus detonantes inmediatos antes descritos aparecen *inter alia*: los desequilibrios macroeconómicos entre Estados Unidos y China, en forma de superávits comerciales de esta última; políticas monetarias laxas en Estados Unidos que favorecen burbujas de activos (entre ellos inmobiliarios); fallos en la regulación y supervisión a la hora de detectar riesgos sistémicos; la creencia de que existen entidades *too big to fail* genera distorsión en los incentivos y riesgo moral; el mercado de derivados ya mencionado, la débil regulación y el sistema bancario en la sombra; fallos en la administración corporativa al desacoplarse y desalinearse el interés cortoplacista de los administradores y accionistas (centrados en bonus, dividendos, cotizaciones) y los intereses a largo plazo; fallos en la gestión del riesgo, exceso de apalancamiento financiero, malas decisiones de los prestamistas, y la excesiva complejidad; la euforia y las externalidades; y finalmente, las deficiencias de la propia teoría económica...[86] La génesis de la crisis financiera fue llevada a la gran pantalla mediante el documental *Inside Job* estrenado en el Festival de Cannes de 2010[87].

---

para asegurar a inversores en caso de incumplimiento crediticio de los paquetes formados por las *hipotecas subprime* de alto riesgo integradas en las *Collaterized Debt Obligations (CDOs)*, previamente vendidas.

86 Rosa Mª LASTRA y Geoffrey WOOD, "The Crisis of 2007-2009: Nature, Causes and Reactions", en Thomas COTTIER, John H. JACKSON y Rosa Mª LASTRA, *International Law in Financial Regulation and Monetary Affairs*, Oxford University Press, 2012, pp. 9-27.

87 Una de las primeras víctimas de la crisis financiera fue Islandia, debe recordarse la Sentencia del Tribunal de la Asociación Europea de

Como consecuencia de la crisis financiera global desatada en 2008 el contagio del riesgo sistémico puso de manifiesto las limitaciones del principio de soberanía para afrontar los problemas derivados tanto de la irracionalidad[88] del comportamiento colectivo en los mercados financieros como de su galopante in-

---

Libre Comercio (EFTA) de 28 de enero de 2013, *EFTA Surveillance Authority c Iceland (Icesave)*, asunto E-16/11, donde el Tribunal entendió que Islandia no había violado el principio de no discriminación ni la Directiva 94/19/CE del Parlamento Europeo y del Consejo de 30 de mayo de 1994 relativa a los sistemas de garantía de depósitos (DOUE L 135/5, de 31 de mayo de 1994) al no haber garantizado su recuperación a depositantes en sucursales de la entidad quebrada *Icesave* de Reino Unido y Países Bajos. En detalle María Elvira MÉNDEZ PINEDO, "Nota a la sentencia Icesave del Tribunal de la Asociación Europea de Libre Comercio (AELC) de 28 de enero de 2013. Garantía de depósitos bancarios, discriminación territorial y deuda soberana tras la crisis financiera en Islandia", *Revista de Derecho Comunitario Europeo,* nº 46, 2013, pp. 1093-1117.

88 Esta irracionalidad en los mercados financieros se traslada al comportamiento de los agentes económicos públicos y privados, de modo que la denominada *exuberancia* distorsiona las expectativas sobre el valor futuro de los activos, y propicia la asunción de riesgos financieros excesivos. Las obras del Premio Nobel de Economía Robert Shiller describen estos procesos: George AKERLOF y Robert SHILLER, *Animal spirits. Cómo influye la psicología humana en la economía,* Gestión 2000, 2009; y, Robert SHILLER, *Exuberancia Irracional,* Deusto, 3ª Edición, 2015. En España a comienzos del siglo XXI y hasta el estallido de la crisis financiera global en 2008 esta exuberancia se manifestó especialmente en el sector de la construcción inmobiliaria, gracias a la confluencia temporal de la entrada en funcionamiento del Euro, bajos tipos de interés, grandes flujos de dinero que desataron la burbuja inmobiliaria debido fundamentalmente a la exuberancia del sector privado, sin que deba olvidarse la connivencia de los poderes públicos a todos los niveles, al respecto, Joseph STIGLITZ, *El Euro. Cómo la moneda común amenaza el futuro de Europa,* Penguin Random House, 2016, p. 136. La exaltación de esos '*animal spirits*' llevada al paroxismo también puede verse en la hilarante película *El lobo de Wall Street* (2013) dirigida por Martin Scorsese a partir de la novela homónima.

terdependencia y grado de globalización. El célebre economista y humanista José Luis Sampedro señalaba de forma gráfica que la tendencia *desregularizadora* de los últimos decenios manifestada en una amplia libertad de acción monetaria y financiera para los grandes grupos financieros privados en detrimento del poder gubernamental y unida a la revolución de la informática, solo podría traducirse en una *"expansión mundial del poder financiero y especulador"* de naturaleza antidemocrática[89]. En este sentido, se ha llegado a hablar de la existencia de un "agujero negro" de Derecho Internacional en lo que respecta al escaso volumen existente de normas de *hard law* en asuntos monetarios y financieros internacionales, tras demostrarse el fiasco que supone confiar en la disciplina de los mercados financieros, su autorregulación y la mera existencia de principios de *soft law* en el ámbito internacional para gobernar los mercados financieros descansando en su regulación *aislada* a través de los ordenamientos jurídicos

89 Véase José Luis SAMPEDRO, *El mercado y la globalización*, Ediciones Destino, 2002, pp. 63-65. Sin demonizar a la globalización como proceso inevitablemente tendente a la hegemonía cultural de la primera potencia, el economista Jagdish Bhagwati señala que la liberalización financiera llevada a cabo con excesiva rapidez ha llevado en ciertos países a crisis y a expandir la miseria humana, véase Jagdish BHAGWATI, *In Defense of Globalization*, Oxford University Press, 2004, pp. 199-200, citado en Robert HOWSE, "Towards an equitable integration of monetary and financial matters, trade and sustainable development", en Thomas COTTIER, Rosa Mª LASTRA, Christian TIETJE y Lucía SATRAGNO, *The Rule of Law in Monetary Affairs*, World Trade Forum, Cambridge University Press, 2014, p. 293. Puede pensarse en el endeble marco jurídico que posee la Unión Europea a nivel regional para disciplinar los fondos de capital e inversión especulativos, y sus gestores, principalmente, la Directiva 2011/61/UE del Parlamento Europeo y del Consejo de 8 de junio de 2011 relativa a los gestores de fondos de inversión alternativos y por la que se modifican las Directivas 2003/41/CE y 2009/65/CE y los Reglamentos (CE) no 1060/2009 y (UE) no 1095/2010, DOUE L 174/1, de 1 de julio de 2011.

nacionales[90]. Se ha llegado a afirmar que la arquitectura financiera internacional revela, además, un vacío de poder y de mandato en la división global de las funciones reguladoras entre las instituciones financieras internacionales, los denominados *standard setting bodies*[91] *y las autoridades reguladoras nacionales*[92]. La Unión Europea pretende erigir un cortafuegos que ponga límites a las posibilidades de contagio de riesgos sistémicos que se propaguen entre los Estados miembros y el conjunto de la Unión[93].

---

90 Rosa Mª LASTRA, "The Coming of Age of International Monetary and Financial Law after the Global Crisis", *Journal of International Economic Law*, Vol. 19, 2016, pp. 371-373; asimismo, John H. JACKSON, "The Quest for International Law in Financial Regulation and Monetary Affairs", *Journal of International Economic Law*, Vol. 13, nº 3, 2010, pp. 525-526.

91 La denominación *standard setting bodies* alude a organizaciones de carácter privado como la International Accounting Standards Board (IASB) que adopta normas internacionales de contabilidad, disposiciones de carácter técnico adoptadas por esta entidad privada integrada por expertos que posteriormente se convierten en normas vinculantes de derecho público. Especialmente tras la crisis financiera global de 2008 la Unión Europea ha tratado de ganar influencia normativa y política en este proceso de adopción de estándares contables, en particular, las mayores controversias tenían que ver con el criterio de valoración de los instrumentos financieros, ya que la norma técnica vigente a la sazón fue considerada como proclive a agravar el componente procíclico cuando los mercados financieros sufren iliquidez, véase Elias BENGTSSON, "Repoliticalization of accounting standard setting -The IASB, the EU and the global financial crisis", *Critical Perspectives on Accounting*, Vol. 22, nº 6, 2011, pp. 567-580.

92 Carlo DE STEFANO, "Reforming the Governance of International Financial Law in the Era of Post-Globalization", *Journal of International Economic Law*, Vol. 20, 2017, pp. 509-533.

93 En este sentido puede verse el intento de limitar las perturbaciones derivadas para la estabilidad financiera de los denominados *préstamos dudosos* (*non-performing loans*), véase la Directiva 2021/2167/UE del Parlamento Europeo y del Consejo de 24 de noviembre de 2021 sobre los administradores de créditos y los compradores de créditos y por la que se modifican las Directivas 2008/48/CE y 2014/17/UE, DOUE L

Con posterioridad a la crisis de 2008 han aparecido voces académicas reclamando que los bancos centrales incorporen como objetivo explícito de la política monetaria la preservación de la estabilidad financiera[94] a la par que se ha propuesto que sea el Fondo Monetario Internacional dada su experiencia y capacidad técnicas quien se vea dotado de poderes incrementados de vigilancia macro-financiera para identificar riesgos sistémicos que se fraguan especialmente entre los integrantes del G-20 tales como los que se derivan de las burbujas de activos en las fases alcistas del ciclo económico[95].

La estabilidad financiera internacional o global no ha recibido una definición legal unívoca, omnicomprensiva ni explícita. Sin embargo, la consecución de este objetivo ha ido perdiendo

---

438/1, de 8 de diciembre de 2021. Ahora bien, la Comisión Europea en febrero de 2025 ha iniciado procedimientos de infracción contra siete Estados miembros que no la han transpuesto en tiempo y forma (Austria, Bulgaria, España, Finlandia, Hungría, Países Bajos y Portugal).

94 El Sistema Europeo de Bancos Centrales debe contribuir tal y como indica el artículo 127.5 TFUE a la buena gestión por parte de *"las autoridades competentes con respecto a la supervisión prudencial de las entidades de crédito y a la estabilidad del sistema financiero"*. A su vez el Banco Central Europeo podrá, con respecto a la legislación de la Unión orientada a la supervisión prudencial y la estabilidad del sistema financiero ser consultado y brindar asesoramiento al Consejo, Comisión y autoridades de los Estados miembros, véase el artículo 25 del Protocolo nº 4 sobre los Estatutos del Sistema Europeo de Bancos Centrales y del Banco Central Europeo, anejo al Tratado de la Unión Europea y al Tratado de Funcionamiento de la Unión Europea. En el caso de la Reserva Federal norteamericana su mandato incluye desde la crisis de 2008 de forma explícita el deber de promover la estabilidad financiera.

95 Pese a la experiencia del Fondo Monetario Internacional en diseñar indicadores de alerta temprana su incapacidad de prevenir y alertar a tiempo de la crisis financiera global de 2008 fue patente a todas luces. Véase, en este sentido Gary HUFBAUER y Daniel DANXIA XIE, "Financial Stability and Monetary Policy: need for international surveillance", *Journal of International Economic Law*, Vol. 13, nº 3, 2010, pp. 939-953.

vaguedad y carácter elusivo si se atiende a los principales elementos materiales que englobaría su definición: esto es, el correcto funcionamiento de los sistemas de pago, la solidez de las entidades financieras (adecuación de requisitos de capital, liquidez, solvencia...), la aplicación de sensatas políticas de otorgamiento de licencias a las entidades financieras, canalizar correctamente las funciones de ahorro e inversión, buenas prácticas de supervisión de entidades financieras (administración honesta[96] y competente, transparencia, responsabilidad e incluso sosteni-

---

96 Más allá de las infracciones al artículo 101 TFUE que han supuesto las graves prácticas colusorias de diversas entidades financieras (Barclays, Deutsche Bank, JPMorgan, Citigroup, Société Générale...) manipulando los índices de referencia de tipos de interés (como Líbor, Euríbor) en distintos instrumentos y contratos financieros, así como de otros índices de referencia en los sectores de la energía, el petróleo y las divisas, la estabilidad financiera ha sido invocada para adoptar en la Unión Europea un Reglamento con objeto de *"garantizar la exactitud e integridad de los índices utilizados como índices de referencia en los instrumentos financieros y en los contratos financieros o para medir la rentabilidad de los fondos de inversión en la Unión"*, véase el Reglamento (UE) 2016/1011 del Parlamento Europeo y del Consejo de 8 de junio de 2016 sobre los índices utilizados como referencia en los instrumentos financieros y en los contratos financieros o para medir la rentabilidad de los fondos de inversión, y por el que se modifican las Directivas 2008/48/CE y 2014/17/UE y el Reglamento (UE) nº 596/2014, DOUE L 171/1, de 29 de junio de 2016. A tenor de este tipo de comportamientos, no resulta tan descabellado que célebres economistas hablen resueltamente de una "economía de la manipulación", véase, George AKERLOF y Robert SHILLER, *La economía de la manipulación. Cómo caemos como incautos en las trampas del mercado*, Deusto, 2016. En aras de la estabilidad financiera ha sido recientemente modificado aquel Reglamento de 2016 por el Reglamento 2025/914/UE del Parlamento Europeo y del Consejo de 7 de mayo de 2025 en lo que respecta al ámbito de aplicación de las normas aplicables a los índices de referencia, la utilización en la Unión de índices de referencia elaborados por un administrador radicado en un tercer país y determinados requisitos de información, DOUE L, de 19 de mayo de 2025.

bilidad...), el buen comportamiento de los intermediarios y de todos los participantes en mercados financieros al servicio de la economía real, así como la prevención de riesgos sistémicos y contagios que deriven en crisis económicas...Desde luego estos -entre otros muchos- pueden ser elementos que la regulación debería contribuir a alcanzar en aras de perseguir la estabilidad financiera como bien público internacional o global que trasciende fronteras. Un bien público cuyo disfrute en una jurisdicción no merma la cantidad de estabilidad financiera disponible para el resto, a la par que todos los esfuerzos que un Estado o grupo de Estados inviertan en perseguirla inevitablemente se derraman -en teoría- beneficiando a otros Estados (un bien público no rival y no excluyente)[97]: lamentablemente las relaciones internacionales contemporáneas parecen discurrir más por los cauces de los juegos de suma nula e incluso negativa que por los deseables cauces de los bienes públicos globales cuyos juegos resultarían en suma positiva; quizá solo se trate de una manifestación más de los límites de la racionalidad humana[98].

---

97 Rosa Mª LASTRA, *International Financial and Monetary Law, op. cit.*, 2015, pp. 126-129.

98 Ello no empece que para ciertos actores las ganancias particulares puedan ser extraordinarias incluso en juegos donde la colectividad en su conjunto pierde, como se ha puesto de manifiesto en la Gran Recesión de 2008 o en la Covid-19. Desde una visión de pluralismo jurídico se ha descrito como ambivalente la relación entre el Derecho Internacional y los bienes públicos globales, tales como la estabilidad financiera internacional: qué duda cabe de que el Derecho Internacional puede ser un potenciador de los bienes públicos globales, y que embrida y supone teóricamente un dique de contención frente a su diseño y concepción estrictamente unilaterales; pero al mismo tiempo, la propia naturaleza prescriptiva y proscriptiva del Derecho Internacional y su metodología, carencias institucionales y procedimientos nomogenéticos pueden suponer fuertes constricciones a la protección de los bienes públicos globales, Gregory SHAFFER, "International Law and Global Public Goods in a Legal Pluralist World", *European Journal of International Law*, Vol. 23, nº 3, 2012, pp. 669-693.

En todo caso, la educación finanicera y la estabilidad financiera pueden constituir valores de carácter personal que incrementen también las cuotas de bienestar individual y colectivo[99]. Más allá de los componentes de eficacia y eficiencia en el funcionamiento de los mercados financieros, la noción de estabilidad financiera internacional puede ser completada con elementos de equidad, bienestar y justicia social y distributiva[100], sostenibilidad, etc[101]. A título de ejemplo, en sus funciones de supervisión bancaria el Banco Central Europeo debe evaluar y detectar vulnerabilidades en las entidades de crédito procedentes del cambio climático y de factores relacionados con la sostenibilidad medioambiental, a la

---

99 Meir STATMAN, *A Wealth of Well-Being: A Holistic Approach to Behavioral Finance*, Ed. John Wiley & Sons, 2024.

100 También se pone el énfasis en incrementar el grado de alfabetización financiera como forma de hacer corresponsables de su suerte a los ciudadanos, puede verse el discurso pronunciado por la entonces comisaria europea McGuinness en la Conferencia *"Money Matters: Financial literacy, resilience and inclusion"* organizada por la Comisión Europea y la Autoridad Belga de los Mercados y Servicios Financieros, Bruselas, 20 de febrero de 2024.

101 La regulación interna e internacional de los mercados financieros existente con anterioridad a 2008 ha dado prioridad al interés de los partícipes en los mercados financieros (los denominados *insiders*) sobre los de los consumidores y la sociedad en general, en cierto modo, conduciendo a una socialización de las pérdidas acompañada por la privatización de las ganancias, en este sentido han sido expuestas las dificultades de combinar exigencias mínimas de justicia social con una regulación tendente al funcionamiento eficiente de los mercados financieros por Luis Miguel HINOJOSA MARTÍNEZ, "The regulation of financial markets and the european social model", en Luis Miguel HINOJOSA MARTÍNEZ y Pablo Jesús MARTÍN RODRÍGUEZ (Dirs.), *La regulación internacional de los mercados y la erosión del modelo político y social europeo,* Thomson Reuters, Aranzadi, 2019, pp. 30-37. En todo caso, las visiones extremadamente simplistas, idealistas, y buenistas no parecen de recibo a la hora de cotejar la realidad (más que como utopía), podríamos señalar como un arquetipo la de Christian FELBER, *Change everything: creating an economy for the common good,* 2015.

par que las entidades de crédito deben gestionar con prudencia dichos riesgos y comunicarlos con arreglo al marco prudencial de forma transparente[102]. La paz y la seguridad internacionales se ven afectadas y comprometidas por la inestabilidad financiera y al mismo tiempo los trastornos ocasionados por la geopolítica y los conflictos armados también se traducen en múltiples ocasiones en turbulencias e inestabilidad financiera en el plano internacional. Qué duda cabe de que en un plano microeconómico la mala salud financiera se traduce en problemas de salud mental individuales y colectivos[103].

Esta falta de definición legal precisa de la noción de estabilidad financiera internacional origina una cierta tautología así como obliga a examinar su composición y formulación en diferentes textos jurídicos internacionales y del ámbito regional europeo: así, por ejemplo, en la Carta del Consejo de Estabilidad Financiera[104] se establece como objetivo, mandato y tarea fundamental de este organismo evaluar y abordar las vulnerabilidades que afecten a los sistemas financieros, así como al sistema financiero global, en interés de la estabilidad financiera global;

---

102 Banco Central Europeo, *Guía sobre riesgos relacionados con el clima y medioambientales, loc. cit.* En mayor detalle puede verse cómo afectará el cambio climático a las funciones de supervisión del Banco Central Europeo en, Carmen HERNÁNDEZ SASETA y David BÁEZ SEARA, "El Banco Central Europeo, una institución en adaptación constante al contexto económico cambiante: de la unión monetaria a la unión bancaria", *Revista de Derecho Comunitario Europeo*, nº 80, 2025, pp. 168-171. Véase asimismo, Jay CULLEN, "Central Banks and Climate Change: Mission Impossible?", *Journal of Financial Regulation*, Vol. 9, nº 2, 2023, pp. 174–209.

103 Puede traerse a colación la célebre novela *Las uvas de la ira* escrita y publicada por John Steinbeck en 1939, ganadora del Premio Pulitzer en 1940.

104 La Carta fue adoptada por los jefes de Estado y de Gobierno del G-20 en la Cumbre de Pittsburgh que tuvo lugar el 25 de septiembre de 2009, y posteriormente, modificada y reformulada en la Cumbre del G-20 celebrada en Los Cabos (México) el 19 de junio de 2012.

ahora bien, cabe dudar de la capacidad del Consejo de Estabilidad Financiera para cumplir este mandato de forma efectiva, puesto que todo informe o resultado que se desprenda de su trabajo debe ser adoptado por consenso en su órgano plenario (artículo 9.2 de la Carta) y la experiencia del Fondo Monetario Internacional demuestra que los Estados son renuentes a aceptar la publicación de informes críticos con la situación económico-financiera especialmente en momentos próximos a citas electorales nacionales[105]. En los tratados constitutivos de dos organizaciones internacionales del ámbito internacional relevantes para la cooperación monetaria y financiera, como son el Fondo Monetario Internacional y el Banco de Pagos Internacionales, no hay una mención verdaderamente directa y explícita a la estabilidad financiera internacional: únicamente en el Convenio Constitutivo del Fondo Monetario Internacional aparecen entre sus fines y en relación con las obligaciones de los Estados miembros la estabilidad cambiaria[106], así como

---

105 Christian TIETJE, "The role of law in monetary affairs: taking stock", en Thomas COTTIER, Rosa Mª LASTRA, Christian TIETJE y Lucía SATRAGNO, *The Rule of Law in Monetary Affairs*. World Trade Forum, Cambridge University Press, 2014, p. 35.

106 El artículo IV que establece las obligaciones de los Estados miembros en relación con los regímenes de cambio proclama: *"Reconociendo que el sistema monetario internacional tiene como fin esencial establecer un marco que facilite el intercambio de bienes, servicios y capital entre los países y sirva de base a un crecimiento económico sólido, y que un objetivo primordial es el de fomentar de modo constante las condiciones fundamentales y ordenadas necesarias para la estabilidad económica y financiera, los países miembros se comprometen a colaborar con el Fondo y entre sí para establecer regímenes de cambios ordenados y promover un sistema estable de tipos de cambio"*. En una visión no del todo creíble se señala que el mandato del FMI ha experimentado una evolución en la que la vigilancia macroeconómica y la estabilidad financiera se han convertido en partes críticas de su cometido, y que junto a este núcleo aparecen en su práctica progresivamente de forma emergente áreas que son necesarias para su preservación como la lucha contra la corrupción, el cambio climáti-

una razonable estabilidad de precios[107], dos elementos que cabe incardinar *lato sensu* en el concepto de estabilidad financiera internacional. En todo caso, la práctica de ambas organizaciones internacionales sí ha sido fundada y orientada teleológicamente (al menos nominalmente) en la búsqueda de la estabilidad financiera internacional. Ciertamente, en la práctica del Fondo Monentario Internacional, con el catalizador de las crisis asiáticas de los 90 del siglo pasado, ha habido una evolución ya que a pesar de carecer esta organización internacional de un mandato que le atribuya capacidad formal para atender la estabilidad financiera global, entre sus funciones actuales el Fondo elabora con carácter semestral el Informe sobre la Estabilidad

co, la igualdad de género, la digitalización de las finanzas...Kristalina GEORGIEVA y Rhoda WEEKS-BROWN, "The IMF's Evolving Role Within a Constant Mandate", *Journal of International Economic Law*, Vol. 26, nº 1, 2023, pp. 17-29.

107 Como elocuente fracaso en el logro de este objetivo puede pensarse en la situación de debilidad estructural (desequilibrio comercial y fiscal, elevada inflación, dolarización informal...) con que Argentina encaraba a principios de 2022 las negociaciones para percibir asistencia financiera adicional del Fondo Monetario Internacional, véase Fondo Monetario Internacional, "El Directorio Ejecutivo del FMI analiza la evaluación ex post del acceso excepcional de Argentina en el marco del Acuerdo Stand-By de 2018", Comunicado de Prensa nº 21/401, 22 de diciembre de 2021. Téngase igualmente en mente el contexto que rodea a la llegada al poder del excéntrico Javier Milei, con un amago de aproximación, ingreso y luego ruptura y abandono con los BRICS y China, a la par que continúa existiendo una fuerte dependencia como cliente del Fondo Monetario Internacional (que había constituido objeto de las diatribas del nuevo mandatario argentino iconoclasta de la *economía de la motosierra*). Como contrapunto a este ¡*Viva la libertad, carajo!* que pregona el excéntrico libertario argentino, debe verse la obra de Joseph E. STIGLITZ, *Camino de libertad: La economía y la buena sociedad*, Taurus, 2025: la regulación no es opuesta a la libertad, puede haber restricciones necesarias en las sociedades libres y democráticas; ciertamente, la libertad de los pobres les confiere un margen de acción más reducido.

Financiera Mundial (*Global Financial Stability Report*) y además, dentro de las funciones de supervisión económica que el Fondo lleva a cabo podemos incardinar su Programa de Evaluación del Sector Financiero llevado a cabo conjuntamente con el Banco Mundial para las economías emergentes y en desarrollo, y solo por el FMI en relación con las economías avanzadas: en efecto, cuanto menos poderoso es un Estado miembro del Fondo, más fácil resulta presentarle un informe desfavorable.

Para el sistema jurídico de la Unión Europea posterior a la crisis iniciada en 2008 el imperativo macroeconómico de la estabilidad financiera se ha convertido en una prioridad que ha desencadenado un espectacular desarrollo institucional y normativo (a pesar del silencio que guarda al respecto el Derecho originario más allá de la mención tangencial ya señalada en el artículo 127.5 TFUE). El Banco Central Europeo ha indicado que la estabilidad de precios es una precondición para la estabilidad financiera y a su vez esta última es determinante en la estabilidad de precios y debe ser tenida en cuenta en la formulación de su política monetaria[108]. La noción de estabilidad financiera está

---

108 Banco Central Europeo, *Financial Stability Review*, Noviembre de 2021, pp. 95 y ss. Aunque la persecución de la estabilidad financiera no aparece mencionada de forma expresa entre los objetivos y funciones del Banco Central Europeo en el Derecho originario de la Unión, el Banco Central Europeo asume que aquella está inextricablemente ligada a la consecución de su misión principal. En la formulación de la política monetaria tendente a la estabilidad de precios, el Banco Central Europeo deberá adoptar un enfoque más interactivo y flexible que integre la estabilidad financiera y la política macroprudencial en sus consideraciones. Ahora bien, la relación con esta variable no deja de ser ambivalente, el propio Banco Central Europeo reconoce que la política monetaria tanto convencional como heterodoxa puede afectar adversamente a la estabilidad financiera, así como que no es una función al alcance de la política monetaria asegurar y garantizar *per se* la estabilidad financiera. Esta función corresponde a la política macroprundencial con la que la política monetaria en gran medida es

asimismo íntimamente conectada con la exigencia de prevenir y gestionar adecuadamente el *riesgo sistémico*. Así, en el ámbito de la Unión Europea en el Reglamento en virtud del cual se instituye una Autoridad Europea de Supervisión (la Autoridad Bancaria Europea[109]) se establece como objetivo la consecución de la estabilidad del sistema financiero en aras de una mayor integración financiera en el mercado interior. Para ello se confieren a la Autoridad poderes para determinar el riesgo sistémico llevando a cabo pruebas de solvencia a las entidades financieras, con una supervisión reforzada y la eventual aplicación de planes y procedimientos de resolución y rescate a aquellas entidades que puedan presentar riesgo sistémico. En su marco normativo

---

complementaria. La independencia personal, funcional, jurídica, que caracteriza al Banco Central Europeo como *leitmotiv* de la institución, se ve en el plano económico muy atemperada por el contexto geopolítico, y por las decisiones de otros bancos centrales y sus *efectos de red*, que vienen a condicionar y limitar *de facto* esta autonomía decisional.

109 Junto con ella, integran dicha autoridad, además, la Autoridad Europea de Valores y Mercados (ESMA) y la Autoridad Europea de Seguros y Pensiones de Jubilación, compartiendo todas ellas como se verá la capacidad de presentar proyectos de normas técnicas. A pesar de esta denominación, la Autoridad Bancaria Europea es en primer término un regulador (no un verdadero supervisor, función que corresponde -como se verá- en la Unión Bancaria al Banco Central Europeo). La Autoridad Bancaria Europea señaló para 2023 como dominios prioritarios de supervisión bancaria: los riesgos geopolíticos y macroeconómicos, resistencia operativa y financiera, los riesgos de la transición climática y la digitalización, el blanqueo de capitales y la financiación del terrorismo, así como los derivados de la gobernanza interna de los grupos bancarios, Agencia Europa, *Bulletin Quotidien Europe*, nº 13055, de 3 de noviembre de 2022, p. 7. Véase en mayor detalle, Thomas F. HUERTAS, "Variable geometry: the role of the European Banking Union authority under Banking Union", en Luis Miguel HINOJOSA MARTÍNEZ y José María BENEYTO PÉREZ (Eds.), *European Banking Union. The New Regime*, Wolters Kluwer, The Netherlands, 2015, pp. 69-76.

la Autoridad asume el compromiso de incorporar plenamente los enfoques de los organismos internacionales pertinentes a la hora de fijar los criterios de medición y determinación del riesgo sistémico, con mención expresa del Consejo de Estabilidad Financiera, del Fondo Monetario Internacional y del Banco de Pagos Internacionales (en su artículo 23.2)[110]. La precedente Comisión Europea (2019-2024), en otro orden de ideas, llegó a contar con una cartera destinada a preservar la estabilidad financiera, a cuyo frente estuvo la irlandesa Mairead McGuinness[111]. En la actual Comisón (2024-2029) este cometido ha quedado subsumido, con menor prominencia, en una cartera que ha asumido -de ciclópeas tareas por delante- la portugesa Maria Luís Albuquerque (*Financial Services and the Savings and Investments*

---

110 Reglamento (UE) nº 1093/2010 del Parlamento Europeo y del Consejo de 24 de noviembre de 2010 por el que se crea una Autoridad Europea de Supervisión (Autoridad Bancaria Europea), se modifica la Decisión no 716/2009/CE y se deroga la Decisión 2009/78/CE de la Comisión, DOUE L 331/12, de 15 de diciembre de 2010. De acuerdo con su artículo 1.5 en su misión de proteger el interés público contribuyendo a la estabilidad y a la eficacia del sistema financiero, a corto, medio y largo plazo, la Autoridad orientará su actividad a: *"a) mejorar el funcionamiento del mercado interior, en particular con un nivel sólido, efectivo y coherente de regulación y supervisión; b) velar por la integridad, la transparencia, la eficiencia y el correcto funcionamiento de los mercados financieros; c) reforzar la coordinación de la supervisión internacional; d) evitar el arbitraje regulatorio y promover la igualdad de condiciones de competencia; e) garantizar que los riesgos de crédito y otro tipo están regulados y supervisados de la forma adecuada, y f) reforzar la protección del consumidor"*. En el caso de España, en 2023-2024, la única entidad financiera que tiene carácter sistémico global es el Banco Santander, una de las 30 que en el mundo ostentan dicha condición de acuerdo con el criterio del Consejo de Estabilidad Financiera en colaboración con el Comité de Supervisión Bancaria de Basilea.

111 También formaba parte de las prioridades de su mandato incrementar el nivel de educación y competencias financieras de niños y jóvenes.

Union)[112]. En junio de 2025 la Comisión Europea ha promulgado un informe anual sobre el estado de la estabilidad financiera y de la integración. Este informe señala que en términos globales la estabilidad financiera se mantiene a pesar de episodios coyunturales de gran volatilidad, y se identifican algunos riesgos sistémicos futuros que pueden aparecer ligados a los desarrollos de la inteligencia artificial y las exigencias de ciberseguridad; asimismo, los intermediarios financieros no bancarios (fondos de inversión, aseguradoras y fondos de pensiones) pueden enfrentar mayores riesgos derivados de correcciones desordenadas del mercado y del deterioro de la calidad del crédito. En el caso de los agentes muy apalancados expuestos a desajustes de liquidez, la evolución adversa del mercado podría provocar ventas forzosas de activos, lo que podría acelerar las correcciones de precios desordenadas de los mismos...También la inteligencia artificial presenta un potencial de ayudar a mitigar y encauzar mejor los riesgos existentes y futuros según este informe[113].

A pesar de la indeterminación de este concepto jurídico, la jurisprudencia puede llegar a avalar en procesos de reestructuración y de resolución bancaria que la estabilidad del sistema financiero como interés público pueda prevalecer sobre el derecho a la propiedad de los accionistas y erigirse como un fundamento válido para su restricción: así ha sucedido en el contexto de la resolución del Banco Popular y su posterior absorción por el Banco

---

112 *"Her task is to unlock the financing needed for the EU's green, digital and social transition, while safeguarding financial stability, ensuring better access for EU businesses to finance and creating better opportunities for citizens to improve their own financial security"*, según indica la página web de la Comisión, disponible en: https://commission.europa.eu/about/organisation/college-commissioners/maria-luis-albuquerque_en

113 El informe elaborado por la Comisión Europea y en particular por su Dirección General de Estabilidad Financiera, Servicios Financieros y Unión de los Mercados de Capitales se titula: *European Financial Stability and Integration Review*, Bruselas, 2025.

Santander en la sentencia de 5 de mayo de 2022 del Tribunal de Justicia[114]. Del mismo modo el Tribunal General ha excluido la

---

[114] En el ámbito de aplicación del Derecho de la Unión Europea ha originado una importante cantidad de litigios la resolución del Banco Popular acordada por la Junta Única de Resolución el 7 de junio de 2017 que supuso la amortización sin contraprestación de todas sus acciones y la posterior extinción de su personalidad jurídica y sucesión mediante fusión por absorción tras ser adquirido el Banco Popular por el Banco Santander por el precio de un euro. En concreto el Abogado General Jean Richard de la Tour en sus conclusiones presentadas a raíz de una cuestión prejudicial elevada por la Audiencia Provincial de la Coruña, se ha posicionado en contra de que varios accionistas que meses antes de la resolución acudieron a una ampliación de capital mediante oferta pública de suscripción puedan interponer con posterioridad a la resolución de la entidad demandas de resarcimiento fundadas en la eventual declaración, con efectos retroactivos, de la nulidad de la suscripción de dichas acciones derivada de una información defectuosa contenida en el folleto de emisión. Véanse las Conclusiones presentadas el 2 de diciembre de 2021, *Banco Santander, S. A., c. J. A. C. y M. C. P. R.*, asunto C-410/20, ECLI:EU:C:2021:976, apartados 64, 77 y 97. El Tribunal de Justicia ha defendido esta tesis en su Sentencia de 5 de mayo de 2022, ECLI:EU:C:2022:351, apartados 36 y 37: *"[...] el Tribunal de Justicia ha subrayado que los objetivos consistentes en garantizar la estabilidad del sistema bancario y financiero y en evitar un riesgo sistémico constituyen objetivos de interés general perseguidos por la Unión (sentencia de 16 de julio de 2020, Adusbef y otros, C-686/18, EU:C:2020:567, apartado 92 y jurisprudencia citada). Así pues, si bien existe un claro interés general en garantizar en toda la Unión una protección fuerte y coherente de los inversores, no puede considerarse que ese interés prevalezca en todo caso sobre el interés general consistente en garantizar la estabilidad del sistema financiero (sentencias de 19 de julio de 2016, Kotnik y otros, C-526/14, EU:C:2016:570, apartado 91, y de 8 de noviembre de 2016, Dowling y otros, C-41/15, EU:C:2016:836, apartado 54). [...] Por lo tanto, la Directiva 2014/59 establece el recurso, en un contexto económico excepcional, a un procedimiento que puede afectar, en particular, a los derechos de los accionistas y de los acreedores de una entidad de crédito o de una empresa de servicios de inversión, a fin de preservar la estabilidad financiera de los Estados miembros, al crear un régimen de insolvencia que constituye*

responsabilidad extracontractual de la Unión al considerar que la resolución y posterior venta del Banco Popular, como entidad que se hallaba en graves dificultades o que probablemente iba a estarlo, fue llevada a cabo en aras del objetivo superior de la estabilidad financiera de conformidad con las directrices de la Autoridad Bancaria Europea, Banco Central Europeo y la Junta Única de Resolución, con aval de la Comisión Europea, sin cometer ningún error manifiesto de apreciación, ni acto ilícito alguno (a pesar de omitir la audiencia a los accionistas y acreedores de la entidad resuelta)[115]. En esta misma línea han sido presentados

---

una excepción al régimen general de los procedimientos de insolvencia, cuya aplicación únicamente se autoriza en circunstancias excepcionales y debe estar justificada por un interés general superior. El carácter excepcional de este régimen implica que cabe descartar la aplicación de otras disposiciones del Derecho de la Unión cuando estas puedan privar de eficacia u obstaculizar la aplicación del procedimiento de resolución".

115 La rapidez y urgencia con que se efectuó el procedimiento están justificadas y resultan proporcionales al objetivo de evitar repercusiones que la inviabilidad del ente pueda acarrear a la estabilidad financiera, de este modo en opinión del Tribunal General queda amparada por el artículo 52. 1 de la Carta de los Derechos Fundamentales de la Unión Europea la omisión de dar audiencia a accionistas y acreedores de la entidad sujeta al dispositivo de resolución, Sentencia del Tribunal General de 1 de junio de 2022, *Fundación Tatiana Pérez de Guzmán el Bueno y Stiftung für Forschung und Lehre (SFL) c. Junta Única de Resolución (JUR)*, asunto T-481/17, apartados 226 y 239 y siguientes., ECLI:EU:T:2022:311. El Tribunal General se apoya en varias ocasiones en la jurisprudencia del Tribunal Europeo de Derechos Humanos a estos efectos, así por ejemplo, en su apartado 232: *"En la sentencia de 24 de noviembre de 2005, Capital Bank AD c. Bulgaria (CE:ECHR:2005:1124JUD004942999), § 136, el TEDH declaró que, en un ámbito económicamente sensible como la estabilidad del sistema bancario y en determinadas situaciones, podía existir una necesidad imperiosa de actuar expeditivamente y sin previo aviso, con el fin de evitar daños irreparables para el banco, sus depositantes y sus otros acreedores o para el sistema bancario y financiero en su conjunto"*, a estos efectos pueden verse también los apartados 213 y 231 y siguientes de la sentencia del Tribunal General.

unos 103 recursos en los que el Tribunal General debe pronunciarse acerca de la legalidad de la resolución del Banco Popular y su posterior venta al Banco Santander: el Tribunal General ha resuelto cinco recursos a modo de "asuntos piloto" en los que ha primado el objetivo de salvaguardar la estabilidad financiera como interés público[116]. En idéntico sentido ha resuelto en octubre de 2024 el Tribunal de Justicia los recursos de casación contra dichas sentencias, desestimando los recursos de anulación contra el dispositivo de resolución del Banco Popular y su posterior venta al Banco Santander, desestimando la indemnización a los accionistas y acreedores[117].

---

116 En aras de la garantía de la estabilidad financiera se ha establecido un límite válido a los derechos de los accionistas del Banco Popular. Accionistas y acreedores han asumido en primer lugar los costes de la resolución bancaria a fin de minimizar el uso de fondos públicos, véase Jorge URBANEJA CILLÁN, "Los mecanismos de gestión de crisis bancarias como garantía de estabilidad financiera en la Unión Europea. El Tribunal General desestima los recursos contra la resolución del Banco Popular", *Revista de Derecho Comunitario Europeo*, nº 73, 2022, pp. 995-1039. Recientemente el Tribunal General abundando en esta línea ha venido a desestimar que accionistas y acreedores del Banco Popular tengan derecho a ser resarcidos con cargo al Fondo Único de Resolución puesto que en el *"escenario contrafáctico de una liquidación según un procedimiento de insolvencia ordinario"* no habrían recibido un mejor tratamiento que el dispensado por la Junta Única de Resolución, véase la Sentencia del Tribunal General de 22 de noviembre de 2023, *Del Valle Ruiz y otros c. JUR*, asuntos acumulados T-302/20, T-303/20 y T-307/20, ECLI:EU:T:2023:735. Con posterioridad a la resolución del Banco Popular, fue adoptado el Reglamento (UE) 2017/1129 del Parlamento Europeo y del Consejo, de 14 de junio de 2017, sobre el folleto que debe publicarse en caso de oferta pública o admisión a cotización de valores en un mercado regulado, DOUE L 168/12, de 30 de junio de 2017.

117 Sentencias del Tribunal de Justicia de 4 de octubre de 2024, *Aeris Invest Sàrl c. Comisión y Junta Única de Resolución*, asunto C-535/22 P, ECLI:EU:C:2024:819; y *Eleveté Invest Group, S. L. c. Comisión y Junta Única de Resolución*, asunto C-541/22 P, ECLI:EU:C:2024:820.

Algo similar sucedió con el proceso de saneamiento del sistema bancario en Chipre que llevó a este Estado a solicitar asistencia financiera del Mecanismo Europeo de Estabilidad (en lo sucesivo MEDE), una ayuda vehiculizada a través de un Memorándum de Entendimiento negociado y firmado por la Comisión en nombre del MEDE con el respaldo, también para la supervisión de la condicionalidad asociada, del Banco Central Europeo y el Fondo Monetario Internacional: en este contexto fueron planteados y desestimados por el Tribunal de Justicia varios recursos solicitando la responsabilidad extracontractual de las instituciones de la Unión así como del Eurogrupo, y en ambos casos, prevaleció el interés general de salvaguardar la estabilidad del sistema financiero chipriota y de la zona euro en su conjunto sobre el eventual menoscabo a los derechos de propiedad de los depositantes que sufrieron la quita a depósitos no garantizados (aquellos superiores a 100.000 euros)[118].

Cabe recordar y anticipar en este punto que una vez que la crisis financiera de 2008 se tradujo en una fuerte crisis de deudas soberanas en la eurozona, en marzo de 2011, el Consejo Europeo acordó una revisión simplificada del Derecho originario

---

118 La *ratio decidendi* radica en que el riesgo de pérdidas financieras inminentes para dichos depositantes en caso de quebrar los bancos afectados habría sido muy superior, lo que permite al Tribunal de Justicia declarar que las medidas *"no constituyen una intervención desmesurada e intolerable"* que atente contra el contenido esencial del derecho fundamental a la propiedad. Deben verse en este sentido la Sentencia de la Gran Sala del Tribunal de Justicia de 20 de septiembre de 2016, *Ledra Advertising Ltd. y otros c. Comisión y Banco Central Europeo,* asuntos acumulados C-8/15 P a C-10/15 P, ECLI:EU:C:2016:701, apartado 74, así como la Sentencia de la Gran Sala del Tribunal de Justicia de 16 de diciembre de 2020, *Consejo c. Dr. K. Chrysostomides & Co. LLC y otros,* asuntos acumulados C-597/18 P, C-598/18 P, C-603/18 P y C-604/18 P, ECLI:EU:C:2020:1028. En esta última se rechaza que el Eurogrupo sea asimilable a una formación del Consejo y que sus comportamientos puedan desencadenar la responsabilidad extracontractual de la Unión.

de la Unión para permitir añadiendo un apartado al artículo 136 TFUE la creación de un mecanismo que pudiera garantizar la estabilidad financiera de la zona euro en su conjunto, es así como mediante un acuerdo *inter se* al margen del Derecho originario -pero íntimamente conectado con él- se instituyó el MEDE entre los Estados miembros del Euro[119].

Como la OCDE pone de relieve en una reciente publicación, la tarea de promover la estabilidad financiera internacional para los reguladores nacionales y para las instituciones y organismos internacionales adquirirá en los próximos años una complejidad inusitada debido a la irrupción y mayor extensión de la inteligencia artificial en las finanzas que podrá amplificar las vulnerabilidades procíclicas existentes en los sistemas financieros, incrementar su volatilidad, así como originar nuevas vulnerabilidades que desafíen el liviano marco de supervisión y gobernanza existente en la actualidad[120]. Dadas las ambiciones y gran inversión que China está efectuando para liderar la innovación en los ecosistemas digitales, sus titanes tecnológicos (Baidu, Alibaba, Tencent) se están postulando para tener un liderazgo en el desarrollo de las FinTech modelando hábitos de los consumidores –muchos de ellos nativos digitales- a nivel

---

[119] Instrumento de Ratificación del Tratado Constitutivo del Mecanismo Europeo de Estabilidad (MEDE) entre el Reino de Bélgica, la República Federal de Alemania, la República de Estonia, Irlanda, la República Helénica, el Reino de España, la República Francesa, la República Italiana, la República de Chipre, el Gran Ducado de Luxemburgo, Malta, el Reino de los Países Bajos, la República de Austria, la República Portuguesa, la República de Eslovenia, la República Eslovaca y la República de Finlandia, hecho en Bruselas el 2 de febrero de 2012, BOE nº 239, de 4 de octubre de 2012, p. 70375.

[120] OECD, *Artificial Intelligence, Machine Learning and Big Data in Finance: Opportunities, Challenges, and Implications for Policy Makers*, 2021 https://www.oecd.org/finance/artificial-intelligence-machine-learningbig-data-in-finance.htm

planetario[121]. Junto con las tecnologías financieras *FinTech*[122] *se ha convertido en un sector emergente el de las RegTech,* esto es, las tecnologías reguladoras que buscan complementar esta *disrupción digital* facilitando a la industria financiera la adaptación a los marcos reguladores. De momento la posición de la Unión Europea ante esta infancia en la edad digital financiera ha sido calificada como presidida por el afán regulador, pero sin llegar a coartar ni sofocar la innovación[123].

---

121 Águeda PARRA PÉREZ, "Los titanes tecnológicos como modelo de emprendimiento de China y su papel en el desarrollo de la economía digital", *Instituto Español de Estudios Estratégicos,* Documento de Opinión nº 19/2022, 1 de marzo de 2022. Estos desarrollos no están exentos de riesgos para los derechos humanos: *"En algunos países del mundo el sector, del crédito digital evoluciona con celeridad y ofrece servicios a una cantidad creciente de prestatarios. La información personal obtenida por el sector tecnofinanciero (fintech), sobre todo mediante las aplicaciones de pago y préstamo, es un asunto muy preocupante. Como los prestamistas creen que todos los datos son "datos de crédito", aplican algoritmos complejos de gestión de macrodatos que procesan la actividad que mantienen millones de personas en las redes sociales, para intentar evaluar su solvencia crediticia. Estas prácticas también pueden afectar a las personas en sus derechos civiles y políticos, como la privacidad y la libertad de pensamiento y expresión, entre otros. La cantidad de likes que recibe un potencial prestatario determina en alguna medida su solvencia financiera ya que se asocia la popularidad en las redes al capital social acumulado"*, véase el ensayo del antiguo experto independiente (2014-2020) en Deuda Externa y Derechos Humanos del Consejo de Derechos Humanos de Naciones Unidas, Juan Pablo BOHOSLAVSKY, "Deuda privada y derechos humanos. El *default* en casa", *Revista Anfibia,* 3 de marzo de 2020, disponible en: https://www.revistaanfibia.com/el-default-en-casa/ .

122 Lorenzo M. BUJOSA VADELL, Nadia MANSOUR, y Walter REIFARTH MUÑOZ (Eds.), *The Role of Fintech in the Post-Covid-19 World: Law and Regulation,* Atelier, 2022. Dentro del género, podríamos incardinar también *lato sensu* la especie *InsurTech,* empresas de seguros que combinan estos nuevos elementos tecnológicos.

123 Georgios PAVLIDIS, "Europe in the digital age: regulating digital finance without suffocating innovation", *Law, Innovation and Technology,* Vol. 13, nº 2, 2021, pp. 464-477.

La noción de estabilidad financiera internacional y los esfuerzos tendentes a su consecución reflejan el *statu quo* existente en la sociedad internacional en cuanto a la distribución y equilibrios de poder. No se trata de una noción aséptica que escape a las dimensiones relacional e institucional presentes en la sociedad internacional y en las relaciones internacionales. Actualmente, la pugna geopolítica y geoeconómica que mantienen Estados Unidos y China también se traslada al sistema monetario y financiero internacional que se debate del mismo modo que todo el sistema económico internacional entre, su mantenimiento y remodelación, y, su ruptura y superación[124]. Puede pensarse en cómo China reta a las instituciones de Bretton Woods -como son el Fondo Monetario Internacional y el Grupo del Banco Mundial- con su comportamiento como prestamista y acreedor que ha combinado con la *contrahegemónica* creación del Banco Asiático de Inversión en Infraestructuras[125], enmarcándose dichas actuaciones en su *Nueva Ruta de la Seda*: muchos son los actores que pueden verse atrapados en una "trampa de deuda" como contrapartida (puede verse, a título de ejemplo, cómo China ha conseguido la cesión en arriendo por 99 años del puerto estratégico en el Índico de Hambantota en Sri Lanka, así como su estrategia de participación y obtención de concesiones en puertos europeos, como el emblemático El Pireo, en Grecia)[126]. A esta panorámica debe añadirse la constatación de la magnitud de las reservas en divisas extranjera que China acumula, simi-

---

124 James RICKARDS, *Currency Wars. The making of the next global crisis*, Penguin, 2011.

125 Jonathan PASS, "China's institutional Statecraft within the liberal international order: the Asian Infraestructure Investment Bank", *Revista Española de Derecho Internacional*, Vol. 72, nº 2, 2020, pp. 89-115.

126 José Rafael MARÍN AÍS, "La Nueva Ruta de la Seda y la seguridad económica de la Unión Europea", en Consuelo RAMÓN CHORNET (Coord.), *Dimensiones de la seguridad en la política europea y global*, 2021, pp.165-190.

lares en volumen al PIB anual de Alemania[127]. En relación con la *Nueva Ruta de la Seda* se ha señalado que: *"China is rolling out a 'soft law' network of memoranda of understanding and private law contracts, which points to a mode of engagement predominantly based on significant economic ties and private law ordering rather than strong legal obligations under public international law"*[128].

Junto con la regulación o desregulación internacional la consecución de la estabilidad financiera internacional depende de las regulaciones existentes en los derechos internos. El derecho interno en materia monetaria y financiera adquiere singular trascendencia en este sector del Derecho Internacional incluso aunque no tenga una vocación explícita de aplicación extraterritorial; ahora bien, como trasunto de las relaciones de poder económico, en este campo como en otros, no todas las regulaciones internas tienen el mismo impacto, ni repercusión global: tras la Gran Depresión de 1929 en Estados Unidos fue adoptada la conocida como ley Glass-Steagall que establecía una tajante separación entre la banca comercial (de depósitos) y la banca de inversión en valores; dicha ley fue derogada en 1999 bajo la presidencia de

---

127 Pablo Pareja Alcaraz afirma que ninguna economía tiene una reserva de su propia moneda del tamaño de las que China posee en monedas extranjeras, cuestión que dificulta a los principales actores –incluido el Banco Central Europeo- desarrollar políticas monetarias autónomas, véase en su minuto 48 la Conferencia presentada por Pablo PAREJA ALCARAZ, "Las relaciones entre la Unión Europea y Asia Oriental en el escenario post-Brexit", pronunciada en el Centro de Documentación de la Universidad de Granada, el 1 de marzo de 2022, disponible en: https://www.youtube.com/watch?v=QOFeK8D2Z7E De este modo resulta comprensible que sea China uno de los principales opositores a que el FMI tenga un mayor *droit de regard* sobre la política cambiaria y sobre reservas monetarias (activos de reserva) de sus miembros.

128 Anthea ROBERTS, Henrique Choer MORAES y Victor FERGUSON, "Toward a Geoeconomic Order in International Trade and Investment", *Journal of International Economic Law*, nº 22, 2019, p. 673.

Clinton y reemplazada por la ley conocida como Gramm-Leach-Bliley que permitió la reunión de prácticas comerciales y de inversión en las entidades financieras, favoreciendo el crecimiento de la banca en la sombra (*shadow banking*). Evidentemente, estos cambios normativos favorecieron prácticas que desembocaron en la Gran Recesión de 2008, tal y como numerosos economistas señalan, y durante la presidencia de Obama en 2010 fue adoptada como intento de prevenir futuras perturbaciones a la estabilidad financiera la conocida como ley Dodd–Frank[129]. Ahora bien, ni el fuerte dirigismo ni su peculiar *capitalismo de Estado* han sido óbice para la proliferación en China de una igualmente considerable banca en la sombra, en los últimos tiempos[130].

En este mismo sentido cabe señalar que, aunque no existe una conexión orgánica ni formalizada entre la Reserva Federal norteamericana como una suerte de banco central en la cúspide del sistema financiero mundial y el resto de los bancos centrales, tanto en 2008 como en marzo de 2020 con el pánico y caída libre desatado por la Covid-19, la Fed ha intervenido como una especie de "prestamista global de último recurso" en aras de la estabilidad financiera mundial[131].

---

129 Puede pensarse también en el denominado *Plan Brady* denominado en honor al secretario del Tesoro norteamericano a la sazón que buscaba (obteniendo resultados dispares) aliviar el endeudamiento comercial de países latinoamericanos como Argentina, Brasil, México o Venezuela a finales de los 80 del siglo pasado, facilitando el canje de dicha deuda privada por bonos estadounidenses, con carácter complementario a los planes de ajuste estructural de las instituciones financieras internacionales, como el Fondo Monetario Internacional. Participaron, asimismo: Bulgaria, Costa Rica, Ecuador, Costa de Marfil Filipinas, Jordania, Nigeria, Panamá, Perú, Polonia, República Dominicana, Rusia, Uruguay y Vietnam.

130 Franklin ALLEN y Xian GU, "Shadow banking in China compared to other countries", *The Manchester School*, Vol. 89, nº 5, 2021, pp. 407-419.

131 Adam TOOZE, *El apagón. Cómo el coronavirus sacudió la economía mundial*, Editorial Planeta, 2021, p. 142.

La irrupción de las criptomonedas y criptoactivos, así como la tecnología que les da soporte[132], con Bitcoin desde 2008 como buque insignia, ilustra como pocos fenómenos la ósmosis entre moneda y finanzas, desatando ante la ausencia hasta la fecha de un enfoque regulatorio global una gran disparidad de actitudes de los Estados hacia este fenómeno que oscilan entre la adopción como "moneda" de curso legal de Bitcoin por El Salvador[133] o la breve experiencia de la República Centroafricana hasta la

---

132 Blockchain es la más emblemática, véase, Inmaculada SÁNCHEZ RUIZ DE VALDIVIA (Dir.) y Luis Miguel HINOJOSA MARTÍNEZ (Pr.), *Blockchain. Impacto en los sistemas financiero, notarial, registral y judicial,* Aranzadi Thomson Reuters, 2020. Se ha señalado que en países en vías de desarrollo y economías emergentes en Asia-Pacífico la adopción de criptoactivos intensifica el fenómeno de la dolarización al contribuir a hundir las monedas locales; al mismo tiempo esta adopción es mayor en países con mayor penetración digital y una estructura macroeconómica más débil, véase Krishna SRINIVASAN, "Opening Remarks at Peer-Learning Series on Digital Money/ Technology: Central Bank Digital Currency and the Case of China", *IMF Communications Department,* 7 de julio de 2022. El célebre Premio Nobel de economía Paul Krugman mostró gran escepticismo acerca de las posibilidades de Bitcoin de desempeñar las clásicas funciones monetarias haciéndose eco de quienes ven en su diseño el potencial de un arma ideada para menoscabar las posibilidades de que la política monetaria de los bancos centrales surta efecto, y favorecer ideas libertarias (en el sentido norteamericano, de *anarcocapitalismo*) que dificulten a los Estados recaudar impuestos e identificar y vigilar las transacciones económicas y financieras de sus ciudadanos, Paul KRUGMAN, "Bitcoin is Evil", *New York Times,* 28 de diciembre de 2013.

133 Su adopción en septiembre de 2021 se produjo en una norma breve sin detalle técnico y en un contexto de escasa credibilidad para instituciones internacionales como el Fondo Monetario Internacional, marcado por la renegociación de deuda con este último, la elevada inflación, inestabilidad cambiaria y debilidad institucional del país, véase, Sergio GORJÓN, "El papel de los criptoactivos como moneda de curso legal: el ejemplo de El Salvador", *Artículos Analíticos. Boletín Económico. Banco de España,* nº 4, 2021. Dicho curso legal fue

prohibición y veto a sus transacciones, publicidad y minado en China[134]. Los iniciales titubeos y circunspección en cuanto a sus potenciales riesgos en la estabilidad financiera global parecen estar dando paso a opiniones fundadas de economistas que vaticinan que estos criptoactivos presentan riesgo sistémico dadas la correlación y sincronía en sus cotizaciones con las existentes en los mercados de valores, máxime atendiendo al volumen elevado de capitalización que están alcanzando, nada residual ni marginal[135]. Bitcoin muestra cómo esta *criptoeconomía* da lugar a una compleja relación entre tecnología y derecho, en un contexto de fractura y fragmentación de los mercados financieros internacionales que dista mucho de estar propiciando un verdadero *derecho global*: aparece un conglomerado de regulaciones, restricciones y prohibiciones de derecho nacional[136], junto con un intento incompleto por definición de armonización de las

abandonado tras un breve periplo en enero de 2025, en medio de la negociación con el Fondo Monetario Internacional.

134 Macarena VIDAL LIY, "China intensifica su campaña contra las criptomonedas y declara ilegal toda actividad con ellas", *El País*, 24 de septiembre de 2021.

135 Tobias ADRIAN, Tara IYER y Mahvash S. QURESHI, "Crypto Prices Move More in Sync With Stocks, Posing New Risks", *Blog del Fondo Monetario Internacional*, 11 de enero de 2022, disponible en: https://blogs.imf.org/2022/01/11/crypto-prices-move-more-in-sync-with-stocks-posing-new-risks/

136 En todo caso, puede verse cómo una decisión nacional de la Comisión de Bolsa y Valores (SEC-Securities and Exchange Commission) norteamericana de autorizar en enero de 2024 los fondos de inversión cotizados -ETF- sobre *Bitcoin* puede hacer que su cotización se dispare al empezar a ofrecer estos servicios de inversión a particulares gigantes como son, por ejemplo, Fidelity o Blackrock. En España han llegado a la Audiencia Nacional algunos asuntos relacionados con el escaneo del iris, de los ojos y del rostro por parte de la empresa Worldcoin tras ser ordenada la suspensión de su actividad por la Agencia Española de Protección de Datos, y actualmente, está viéndose enjuiciada una presunta estafa piramidal llevada a cabo por *Arbistar* relacionada con las criptomonedas.

organizaciones internacionales y *standard setting-bodies*, al que acompañan también esfuerzos regulatorios desde instancias como UNIDROIT desde el Derecho Internacional Privado[137].

China parece decidida a impulsar su criptodivisa centralizada, respaldada estatalmente, un yuan electrónico, digital, cuyos detalles técnicos definitivos permanecen opacos e inéditos, y cuyas implicaciones en la soberanía monetaria chinas y en el sistema financiero internacional son toda una incógnita: en todo caso, bajo esta iniciativa entre otras intenciones puede latir la voluntad de sustraerse a las "sanciones" internacionales impulsadas por Estados Unidos y/o la Unión Europea[138]. La ejecución de las mal llamadas sanciones internacionales (*contramedidas*), así como de todo tipo de pagos electrónicos, descansa en gran medida en los servicios de mensajería financiera que ofrece una sociedad cooperativa belga de derecho privado, SWIFT[139] (*Society for Worldwide Interbank Finan-*

137 Matthias LEHMANN, *Crypto Economy and International Law. Determining the Regulatory and Private Law Rules Governing the Blockchain*, *Brill/Nijhoff*, 2025.

138 Robert GREENE, "What Will Be the Impact of China's State-Sponsored Digital Currency?", *Carnegie Endowment for International Peace*, Comentario, 1 de julio de 2021.

139 En respuesta a la agresión perpetrada por Rusia contra Ucrania el 24 de febrero de 2022, la Presidenta de la Comisión Europea Ursula Von Der Leyen efectuó, junto a los líderes de Alemania, Canadá, Estados Unidos, Francia, Italia y Reino Unido, una declaración conjunta en la que se comprometían a remover a los bancos rusos seleccionados del sistema Swift, desconectándolos del sistema financiero internacional. Asimismo, se comprometieron en dicha declaración a impedir que el Banco Central de la Federación Rusa pueda sortear las sanciones desplegando al efecto sus reservas internacionales. Comisión Europea, *Joint Statement on further restrictive economic measures*, Bruselas, 26 de febrero de 2022. Finalmente, el Consejo de la Unión acordó excluir a siete entidades financieras rusas del sistema Swift (Bank Otkritie, Novikombank, Promsvyazbank, Bank Rossiya, Sovcombank, VEB, VTB Bank) librando de estas medidas a Sberbank (el mayor

cial Telecommunication) a la que están conectados más de 11.000 bancos, entidades financieras y otras corporaciones en más de 200 países[140]. En todo caso, el elenco de actores estatales y no estatales que puede provocar turbulencias en la cotización de la criptomoneda más emblemática, Bitcoin, es considerable: puede pensarse en los anuncios de la empresa norteamericana Tesla entre marzo y mayo-junio de 2021, primero señalando que aceptaría Bitcoin

---

banco comercial ruso) así como a Gazprombank, que constituyen los principales canales de pago de las importaciones de gas ruso, véase el Reglamento (UE) 2022/345 del Consejo de 1 de marzo de 2022 por el que se modifica el Reglamento (UE) nº 833/2014 relativo a medidas restrictivas motivadas por acciones de Rusia que desestabilizan la situación en Ucrania, DOUE L 63/1, de 2 de marzo de 2022; véase asimismo, Agencia Europa, *Bulletin Quotidien Europe*, nº 12902, de 3 de marzo de 2022. Evidentemente para la Unión Europea constituye una preocupación capital evitar que China logre ayudar a Rusia a circunvalar las sanciones a través de su Sistema de Pagos Interbancario Internacional (*Cross-Border Interbank Payment System –CIPS-*).

140 https://www.swift.com/about-us/legal/compliance-0/swift-and-sanctions Con objeto de sortear la aplicación extraterritorial de "sanciones" estadounidenses, en el caso de Irán, tras la retirada en 2018 del acuerdo nuclear con este Estado, algunos Estados a la sazón miembros de la Unión Europea, como Alemania, Francia y Reino Unido, impulsaron la creación de un instrumento financiero para permitir el comercio legítimo de empresas europeas con Irán sin emplear dólares ni el sistema SWIFT: se trata de INSTEX (*Instrument in Support of Trade Exchanges*), un intento de preservar los efectos del Plan de Acción Integral Conjunto (PAIC) alcanzado en 2015 con Irán que fue endosado por la Resolución 2231 (2015) del Consejo de Seguridad, de 20 de julio de 2015. INSTEX fue constituido en 2019 como una sociedad privada de derecho francés, en la que participan además de Reino Unido, nueve Estados miembros de la Unión Europea, España entre ellos. Véase: https://instex-europe.com/about-us/
Asimismo, Javier ROLDÁN BARBERO y Luis Miguel HINOJOSA MARTÍNEZ, "Capítulo 2. El Derecho Internacional Económico", en Luis M. HINOJOSA MARTÍNEZ y Javier ROLDÁN BARBERO (Coords.), *Derecho Internacional Económico*, Tirant lo Blanch, Valencia, 2022, p. 46.

como medio de pago y después señalando lo contrario; o en el anuncio de la eventual prohibición por parte de Rusia en enero de 2022 de las actividades relacionadas con las criptomonedas so pretexto de constituir una amenaza a su soberanía monetaria y a la estabilidad financiera...[141] Estos comportamientos pueden favorecer o dificultar que las criptomonedas desempeñen funciones clásicas monetarias (piénsese en su capacidad de reserva de valor, como unidad de cuenta o como medio de pago) así como incidir en la estabilidad financiera internacional. El Consejo de Estabilidad Financiera advirtió en febrero de 2022 de que las criptomonedas, incluidas las denominadas *stablecoins*, pueden suponer un riesgo emergente para la estabilidad financiera global, debido a su creciente conexión con las instituciones financieras reguladas, muchas de ellas de carácter sistémico, así como la posibilidad de que provoquen desajustes de liquidez, o de que los riesgos operacionales o de crédito de las denominadas *stablecoins* provoquen un descenso súbito en las reservas que las respaldan, sin olvidar, su papel en el blanqueo de capitales o el cibercrimen, así como el elevado nivel de ignorancia con el que inversores y consumidores operan con los criptoactivos[142]. Dada su interconexión con el

---

141 Tras el veto de China a las criptomonedas, Kazajistán se convirtió en una suerte de nuevo "santuario" para su minado, pero en enero de 2022, las encendidas protestas por el encarecimiento de la energía fueron reprimidas por el Gobierno con un corte total de Internet que afectó a esta labor, véase Álvaro SÁNCHEZ, "El bitcoin enciende las alarmas: pierde la mitad de su valor en menos de tres meses", *El País*, 24 de enero de 2022.

142 El vicepresidente del Banco Central Europeo, Luis de Guindos, señalaba que la intención de Estados Unidos de favorecer *stablecoins* ligadas al dólar, adosadas a él, es una forma de potenciar el rol de esta primera divisa, y por tanto, una medida con implicaciones para la autonomía estratégica de la Unión, amén de que los consumidores europeos puedan estar menos protegidos en otras jurisdicciones y este pueda ser un motivo que llame a revisitar el flamante Reglamento MiCA (Reglamento (UE) 2023/1114 del Parlamento Europeo y del Consejo, *loc. cit.*).

sistema financiero tradicional y su volumen en rápido ascenso los criptoactivos pueden crecer hasta convertirse en un riesgo para la estabilidad financiera global que pase inadvertido y sea difícil de detectar en evaluaciones preventivas[143]. La exclusión parcial de Rusia del sistema SWIFT que le ha sido practicada como condena en respuesta a la agresión perpetrada contra Ucrania en febrero de 2022 podría propiciar un orden monetario y financiero global desacoplado, menos conectado, en el que según señala Águeda Parra: *"No parece viable que China ofrezca a Rusia el sistema de pago transfronterizo CIPS como alternativa al SWIFT ya que, en un esquema de interconexión financiera global, las transacciones en yuanes se apoyan en un esquema de nodos bancarios intermedios que, de verse sancionados terminarían afectando a los bancos chinos. Sin embargo, con la puesta en circulación del yuan digital podría modificarse el orden financiero internacional vigente, generando un pequeño tsunami sobre la balanza de poder geopolítico"*. De este modo ante la exclusión de SWIFT *"la disponibilidad del yuan digital plantea una opción de relativa subsistencia financiera sin que China incurra en el riesgo de sufrir represalias que conllevarían sanciones sobre los bancos chinos"*[144].

Véase Agencia Europa, *Bulletin Quotidien Europe*, nº 13629, de 29 de abril de 2025. A propósito de la protección de los consumidores en el ámbito de los servicios financieros, España no ha acometido en plazo la transposición de la Directiva (UE) 2020/1828 del Parlamento Europeo y del Consejo de 25 de noviembre de 2020 relativa a las acciones de representación para la protección de los intereses colectivos de los consumidores, y por la que se deroga la Directiva 2009/22/CE (Texto pertinente a efectos del EEE), DOUE L 409, de 4 de diciembre de 2020.

143 Consejo de Estabilidad Financiera, *Assessment of Risks to Financial Stability from Crypto-assets*, 16 de febrero de 2022, disponible en: https://www.fsb.org/wp-content/uploads/P160222.pdf

144 *"El despliegue de influencia del sistema financiero chino también se extiende a una mayor adopción en el uso de tarjetas bancarias de China, UnionPay, como alternativa para sustituir a las tradicionales Visa y Mastercard, ante el anuncio del cese de operación de estas empresas en Rusia"*, véase Águeda PARRA PÉREZ, "Yuan digital, ¿un rival geopolítico inesperado?", *El*

Pardo de Santayana apunta a la progresiva pérdida de influencia de las denominadas *sanciones unilaterales*: *"En 2019, Rusia y China firmaron un acuerdo para reemplazar el dólar con monedas nacionales en las liquidaciones internacionales entre ellos. Tal coordinación financiera ayudó a Rusia a reducir su dependencia del dólar en el comercio, que pasó del 80 % de las exportaciones totales de Rusia en 2013 a solo un poco más de la mitad antes del inicio de la guerra. La mayor parte de dicha disminución fue absorbida por su comercio con China"*, añade que *"Individualmente, los acuerdos de intercambio de divisas, los sistemas de pago alternativos y las monedas digitales no tendrían mucho impacto en la eficacia de las sanciones estadounidenses. Pero juntas, estas innovaciones están brindando cada vez más a los países la capacidad de realizar transacciones a través de canales a prueba de sanciones. Esta tendencia parece irreversible [...]. Esto significa que, dentro de una década, las sanciones unilaterales de EE. UU. pueden haber perdido gran parte del impacto"*[145].

Finalmente, es pronto para extraer conclusiones significativas acerca del impacto de eventos tales como, aunque no parecen haber comprometido significativamente la estabilidad financiera global: la reciente quiebra acaecida en noviembre de 2022 de la plataforma de intercambio de criptomonedas FTX (constituida

País, 2 de abril de 2022. En otro orden de ideas el Banco Europeo para la Reconstrucción y el Desarrollo (BERD) también ha decidido en abril de 2022 suspender la financiación y la cooperación técnica con Rusia y Bielorrusia en respuesta a la agresión, véase, Agencia Europa, *Bulletin Quotidien Europe*, nº 12925, de 5 de abril de 2022.

145 José PARDO DE SANTAYANA, "La asociación estratégica chino-rusa sigue gozando de buena salud", *Documento de Análisis del Instituto Español de Estudios Estratégicos*, nº 3/2023, 18 de enero de 2023, en p. 11 y p. 13. Este autor se apoya en los trabajos de una autora que ilustra cómo las sanciones presentes pueden mermar la efectividad de las sanciones futuras si tienen el efecto de incrementar la confianza en el sistema financiero chino, Agathe DEMARAIS, *Backfire: How Sanctions Reshape the World Against U.S. Interests*, Columbia University Press, 2022.

en Bahamas); o, la quiebra en marzo de 2023 de Silicon Valley Bank y el subsiguiente matrimonio forzoso, tras la absorción previo rescate de Credit Suisse por UBS. Ante este último evento, seis bancos centrales activaron un dispositivio preventivo de intercambio de dólares (*swap line*) para mantener la liquidez (Banco Central Europeo, Banco Central de Canadá, Banco de Inglaterra, Banco de Japón, la Reserva Federal norteamericana y el Banco Central de Suiza)[146]. Fueron puestos en el punto de mira asimismo los denominados bonos contingentes convertibles (CoCos)[147]. Por su parte, el presidente del Consejo Único

---

146 Agencia Europa, *Bulletin Quotidien Europe*, nº 13145, de 21 de marzo de 2023, pp. 20-21.

147 *"Como resultado de la crisis de 2008, el Financial Stability Board (FSB), un organismo internacional que vela por la estabilidad del sistema financiero, fijó un sistema de protección para evitar que las quiebras de bancos las pagaran los contribuyentes, como ocurrió entonces. Se establecieron dos criterios: el cumplimiento de una serie de ratios de capital y, en paralelo, una escalera que partiendo de esos mínimos repartiera el coste de un eventual rescate interno (bail in) en contraposición al rescate a cuenta de las arcas públicas (bail out). Los bonos contingentes convertibles (CoCos) son un tipo de deuda AT 1, es decir, de la que más riesgo tiene entre los distintos instrumentos de deuda que emite un banco y la primera en caer en caso de problemas para la entidad. En su propio nombre viene una explicación de qué son exactamente: si las reservas de un banco en relación a sus activos totales bajan por debajo de un cierto nivel (porque afloren activos tóxicos o por acumulación de pérdidas) estos bonos se convierten automáticamente en acciones y, por tanto, restauran el capital deteriorado, contribuyendo así al saneamiento del banco. Son bonos, además, con vencimiento perpetuo o a muy largo plazo, por lo que también se les califica de deuda híbrida. El inversor asume más riesgo que con otros bonos que no sean cocos y, por eso mismo, los bancos pagan más intereses por ellos. Según datos del FSB recopilados por FT, el mercado de deuda AT 1 tiene un tamaño de 260.000 millones de dólares (241.000 millones de euros)"*, Fernando BELINCHÓN, "¿Qué son los 'CoCos' y por qué están en el ojo del último huracán financiero?", *Cinco Días. El País*, 22 de marzo de 2023, disponible en: https://cincodias.elpais.com/mercados-financieros/2023-03-22/cocos-preguntas-y-respuestas-del-ultimo-incendio-sofocado-en-el-sistema-bancario.html

de Supervisión de la Unión Europea destacó que los bancos europeos sujetos al mismo, a diferencia de los norteamericanos, aplican de forma adecuada los estándares de Basilea en materia de liquidez (mientras que en el caso de los estadounidenses, únicamente lo hacen aquellas entidades financieras de dimensión sistémica)[148]. La posverdad y la especulación financiera, unidas en nuestro tiempo,[149] pueden tener mayor impacto que los ratios de capital y de liquidez, y es algo que inversores, reguladores y ejecutivos de entidades bancarias comienzan a temer.

---

148 Agencia Europa, *Bulletin Quotidien Europe*, nº 13146, de 22 de marzo de 2023, pp. 11-12. Ahora bien, los estándares más robustos del Comité de Supervisión Bancaria de Basilea relativos a los riesgos derivados de la exposición a los criptoactivos, aún no han sido debidamente 'traducidos' al derecho derivado de la Unión, algo que resulta deseable. Véase asimismo el Comunicado Conjunto que han efectuado el 20 de marzo de 2023, el Consejo Único de Supervisión, la Autoridad Bancaria Europea y el Banco Central Europeo, *SRB, EBA and ECB Banking Supervision statement on the announcement on 19 March 2023 by Swiss authorities,* disponible en: https://www.ecb.europa.eu/ecb/orga/decisions/ssm/html/index.es.html *"The Single Resolution Board, the European Banking Authority and ECB Banking Supervision welcome the comprehensive set of actions taken yesterday by the Swiss authorities in order to ensure financial stability. The European banking sector is resilient, with robust levels of capital and liquidity. The resolution framework implementing in the European Union the reforms recommended by the Financial Stability Board after the Great Financial Crisis has established, among others, the order according to which shareholders and creditors of a troubled bank should bear losses. In particular, common equity instruments are the first ones to absorb losses, and only after their full use would Additional Tier 1 be required to be written down. This approach has been consistently applied in past cases and will continue to guide the actions of the SRB and ECB banking supervision in crisis interventions. Additional Tier 1 is and will remain an important component of the capital structure of European banks".*

149 Liam PROUD, "La inversión en banca y el terror del mundo de la posverdad", *Cinco Días. El País,* 25 de marzo de 2023.

El Derecho Internacional ha comenzado recientemente a preocuparse por la estabilidad financiera internacional como bien público global al que dispensa progresivamente una mayor atención normativa e institucional. En este sentido López Escudero describe minuciosamente cuatro fases diferenciadas: a) 1945-1973, una fase de irrelevancia de la estabilidad financiera internacional, en la que los mercados financieros y su disciplina se circunscriben a los derechos nacionales; b) 1973-1997: una vez abandonado el sistema de tipos de cambio fijos y sustituido por uno de fluctuación monetaria, se produce un proceso de liberalización e internacionalización de las finanzas y de intensificación del desarrollo del sistema financiero internacional; c) 1997-2008: la estabilidad financiera despunta como bien público global tras las crisis financieras vividas en los años noventa por varios países del sudeste asiático y por México, Brasil y Rusia; finalmente, en cuarto lugar, d) desde 2008 hasta nuestros días se produce una desesperada búsqueda de la estabilidad financiera global[150].

En su informe sobre la estabilidad financiera global presentado en abril de 2021 el Fondo Monetario Internacional señaló como principales riesgos: los derivados de unas condiciones financieras extremadamente favorables, así como de políticas monetarias acomodaticias, para propiciar la recuperación económica posterior a la pandemia producida por la Covid-19 que a medio plazo pueden constituir una fuente de vulnerabilidades, entre otras razones debido al sobreendeudamiento público y privado; a ellos se unen el nuevo ecosistema de las criptomonedas, la galopante inflación y los derivados del cambio climático[151]. Debe tenerse presente que en 2022 la deuda mundial acumulada ha alcanzado máximos al representar con una magnitud

---

150 Manuel LÓPEZ ESCUDERO, "La protección de la estabilidad financiera como bien público global", *op. cit.*, pp. 652-665.

151 Fondo Monetario Internacional, *Global Financial Stability Report. Preempting a Legacy of Vulnerabilities,* Abril de 2021.

de 296 millones de dólares estadounidenses el equivalente a un 350% del PIB mundial, poniendo serias dudas en cuanto a su sostenibilidad e impacto nocivo en la economía mundial[152].

Del mismo modo en que el Derecho Internacional Económico no constituye una disciplina científica autónoma ni independiente con respecto al Derecho Internacional General, un sector incardinado en aquel, el Derecho relativo al sistema monetario y financiero internacional, es un subsector que forma parte del Derecho Internacional Económico y en buena medida del Derecho Internacional General; en la presente obra se abordará el estudio de algunas especificidades institucionales y normativas que presenta el fenómeno jurídico en este ámbito material pero sin desgajar su análisis de la disciplina del Derecho

---

152 De esta deuda total Gobiernos y empresas son responsables de un 29% cada uno de ellos, el sector financiero de un 23% y las familias de un 18.5 %. Véase P. M. "¿Crisis de deuda mundial a la vista?", *El País,* 31 de mayo de 2022. Existen iniciativas del ámbito privado para "vigilar" la deuda como la llevada a cabo por el Instituto de Finanzas Internacionales que publica periódicamente una investigación titulada *Global Debt Monitor.* Esta entidad privada fue constituida a principios de los años 80 del pasado siglo en Estados Unidos con ánimo, presuntamente, de mejorar la arquitectura de la deuda soberana en línea con estándares tales como *The Principles for Stable Capital Flows and Fair Debt Restructuring in Emerging Markets* elaborados bajo sus auspicios por agentes de países prestamistas emergentes y sus acreedores privados y oficiales. Estos principios estrictamente voluntarios constituyen un ejemplo de acuerdo transnacional elaborado por actores estatales y no estatales. El Instituto de Finanzas Internacionales fue constituido como una asociación privada que agrupa actualmente a más de 400 representantes de la industria financiera, banca comercial y de inversión, aseguradoras, gestoras de activos, fondos de inversión públicos y privados, bancos centrales, bancos regionales de desarrollo...Su misión en términos amplios está orientada a fomentar la estabilidad financiera y el crecimiento económico.

Internacional Público[153]. Podríamos hablar por tanto de una rama y de un subsector del ordenamiento jurídico internacional que presentan ciertas especificidades en sus principios, así como en aspectos institucionales y normativos, con la particularidad de estar ligado el hecho jurídico a la dimensión material económica como común denominador, pero sin desgajarse del Derecho Internacional General. Derecho y economía se dan la mano necesariamente al abordar el estudio del sistema monetario y financiero internacional, si bien debe intentar evitarse y superar el tradicional *diálogo de sordos* del que ha advertido el profesor Pellet en este tipo de enfoques pluridisciplinares[154].

Cuando fueron erigidas las instituciones internacionales de Bretton Woods el inextricable vínculo entre comercio (desequilibrios comerciales, problemas de balanza de pagos) y asuntos monetarios (tipos de cambio) estaba presente[155], sin embargo,

---

153 Constituye un lugar común referirse en este sentido al trabajo de Prosper WEIL, "Le droit international économique mythe ou réalité", en Société Française pour le Droit Iinternational, *Aspects du droit international économique; élaboration, contrôle, sanction. Colloque d'Orléans, 25, 26, 27 mai 1971*, A. Pédone, París, 1972, pp. 3-34. Asimismo, Georg SCHWARZENBERGER, "The Province and Standards of International Economic Law", *The International Law Quarterly*, Vol. 2, nº3, 1948, pp. 402-420. Un alegato a favor de una mayor unidad y coherencia en el desarrollo y expansion del Derecho Internacional Económico se encuentra en Thomas COTTIER, "Linking the Traits of International Economic Law", *Journal of World Investment & Trade*, nº 23, 2022, pp. 1-7.

154 Alain PELLET, "Postface", en VV.AA., Régis CHEMAIN (Dir.), *La Refondation du Système Monétaire et Financier International. Évolutions réglementaires et institutionnelles.* Actes du colloque des 16-17 mars 2010, Cahiers Internationaux nº 25, Éditions Pedone, 2011, p. 347 y ss.

155 Acerca de la necesidad de prestar mayor atención a la relación entre las instituciones comerciales y las de Bretton Woods y advirtiendo de la existencia de constricciones realistas a los ejercicios unilaterales de soberanía económica en los mercados globalizados, John H. JACKSON, "Reflections on International Economic Law", *University*

la creación del Fondo Monetario Internacional y del GATT[156], primero, y posteriormente, de la Organización Mundial del Comercio, han seguido pese a tener ciertos vasos comunicantes[157], evoluciones separadas, en compartimentos relativamente estancos (*self-contained*): el régimen jurídico internacional del comercio y de la inversión ha apostado claramente por el *hard law*, mientras que en el sistema monetario y financiero internacional con la salvedad del Fondo Monetario Internacional parece haber una apuesta decidida por una regulación *suave* mediante la interacción en red de los denominados *standard setting bodies* tales como el Comité de Supervisión Bancaria de Basilea o el más reciente Consejo de Estabilidad Financiera[158].

---

of Pennsylvania Journal of International Law, Vol. 17, 1996, pp. 17-28. En la doctrina española fueron estudiados en época temprana y con profundidad los vínculos entre el comercio y el sistema monetario internacional por Romualdo BERMEJO GARCÍA, *Comercio internacional y sistema monetario: aspectos jurídicos*, Civitas, 1990.

156 Tras el fracaso de la Carta de la Habana y de la Organización Internacional de la Habana, el GATT vivió un largo periodo de aplicación provisional hasta la constitución de la Organización Mundial del Comercio en 1994.

157 Romualdo BERMEJO GARCÍA, "Las relaciones de complementariedad entre regímenes internacionales", en Ángel José RODRIGO HERNÁNDEZ y Caterina GARCÍA SEGURA (Coords.), *Unidad y pluralismo en el Derecho Internacional Público y en la Comunidad Internacional. Coloquio en homenaje a Oriol Casanovas*, Barcelona, 21-22 de mayo de 2009, Tecnos, 2011, pp. 220-221.

158 Comercio internacional frente a moneda y finanzas, han seguido como ámbitos materiales caminos radicalmente separados en su regulación jurídica internacional: en este segundo ámbito no hay una organización internacional con capacidad de autorizar sanciones a sus Estados miembros (o de autorizar contramedidas en casos de incumplimiento) como sucede en la OMC, no existe un órgano de solución de controversias... Predomina el *soft law* adoptado por un entramado reticular de *Transnational Regulatory Networks* que descansa en su implementación a nivel nacional (*decentralized enforcement mechanism*). Una

arquitectura financiera internacional que fue a todas luces incapaz de prevenir la Gran Recesión de 2008, con un esquema basado en los emblemáticos a la par que insuficientes *acuerdos de Basilea (Basilea I*, de 1988, *y Basilea II*, de 2004) que pudieron contribuir a gestar, expandir y agravar la crisis. Con un G-20 revigorizado en el plano político, puede decirse que este escenario pre-crisis a día de hoy en el plano internacional no ha sido sustancialmente mejorado y persisten la fragilidad institucional y la apuesta por el *soft law* en ausencia de un mecanismo internacional centralizado: en el plano internacional son adoptados estándares relativos a la regulación y supervisión de los mercados financieros, pero la jurisdicción y la realización de estas funciones sigue descansando en el plano nacional. Pese a los esfuerzos de Basilea III (2010) por mejorar los problemas pendientes (requisitos de capital y liquidez ponderados por el riesgo, estándares de contabilidad, mercados de derivados, *hedge funds*, la importancia de las agencias de calificación crediticia, la ausencia de un marco jurídico y de solución de diferencias en supuestos transfronterizos de crisis y resoluciones bancarias...) no estamos en condiciones de afirmar a día de hoy que los problemas presentes en 2008 hayan sido abordados en el plano internacional de un modo tajante. Cuestión distinta, como se verá, es el plano regional de la Unión Europea, y su Unión Económica y Monetaria: aunque claro está tampoco la Unión puede moverse en este terreno en un "aislamiento clínico". Véase, Antonio SEGURA SERRANO, "International Economic Law at a Crossroads: Global Governance and Normative Coherence", *Leiden Journal of International Law*, Vol. 27, nº 3, 2014, pp. 677-700. Este autor abogaba por la creación de una Organización Mundial de las Finanzas, reconociendo la escasa probabilidad de que concite el acuerdo político, para verticalizar el sistema monetario y financiero internacional, de modo que dicha organización internacional pudiera adoptar estándares vinculantes para las jurisdicciones nacionales e incluso gozar de poder sancionador. La experiencia demuestra cómo el proceso de liberalización internacional de los servicios financieros en ausencia de estándares prudenciales adecuados y de mecanismos de resolución bancaria transfronteriza está abocado al desastre y a producir grandes cataclismos periódicos. En el ámbito de la OMC encontramos en el GATS (Acuerdo General sobre el Comercio de Servicios) un Anexo sobre servicios financieros.

Cabe plantearse hasta qué punto los Estados tienen, más allá de las obligaciones convencionales específicas asumidas, un deber general *erga omnes* de naturaleza consuetudinaria de cooperar para promover la estabilidad financiera internacional como interés general de la comunidad internacional[159]. Se ha dicho, a pesar de merecer una respuesta afirmativa la cuestión anterior, que la lógica del máximo beneficio contable, basada en el apalancamiento financiero y en el crecimiento económico ilimitado, podría ser considerada, más allá de las externalidades negativas y del Teorema de Coase, como comprometedora para el futuro de la humanidad[160]. En suma, el apalancamiento financiero se justifica siempre que la rentabilidad económica procedente de la inversión efectuada a partir del endeudamiento supere al coste financiero explícito y directo de este último y dicha lógica, solo se sostiene, siempre y cuando haya un crecimiento económico continuado[161]. Resulta indudable que términos en boga como crecimiento sostenible y desarrollo sostenible tienen un componente eufemístico y que pueden suponer en cierta medida un oxímoron; en todo caso, parece más adecuado hablar de desarrollo sostenible como una nueva orientación teleológica emergente del Derecho Internacional General también exigible a la cooperación internacional en el ámbito monetario y financiero, en nuestro tiempo. Más allá de la racionalidad jurídica

---

159 Giorgio GAJA, "The Protection of General Interests in the International Community", *Collected Courses of The Hague Academy of International Law–Recueil des cours*, Vol. 364, 2012, pp. 9-185.

160 Paul JORION, *Le dernier qui s'en va éteint la lumière. Essaie sur l'extinction de l'humanité*, Fayard, 2016.

161 En 1972 un grupo de profesionales del Massachusetts Institute of Technology (MIT) vaticinaron que los límites absolutos de crecimiento del Planeta Tierra serían alcanzados en los siguientes cien años en una publicación auspiciada por el Club de Roma, Donella H. MEADOWS, Dennis L. MEADOWS, Jørgen RANDERS y William W. BEHRENS III, *The Limits to Growth. A Report for the Club of Rome's Project on the Predicament of Mankind*, 1972.

y económica debe tenerse en cuenta como propone el filósofo Jordi Pigem que el economicismo y la tecnocracia rampantes hacen perder la visión de conjunto devorando en nombre de abstracciones, cifras, algoritmos y supuestos criterios técnicos todo lo que nos hace genuinamente humanos, llegando a ignorar en el altar de las cifras incluso la evidencia que la propia historia económica produce: *"El pensamiento tecnocrático ha rediseñado la sociedad y el planeta para que estén al servicio de la economía y de las finanzas. Es como si la mirada tecnocrática, limitada por las anteojeras como las que llevan los caballos, solo viera las cifras y abstracciones que tiene enfrente, y no la realidad viva que pisa con sus herraduras y el sufrimiento que genera. La educación y la cultura, la salud y el bienestar, el sentido de comunidad y todo lo que nos hace propiamente humanos son así devorados por un monstruo que surgió de nuestras cabezas"*[162]. Una voz autorizada como la de Olivier De Schutter, antiguo Relator Especial de Naciones Unidas sobre el derecho a la alimentación y actualmente sobre la extrema pobreza y los derechos humanos nos invita con gran capacidad persuasiva a cambiar de rumbo: desde 1973, tras los gloriosos treinta, el mundo entero vive a crédito, con modelos laborales que hacen enfermar a los ecosistemas y a los organismos humanos individuales y colectivos en la búsqueda inacabable del rendimiento y de la productividad; la solución pasa, quizás, entre otras vías, por la agroecología, por poner fin a la desaparición de pequeñas explotaciones y al éxodo del mundo rural, también por apostar por modelos de consumo que mutualicen las necesidades básicas en lugar de maximizar las preferencias individuales[163]...

---

[162] Jordi PIGEM, *La nueva realidad. Del economicismo a la conciencia cuántica,* Kairós, 2013, p. 17.

[163] Olivier DE SCHUTTER, *Changer de boussole: La croissance ne vaincra pas la pauvreté,* Les Liens qui Libèrent, 2023.

2. SISTEMA MONETARIO Y FINANCIERO INTERNACIONAL: PRECISIONES CONCEPTUALES

El vínculo entre el sistema monetario y financiero internacional se encuentra ya presente en la Conferencia Monetaria y Financiera de Naciones Unidas celebrada en Bretton Woods (New Hampshire) en julio de 1944 y en la que participaron delegados de 44 Estados (incluida la antigua Unión Soviética[164] que con posterioridad permanecería al margen de los acuerdos en ella adoptados llegando a tildarlos de ser meras extensiones del poder de Wall Street)[165]. Este nexo terminológico entre el sistema monetario y financiero internacional también se encuentra en el encargo que efectuó el Presidente de la Asamblea General de Naciones Unidas a un Comité de expertos presidido por el economista Joseph Stiglitz para abordar la posible reforma del sistema monetario y financiero internacional tras la crisis de 2008[166]. Asimismo, el propio Fondo Monetario Internacional

---

164 Esta participación preliminar de la Unión Soviética en la Conferencia habría sido un éxito del economista Harry Dexter White, jefe de facto de la delegación estadounidense -con la oposición del británico Keynes- que en un afán personal internacionalista consideraba indispensable la cooperación internacional con la Unión Soviética, e incluso con China, que no había terminado de librar su guerra civil. Estas reuniones con representantes soviéticos durante la conferencia le valieron a White ser perseguido durante el macartismo como presunto espía soviético, véase James M. BOUGHTON, "Harry Dexter White and the International Monetary Fund", *Finance & Development. A quarterly magazine of the IMF*, Vol. 35, nº 3, 1998. Resulta más que anecdótico pensar en cómo dos grandes artífices de Bretton Woods (Dexter White y Keynes) apenas sobrevivieron a su obra.

165 Rosa Mª LASTRA, *International Financial and Monetary Law, op. cit.*, p. 414. Los países bajo la férula "socialista" rechazaron participar en el Fondo Monetario Internacional (China), lo abandonaron (Polonia y Cuba) o fueron expulsados (Checoslovaquia).

166 Este informe fue presentado como documento de referencia con vistas a la Conferencia de Naciones Unidas sobre la Crisis Econó-

cuenta con un Comité Monetario y Financiero Internacional como órgano subsidiario de carácter consultivo destinado a orientar estratégicamente al Fondo Monetario Internacional en la supervisión y gestión del sistema monetario y financiero internacional a petición del Directorio Ejecutivo o de la Junta de Gobernadores[167]. Este ligamen que permite hablar de un *sistema monetario y financiero internacional* también se aprecia en el *Código de buenas prácticas de transparencia en las políticas monetarias y financieras* adoptado en septiembre de 1999, como intento de incitar (*soft law*) a los Estados miembros a una mayor transparencia tendente a mejorar la arquitectura del sistema monetario y financiero internacional en aras de la estabilidad financiera y

mica y Financiera Mundial y su impacto en el Desarrollo, que tuvo lugar en Nueva York los días 24 a 26 de junio de 2009. Véase, *Report of the Commission of Experts of the President of the United Nations General Assembly on Reforms of the International Monetary and Financial System*, Naciones Unidas, 2009, disponble en: https://www.un.org/en/ga/econcrisissummit/docs/FinalReport_CoE.pdf

Al respecto el profesor López Escudero señalaba que: *"El documento es poco ambicioso, centrado en los PVD y las dos propuestas más significativas fueron convertir a los DEG en la nueva moneda de reserva del sistema monetario internacional en sustitución del dólar y crear un Consejo de Coordinación Económica Global, como foro representativo a nivel mundial, y una comisión internacional de expertos, que ayuden a identificar los problemas en la estructura económica mundial. Este Consejo Mundial, con un rango equivalente a la Asamblea General y el Consejo de Seguridad, debería reunirse anualmente a nivel de jefes de gobierno, para evaluar la evolución y proporcionar orientación con respecto a las cuestiones económicas, sociales y ecológicas"*, Manuel LÓPEZ ESCUDERO, "Estabilidad económico-financiera y derecho internacional", *loc. cit.*, p. 378.

[167] Nadia Calviño, siendo a la sazón Vicepresidenta Primera y Ministra de Economía y Digitalización del Gobierno de España fue elegida para presidir este órgano por un periodo de dos años, con efectos desde el 3 de enero de 2022. El 8 de diciembre de 2023 pasó a ser la presidenta del Banco Europeo de Inversiones.

sistémica[168]. A título de ejemplo de su vigencia, también se utiliza la noción de sistema monetario y financiero internacional en el número monográfico 145/1 de 2022 de la *Révue d'économie financière* titulado: *"Le système monétaire et financier international aux prises avec de nouveaux chocs"*, publicación editada por la Association d'économie financière y perteneciente al grupo Cairn. El control de los flujos monetarios y financieros es uno de los ámbitos en los que la soberanía estatal ha experimentado ante las exigencias de la globalización un declive más evidente[169].

---

168 Para elaborar este código fueron consultados entre otros organismos internacionales: el Banco de Pagos Internacionales, la Asociación Internacional de Supervisores de Seguros (IAIS), el Banco Central Europeo, el Banco Mundial, el Comité de Basilea de Supervisión Bancaria, el Comité de Pagos e Infraestructuras de Mercado, y la Organización Internacional de Comisiones de Valores (IOSCO).

169 Luis Miguel HINOJOSA MARTÍNEZ, "Globalización y soberanía de los Estados", *Revista Electrónica de Estudios Internacionales*, nº 10, 2005, p. 6. El carácter antidemocrático de las relaciones internacionales (también de las económicas, monetarias y financieras) y el modo en que se ha conducido la globalización económica choca frontalmente con la dimensión interna del principio a la libre determinación de los pueblos: una dimensión interna que conecta con el principio democrático y con los derechos humanos (recuérdese el artículo 1 común a los Pactos de Nueva York de 1966). Así este derecho humano colectivo y de tracto sucesivo de los pueblos a autogobernarse se ve mermado en sus posibilidades de realización práctica, Javier ROLDÁN BARBERO, *Democracia y Derecho Internacional*, Civitas, 1994, pp. 88-89 y 162-172. Los países del tercer mundo y, en particular, el grupo de los 77, aprovechando su peso numérico impulsaron, con escasos efectos prácticos, en la Asamblea General de Naciones Unidas durante la década de los años 60 y 70 del siglo XX toda una serie de resoluciones que conforman el denominado *Nuevo Orden Económico Internacional* y que conectan con la dimensión interna del principio de libre determinación. Así, reivindicaban una reforma radical de las relaciones económicas internacionales que pudiera articular una alternativa más justa y favorable a sus pretensiones soberanas, a la igualdad de derechos, la capacidad de elección de su modelo social y político: así, la

Como explica Carreau, para reflejar la realidad contemporánea cabe hablar de sistema monetario y financiero internacional. En un intento de definición del sistema monetario y financiero internacional este autor lo caracteriza como un conjunto de normas, acuerdos y prácticas que presiden las relaciones monetarias entre Estados, así como la financiación de las transacciones internacionales. En cuanto a las relaciones de cooperación monetaria interestatal existe un mayor grado de institucionalización pública, mientras que en los mecanismos financieros predomina el poder bancario internacional privado[170]. Este acercamiento entre el sistema monetario y financiero internacional en palabras de López Escudero implica que: *"actualmente existe una verdadera cogestión del sistema monetario internacional global entre las organizaciones internacionales, las autoridades estatales y las entidades financieras privadas con proyección internacional, que lo convierte en un sistema transnacional*[171] *en el que las fronteras entre derecho inter-*

Resolución 1803 (XVII) de la Asamblea General de Naciones Unidas, de 14 de diciembre de 1962, relativa a la *Soberanía permanente sobre los recursos naturales*; la Resolución 3201 (S-VI) de la Asamblea General de Naciones Unidas, de 1 de mayo de 1974, relativa a la *Declaración sobre el Establecimiento de un Nuevo Orden Económico Internacional*; así como la Resolución 3202 (S-VI) adoptada en el mismo día que la anterior, relativa al *Programa de Acción sobre el Establecimiento de un Nuevo Orden Económico Internacional*; véase finalmente, la Resolución 3281 (XXIX) de la Asamblea General de Naciones Unidas, de 12 de diciembre de 1974, relativa a la *Carta de Derechos y Deberes Económicos de los Estados.*

170 Dominique CARREAU y Patrick JUILLARD, *Droit International Économique*, 4ª Edición, Dalloz, 2010, pp. 579-584.

171 Philip Caryl Jessup propuso un nuevo enfoque de Derecho Internacional Público más acorde a la realidad cotidiana de una sociedad internacional más compleja, nutrida e interdependiente, denominado "Derecho transnacional" en el que se pusiera menos énfasis en el Estado a diferencia del enfoque tradicional hacia el Derecho Internacional. El Derecho transnacional sería así el cuerpo normativo, compuesto por reglas de origen público y privado, que regula los eventos que trascienden fronteras y las operaciones cotidianas de carácter

no y derecho internacional y entre derecho público y derecho privado se difuminan"[172]. El propio Carreau ha precisado con posterioridad que hablar de sistema monetario y financiero internacional constituye una deliberada y conveniente simplificación, dado el grado tan elevado en que los aspectos monetarios y financieros están entrelazados, de tal modo que desde el prisma jurídico este sistema monetario y financiero internacional está integrado por una amalgama de normas convencionales, actos unilaterales de organizaciones internacionales y otros actores transnacionales, así como por prácticas de los bancos centrales...que están lejos en

político, económico y social de la comunidad mundial, Philip Caryl JESSUP, *Transnational Law*, Yale University Press, New Haven, 1956. La evolución del propio Derecho Internacional Público ha hecho que este pueda ser también el ordenamiento jurídico aplicable a los contratos entre Estados y empresas extranjeras, unos contratos que se aproximan a la noción de *acto jurídico internacional*, pero que no llegan a constituir una *fuente autónoma* de normas de Derecho Internacional Público, véase Ángel G. CHUECA SANCHO, "Contratos entre Estados y empresas extranjeras y Derecho Internacional Público", en *Cursos de derecho internacional de Vitoria-Gasteiz*, nº 1, 1990, pp. 311-378.

172 Manuel LÓPEZ ESCUDERO, "El Derecho monetario internacional en la era de la globalización financiera", *Cursos de Derecho Internacional y Relaciones Internacionales de Vitoria-Gasteiz*, 2003, p. 63. Como ha señalado Sorel: *"S'il est un domaine qui fait voler en éclats les summa divisio entre le droit interne et le droit international, ou entre le droit public et le droit privé, c'est bien celui là"*, Jean-Marc SOREL, "Quelle normativité pour le droit des relations monétaires et financières internationales ? ", *op. cit.*, p. 267. Puede pensarse en la relevancia del derecho interno y la difuminación de sus límites con el siguiente ejemplo, Olivier DUNANT y Michele WASSMER, "Swiss Bank Secrecy: Its Limits under Swiss and International Laws", *Case Western Reserve Journal of International Law*, Vol. 20, nº 2, 1988, pp. 541-575. Continuando con este mismo ejemplo, María Gabriela SARMIENTO, *El proceso legal de recuperación de activos derivados de la corrupción transnacional: Análisis jurídico de la práctica del centro financiero offshore suizo*, Atelier, 2022.

todo caso de constituir un conjunto coherente[173]. En este mismo sentido, Bermejo García ha señalado "*[...que no hay que olvidar que ya desde hace algún tiempo las actividades estrictamente financieras han modificado poco a poco las monedas en sentido clásico, de forma que en la actualidad las monedas y las actividades financieras casi vienen a confundirse, sin saber muy bien qué aspecto es moneda y qué otro es actividad financieras. En este complejo (y casi caótico) mundo monetario y financiero, nadie sabe muy bien donde empieza la moneda y dónde la actividad financiera, atrapando así a la sociedad económica internacional y poniéndola en manos de unos actores poderosos pero, en muchos casos, invisibles. El eufemismo al que se recurre hoy en día con el término de «los mercados», lo demuestra fehacientemente*"[174]. Otras voces autorizadas como la de Thouvenin aún admitiendo la conveniencia y utilidad de aglutinar los elementos monetarios y financieros en torno a la noción de "sistema monetario y financiero internacional" con propósitos pedagógicos y de análisis expresan dudas conceptuales, terminológicas así como escepticismo acerca de la condición de este "sistema". Estas dudas ponen en entredicho que pueda hablarse verdaderamente de un "sistema financiero internacional" y gravitan en torno a la idea de que el sistema monetario y el sistema financiero son diferentes como ha señalado, quizá

---

173 Dominique CARREAU, "The European Union in the International Monetary and Financial System", en Piet Eeckhout y Manuel López Escudero (Eds.), *The European Union's External Action in Times of Crisis*, Hart Publishing, 2016, p. 376. Cabe preguntarse hasta qué punto inciden en la formación de normas y obligaciones internacionales, estos acuerdos entre actores no estatales sean agencias gubernamentales, entidades privadas, bancos centrales...en un contexto muy distinto, se ha planteado recientemente esta cuestión, Severina Melissa Hubahib LOJA, *International Agreements Between Non -State Actors as a Source of International Law*, Hart Publising, 2022. Piénsese en los acuerdos para líneas de crédito *swap* entre bancos centrales, a título de ejemplo.

174 Romualdo BERMEJO GARCÍA, "La evolución del sistema monetario y financiero internacional a la luz de la reciente crisis financiera", *Anuario Español de Derecho Internacional*, Vol. 29, 2013, p. 9.

interesadamente, el propio Fondo Monetario Internacional. No obstante, este mismo autor admite que los objetivos de los denominados sistema monetario y sistema financiero internacional son sustancialmente convergentes[175]. A pesar de estas objeciones, en el presente trabajo se adopta como plenamente pertinente la noción de sistema monetario y financiero internacional: además, en un sentido económico y funcional las fronteras tradicionales entre lo monetario y lo financiero han saltado por los aires, y más se difuminarán con las innovaciones financieras habidas y por haber[176]. Partiendo de un escepticismo notable, y señalando que no es homogéneo ni universal, el propio Bermejo García, señalaba un conjunto heteróclito de elementos que pueden integrar la noción de sistema monetario internacional[177].

---

175 Jean-Marc THOUVENIN, "Les objectifs du 'système monétaire et financier international': stabilité du cadre et croissance de l'économie mondiale", en VV.AA., Régis CHEMAIN (Dir.), *La Refondation du Système Monétaire et Financier International. Évolutions réglementaires et institutionnelles. Actes du colloque des 16-17 mars 2010,* Cahiers Internationaux nº 25, Éditions Pedone, 2011, pp. 15-29.

176 Christian de BOISSIEU, "Quel prêteur international en dernier ressort?", en VV.AA., Régis CHEMAIN (Dir.), *La Refondation du Système Monétaire et Financier International. Évolutions réglementaires et institutionnelles. Actes du colloque des 16-17 mars 2010,* Cahiers Internationaux nº 25, Éditions Pedone, 2011, p. 33.

177 *"a) Los tratados internacionales multilaterales (FMI, GATT); b) los convenios, acuerdos o prácticas concertadas entre las autoridades monetarias (por ejemplo, los acuerdos de swap); c) las disposiciones legislativas y reglamentarias de Derecho internacional, particularmente aquéllas de países cuya moneda es de reserva (por ejemplo, los Estados Unidos); d) las prácticas o medidas de política monetaria aplicadas por las autoridades monetarias de los diferentes países (intervenciones sobre el mercado de cambio, reservas monetarias, etc.)".* Con sorna el autor indica las comparaciones efectuadas entre el sistema monetario internacional y el Santo Imperio Romano Germánico, que apenas era imperio, y no era "santo" ni "romano", Romualdo BERMEJO GARCÍA, *Comercio internacional y sistema monetario: aspectos jurídicos, op. cit.*, pp. 169-173.

Por ende, la estrecha interrelación e interpenetración entre el sistema monetario y el sistema financiero internacional han conducido a que la doctrina hable resueltamente de sistema monetario y financiero internacional[178] sin solución de continuidad: en este ámbito material, claro está, el Derecho Internacional Público no agota toda su regulación ni es el único sector del ordenamiento presente; ahora bien, los procesos de creación normativa y el aparato institucional existente en el plano internacional presentan particularidades dignas de estudio que constituyen el objeto trabajo. Se habla de un *Derecho Internacional informal (Informal International Lawmaking)*[179] en cuanto a los sujetos, actores, y procesos de formación, que actúan en red; en cuanto a su resultado, rendición de cuentas, responsabilidad… también parece acertada la calificación posmoderna de Derecho Internacional líquido para referirse a los procesos normativos y las "fuentes" del Derecho que ganan terreno en este ámbito[180]. Rodrigo Hernández se refiere a *la teoría interaccional de la obligación jurídica internacional* propuesta por Brunnée y Toope que sería aplicable a la elaboración de acuerdos jurídicos compartidos en el sistema monetario y financiero internacional que surgen de *"un proceso continuado de interacciones sociales en las que participan no solo Estados"* y que puede traducirse en normas jurídicas *"si reúnen los criterios de legalidad pertinentes y son utilizados en prácticas de legalidad"*. Se trata de un

---

178 Los asuntos monetarios entendidos *lato sensu* no pueden ser separados de los desafíos regulatorios propios de los mercados financieros, de los asuntos de deudas soberanas…Christian TIETJE, *op. cit.*, p. 12.

179 Joost PAUWELYN, Ramses A. WESSEL y Jan WOUTERS (Eds.), *et al.*, *Informal International Lawmaking*, Oxford University Press, 2012. Se alude a la informalidad de los procesos, a la informalidad de los resultados y a la informalidad de los actores que intervienen.

180 Francisco JIMÉNEZ GARCÍA, *Derecho Internacional Líquido ¿Efectividad frente a legitimidad?*, Thomson Reuters Aranzadi, 2021.

fenómeno especialmente relevante para comprender la creación del Derecho Internacional en este ámbito[181].

La soberanía monetaria clásica del Estado moderno correspondiente a la prerrogativa estatal de acuñar moneda[182] y concederle como moneda de curso legal poder liberatorio en su territorio, así como de conducir la política monetaria ha ido dando paso en el contexto de globalización financiera y de financiarización de la economía[183] a una relativización y erosión de la soberanía monetaria: las finanzas han ido modificando las formas y las funciones de la moneda. Así gran parte de la moneda en circulación bajo la forma de productos financieros escapa al control del Estado incluso en cuanto a su creación.

---

181 Jutta BRUNNÉE y Stephen J. TOOPE, "International Law and the Practice of Legality: Stability and Change", *Victoria University of Wellington Law Review*, Vol. 49, nº 4, 2018, pp. 429-445, citado en Ángel J. RODRIGO HERNÁNDEZ, "La ciencia del Derecho internacional", *op. cit.*, pp. 367-369.

182 Esta visión clásica de la soberanía monetaria como integrante de los principios generales del derecho aparece en las Sentencias de la Corte Permanente de Justicia Internacional de 12 de julio de 1929, *Empréstitos serbios y brasileños emitidos en Francia*, Serie A, núms. 20 y 21.

183 Sin una definición unívoca este término alude a la preeminencia de los intereses financieros, de los mercados financieros y de sus agentes sobre otras dimensiones de la economía productiva y real, con una cierta disociación y emancipación en su funcionamiento de los primeros que no se sitúan al servicio del funcionamiento equilibrado del comercio ni de las relaciones económicas de carácter no financiero, incidiendo cuantitativa y cualitativamente en el funcionamiento de los agentes no financieros que se ven sometidos a la lógica del apalancamiento financiero en su comportamiento de forma ineluctable, véase Bibiana MEDIALDEA GARCÍA y Antonio SANABRIA MARTÍN, "La financiarización de la economía mundial: hacia una caracterización, *Revista de Economía Mundial*, nº 33, 2013, pp. 195-227. Esta misma idea aparece en Eduardo OLIER ARENAS, *Codicia financiera. Cómo los abusos financieros han destrozado la economía real*, Ed. Pearson, 2013.

La moneda fuera del territorio del Estado que la emite se convierte en una mercancía, en un instrumento financiero, de tal modo que la frontera entre moneda y finanzas deviene ilusoria, como también sucede entre la esfera pública y privada[184], dada la importancia de los actores privados en los mercados monetarios privados. De este modo Sorel propone una aproximación sociológica a la moneda más allá del enfoque estatocéntrico y soberano de la moneda[185]. En todo caso, la visión contemporánea de la soberanía monetaria como un aspecto que se integra en la noción más amplia de soberanía estatal debería acomodarse en su evolución hacia la búsqueda mediante la cooperación internacional de valores e intereses generales de la comunidad internacional, como la protección de los derechos humanos, así como integrarse en su ejercicio en la consecución de valores como la estabilidad financiera y monetaria global, máxime si se tiene en cuenta la membresía cuasi universal que el Fondo Monetario Internacional aglutina[186].

---

184 Puede pensarse en cómo la quiebra del banco de inversión Lehman Brothers Holdings Inc. en septiembre de 2008 y las decisiones de las autoridades norteamericanas y sus repercusiones (su no rescate), terminaron trasladándose en 2010 a la periferia de la Eurozona dada la fragilidad de los sistemas bancarios y financieros, haciendo aumentar la deuda y déficit públicos de varios Estados miembros (Grecia, Portugal, Irlanda, Chipre). Una consecuencia fue reforzar la desconfianza mutua y frenar el ritmo (a pesar de ser un catalizador de avances) de la integración financiera en la Eurozona, véase Santiago CARBÓ, "Lehman y Europa", *El País,* 11 de septiembre de 2018.

185 Jean-Marc SOREL, "Quelle normativité pour le droit des relations monétaires et financières internationales ? ", *op. cit.*, pp. 252-261.

186 Lógicamente, es superior el grado de constricción que experimentan los Estados que deciden participar en una unión monetaria regional, como la Unión Económica y Monetaria en el caso de la Unión Europea, puesto que emprenden *un viaje sin retorno,* véase Claus D. ZIMMERMANN, "The Concept of Monetary Sovereignty Revisited", *European Journal of International Law,* Vol. 24, nº 3, 2013, pp. 797-818. Un concepto ligado al contenido sustantivo de la soberanía monetaria tiene que ver con

El surgimiento durante la Guerra Fría del mercado de eurodólares o de eurodivisas resulta ilustrativo de lo anterior: los bancos europeos y filiales europeas de bancos americanos comienzan a operar en dólares efectuando operaciones de depósito y préstamo, por diferentes motivos, como sortear los límites que la Reserva Federal norteamericana establecía para los tipos de interés que podían percibir los depósitos a plazo o eliminar el riesgo cambiario, además de que China, la Unión Soviética y otros países comunistas abrieran cuentas en dólares en Europa en bancos no norteamericanos para evitar el control de las autoridades estadounidenses...Igualmente, en los años setenta especialmente aumentan los depósitos en dólares en bancos europeos efectuados por los países árabes que depositaban excedentes de divisas obtenidos en las ventas de petróleo (los denominados petrodólares). Este aumento de la masa monetaria de dólares en circulación implica una suerte de *privatización* del sistema monetario y financiero internacional y coincide con un fuerte déficit comercial de Estados Unidos que sirve para financiar la expansión del comercio internacional. Durante este periodo muchos Estados (Francia,

---

el *poder monetario* de los Estados que está ligado a su propia solvencia y a la capacidad de emitir deuda denominada en su propia moneda y no incurrir en *default*: así, en un sistema monetario internacional que establece una jerarquía de monedas, el poder monetario determina la solvencia de los estados soberanos. La capacidad de emitir deuda denominada en la propia moneda y el grado en que dicha moneda cumple las funciones clásicas del dinero en el plano internacional son factores determinantes de la solvencia. Una visión que defiende que las insolvencias soberanas son inherentes al carácter asimétrico de la liquidez mundial, y no son únicamente el producto de desgracias fiscales o de una mala gestión, puede verse en Karina Patrício FERREIRA LIMA, "Sovereign Solvency as Monetary Power", *Journal of International Economic Law*, Vol. 25, nº 3, 2022, pp. 424-446. Esta autora propone que sería necesario reformar el sistema monetario internacional (con un mecanismo de quiebra y reestructuración de deudas soberanas) para garantizar un orden económico mundial más equitativo.

Italia, Reino Unido...) se acostumbran a financiar su deuda pública tomando prestado a través de estos florecientes mercados internacionales de capital privados. Como pone de manifiesto este periodo previo al abandono de la convertibilidad del dólar en oro, el Estado que emite moneda se convierte en rehén del uso internacional que hacen de ella sus detentadores (piénsese en el denominado dilema de Triffin, y los déficits gemelos que mantiene Estados Unidos como consecuencia de la hegemonía del dólar, el denominado *privilegio exorbitante*)[187].

La naturaleza frágil del dinero escritural y de su proceso de creación bancaria, mediante su multiplicación en un sistema de reservas fraccionarias, resulta proclive a provocar periódicamente crisis bancarias y financieras que se terminan trasladando a la economía[188] y que suponen la pérdida de control del Estado emisor sobre su moneda: es por ello, que se ha sugerido como alternativa a este dinero bancario frágil la creación de dinero seguro digital emitido por los bancos centrales, las denominadas *Central Bank Digital Currencies (CBDC),* como sería la propuesta

---

187 Los euromercados y eurodivisas no necesariamente se sitúan en Europa, se trata de operaciones financieras realizadas en centros *off-shore,* Luis Miguel HINOJOSA MARTÍNEZ, *La regulación de los movimientos internacionales de capital desde una perspectiva europea,* McGraw-Hill, 1997, pp. 7-8; véase, Jean-Marc SOREL, ¿"Quelle normativité pour le droit des relations monétaires et financières internationales?", *op. cit.*, pp. 282-291; asimismo, Charles P. KINDLEBERGER, *Historia Financiera de Europa,* Libros de Historia, 2011, pp. 608-611, y, Xavier VIDAL-FOLCH, "Privilegio exorbitante", *El País,* 14 de diciembre de 2014. En términos más amplios, Eswar Shanker PRASAD, *The Dollar trap. How the U.S. Dollar tightened its grip on global finance,* Princeton University Press, 2015.

188 Dichas crisis generan una caída de la demanda agregada, desempleo y afectan a hogares y empresas. Justamente en 2022 el Premio Nobel de Economía fue destinado a un ex presidente de la Reserva Federal y dos investigadores que han analizado la relación entre la banca y las crisis financieras, Lluís PELLICER, "Bernanke, Diamond y Dybvig, galardonados con el Premio Nobel de Economía", *El País,* 10 de octubre de 2022.

en estudio relativa a la introducción del llamado Euro Digital[189]. El célebre economista Barry Eichengreen ha formulado un trilema al que se enfrentan los bancos centrales a la hora de introducir estas monedas digitales, según él, solo podrían tener simultáneamente dos de las tres siguientes cosas: moneda digital, confidencialidad de las transacciones y estabilidad financiera[190]. Las crisis bancarias generan crisis económicas y financieras que terminan absorbiendo gran cantidad de recursos públicos para ser aplacadas, ya que sobre el Estado pesa la obligación de garantizar los depósitos bancarios y por ende contagian y trasladan el riesgo a las finanzas públicas, con gran coste social[191].

---

189 A favor de sus ventajas frente al dinero de creación bancaria, sin ambages, Miguel Ángel FERNÁNDEZ ORDÓÑEZ, *Adiós a los Bancos. Una visión distinta del dinero y la banca,* Penguin Random House, 2020.

190 Según este autor la confidencialidad de las transacciones podría *"permitir la acumulación de riesgos y desequilibrios financieros fuera de la vista de los reguladores"*, véase Barry EICHENGREEN, "El trilema de las monedas digitales de los bancos centrales", 11 de noviembre de 2022, disponible en: https://www.eleconomista.es/opinion/noticias/12033147/11/22/El-trilema-de-las-monedas-digitales-de-los-bancos-centrales.html

191 *"En la crisis de 2008 los bancos centrales de los países avanzados entregaron a los bancos comerciales (o les prestaron a un interés por debajo del mercado) cientos de miles de millones de dólares, en lo que fue el programa de ayuda estatal más inmenso jamás concebido. Este programa de asistencia corporativa para los bancos en apuros superó en magnitud cualquier programa de asistencia social elaborado nunca por un Gobierno para paliar el sufrimiento de las personas corrientes. Buena parte del dinero vino proporcionado por los bancos centrales, y no asignado por los Parlamentos o los Congresos nacionales: de nuevo, un acto profundamente político, sin responsabilidad democrática"*, véase Joseph E. STIGLITZ, *op.cit.*, p. 173. En el ámbito de la Unión Europea en 2008 fueron matizadas las reglas relativas a ayudas de Estado, véase la Comunicación de la Comisión, "La aplicación de las normas sobre ayudas estatales a las medidas adoptadas en relación con las instituciones financieras en el contexto de la actual crisis financiera mundial", (2008/C 270/02), DOUE C 270/8, de 25 de octubre de 2008.

Otro ejemplo de la ligazón entre los aspectos monetarios y financieros internacionales lo encontramos en aquellos supuestos donde un Estado contrae deuda denominada en moneda extranjera (en dólares norteamericanos usualmente): en cuyo caso, la apreciación de la divisa extranjera con respecto a la propia moneda puede empeorar seriamente sus condiciones financieras, llevando en el caso de muchos países en vías de desarrollo (en adelante PVD) a situaciones graves de endeudamiento externo derivadas de problemas estructurales en la balanza de pagos[192]. No existe como principio general asentado en el sistema monetario y financiero internacional una suerte de *desigualdad compensatoria* a favor de los PVD, parangonable a la que existe en el Derecho de la Organización Mundial de Comercio (en adelante OMC)[193]. Bien es cierto que para es-

---

192 Luis Miguel HINOJOSA MARTÍNEZ, "Capítulo 1. La regulación jurídica del sistema económico internacional", en Luis M. HINOJOSA MARTÍNEZ y Javier ROLDÁN BARBERO (Coords.), *Derecho Internacional Económico,* Tirant lo Blanch, Valencia, 2022, p. 23. Sobre esta cuestión existe una importante monografía en la doctrina española, Rafael ZAFRA ESPINOSA DE LOS MONTEROS, *La deuda externa: aspectos jurídicos del endeudamiento internacional,* Universidad de Sevilla, 2001. En términos más amplios puede verse la obra colectiva Mathias AUDIT (Dir.), *Insolvabilité des États et dettes souveraines,* L.G.D.J., 2011. Asimismo, Carlos ESPÓSITO, Yuefen LI y Pablo BOHOSLAVSKY (Eds.), *Sovereign Financing and International Law. The UNCTAD Principles on Responsible Sovereign Lending and Borrowing,* Oxford University Press, 2013. A pesar de la espectacular concentración en las últimas décadas de deuda soberana en manos de operadores financieros privados, la financiación soberana sigue siendo regulada de forma magra por el Derecho Internacional y sigue en manos básicamente de las jurisdicciones internas generando evidentes distorsiones, sin contribuir esta dispersión a disminuir los riegos sistémicos de contagio.

193 No obstante, recientemente la Asamblea General de Naciones Unidas ha expresado su preocupación por los "*riesgos financieros asociados a los ajustes de la política monetaria en curso en los países desarrollados, que podrían conducir a la inestabilidad del sistema monetario internacional, dan-*

tos países el endeudamiento en moneda doméstica también constituye una fuente de riesgo y peligro de endeudamiento excesivo[194]. En todo caso debe prestarse atención al rol que han desempeñado las agencias de calificación crediticia en las crisis de deuda soberana recientes, nótese que las principales compañías de *rating* del mundo siguen siendo estadounidenses (Standard and Poors, Moody's y Fitch), aglutinando una gran cuota de mercado, y sin que se haya puesto límites a sus conflictos de interés y elusión de responsabilidades[195].

---

do lugar a una depreciación de los tipos de cambio y a niveles insostenibles de deuda externa en muchas economías emergentes y en desarrollo", asimismo se insta a los Estados a abstenerse de adoptar medidas unilaterales de índole económica, financiera o comercial *"que impidan la plena consecución del desarrollo económico y social, particularmente en los países en desarrollo"*. Es una responsabilidad colectiva de los Estados asegurar que el sistema monetario y financiero internacional evite que haya unos 800 millones de personas por debajo del umbral internacional de la pobreza extrema, y unos 1500 millones de personas en PVD con empleo vulnerable, véase la Resolución 73/240 de la Asamblea General aprobada el 20 de diciembre de 2018, *Hacia un nuevo orden económico internacional*, A/RES/73/240.

194 Rosana GARCIANDÍA GARMENDIA, *La deuda externa en la actualidad: nuevas perspectivas para el endeudamiento internacional de los Estados*, Editorial Comares, Granada, 2011. Se ha hablado de la posible invocación del concepto de *deuda odiosa* en Derecho Internacional: se trataría de aquella deuda adquirida y gastada de forma contraria a los intereses de la población de un Estado, sin su consentimiento, en contra de su libre determinación, y con plena consciencia de dicha situación por parte del acreedor, véase Robert HOWSE, "The Concept of Odious Debt in Public International Law", *United Nations Conference on Trade and Development Discussion Papers*, nº 185, julio de 2007, disponible en: https://unctad.org/system/files/official-document/osgdp20074_en.pdf

195 Santiago CARBÓ VALVERDE y Francisco RODRÍGUEZ FERNÁNDEZ, "Las agencias de calificación y la imagen de España", *Panorama Social*, nº 16, 2012, p. 65.

La inexistencia de un marco jurídico multilateral vinculante tanto en materia de insolvencia soberana, como de reestructuración de deudas soberanas, conduce evidentemente a que mediante una litigación *disruptiva* los denominados fondos buitre (*vulture funds*) puedan aprovechar para interferir en estos procesos de endeudamiento excesivo y reestructuración de deuda soberana para sacar tajada con un indiscutible impacto en detrimento de los derechos humanos[196].

---

[196] Jean Ziegler, Relator del grupo de redacción sobre las actividades de los fondos buitre y sus repercusiones en los derechos humanos ha elaborado el informe del Consejo de Derechos Humanos, *Actividades de los fondos buitre y sus repercusiones en los derechos humanos,* Informe final del Comité Asesor del Consejo de Derechos Humanos, A/HRC/41/51, 7 de mayo de 2019. En el mismo se detalla el *modus operandi* de estas firmas privadas que actúan en mercados secundarios, aprovechando la ausencia de regulación jurídico-pública internacional, acorralando a economías maltrechas desde jurisdicciones donde existe secreto bancario, paraísos fiscales, etc. y obteniendo beneficios exorbitantes, a cambio de reducir de forma considerable la capacidad presupuestaria de los Estados *atacados*; en este informe se muestran algunos casos de estudio de referencia (*Donegal International Ltd. c. Zambia, FG Hemisphere c. la República Democrática del Congo* y *NML Capital Ltd. c. Argentina*). El Parlamento Europeo se hizo eco de esta situación, pidiendo la adopción de un reglamento al Consejo que siguiera los pasos de la legislación de Bélgica, sin haberse producido hasta la fecha ningún avance significativo: véase la Resolución del Parlamento Europeo, de 17 de abril de 2018, sobre la mejora de la sostenibilidad de la deuda de los países en desarrollo (2016/2241(INI)), DOUE C 390/46, de 18 de noviembre de 2019. Este mismo autor presenta una visión descarnada de los llamados *depredadores del capitalismo financiero globalizado* y su comportamiento caníbal preguntando de forma hiriente y quizá sardónica a quién habría que enviar la citación para su emplazamiento ante unos tribunales parangonables a los de Nüremberg por sus fechorías, véase Jean ZIEGLER, *Hay que cambiar el mundo,* Foca, 2017. Este autor sostiene que el instrumento más poderoso de dominación del Norte por el Sur es el llamado *servicio de la deuda.*

CAPÍTULO II: *La dimensión institucional del sistema monetario y financiero internacional*

1. IDEAS PREVIAS: COOPERACIÓN INTERNACIONAL INSTITUCIONALIZADA MÁS ALLÁ DE LAS ORGANIZACIONES INTERNACIONALES

Las crisis económicas y financieras, como la crisis del petróleo de 1973 a la que había precedido el abandono del sistema de paridades fijas entre el dólar y el oro en agosto de 1971[197], han generado la proliferación de un enjambre de formas de cooperación internacional en el ámbito monetario y financiero que no llegan al grado de institucionalización propio de las organizaciones internacionales pero que reflejan un intento progresivo de los países industrializados de seguir liderando la gobernanza económica mundial en estos campos. Más allá de las instituciones de Bretton Woods y de

---

197 A pesar de la ruptura de esta convertibilidad, del llamado patrón dólar-oro, el oro como *fetiche* nunca ha desaparecido completamente del sistema monetario y financiero, como atestiguan las ingentes compras que llevan a cabo los bancos centrales del preciado y precioso metal, y como puede observarse incluso en alguna de las ficciones televisivas que han alcanzado en los últimos años cierta relevancia internacional como es el caso de la serie española *La Casa de Papel* (2017). Además de este rol de fetiche, el oro, sigue siendo una especie de respaldo psicológico, una ilusión e ilusionismo, ante la orfandad derivada de la moneda escritural.

un modo adyacente a estas aparecen nuevos grupos, foros y organismos, que sin tener personalidad jurídica internacional se erigen en unos casos en centros de decisión política y en *standard setting bodies* en otros casos, buscando establecer lazos con las organizaciones internacionales preexistentes como el Fondo Monetario Internacional o el Banco de Pagos Internacionales, así como con aquellos sectores de la sociedad civil más afectados e involucrados. Estas redes transnacionales informales obedecen a un esquema de producción normativa que ha sido calificado como *Informal International Lawmaking*[198] puesto que tanto los procedimientos de formación de normas internacionales como su resultado están presididos por un alto grado de informalismo jurídico: de este modo, en muchos casos la actividad reguladora y de nomogénesis se sustrae de los controles parlamentario y jurisdiccional que se aplican tradicionalmente al procedimiento convencional en los Estados democráticos y de Derecho[199]. A nivel regional europeo, en el ámbito de la Unión Económica y Monetaria, los intentos por mejorar su gobernanza tras la crisis de 2008 han tenido fuertes implicaciones para el equilibrio institucional, el Estado de Dere-

---

198 Joost PAUWELYN, Ramses A. WESSEL y Jan WOUTERS (Eds.), *et al.*, *op. cit.*

199 En estos términos alude a dichos organismos Jiménez García: "*Bajo el amparo del G-20 y las instituciones de Bretton Woods, se han creado distintos organismos con capacidad reguladora en diferentes ámbitos del sector económico-financiero que condicionan las políticas legislativas de los Estados al margen de los tradicionales cauces democráticos y legislativos. Se ha procedido a una mayor flexibilidad en la teoría democrática, pues a la luz de las estructuras y los desafíos de la gobernanza global, se han relajado los presupuestos requeridos en el contexto interno a favor de foros democráticos de contestación y deliberación o, simplemente, de un 'mínimo democrático'. Asimismo, la urgencia de resolver problemas globales, expresada en la noción de bienes públicos globales y reflejada en el cambio hacia la 'legitimidad del producto', ha situado al consentimiento y a la igualdad soberana bajo una tensión cada vez mayor. Se trata de tecnocracias que actúan como verdaderos poderes en la sombra ignorados por los medios y al margen de los controles democráticos y jurisdiccionales*", Francisco JIMÉNEZ GARCÍA, *op. cit.*, p. 116.

cho, así como han provocado -como se verá- la intensificación del fenómeno de la *agencificación*. En este capítulo serán abordadas las especificidades institucionales de la cooperación internacional en el ámbito monetario y financiero, incluyendo los planos internacional y europeo, mientras que en el siguiente capítulo se estudian las especificidades de los procedimientos de creación normativa. La multiplicidad heteróclita de lugares de producción de normas (foros, organismos, organizaciones internacionales) en el ámbito monetario y financiero internacional pone de manifiesto que su diseño no obedece a una concepción unitaria, de conjunto, con relaciones jerárquicas, sino al contrario, a una gran diversidad, fragmentación, dispersión con diversos centros[200]. Garicano y Lastra abogan por el establecimiento de una institución multilateral que gobierne el sistema financiero global instituyendo algún grado de jerarquía: sin duda se trata de una opción deseable para la arquitectura tendente a lograr la estabilidad financiera internacional, pero con escasos visos de ser plausible si implica crear una nueva organización internacional de vocación universal. Más allá de la creación de una institución de nuevo cuño, el Fondo Monetario Internacional, de forma espontánea, parece a priori el mejor situado para ejercer de *sheriff global*[201]. Ahora bien, con el permiso, claro

---

200 Jean-Marc SOREL, "Quelle normativité pour le droit des relations monétaires et financières internationales ? ", *op. cit.*, pp. 318 y ss.

201 *"The current actors in the international financial architecture are organized as a loose network of 'formal' international financial institutions [International Monetary Fund (IMF), Bank for International Settlements (BIS), World Trade Organization (WTO) to the extent that it is engaged in trade in financial services]; regional financial institutions (notably the ECB); international fora meeting under the auspices of a formal international organization (such as the Financial Stability Forum –renamed Financial Stability Board following the G20 meeting in London in April 2009- and the Basel Committee on Banking Supervision); other international fora (such as the International Organization of Securities Commissions); 'informal' international groupings where international financial issues are discussed (such as the Group of Seven (G7), Group of Ten (G10), G20; national central banks and ministries of finance or treasuries*

está, del Foro Económico Mundial de Davos, un objeto político y jurídico no identificado al que la doctrina iusinternacionalista no ha prestado gran atención y que constituye una suerte de hibridación plutocrática público-privada autoerigida en guardiana del interés público global y que parece superponerse a las organizaciones internacionales y a los propios Estados en el diseño y la planificación centralizada *top-down* de la gobernanza económica planetaria[202]. Tras haber cumplido medio siglo, quizá la relativa opacidad con que transcurren sus reuniones anuales hace que se preste a todo tipo de conjeturas y confabulaciones de carácter esotérico acerca de su verdadera capacidad de incidir en la dirección de los acontecimientos económicos, además de haberse convertido en diana de las invectivas de los movimientos antiglobalización y de las teorías de la conspiración (que podríamos agrupar en torno a las ideas relacionadas con el llamado *Nuevo Orden Mundial*). En este Foro también han sido presentadas y debatidas importantes cuestiones

---

(which can play a role individually or collectively meeting in an international forum of a formal or informal character); and private financial institutions acting on a global scale. This multiplicity of actors and the mushrooming of international fora create a very complex network structure [...] In our view, given the rise in systemic risks noted by all the reports on the current system and the interconnectedness of the global financial system the way forward must involve the substitution of this loose network with a hierarchical structure more akin to the one used in the WTO. That is, in the same way as the governance of trade has required a new multilateral organ with a clear, hierarchical structure that has superseded the previous morass of bilateral relationships, the evolution of the financial system requires the creation of a new multilateral financial body with authority to settle disputes and to impose its decisions", Luis GARICANO y Rosa Mª LASTRA, "Towards a New Architecture for Financial Stability: Seven Principles", *Journal of International Economic Law,* 2010, pp. 619-620.

202 En 2017, Xi Jinping se convirtió en este foro en el *último gran adalid del libre comercio y de la globalización,* antes del estallido de proteccionismo acontecido en la era Trump; asimismo, en 2022, el líder chino volvió a preconizar en este foro que un exceso de corrección en la política monetaria, como el iniciado desde entonces para combatir la inflación, podría tener consecuencias *catastróficas.*

relativas a momentos críticos del sistema monetario internacional. No en vano su fundador, Klaus Schwab, entre otros, fue uno de los precursores -años antes- de la idea, materializada tras la crisis de 2008, de que el G-20 adquiriese la prominencia de la que hoy goza en la gobernanza económica mundial. Igualmente, de su debate y discusión, en la sesión de 1999, con el Secretario General de Naciones Unidas Kofi Annan surgió el Pacto Mundial de Naciones Unidas (United Nations Global Compact) una iniciativa voluntaria global para promover la responsabilidad social empresarial. Del mismo modo, el Foro Económico Mundial en su *Global Risk Report* de comienzos de 2007 advirtió de que un grave problema para la economía mundial en 2007-2008 sería una explosión en los precios de los activos[203]. En enero de 2019 en el Foro Económico Mundial de Davos, la Unión Europea y otros 48 miembros de la Organización Mundial del Comercio iniciaron negociaciones tendentes a elaborar un régimen jurídico mundial relativo al comercio electrónico[204]. Con ocasión de la pandemia y pandemonio globales originados por la Covid-19, el presidente y fundador del Foro Económico Mundial, Klaus Schwab, ha preconizado el *great reset* como una mesiánica receta para lograr un mundo más resiliente, inclusivo y sostenible (una imagen vampirizada hasta la extenuación por corrientes conspiranoicas de toda laya para denostar una supuesta agenda secreta que identifican misteriosamente con *la Agenda 2030* y con el lema "no tendrás nada y serás feliz", denominando a su autor *Satan Klaus*) [205].

---

203 Un recorrido por la historia del Foro Económico Mundial puede encontrarse en: https://www3.weforum.org/docs/WEF_A_Partner_in_Shaping_History.pdf

204 Comisión Europea, Comunicado de Prensa: *76 socios inician conversaciones sobre comercio electrónico en el marco de la OMC*, Bruselas, 25 de enero de 2019.

205 Klaus SCHWAB y Thierry MALLERET, *Covid-19: El Gran Reinicio*, Foro Económico Mundial, 2020. Sin ánimo de entrar en el juicio inquisitorial que se practica en las redes sociales y en todo tipo de movimientos "espontáneos" habidos y por haber, de carácter milenarista, puede apuntarse desde las presentes líneas el mismo grado de

Si se concibe el Derecho Internacional Público como un sistema jurídico tendente a la tutela de los intereses generales de la comunidad internacional, debe advertirse que cuando los Estados participan en estas redes de grupos y foros informales siguen teniendo obligaciones sustantivas en materia de derechos económicos, sociales y culturales. Del mismo modo la participación de dichos Estados en organizaciones internacionales nacidas de Bretton Woods, particularmente en el Fondo Monetario Internacional, no les libera de las obligaciones asumidas en dicho campo: piénsese en que los niveles mínimos de derechos como los relativos al agua, la alimentación y la atención sanitaria básica, no pueden suprimirse en ninguna circunstancia. Considerando que el Pacto de 1966 sobre Derechos Económicos, Sociales y Culturales tiene 173 Estados parte, puede admitirse que buena parte de su contenido forma parte del Derecho In-

---

escepticismo e incredulidad hacia las tesis conspiranoicas que hacia las tesis de estos presuntos "arquitectos" del Gran Reinicio. Confieso en estas líneas que desdeñar sin más las tesis conspiranoicas, sin prestarles atención, puede ser un error del mismo calibre que entrar a rebatirlas; es un hecho, el tiempo venidero no hará más que intensificar este tipo de soflamas irreflexivas, reduccionistas y simplistas, y será legión la cantidad de personas que dará crédito a una u otra versión de las mismas para expiar las distintas fuentes del malestar contemporáneo, cuyo origen sea cierto o irreal, configurará de un modo apodíctico el pensamiento político de numerosos grupos de personas dispares. No en vano, puede pensarse que en nuestro tiempo los plutócratas tecnológicos (Gates, Zuckerberg, Musk, Bezos, Jack Ma…) tienen una capacidad de influencia que ya habría deseado para sí el mismísimo Henry Kissinger. Tras 55 años de presidencia del Foro Económico Mundial, en abril de 2025, Klaus Schwab cedió la presidencia, de forma interina, a un hombre de Nestlé que la ha ejercido hasta que el nuevo *cónclave* ha elegido a un sucesor permanente: se trata de un octogenario, llamado Peter Brabeck-Letmathe. En agosto de 2025 la Junta Directiva del Foro Económico Mundial ha decidido que este organismo estará copresidido por Laurence D. Fink (BlackRock) y un hombre suizo de negocios André Hoffmann.

ternacional General de naturaleza consuetudinaria. Son conocidas las acusaciones que pesan sobre sobre el Fondo Monetario Internacional de abocar a los Estados prestatarios que reciben sus préstamos a incumplir sus obligaciones en materia de derechos económicos, sociales y culturales debido a las draconianas condiciones que la asistencia financiera lleva aparejadas. A nivel doctrinal y jurídico existe un importante debate acerca de hasta qué punto organizaciones internacionales como el Fondo Monetario Internacional están sujetas en estas actuaciones al Derecho Internacional General: parece indiscutible que más allá de las normas de *ius cogens* que les son oponibles a todas luces, en estos casos, las organizaciones internacionales también actúan con sujeción a la obligación de respetar en sus actuaciones los derechos humanos básicos de carácter económico y social que han adquirido la condición de Derecho Internacional General. Si bien resulta más difícil sostener que sobre las organizaciones internacionales pesan obligaciones positivas tendentes a la realización de los derechos económicos, sociales y culturales, también, resulta difícilmente cuestionable la certeza de que sí pesa sobre aquellas la obligación de respetar los niveles mínimos de los derechos relativos al agua, la alimentación y la atención sanitaria básica de las poblaciones que se ven afectadas por la actuación de organizaciones internacionales como el Fondo Monetario Internacional[206]. López-Jacoiste señala que en sentido amplio y al amparo del Capítulo IX de la Carta de Naciones Unidas sí puede defenderse que las instituciones de Bretton Woods son destinatarias de obligaciones internacionales positivas en materia de derechos humanos, en particular deben contribuir a cumplir con los propósitos y principios de la Carta de Naciones Unidas, estando en estrecha conexión con ellos el artículo 2 y la Parte

---

[206] Kristina DAUGIRDAS, "How and Why International Law Binds International Organizations", *Jean Monnet Working Paper*, nº 16, Nueva York, 2015; asimismo, Bahram GHAZI, *The IMF, the World Bank Group and the Question of Human Rights*, Transnational Publishers, Nueva York, 2005.

IV del Pacto Internacional de Derechos Económicos, Sociales y Culturales[207]. En todo caso, es obvia la progresiva extensión a las instituciones financieras internacionales de obligaciones de *diligencia debida* en materia social y ambiental como corolario de las obligaciones internacionales relativas a derechos humanos[208].

A la hora de abordar el funcionamiento y concepción de esta red de redes de organismos, reguladores nacionales, instituciones, organizaciones internacionales, asociaciones de derecho privado presentes en la regulación de sistema monetario y financiero internacional, cabe descartar la pertinencia para el análisis de las corrientes del autodenominado *Derecho Administrativo Global*[209],

---

207 Eugenia LÓPEZ-JACOISTE DÍAZ, *El Banco Mundial, el Fondo Monetario Internacional y los Derechos Humanos*, Pamplona, Thomson Reuters Aranzadi, 2013.

208 Siobhán McINERNEY-LANKFORD, "Chapter 24: Human rights, international financial institutions and environmental and social due diligence: The value added of HRIA", en Nora GÖTZMANN (Ed.), *Handbook on Human Rights Impact Assessment*, Edward Elgar, 2019, pp. 405–423.

209 No falta quien ha querido presentar al Comité de Basilea de Supervisión Bancaria un 'club de banqueros centrales' como la panacea del Derecho Administrativo Global para la rendición de cuentas y la legitimidad frente a los modelos tradicionales de formación de normas en Derecho Internacional, una visión con la que no estamos de acuerdo, véase Michael S. BARR y Geoffrey P. MILLER, "Global Administrative Law: The View from Basel", *European Journal of International Law*, Vol. 17, nº 1, 2006, pp. 15-46. Más allá de cuál sea la noción terminológica más correcta en este *campo de batalla* doctrinal y académico, conviene que el Derecho Internacional Público no se escinda y descomponga en un *Constitucionalismo global* y un *Derecho Administrativo Global*; más allá de la conveniencia personal hay argumentos sólidos para apostar por la pertinencia del presente análisis formulado desde el Derecho Internacional Público (en el que se incardina el Derecho de la Unión Europea). Creo que una buena definición de Derecho Internacional Público como conjunto de normas y principios que rigen la sociedad internacional y las relaciones internacionales y que constituyen su ordenamiento jurídico es, entre las múltiples posibles, la que atien-

en este trabajo se reivindica y se adopta la perspectiva propia del Derecho Internacional Público: esta fenomenología reticular, que combina elementos que exceden las *fuentes* formales y sujetos clásicos del Derecho Internacional, con elementos de informalidad (los grupos y foros monetarios como el G-7, G-20...) y carácter transnacional, entraña un ejercicio de poder público internacional, de autoridad pública internacional, ante la cual el Derecho Internacional Público no puede permanecer inerme[210]. También cabe preguntarse quién da, si acaso, el márchamo definitivo a estos estándares internacionales, ¿el *standard-setting body*, G-20, el Consejo de Estabilidad Financiera, los derechos internos...?

---

de a sus *funciones*: a) Determinar las competencias o poderes de los Estados; b) Regular las relaciones de cooperación entre los Estados para la consecución de sus intereses comunes; c) Regular las relaciones de cooperación y de conflicto entre los Estados y los demás miembros de la Comunidad internacional para la protección de los valores e intereses generales de la misma (aquí hayamos entre muchos otros la maleable noción de *estabilidad financiera internacional*); y d) Regir las organizaciones internacionales intergubernamentales, al respecto, Oriol CASANOVAS y Ángel J. RODRIGO, *Compendio de Derecho Internacional Público,* Tecnos, 2020, pp. 55-56.

210 Armin VON BOGDANDY, Matthias GOLDMANN y Ingo VENZKE, "From Public International to International Public Law: Translating World Public Opinion into International Public Authority", *European Journal of International Law,* Vol. 28, nº 1, 2017, p. 132. El Derecho Administrativo Global busca evaluar y analizar los mecanismos de adopción de decisiones y las normas y decisiones que se aprueban en la *gobernanza global.* Para ello atiende a una versión renovada del *jus gentium,* más allá de los sujetos y fuentes tradicionales del Derecho Internacional Público, que regula el ejercicio de la autoridad pública internacional, una suerte de "Derecho Público Internacional", véase, Zlata DRNAS DE CLÉMENT, "El sistema internacional contemporáneo: su dimensión normativa", en José María BENEYTO y Carlos JIMÉNEZ PIERNAS, (Dirs.), *Concepto y Fuentes del Derecho Internacional,* Tirant lo Blanch, Valencia, 2022, pp. 185-187.

Cualquier intento de mejora y fortalecimiento de la arquitectura monetaria y financiera internacional debe partir como señaló en 2009 la Asamblea General de Naciones Unidas[211] del respeto a los propósitos y principios de la Carta de San Francisco, clave de bóveda del modelo de legitimidad de Naciones Unidas. Cuestión distinta, es que en la práctica directorios de Estados poderosos hayan laminado a la Organización de Naciones Unidas de este ámbito sin cederle la centralidad que la Carta en sus artículos 1, 55 y 56 contempla para la ONU como centro armonizador de esfuerzos: nuevamente sobrevuela a esta cuestión, más allá de la posible *dimensión constitucional* de la Carta, la duda acerca de si el actual *status quo* es la mejor manera de encarnar los valores de la Organización de Naciones Unidas (debe pensarse en los propósitos y principios de la Carta de Naciones Unidas en conexión con el alcance y significado del artículo 103 de la Carta, también en la misión imposible asignada teóricamente al ECOSOC de coordinar a los organismos especializados en el marco del respeto a los propósitos y principios de la Carta...). Barbé infiere del preámbulo de la Carta de Naciones Unidas, a diferencia de lo que ha sido una constante en la historia del sistema internacional, que la finalidad de promover el progreso económico y social mediante mecanismos internacionales

---

211 Resolución 63/303 aprobada el 9 de julio de 2009 por la Asamblea General de Naciones Unidas, *Documento final de la Conferencia sobre la crisis financiera y económica mundial y sus efectos en el desarrollo*, A/RES/63/303, en su apartado 2: *"Reafirmamos los propósitos de las Naciones Unidas enunciados en su Carta, incluidos los de 'realizar la cooperación internacional en la solución de problemas internacionales de carácter económico, social, cultural o humanitario' y de 'servir de centro que armonice los esfuerzos de las naciones por alcanzar estos propósitos comunes'. Los principios de la Carta son especialmente pertinentes para enfrentar los problemas actuales. La Organización de las Naciones Unidas, dadas su composición y legitimidad universales, está bien posicionada para participar en los diversos procesos de reforma encaminados a mejorar y fortalecer el eficaz funcionamiento de la arquitectura y el sistema financieros internacionales".*

de cooperación ya no es un *domaine réservé* de las jurisdicciones internas, sino más bien una obligación internacional[212].

Una vez *expulsada* prácticamente la Organización de las Naciones Unidas de toda posibilidad real de protagonizar la *gobernanza* de los asuntos monetarios y financieros internacionales[213], aparece particularmente tras la crisis de 2008 la autoridad política para el liderazgo global en manos del G-20, que teóricamente tiene la legitimidad[214], pero carece de estructura institucional; frente a él tenemos el Fondo Monetario Internacional y el Consejo de Estabilidad Financiera[215] que poseen mayor estructura y recursos (sobre todo el Fondo, para llevar a cabo la asistencia financiera y técnica y que es una organización internacional, intergubernamen-

---

212 Esther BARBÉ, "El sistema internacional: imagen y análisis de las Relaciones Internacionales", en José María BENEYTO y Carlos JIMÉNEZ PIERNAS, (Dirs.), *Concepto y Fuentes del Derecho Internacional*, Tirant lo Blanch, Valencia, 2022, p.114.

213 El Presidente de la Asamblea General de las Naciones Unidas designó una Comisión de Expertos sobre las reformas del sistema monetario y financiero internacional, compuesta por economistas y autoridades de todas las regiones y presidida por el economista Joseph Stiglitz que presentó su informe el 21 de septiembre de 2009. Con respecto a estas propuestas el profesor López Escudero señalaba que: *"El documento es poco ambicioso, centrado en los PVD y las dos propuestas más significativas fueron convertir a los DEG en la nueva moneda de reserva del sistema monetario internacional en sustitución del dólar y crear un Consejo de Coordinación Económica Global, como foro representativo a nivel mundial, y una comisión internacional de expertos, que ayuden a identificar los problemas en la estructura económica mundial. Este Consejo Mundial, con un rango equivalente a la Asamblea General y el Consejo de Seguridad, debería reunirse anualmente a nivel de jefes de gobierno, para evaluar la evolución y proporcionar orientación con respecto a las cuestiones económicas, sociales y ecológicas"*, véase, Manuel LÓPEZ ESCUDERO, "Estabilidad económico-financiera y derecho internacional", *loc. cit.*, p. 378.

214 Sus integrantes suponen 2/3 de la población mundial, el 80% del comercio, el 90% del PIB mundial…

215 Auspiciada su creación por el propio G-20.

tal, con personalidad jurídica internacional[216]) pero que carecen de la plena autoridad política y de la capacidad legal y formal de dirigir dicha *gobernanza* (especialmente el Consejo de Estabilidad Financiera, al que Pellet se ha referido como mero *observatorio* sin poderes reales[217], aunque bajo su *égida* se encuentran en cierto modo los *standard setting-bodies* que serán expuestos a continuación).

Este entramado reticular que será analizado en los siguientes apartados (grupos, *standard setting bodies*, organizaciones internacionales) pese a que comparte objetivos comunes, como es en última instancia la estabilidad financiera internacional, presenta un carácter fragmentario, deslavazado (una *polifonía institucional*)[218]. Se ha señalado con acierto que en este terreno

---

216 Desde antes incluso de la crisis financiera global de 2008 se viene advirtiendo una cierta pérdida de la hegemonía de los Estados más poderosos desde el punto de vista financiero traducida en una pérdida de influencia de los grandes organismos multilaterales (FMI) y en una tendencia creciente hacia la regionalización: de modo que los intentos por incrementar las asignaciones de Derechos Especiales de Giro en el FMI y el paulatino ajuste de las cuotas de los países emergentes para corregir su infrarrepresentación en el FMI podría verse como un intento desesperado de que el FMI no pierda clientes en sus operaciones de asistencia financiera, véase Jean-Marc SOREL, "L'évolution des institutions financières internationales: entre redéploiement et fragilité, une restructuration systémique en chantier", *loc. cit.*, pp. 488-490. En su discurso pronunciado ante la Asamblea General de Naciones Unidas con ocasión de la inauguración del 77º Periodo de Sesiones el Presidente de la República Francesa Emmanuel Macron habló de la necesidad de crear un nuevo *contrato global*, atinente a los desafíos del Siglo XXI, que incluya un pacto financiero con el Sur proponiendo para ello una reasignación del 30% de los Derechos Especiales de Giro en el FMI en favor de los países africanos más frágiles, el texto del discurso puede encontrarse en: https://gadebate.un.org/sites/default/files/gastatements/77/fr_fr.pdf

217 Alain PELLET, "Postface", *op. cit.*, p. 355.

218 Podemos traer aquí a colación la teoría de la política de la complejidad de los regímenes internacionales, de modo que esta concomitancia

los intentos de los poderes públicos de colonizar y conquistar este espacio no han terminado de fructificar; puesto que Estados y organizaciones internacionales no llegan a ocupar el terreno de las finanzas internacionales por una conjunción de incapacidad y de ausencia de voluntad. Así se explica que en este ámbito exista una suerte de hibridación institucional, con participación de personas privadas, y también se habla de un cierto rechazo a la norma jurídica, una huida del Derecho que se traduce en formas de gobernanza suaves y también en la elaboración de una normativa financiera internacional caracterizada por el predominio de formas y contenidos también *suaves*[219]. Con carácter general Sobrino Heredia advierte de una tendencia preocupante ya que en muchos casos los Estados miembros soslayan a los órganos de las organizaciones internacionales en paralelo o al margen de los procedimientos previstos en sus tratados constitutivos y trasladan los ámbitos de decisión a foros informales de concertación, caracterizados por su mayor flexibilidad, ocasionando un declive, una mengua del componente institucional de la sociedad internacional contemporánea[220].

---

de organismos de diferente laya y pelaje presenta al mismo tiempo rasgos de los denominados: regímenes paralelos (*parallel regimes*) sin vertebración formal o jerárquica; también de los *overlapping regimes* (concurrencia de regímenes jurídicos que no son mutuamente excluyentes ni operar bajo premisas de subsidiariedad); y, finalmente, de los *nested regimes* (regímenes en nido) surgidos como matrioskas de círculos concéntricos, véase Karen J. ALTER y Sophie MEUNIER, “The Politics of International Regime Complexity”, *Perspectives on Politics*, Vol. 7, nº 1, 2009, pp. 13-24.

219 Jean-Marc THOUVENIN, “Les objectifs du ‘système monétaire et financier international’: stabilité du cadre et croissance de l’économie mondiale”, *op.cit.*, pp. 21-29.

220 José Manuel SOBRINO HEREDIA, “La pérdida de institucionalidad en las Organizaciones Internacionales, y su declive en la Sociedad Internacional contemporánea”, *Peace & Security – Paix et Sécurité Internationales*, nº 9, 2021.

2. GRUPOS, FOROS INFORMALES Y *STANDARD SETTING BODIES* PARA LA COOPERACIÓN MONETARIA Y FINANCIERA INTERNACIONAL

2.1 Los Grupos (G-7/8, G-10, G-20...)

Los grupos nacen de la necesidad funcional como señalan Henley y Blokker, más que ser emanaciones puras de soberanía estatal o la manifestación de un elemento constitucional del orden internacional[221]: así, una de las primeras formas de cooperación de este tipo la constituye el G-5 (integrado por los países cuyas monedas formaban los Derechos Especiales de Giro: Francia, Alemania, Japón, Reino Unido y Estados Unidos) que comienza en 1973 a efectuar reuniones informales con objeto de deliberar acerca de la estabilización del sistema financiero internacional en la biblioteca de la Casa Blanca en Washington D.C. en los aledaños de reuniones del Banco Mundial y del Fondo Monetario Internacional en la misma ciudad. En el mismo periodo, poco antes desde 1963, apareció el G-10 donde los países más industrializados se reúnen anualmente para discutir cuestiones relativas a la cooperación financiera internacional, implicando a relevantes gobernadores de bancos centrales que también se reúnen en la sede del Banco de Pagos Internacionales en Basilea: su origen se encuentra en los Estados que participaron en los Acuerdos Generales sobre Obtención de Préstamos celebrados en 1962 para dotar de fondos suplementarios, a sus respectivas cuotas, al Fondo Monetario Internacional; en realidad, son once, pues a ellos se unió Suiza en 1964 (que no quiso ser miembro del Fondo Monetario Internacional hasta 1991)[222]. El G-10 fue el artífice de los

221 Peter Holcombe HENLEY y Niels M. BLOKKER, "The Group of 20: A Short Legal Anatomy from the Perspective of International Institutional Law", *Melbourne Journal of International Law*, Vol. 14, nº 2, 2013, p. 555.

222 Estos diez eran: Alemania, Bélgica, Canadá, Estados Unidos, Francia, Italia, Japón, Países Bajos, Reino Unido y Suecia. En la página del

llamados Acuerdos Smithsonianos (*Smithsonian Agreements*) que intentaron en balde e *in extremis* salvar el sistema de paridades fijas de Bretton Woods centrado en la convertibilidad del dólar en oro a un precio invariable, tras haber sido abandonado por decisión unilateral del Presidente Nixon el 15 de agosto de 1971[223].

Fondo Monetario Internacional puede leerse la siguiente información: *"El Grupo de los Diez (G-10) es el grupo de países que han acordado participar en los Acuerdos Generales para la Obtención de Préstamos (AGP), un acuerdo de obtención de préstamos suplementario que puede invocarse si se estima que los recursos del FMI no bastan para satisfacer las necesidades de sus países miembros. Los AGP se crearon en 1962, cuando los gobiernos de ocho países miembros del FMI —Bélgica, Canadá, Estados Unidos, Francia, Italia, Japón, los Países Bajos y el Reino Unido— y los bancos centrales de otros dos países, Alemania y Suecia, facilitaron recursos al FMI para su utilización por los participantes mediante la realización de giros y, en determinadas circunstancias, para financiar giros efectuados por no participantes. En 1964 el G-10 se fortaleció con la incorporación de Suiza, que entonces no era miembro del FMI, aunque se mantuvo la denominación de G-10. Tras sus inicios, el G-10 amplió su participación en el FMI, e incluyó la publicación de informes que en 1969 culminaron en la creación de los Derechos Especiales de Giro (DEG). El G-10 también fue el centro de las deliberaciones que en diciembre de 1971 dieron origen al Acuerdo del Smithsonian tras el derrumbe del sistema de Bretton Woods. Las siguientes organizaciones internacionales son observadores oficiales de las actividades del G-10: el Banco de Pagos Internacionales (BPI), la Comisión Europea, el FMI y la OCDE"*, véase: https://www.imf.org/es/About/Factsheets/A-Guide-to-Committees-Groups-and-Clubs#G10

223 Con respecto a estos grupos informales, G-5, G-7, G-10, a modo de repaso histórico sobre su génesis y evolución, López Escudero señala: *"El primer grupo, que se creó en 1963, fue el G-10, formado por los once Estados industrializados que concedieron préstamos adicionales al FMI. El G-10 comenzó a reunirse periódicamente y a discutir los problemas cruciales del sistema monetario internacional, al margen del FMI. El excesivo peso de los Estados europeos en el G-10 llevó a Estados Unidos a impulsar la creación de un foro más reducido y con menor presencia de países europeos para discutir, entre otras, de la situación económica mundial. Este nuevo foro fue el G-5, que se reunió por primera vez en Rambouillet (Francia), congregando a los jefes de Estado o de Gobierno de Estados Unidos, Japón, Alemania, Francia*

El germen del actual G-7[224] lo encontramos en la invitación que efectuó el Presidente de la República Francesa Giscard d'Estaing a los líderes, jefes de Estado o de Gobierno, de Alemania, Estados Unidos, Italia, Japón y Reino Unido, junto a Francia (G-6), a reunirse con total informalidad en el Château de Rambouillet para intercambiar puntos de vista y buscar soluciones comunes en el contexto de la crisis del petróleo, estanflación europea e inestabilidad económica global[225]. La falta de reglas formales hacía que sus decisiones fueran expresadas en forma de comunicados, del mismo modo que permitió admitir a nuevos invitados en sucesivas cumbres: así en 1977 se incorporó Canadá, pasando a ser un G-7, también eran invitados el Presidente de la Comisión y el Presidente del Consejo de las entonces Comunidades Europeas. Con la invitación de Rusia (para cuestiones políticas, no económicas) en 1997, se transformó este grupo en G-8, buscando entablar un diálogo con China; pero en 2014, como respuesta a la anexión de Crimea, Rusia fue excluida del G-8 por sus restantes miembros[226]. Hasta la crisis de 2008 el G-7 ha sido el grupo con mayor poder

y el Reino Unido. Esta reunión fue la primera cumbre económica mundial, que estuvo precedida desde 1973 por reuniones de los ministros de economía y gobernadores de los bancos centrales de estos cinco países, cuyas monedas formaban los Derechos Especiales de Giro del FMI. A este grupo se unen Italia y Canadá en 1976 y se forma el G-7. El G-10 pasó a ocupar un segundo plano con la creación del G-7, concentrando sus actividades en la cooperación entre bancos centrales y en la supervisión de las entidades financieras. El G-7 se convirtió en el dominador de la gobernanza económica global desde su creación hasta la crisis de 2008", véase, Manuel LÓPEZ ESCUDERO, "Capítulo 12. El Sistema Monetario Internacional (II): Grupos, Foros y Organizaciones Internacionales", en Luis M. HINOJOSA MARTÍNEZ y Javier ROLDÁN BARBERO (Coords.), *Derecho Internacional Económico*, Tirant lo Blanch, Valencia, 2022, p. 291.

224 Peter I. HAJNAL, *The G8 System and the G20. Evolution, Role and Documentation*, Ashgate, 2007, pp. 11-22.

225 http://www.g8.utoronto.ca/francais/1975rambouillet/question.html

226 Peter Holcombe HENLEY y Niels M. BLOKKER, *loc. cit.*, pp. 555-560.

en la gobernanza monetaria y financiera mundial[227]. La participación de la Unión Europea tanto en el G-10 como en el G-7/G-8 es limitada[228]. Conviene recordar que el G-7 en su cumbre de París celebrada en 1989 impulsó la constitución del Grupo de Acción Financiera Internacional (GAFI)[229] que se encarga de adoptar recomendaciones y estándares globales para luchar contra el blanqueo de capitales y la financiación del terrorismo.

Con el catalizador de las crisis asiáticas de los años 90 del siglo pasado, el G-7 creó el G-20 en su reunión de Washington de 25 de septiembre de 1999 para impulsar un foro con mayor representatividad y legitimidad incorporando los países de mayor importancia sistémica, contando con economías emergentes (China e India), para tratar las cuestiones relativas a la estabilidad monetaria y financiera internacional. Poco antes, en ese mismo año -1999- el G-7 había impulsado la creación del Foro de Es-

---

227 Manuel LÓPEZ ESCUDERO, "Capítulo 11. El Sistema Monetario Internacional (I): el Fondo Monetario Internacional", en Luis M. HINOJOSA MARTÍNEZ y Javier ROLDÁN BARBERO (Coords.), *Derecho Internacional Económico,* Tirant lo Blanch, Valencia, 2022, p. 264.

228 En el G-10 el Banco Central Europeo ha acudido como observador a las reuniones. Por su parte, en el G-8 la Unión fue un participante pleno en las cumbres, pero no un miembro oficial. Mientras que en las estructuras económicas del G-7 participan en la delegación de la eurozona el Presidente del Banco Central Europeo (a día de hoy la Presidenta Christine Lagarde) y el del Eurogrupo (Paschal Donohoe, en este momento). Véase, Manuel LÓPEZ ESCUDERO, "Capítulo 12. El Sistema Monetario Internacional (II): Grupos, Foros y Organizaciones Internacionales", *op. cit.,* pp. 292 y 294. A efectos prácticos el G-10 habría cesado sus funciones desde 2005, véase, Mario GIOVANOLI, "The international monetary and financial architecture -some institutional aspects-", en Thomas COTTIER, Rosa Mª LASTRA, Christian TIETJE y Lucía SATRAGNO, *The Rule of Law in Monetary Affairs,* World Trade Forum, Cambridge University Press, 2014, p. 47.

229 En inglés, *Financial Action Task Force on Money Laundering (FATF).*

tabilidad Financiera[230]. A marchas forzadas desde 2008 el G-20 se ha convertido en el foro con mayor capacidad y centralidad para la gobernanza monetaria y financiera internacional[231]. La Unión Europea es miembro de pleno derecho del G-20, junto a tres de sus Estados miembros (Alemania, Francia e Italia)[232] y España es un invitado permanente en él: el Presidente de la Comisión[233] y el Presidente del Consejo Europeo representan a la Unión en sus cumbres[234]. De forma aproximada puede cifrarse –tal y como publicita la Comisión Europea- la representatividad

---

230 El Foro de Estabilidad Financiera constituye el precedente inmediato del actual Consejo de Estabilidad Financiera que será objeto de análisis más adelante en este trabajo y que fue concebido como una agrupación de las autoridades nacionales más relevantes para la estabilidad financiera (bancos centrales, agencias supervisoras) pertenecientes a 12 jurisdicciones, así como de las principales instituciones financieras internacionales y de los denominados *standard setting bodies* y de asociaciones de reguladores y supervisores nacionales. Esta época finisecular coincidió con una fuerte contestación tanto a la Organización Mundial del Comercio (Seattle, otoño de 1999), como al G-8 (Génova, julio de 2001), por parte de los movimientos antiglobalización, para los que *grosso modo* estas instituciones y grupos constituían sus particulares *bestias negras.*

231 Peter Holcombe HENLEY y Niels M. BLOKKER, *loc. cit.*, pp. 551 y ss.; asimismo, Manuel LÓPEZ ESCUDERO, "Capítulo 12. El Sistema Monetario Internacional (II): Grupos, Foros y Organizaciones Internacionales", *op. cit.*, pp. 295-296.

232 Son miembros del G-20: Alemania, Arabia Saudí, Argentina, Australia, Brasil, Canadá, China, Estados Unidos, Francia, Italia, India, Indonesia, Japón, México, República de Corea, Reino Unido, Rusia, Sudáfrica, Turquía y la Unión Europea. Desde 2023, una segunda organización internacional de integración regional, la Unión Africana, también forma parte como miembro del G-20.

233 En el momento de escribir estas líneas la Presidenta Ursula Von der Leyen, en su segundo mandato.

234 Comisión Europea: la UE en el G20, disponible en: https://ec.europa.eu/info/strategy/priorities-2019-2024/stronger-europe-world/eu-g20_es

del G-20 en los siguientes términos: *"los miembros del G-20 representan alrededor del 90 % del PIB mundial, el 80 % del comercio global y dos tercios de la población del planeta"*[235]. En la Cumbre de Londres del G-20 celebrada en abril de 2009 se acordó incrementar sustancialmente la capacidad crediticia del Fondo Monetario Internacional, que vio aumentar su relevancia e influencia como consecuencia de la crisis financiera iniciada en 2008. En esta misma Cumbre de Londres celebrada en abril de 2009 el G-20 acordó expandir el Foro de Estabilidad Financiera y su mandato así como que fuera sucedido y reestablecido con mayores bases y capacidades institucionales convirtiéndose en el actual Consejo de Estabilidad Financiera[236]. Las presidencias de Donald Trump suponen un embate y quizás un pasajero zarandeo y desafío a esta centralidad del G-20[237]. En octubre de 2021, en Washington D.C. coincidiendo con las reuniones anuales del Banco Mundial y del Fondo Monetario Internacional, tuvo lugar la reunión del G-20 de 2021 en su formato de ministros de economía y finanzas y de gobernadores de bancos centrales (contando con la Presidenta del Banco Central Europeo) bajo presidencia italiana (a esta le han sucedido la presidencia indonesia en 2022[238], India

---

235 https://ec.europa.eu/info/food-farming-fisheries/farming/international-cooperation/international-organisations/g20_es#:~:text=Conjuntamente%2C%20los%20miembros%20del%20G,comercio%20mundial%20de%20productos%20agr%C3%ADcolas.

236 G-20, *Declaration on Strengthening the Financial System*, Cumbre de Londres, 2 de abril de 2009.

237 Ivette ORDÓÑEZ NÚÑEZ, *El G-20 en la era Trump: El nacimiento de una nueva diplomacia mundial*, Los Libros de la Catarata, Madrid, 2017.

238 Las reuniones del G-20 bajo presidencia de Indonesia durante el año 2022 fueron un verdadero test de estrés para la pervivencia de su autoridad política tras la agresión a Ucrania: en aquel momento pudo constatarse cómo la actitud de Estados Unidos y de la Unión Europea contrastaba con actitudes tibias incluso apacibles hacia Rusia como las mostradas por China, India, la propia Indonesia o Sudáfrica. También fue asumido en su marco el compromiso de llevar a cabo la Decimosexta

en 2023, Brasil como anfitriona en 2024 y, serán las próximas en asumir su presidencia, Sudáfrica en 2025 y Estados Unidos en 2026). En las cumbres del G-20 han sido invitados/han colaborado en diferentes modalidades desde el Presidente del Consejo de Estabilidad Financiera, el Director General del Fondo Monetario Internacional y el Presidente del Banco Mundial, e incluso hasta la flamante, primera mujer, Directora General de la Organización Mundial del Comercio (Ngozi Okonjo-Iweala) o el Secretario General de Naciones Unidas[239].

Aunque en la práctica la línea divisoria entre una organización internacional y otras formas menos estructuradas de cooperación internacional es menos tajante y más borrosa de lo que cualquier definición de organización internacional daría a entender, lo cierto es que a todas luces el G-20 (y por extensión los G-7/8 y G-10) no constituye una organización internacional ni un sujeto de Derecho Internacional Público: a) fue creado en la reunión de ministros de finanzas y gobernadores de bancos centrales del G-7 en Washington D.C. como un mecanismo de diálogo informal para generar consensos políticos al máximo nivel, careciendo por tanto de tratado constitutivo o de otro instrumento constitutivo regido por el Derecho Internacional; b) no posee una personalidad jurídica internacional objetiva y su creación entronca con el marco institucional procedente de Bretton Woods sin plantear su ruptura; c) no posee agentes independientes pese a haber adquirido un cierto grado de institucionalización[240], y sí cuenta entre sus miembros de pleno dere-

---

Revisión General de Cuotas en el marco del FMI que sería adoptada por su Junta de Gobernadores el 15 de diciembre de 2023.

239 Manuel LÓPEZ ESCUDERO, "Capítulo 12. El Sistema Monetario Internacional (II): Grupos, Foros y Organizaciones Internacionales", *op. cit.*, pp. 295 y ss.

240 Se ha sugerido que en el futuro el G-20 puede experimentar una trayectoria similar a la que llevó al Consejo Europeo a su consolidación como institución permanente en el caso de la Unión Europea; no

cho con Estados y con otras entidades como la Unión Europea, además, de estar tejiendo importantes interacciones con otras organizaciones internacionales, organismos especializados de Naciones Unidas, como son la Organización Internacional del Trabajo y el Fondo Monetario Internacional que pueden llegar a participar en sus reuniones[241]. Ahora bien este tipo de grupos

---

obstante, a pesar de que han sido efectuadas propuestas en el sentido de dotar al G-20 de una secretaría permanente, no cuenta con ella hasta la fecha, dado que su establecimiento podría restar agilidad a su carácter informal y rotatorio actuales. En la actual organización de la Presidencia del Gobierno de España se ha dado no obstante, visibilidad y permanencia, a los asuntos relativos al G-20, así ha sido creada una Secretaría General de Asuntos Económicos y G-20, bajo la dependencia directa de la persona titular de la Dirección del Gabinete del presidente del Gobierno, véase el Real Decreto 634/2021, de 26 de julio, por el que se reestructura la Presidencia del Gobierno, BOE nº 178, de 27 de julio de 2021. Otro potencial paralelismo que puede trazarse sería el relativo al nacimiento de la actual OSCE a partir de la Conferencia sobre la Seguridad y la Cooperación en Europa (CSCE).

241 Peter Holcombe HENLEY y Niels M. BLOKKER, *loc. cit.*, pp. 580 y ss. Sanahuja describe el grado de institucionalización del G-20 en los siguientes términos: *"La pretensión del G-20 es ser una combinación adecuada de agilidad, eficacia y representatividad en un mundo crecientemente multipolar. En conjunto, este grupo supone más del 80% de la producción y el comercio mundial, y dos terceras partes de la población de todo el mundo. Aunque los países miembros se encuentran entre las 30 economías más grandes, no son las de mayor tamaño, dado que la composición del Grupo también refleja equilibrios regionales. Como su antecesor, es un mecanismo de concertación no institucionalizado, sin secretariado ni una burocracia permanente, asumiendo algunas de las funciones de apoyo técnico el secretariado de la Organización para la Cooperación y el Desarrollo Económico (OCDE), que asume algunos mandatos de las Cumbres. Cuenta con una presidencia pro tempore anual, que junto con la anterior y la siguiente presidencia conforman una troika encargada de asegurar la continuidad de su actuación y el seguimiento de las agendas abiertas. Junto a las dos cumbres de líderes que se convocan cada año, se realizan reuniones de los ministros de economía y de finanzas y presidentes de los bancos centrales, así como un "canal" de sherpas que abordan la agenda*

-G-7, G-20- están configurando una autoridad pública internacional con un funcionamiento reticular ante la que el Derecho Internacional Público no debe permanecer ajeno, pese a que su fenomenología no pueda incardinarse en una aproximación formalista de Derecho Internacional[242]. Resulta ilustrativa de este funcionamiento en red la carta que en febrero de 2022 dirigió el Presidente del Consejo de Estabilidad Financiera, el neerlandés Klaas Knot[243], al G-20 en su formación de ministros de finanzas y gobernadores de bancos centrales como hoja de ruta para sus reuniones bajo presidencia de Indonesia a lo largo de 2022. Una misiva que no deja de simbolizar una cierta tautología, que mediante círculos concéntricos, corre el riesgo de favorecer la procrastinación y la autocomplacencia más que una verdadera acción concertada. Además de repetir mantras habituales, se pone el acento sobre algunos riesgos emergentes para la estabilidad financiera en el mundo resultante de la Gran Reclusión covidiana: los elevados niveles de deuda e

---

"política", José Antonio SANAHUJA, "El G-20 y la gobernanza económica global: cuestiones de representatividad, legitimidad y eficacia", *Anuario Sociolaboral. Fundación 1º de Mayo*, 2012, p. 200.

242 Armin von BOGDANDY, Matthias GOLDMANN y Ingo VENZKE, *loc. cit.*, p. 132.

243 Klaas Knot, aproximándose al don de la ubicuidad reúne, en un ejercicio de autopoiésis sin par, la condición de Presidente del Consejo de Estabilidad Financiera desde el 2 de diciembre de 2021 con la de Presidente del Banco Central de los Países Bajos desde 2011, miembro del Consejo General y del Consejo de Gobierno del Banco Central Europeo, miembro de la Junta Europea de Riesgo Sistémico, miembro de la Junta de Gobernadores del Fondo Monetario Internacional y miembro de la Junta de Directores del Banco de Pagos Internacionales. Puede decirse con fundamento que no es el Alto Representante de la Unión Europea para Asuntos Exteriores y Política de Seguridad el mayor pluriempleado o el que más sombreros tiene, en el paisanaje de las organizaciones internacionales (actualmente la Alta Representante, Kaja Kallas).

inflación, con la incertidumbre sobre las tasas de interés, el potencial de trasladarse al riesgo sistémico el específico derivado de la intermediación financiera no bancaria *(non-bank financial intermediation)* cuya resiliencia debe promoverse en aras del deseado crecimiento sostenible e inclusivo, así como la necesidad de encauzar los riesgos de la digitalización rampante (*global stablecoins*[244]) y los procedentes del cambio climático[245]. Estos grupos 'G' se han convertido en términos de Sanahuja en una suerte de "antecámaras" cuyas decisiones son posteriormente adoptadas y aplicadas por los órganos formales de las organizaciones internacionales[246]. Ian Bremmer de una forma sugerente y en cierto modo sensacionalista advertía en 2012 de los riesgos de un G-0 debidos al vacío de poder creado tras el fin del momento unipolar estadounidense y la incapacidad de un grupo articulado de Estados de proveer los bienes públicos globales[247]. En todo caso este conato de "multilateralismo elitista" en palabras de Bonet que el G-20 representa, más allá de sus supuestas eficacia y *legitimidad de resultado*, implica soslayar el sistema de

---

[244] Una de ellas es Tether que pertenece a una empresa privada y emplea la tecnología blockchain, mantiene su paridad con el dólar en valor, y asegura que posee suficientes reservas de dólares como para servir como garantía de depósito para sus usuarios. Esta paridad incorpora importantes bandas de fluctuación, si tomamos febrero de 2024 como referencia, en los cinco años anteriores las variaciones se producen en el rango de 0.86 a 1.03 $, un 16.5%, nada baladí. En todo caso, ¿alguien en su sano juicio otorgaría credibilidad a la hipotética promesa de convertibilidad basada en una declaración de la propia empresa? Esta empresa también lleva a cabo una estrategia de incremento de sus tenencias de deuda pública estadounidense en el camino hacia su consagración como *stablecoin.*

[245] Consejo de Estabilidad Financiera, *FSB Chair's letter to G20 Finance Ministers and Central Bank Governors,* 17 de febrero de 2022.

[246] José Antonio SANAHUJA, *loc. cit.*, p. 198.

[247] Ian BREMMER, *Every Nation for Itself, Winners and Losers in a G-Zero World,* Portfolio-Penguin, 2012.

Naciones Unidas y el universalismo que este pretende encarnar como centro de cooperación armoniosa (puede pensarse en el menguante papel del Consejo Económico y Social –ECOSOC- como órgano principal de la Organización de Naciones Unidas)[248]. La ausencia de reglas formales[249], la opacidad en su funcionamiento, así como la ausencia de una atribución de competencias precisa, propicia el evidente riesgo de que el G-20 usurpe, más allá de los problemas relativos a la responsabilidad y la rendición de cuentas, las funciones de las organizaciones internacionales preexistentes, convirtiéndose estas en una suerte de agencias ejecutivas del G-20 como directorio principal[250]. Evidentemente los aspectos económicos o demográficos de los integrantes de este directorio económico mundial, no pueden permanecer congelados en el tiempo de forma estática; y lejos de ser una cuestión pétrea la legitimidad y la composición del G-20 están sujetas a las tensiones y dinámicas permanentes e

---

248 Jordi BONET PÉREZ, *La internormatividad entre las dimensiones económica y social del ordenamiento jurídico internacional. ¿Un espacio jurídico para la actividad de los derechos económicos, sociales y culturales?*, Barcelona, Huygens Editorial, 2019, p. 75.

249 La adopción de decisiones en el G-20 se rige por el consenso sin que haya posibilidad de votación ni de una ponderación formal del peso decisorio de sus integrantes.

250 José Antonio SANAHUJA, *loc. cit.*, pp. 201-202. En particular, tras la crisis financiera global de 2008, el G-20, como se ha mencionado, ha adquirido en su doble vertiente (de cuestiones de política global, de un lado, y en cuestiones monetarias y financieras una cierta autoridad), una legitimidad y eficacia que serán puestas a prueba; siguiendo un modelo de cumbres anuales con escasa institucionalización (sin una secretaría permanente), con un nomadismo y coordinación mediante troikas rotatorias de países anfitriones que ejercen la presidencia: el G-20 parece haberse convertido en el sucesor de carácter global de otros grupos informales como el G-5 o el G-10, que tuvieron una composición más restringida. Se ha llegado a comparar al G-20 con el sistema del Concierto Europeo instaurado tras las Guerras Napoleónicas y el Congreso de Viena en 1815.

inacabadas de la sociedad internacional. Uno de estos choques de placas tectónicas se produce tras la agresión perpetrada por la Federación Rusa con inestimable colaboración de Bielorrusia contra Ucrania en febrero de 2022: como reacción los líderes del G-7 propusieron en marzo de 2022 retirar a Rusia la consideración de Nación Más Favorecida en el marco de la OMC[251]. Igualmente, se ha producido el concierto para tratar de aislar a Rusia del sistema financiero global, limitando el acceso al mismo de sus principales bancos, así como restringiendo la capacidad de su Banco Central de gestionar reservas extranjeras[252]. Esta

---

251 España y la Unión Europea han secundado dicha suspensión con arreglo al Derecho de la OMC haciendo uso de la excepción prevista para proteger los intereses esenciales de seguridad de sus miembros.

252 *"El 28 de febrero de 2022, el G-7 se apoderó de la mitad de las reservas de divisas de Rusia (635.000 millones de dólares)"*, Ramón CASILDA BÉJAR, *loc. cit.* Otras fuentes, quizá más precisas, suelen cifrar en 323.000 millones de dólares, o 300.000 millones de euros, los activos congelados, que no confiscados. Se trata de reservas situadas en el exterior de titularidad del Banco Central de la Federación de Rusia en el territorio de aquellos Estados que aplican las medidas restrictivas; como es bien sabido los integrantes de los BRICS, y muchos de los integrantes del *Sur Global,* no han seguido esta pauta. Cada día que ha pasado desde el 24 de febrero de 2022 los Estados miembros de la Unión han seguido alimentando la economía rusa a pesar de los denodados y considerables esfuerzos por reducir los vínculos energéticos (carbón, petróleo y gas). La Unión Europea y sus Estados miembros se apoyan en la Resolución aprobada por la Asamblea General de Naciones Unidas el 14 de noviembre de 2022, *Promoción de vías de recurso y reparaciones por la agresión contra Ucrania,* A/RES/ES-11/5, donde se elucidan las denominadas obligaciones de solidaridad derivadas para todos los Estados de la violación de una norma imperativa (entre ellas la obligación de cooperar para poner fin). Jaume FERRER LLORET, "Las 'consecuencias particulares' de las violaciones graves de normas de 'ius cogens' en el Proyecto de la CDI de 2022: ¿desarrollo progresivo del Derecho Internacional?", *Anuario Español de Derecho Internacional,* Vol. 39, 2023, pp. 149-207. En este sentido busca la Unión Europea dar a comienzos de 2024

concertación del G-7 ha buscado asimismo impedir que como Estado agresor Rusia pueda recibir ningún tipo de asistencia financiera de organizaciones internacionales tales como el Fondo Monetario Internacional, el Banco Mundial o el Banco Europeo de Reconstrucción y Desarrollo[253]. La agresión a Ucrania ha introducido graves disfunciones en el funcionamiento del G-20, mermando su capacidad como centro para la gobernanza económica global, en las reuniones de gobernadores de bancos centrales y ministros de finanzas celebradas bajo la presidencia indonesia durante 2022: la actitud de Estados Unidos y la Unión Europea y sus miembros contrasta con actitudes tibias e incluso apacibles -¿cómplices?- hacia Rusia como las mostradas por China, India, la propia Indonesia o Sudáfrica, y en general de muchos integrantes del denominado *Sur Global.*

Sin tener una conexión aparente con los anteriores grupos (ni G-7 ni G-20), desde 1978 existe un órgano consultivo de naturaleza privada constituido en Estados Unidos denominado G-30, que es una suerte de *conciliábulo*, de think tank independiente donde se dan cita personalidades destacadas del ámbito privado, del ámbito público y de la academia, para efectuar una aproximación global a los problemas monetarios y financieros, así como de las repercusiones que tienen las decisiones más importantes adoptadas en los ámbitos público y privado[254]: su

---

los primeros pasos para aplicar activos congelados a la reparación y reconstrucción en Ucrania. Puede verse asimismo en mayor detalle, Araceli MANGAS MARTÍN, "Europa desafiada: reacción a la agresión rusa en Ucrania", *Anales de la Real Academia de Ciencias Morales y Políticas*, año 75, n º 100, curso 2022-2023.

253 Declaración de los líderes del G-7, Berlín, 11 de marzo de 2022.

254 Entre dichas personalidades encontramos, a título de ejemplo a comienzos de 2024, a miembros de multinacionales como JP Morgan o BlackRock, el antiguo y el actual Director General del Banco de Pagos Internacionales (Jaime Caruana, Agustín Carstens), ex gobernadores de bancos centrales (incluyendo a los antiguos presidentes del Banco

composición deja entrever que existe una autopoiesis importante en estas materias, sus reuniones plenarias tienen lugar dos veces al año (refleja la *hibridación público-privada*).

Como corolario a este subapartado relativo a los grupos informales pueden traerse a colación las reflexiones que Remiro Brotóns adelantaba en 2010: "*No es ninguna novedad el recurso creciente a los no-sujetos y al no-derecho para avanzar en el manejo internacional de los problemas, quedando los sujetos (las Organizaciones internacionales) y las obligaciones jurídicas para instrumentar y ejecutar los acuerdos políticos de los conciertos informales. Pero sí puede ser novedad relativa que el G-8, formado por los siete países desarrollados con PIB más alto (Alemania, Canadá, Estados Unidos, Francia, Italia, Japón, Reino Unido) y Rusia (con la presencia adicional de la presidencia de la UE), haya traspasado el liderazgo en la respuesta a la crisis al G-20, donde toman asiento, con ellos, los países emergentes y representativos del mundo en desarrollo (África del Sur, Arabia Saudita, Argentina, Australia, Brasil, China, Corea del Sur, India, Indonesia, México y Turquía). Si G significa (en este contexto) Grupo, también puede significar Global. A partir de ahora el orden económico parece estar en las manos de estos grupos globales autodesignados o con miembros cooptados (v. Declaración de Pittsburgh, de 25 de septiembre de 2009). No se trata, desde luego, de crear —como propuso la alemana Ángela Merkel— una especie de Consejo Económico Mundial, a modo de*

Central Europeo, Jean Claude Trichet y Mario Draghi), así como gobernadores de bancos centrales como el de China en activo, la actual Secretaria del Tesoro estadounidense (Yanet Yellen), figuras de cierto renombre y prestigio académico (Daron Acemoglu, Paul Krugman, Carmen M. Reinhart, Kenneth Rogoff, Raghuram G. Rajan...), la Directora General de la OMC (Ngozi Okonjo-Iweala), el Presidente del Consejo de Estabilidad Financiera (Klaas Knot), un antiguo Director Gerente del FMI (Jacques de Larosière), la Secretaria del Tesoro de Estados Unidos (Janet Yellen), el antiguo presidente de México (Ernesto Zedillo), encontramos asimismo al español Guillermo de la Dehesa, etc. Puede verse la lista completa en: https://group30.org/members

Consejo de Seguridad, con la responsabilidad primordial de garantizar la estabilidad financiera bajo reglas vinculantes en una economía de mercado; sólo de fijar principios rectores, mecanismos de cooperación y coordinación multilateral, derecho blando moldeable luego por los Estados, que serán los principales reguladores. Estamos ante mecanismos de cooperación informales, sin una infraestructura orgánica propia ni clase alguna de personalidad jurídica, que actúan como una especie de directorio selectivo, acordando medidas de naturaleza política, sin alcance jurídico obligatorio, reflejadas en declaraciones de jefes de estado y de gobierno que se sirven de un lenguaje promisorio relativamente genérico, en las que no falta una dosis apreciable de autobombo"[255]. Estos organismos internacionales se caracterizan como señala Roldán Barbero por la falta de credenciales democráticos, algo que el G-7 y el G-20 comparten con el Fondo Monetario Internacional, a diferencia de lo que sucede con la Unión Europea que encarna el intento más perfeccionado hasta la fecha de establecer una democracia transnacional, supranacional, incluso. La globalización comporta un desbordamiento y vaciamiento de las capacidades propias de las democracias nacionales que no se ve compensado ni trasvasado con una correlativa transferencia de capacidades democráticas a la comunidad internacional ni a ninguna organización internacional[256].

En 2010 el profesor Carrillo Salcedo apuntaba que el eje de la gobernanza económica mundial había sido desplazado desde un centro institucionalizado y formal como el de la ONU hacia el G-20, señalando incluso que una organización internacional hecha y derecha como el FMI parecía estar subordinada al G-20. El G-20 se precia de aglutinar a Estados que suman en torno a un 85% del

---

[255] Antonio REMIRO BROTÓNS, *et al.*, *Derecho Internacional. Curso General*, Tirant lo Blanch, Valencia, 2010, p. 56.

[256] Javier ROLDÁN BARBERO, "Internal democracy and international law", *Spanish Yearbook of International Law*, nº 22, 2018, pp. 181-202.

PIB[257] mundial y a más de dos tercios de la población mundial, tiene sin duda mayor legitimidad y representatividad que el G-7 (limitado, sin Rusia tras la anexión de Crimea, a países occidentales y en temas financieros siempre a estos). Ahora bien, los problemas de legitimidad y de eficacia que el G-20 encarna no han sido disipados hasta la fecha: tampoco resulta a día de hoy verosímil apostar por una reforma de la Carta de San Francisco que devuelva al multilateralismo institucionalizado la centralidad, mediante, la creación de un nuevo órgano principal, una suerte de Consejo de Seguridad Económica mundial[258]. Como señala Torres Cazorla el fenómeno de las organizaciones internacionales se ha visto desbordado y superado por la proliferación de estas formaciones "G" así como por todo tipo de actores sui géneris como los que se aglutinan de un modo reticular en torno al Consejo de Estabilidad Financiera[259].

---

257 Evidentemente la ponderación entre PIB y población mundial no equivale a la regla "una persona, un voto", ni es necesariamente su mejor encarnación. Debe pensarse seriamente en si todavía no ha llegado acaso el momento de tomarse en serio un índice no necesariamente sustitutivo del PIB, tal y como es el Índice de Felicidad Nacional Bruta (*Gross National Happiness*) acuñado en los años 70 del siglo pasado por el rey de Bután, Jigme Singye Wangchuck: dicho índice contempla otras medidas no económicas del bienestar humano, desde un punto de vista *holístico*. No deja de ser sintomático del enloquecido tiempo en que vivimos que Bután se haya destacado también por el minado de criptomonedas: Álvaro SÁNCHEZ, "Un nuevo criptoestado emerge en el Himalaya: Bután posee el doble de bitcoins que El Salvador", *El País*, 30 de septiembre de 2024.

258 Juan Antonio CARRILLO SALCEDO, "Las formaciones G en las relaciones internacionales contemporáneas. Entre el poder y la legitimidad dos modelos para la gobernabilidad mundial", *Anales de la Real Academia de Ciencias Morales y Políticas*, nº 88, 2011, pp. 59-68.

259 María Isabel TORRES CAZORLA, "Las aportaciones de la Corte Internacional de Justicia al concepto (y elementos conformadores) de las organizaciones internacionales", en Ana Mª BADIA MARTÍ, Laura HUICI SANCHO (Dirs.) y Ana SÁNCHEZ COBALEDA (Ed.), *Las organizaciones internacionales en el siglo XXI*, Marcial Pons, 2021, p. 101.

Por tanto, amén de constatarse la laminación mencionada de la Organización de Naciones Unidas de la gobernanza monetaria y financiera internacional, podemos señalar que también existe una asimetría entre los asuntos monetarios y financieros internacionales en el plano institucional: así pese a la inescindible imbricación funcional existente entre los asuntos monetarios y financieros internacionales (puesta ya de relieve en la en la Conferencia Monetaria y Financiera de Naciones Unidas celebrada en Bretton Woods en 1944) mientras que los asuntos monetarios han dado lugar a la aparición de una organización intergubernamental -el Fondo Monetario Internacional- de ámbito universal y que es además un organismo especializado de Naciones Unidas; por su parte los asuntos financieros internacionales, no solo no han dado lugar a una organización internacional clásica vinculada al sistema de Naciones Unidas sino que oscilan en torno a una pléyade de *organismos internacionales jurídicamente no identificados* con una arquitectura financiera internacional caracterizada por su suavidad sin perjuicio de que el FMI[260] tenga un papel destacable en la prestación de asistencia financiera internacional y creciente e incipiente en la supervisión, también de las cuestiones relativas a la estabilidad financiera internacional (aunque no pudo anticiparse a la Gran Recesión de 2008, como bien es sabido)[261] .

---

260 Podría decirse que esta organización internacional ha comenzado a experimentar una ampliación implícita de competencias paulatina hacia los dominios financieros (además de la asistencia financiera en su actividad operacional para restaurar la estabilidad de las balanzas de pagos, adquiere progresivamente funciones en la supervisión macroeconómica de los Estados conectadas con la preservación de la estabilidad financiera internacional, sin llegar a tener atribuciones normativas ni verdaderas competencias económicas...).

261 Nótese la contribución del FMI a la identificación de factores de vulnerabilidad que pueden incrementar la tensión sistémica mediante las evaluaciones del sector financiero en el marco del Programa de Evaluación del Sector Financiero (evaluaciones que efectúa conjun-

Como epílogo y preludio para enlazar este subapartado relativo a los grupos informales con los venideros acerca del Consejo de Estabilidad Financiera y los *standard-setting bodies* pueden traerse a colación las palabras de López Escudero que señala tres dinámicas que caracterizan el derecho de las finanzas internacionales: "*una gobernanza difusa; las redes informales intergubernamentales y, a veces, las entidades privadas, en lugar de las organizaciones internacionales formales, llevan a cabo dicha gobernanza; y la regulación financiera internacional a menudo adopta la forma de reglas "blandas" y coordinación de estándares nacionales, en lugar de obligaciones legalmente exigibles consagradas en tratados internacionales*"[262]. Como sostiene Giovanoli han aparecido sugerentes términos en la literatura académica para describir estos procesos, si bien a pesar de su potencial descriptivo y estimulante falta profundidad de análisis en cuanto

tamente con el Banco Mundial en el caso de economías en desarrollo y de mercados emergentes). El G-20 ha potenciado la utilización de estas evaluaciones donde se "*realizan pruebas de tensión; califican la calidad de la supervisión de los bancos, los seguros y los mercados financieros frente a normas aceptadas a nivel internacional, y evalúan la capacidad de los supervisores, las autoridades políticas y las redes de protección financiera para responder eficazmente en caso de tensión sistémica*", véase, Manuel LÓPEZ ESCUDERO, "Capítulo 11. El Sistema Monetario Internacional (I): el Fondo Monetario Internacional", *op. cit.*, pp. 286-287, en 287. Asimismo, el FMI impulsa en sus evaluaciones la correcta aplicación de las doce normas técnicas en materia financiera, elaboradas por los *standard-setting bodies*, identificadas por el Consejo de Estabilidad Financiera, como se menciona más adelante.

262 Manuel LÓPEZ ESCUDERO, "Capítulo 12. El Sistema Monetario Internacional (II): Grupos, Foros y Organizaciones Internacionales", *op. cit.*, pp. 301-302. Como se verá, no están desprovistos de dudas en torno a su legitimidad y eficacia el Consejo de Estabilidad Financiera y los denominados *standard-setting bodies*: reflejan una composición selectiva, restringida, oligocrática, en la que ya no hay un predominio claro, explícito, de los Estados europeos y occidentales, existen economías emergentes, pero resulta muy dudoso que pueda sostenerse que haya una verdadera *representación geográfica equitativa.*

a la naturaleza legal y efectos de este fenómeno: *"In general, the academic literature tends to categorise the whole process of international standard setting and the various bodies involved [...] as a phenomenon of 'transnational governmental networking', a 'transnational or trans-governmental regulatory network', 'soft law institutions' or the emergence of 'global administrative law'. As intellectually stimulating as they may be, these descriptive concepts do not contribute much towards assessing the legal nature and effects of the phenomenon"*[263].

2.2 El Consejo de Estabilidad Financiera

El G-7 en su versión de ministros de economía y finanzas y gobernadores de bancos centrales creó en su reunión de Bonn de febrero de 1999 el Foro de Estabilidad Financiera siguiendo las recomendaciones de Hans Tietmeyer, Presidente del Bundesbank, al que se había encomendado proponer nuevas estructuras para mejorar la cooperación en aras de la estabilidad del sistema financiero internacional. En la Cumbre de Londres del G-20 celebrada en abril de 2009 se decidió sustituir el Foro de Estabilidad Financiera por el actual Consejo de Estabilidad Financiera, cuya Carta fue adoptada por el G-20 en la Cumbre de Pittsburgh celebrada en septiembre de 2009. La Carta Constitutiva que no convierte al Consejo de Estabilidad Financiera en una organización internacional ni le atribuye personalidad jurídica internacional fue modificada en la Cumbre del G-20 celebrada en Los Cabos (México) en 2012. El Consejo de Estabilidad Financiera se ha constituido en asociación privada sin ánimo de lucro con arreglo al derecho suizo y emplea la sede del Banco de Pagos Internacionales en Basilea[264]. Se ha sugerido que el Consejo de Estabilidad Financiera es una especie de *agencia* del

---

263 Mario GIOVANOLI, *op. cit.*, p. 54.

264 Manuel LÓPEZ ESCUDERO, "Capítulo 12. El Sistema Monetario Internacional (II): Grupos, Foros y Organizaciones Internacionales", *op.*

Banco de Pagos Internacionales, de un modo análogo al que lo es el Comité de Basilea de Supervisión Bancaria; asimismo el Consejo de Estabilidad Financiera se financia en virtud de un acuerdo específico con el Banco de Pagos Internacionales, y quizá pueda en el futuro evolucionar gradualmente mediante una ampliación de sus funciones hacia una organización internacional *de facto* que celebre acuerdos regidos por el Derecho Internacional[265]. Según señala en su artículo 23 la Carta Constitutiva del Consejo de Estabilidad Financiera, en su versión de 2012, la misma no tiene el propósito de crear obligaciones ni derechos legales (no deja de ser llamativa esta autoproclamación de operar en un agujero negro normativo -en un *legal vacuum*- a la par que un Consejo de Estabilidad Financiera con tan aparentemente débil sujeción legal reivindica para sí mismo una centralidad en la arquitectura multilateral dedicada a preservar la estabilidad financiera global)[266]. ¿Se trata de un mero *pacto entre caballeros,* de un acuerdo no normativo, un acto concertado no convencional? De lo anterior cabe colegir que no se trata del

---

cit., pp. 296 y ss. Información detallada sobre el Consejo de Estabilidad Financiera puede encontrarse en su web: https://www.fsb.org/
Su estatuto en el derecho suizo se encuentra en *Articles of Association of the Financial Stability Board (FSB),* de 28 de enero de 2013, disponible en: https://www.fsb.org/wp-content/uploads/FSB-Articles-of-Association.pdf

265 Sara DE VIDO, "Soft Organizations, Hard Powers: The FATF and the FSB as Standard-Setting Bodies", *Global Jurist,* Vol. 19, nº 2, 2019, p. 5. Puede traerse, también aquí, a colación el paralelismo con el Acta de Helsinki de la Conferencia de Seguridad y Cooperación en Europa de 1975 y el posterior nacimiento y consolidación de la Organización para la Seguridad y la Cooperación en Europa (OSCE), aunque evidentemente el Consejo de Estabilidad Financiera está a día de hoy lejos de experimentar dicha evolución.

266 Klaas KNOT, *Navigating change in the global financial system: the role of the FSB,* Consejo de Estabilidad Financiera, 17 de febrero de 2022.

instrumento constitutivo de una organización internacional[267]. Con arreglo a su artículo 5 son elegibles como miembros del Consejo de Estabilidad Financiera tres tipos de entidades:

a) autoridades nacionales responsables del mantenimiento de la estabilidad financiera, tales como ministros de finanzas, bancos centrales, y autoridades reguladoras y de supervisión;

b) instituciones financieras internacionales; y,

c) *standard setting bodies* y asociaciones internacionales de reguladores y supervisores nacionales, así como de bancos centrales[268].

---

267 Detrás de esta vocación por crear instituciones financieras internacionales informales se muestra la voluntad de los Estados de eludir crear organizaciones internacionales sólidas evitando de este modo que sus instrumentos constitutivos deban satisfacer a nivel interno las exigencias y controles parlamentarios (y jurisdiccionales) previos tendentes a la manifestación del consentimiento en el plano internacional. Mario GIOVANOLI, *op. cit.* p. 52. ¿Para qué crear entonces esta suerte de *espantajo jurídicamente no identificado* que es el Consejo de Estabilidad Financiera, si ya existía toda una red transnacional de instituciones financieras internacionales, de *standard-setting bodies*? ¿Se ha ganado en eficacia, mayor coordinación, transparencia? Estas preguntas quedan latentes…

268 Una visión panorámica de los diferentes *standard-setting bodies* de carácter sectorial y de carácter especializado puede verse en Chris BRUMMER, *Soft Law and the Global Financial System: Rule Making in the 21st Century*, Cambridge University Press, 2012, pp. 74-89. Uno de los *standard-setters* que ha quedado fuera de la órbita del Consejo de Estabilidad Financiera y que constituye una asociación de carácter netamente privado de empresas y profesionales vinculados a la industria *over the counter* de los derivados financieros y que fue creada con arreglo al Derecho estadounidense es la *International Swaps and Derivatives Association*, que ha promovido su desregulación y la adopción de estándares voluntarios para la formulación por ejemplo de modelos contractuales utilizados en las transacciones relativas a estos instrumentos financieros que elevaron notablemente el riesgo de contagio sistémico.

El pleno del Consejo de Estabilidad Financiera decide acerca de la admisión de nuevos miembros con arreglo a su artículo 9 por consenso. El pleno es el único órgano del Consejo de Estabilidad Financiera con atribuciones para adoptar decisiones respecto a todas las materias reguladas en la Carta Constitutiva, decisiones que adopta por consenso. En su composición encontramos representadas 24 jurisdicciones a través de altos funcionarios de los ministerios de finanzas, gobernadores de bancos centrales y de autoridades nacionales de regulación (se trata de los mismos miembros del G-20, pero además, tienen representación España, Países Bajos, la Región Administrativa Especial de Hong Kong, Singapur, y Suiza). La Unión Europea participa en el pleno a través del Banco Central Europeo, del Sistema Único de Supervisión Bancaria y de la Comisión Europea. Están representadas, además, las cuatro organizaciones internacionales relevantes en el plano universal (Banco Mundial, Fondo Monetario Internacional, OCDE y Banco de Pagos Internacionales). Encontramos asimismo en el pleno del Consejo de Estabilidad Financiera, asociaciones internacionales de autoridades de regulación y de supervisión, así como *standard setting bodies* y grupos de expertos de bancos centrales (el Comité de Basilea de Supervisión Bancaria, Comité del Sistema Financiero Global, Comité de Sistemas de Pago y de Liquidación, la Asociación Internacional de Supervisores de Seguros (IAIS), la Organización Internacional de Comisiones de Valores (IOSCO), así como la Junta de Normas Internacionales de Contabilidad (IASB)). Los miembros cuentan con representación de alto nivel en el pleno (artículo 10) a la que puede unirse la participación de invitados *ad hoc* a los que puede extender la invitación el Presidente del Consejo de Estabilidad Financiera tras efectuar consultas con sus miembros.

Junto con el pleno, la estructura orgánica cuenta con un *Steering Committee* (que prepara las reuniones del pleno, y se encarga del funcionamiento operativo), así como tres comités especializados: *Standing Committee on Assessment of Vulnerabilities* (que provee en colaboración con el Fondo Monetario Internacional inputs para el sistema de alerta temprana), *Standing Committee on Supervisory and Regulatory Cooperation* y finalmente, un *Standing Committee on Standards Implementation* (encargado de asegurar la completa y rigurosa implementación de los estándares acordados en el G-20 y en el propio Consejo de Estabilidad Financiera mediante la revisión y presión por pares, e igualmente busca la adherencia global a los estándares de regulación y supervisión prudencial)[269]. La información que la Carta Constitutiva ofrece acerca de las funciones de los anteriores órganos no es especialmente prolija. El Consejo de Estabilidad Financiera cuenta asimismo con una Secretaría a cuyo frente hay un Secretario General (artículo 22 de la Carta Constitutiva).

En lo que concierne a las funciones, mandato y objetivos del Consejo de Estabilidad Financiera (con arreglo al artículo 2 de su Carta Constitutiva) encontramos:

- La evaluación de las vulnerabilidades que afectan al sistema financiero global y la consiguiente identificación desde una perspectiva macroprudencial de las necesidades reguladoras y de supervisión aparejadas para atajar aquellas;
- Promover la cooperación e intercambio de información entre las autoridades encargadas de mantener la estabilidad financiera;
- Asesorar y efectuar un seguimiento acerca de las mejores prácticas para cumplir con los estándares regulatorios; coordinando a estos efectos la labor de los denominados *standard setting bodies*;
- Colaborar con el Fondo Monetario Internacional en los servicios de alerta temprana; así como apoyar planes transnacionales de contingencia cuando hay crisis financieras en las que entidades de naturaleza sistémica están involucradas;

---

[269] A través del *Framework for Strengthening Adherence to International Standards.*

- Promover la aplicación de los estándares y políticas recomendadas en cada jurisdicción mediante la presión y revisión por pares, y residualmente, como cláusula de cierre llevar a cabo cualquier acción concertada por los miembros del Consejo de Estabilidad Financiera en el marco de su Carta. De un modo residual también se postula el Consejo de Estabilidad Financiera para abordar vacíos regulatorios ayudando, coordinando o desarrollando estándares y principios en colaboración con los *standard setting bodies*, así como cuando se trate de materias transversales o que no recaigan en el dominio funcional de ninguno de ellos. La vocación y fundamento de este organismo no es asemejable por ende al principio de competencias por atribución, más rígido, en todo caso.

Como ha señalado Hinojosa Martínez, el G-20 y el Consejo de Estabilidad Financiera en tanto que grupos/foros informales de cooperación presentan un menor grado de transparencia en su funcionamiento que las organizaciones internacionales formales como el Banco Mundial o el Fondo Monetario Internacional, puesto que al estar estas últimas mejor estructuradas y disponer de mayores recursos se ven sujetas más fácilmente al escrutinio de la sociedad civil, algo que abordan con una política de transparencia más abierta y coherente: en este sentido la falta de transparencia del Consejo de Estabilidad Financiera resulta palmaria[270].

Con respecto a su actividad normativa debe mencionarse el compendio de estándares (*Compendium of Standards*) que el Consejo de Estabilidad Financiera elabora y actualiza periódicamente de forma conjunta con los principales *standard setting bodies* internacionales. Se trata de aquellos principios, prácticas y directrices identificadas como clave para fortalecer la regula-

---

270 Luis Miguel HINOJOSA MARTÍNEZ, "Transparency in International Financial Institutions", en Andrea BIANCHI y Anne PETERS (Eds.), *Transparency in International Law.* Nueva York, Cambridge University Press, 2013. pp. 77-111.

ción y supervisión de los mercados financieros domésticos, así como su transparencia, a la par que promover la estabilidad financiera internacional facilitando decisiones de ahorro e inversión mejor informadas reduciendo los riesgos de angustia y contagio financieros. Dichos estándares se consideran requisitos mínimos para dotar de la solidez necesaria a los sistemas financieros y son considerados clave siempre y cuando sean relevantes, y gocen de un amplio reconocimiento internacional y de una amplia aplicabilidad en las jurisdicciones internas[271]. Dentro de este compendio destacan las llamadas normas clave para la solidez de los sistemas financieros (*Key Standards for Sound Financial Systems*). A la hora de identificarlos el Consejo de Estabilidad Financiera pondera diferentes factores: que sean determinantes para que el sistema financiero sea robusto; que sean potencialmente universales y flexibles en su aplicabilidad para acomodarse a las diferentes jurisdicciones; que cuenten con una amplia aceptación, sean evaluables y hayan sido endosados por un organismo internacionalmente reconocido o las principales instituciones financieras internacionales (Banco Mundial, Fondo Monetario Internacional). A comienzos de 2024 estos son[272], a título de ejemplo, los identificados como *key standards*:

En el ámbito de la política macroeconómica y la transparencia de datos:

---

[271] Actualmente ya han sido adoptados más de 300 estándares, en principio sin carácter vinculante, que afectan a ventas minoristas de productos apalancados *Over the Counter*, ciberseguridad en el sector de los seguros, derivados, valores, y un largo etcétera, véase: https://www.fsb.org/work-of-the-fsb/about-the-compendium-of-standards/

[272] Existe una coincidencia sustancial con los ya señalados por Manuel LÓPEZ ESCUDERO, "Capítulo 12. El Sistema Monetario Internacional (II): Grupos, Foros y Organizaciones Internacionales", *op. cit.*, pp. 303-304.

- Código de Transparencia Fiscal de 2017 (Fondo Monetario Internacional[273]) relativo a la presentación de información sobre finanzas públicas.
- El Sistema General de Divulgación de Datos reforzado (2015) también elaborado por el FMI.
- Código de Buenas Prácticas de Transparencia en las Políticas Monetaria y Financiera (1999-2000) elaborado por el FMI.
- Normas Especiales para la Divulgación de Datos (1996), FMI.

En materia de regulación financiera y de supervisión:

- Principios básicos, estándares, orientación y metodología de evaluación de seguros (2019) elaborados por IAIS.
- Objetivos y Principios de la Regulación de los Mercados de Valores (2017) elaborados por IOSCO.
- Principios Fundamentales para la Regulación de las Finanzas Islámicas (2015) elaborados por el *Islamic Financial Services Board.*
- Principios Básicos para una Supervisión Bancaria Eficaz (2012) elaborados por el Comité de Supervisión Bancaria de Basilea.

Infraestructuras institucionales y de mercado:

- Estándares internacionales de auditoría (2015) elaborados por IAASB[274].
- Principios de gobierno corporativo elaborados por el G-20/OCDE y que han sido endosados por los líderes del G-20 en su versión revisada en 2023.
- Principios Básicos para Sistemas de Seguro de Depósitos Eficaces (2014) elaborados por IADI y utilizados por el

[273] En adelante FMI.

[274] Consejo de Normas Internacionales de Auditoría y Aseguramiento.

Banco Mundial y FMI en el Programa de Evaluación del Sector Financiero.

- Atributos Clave para un Efectivo Régimen de Resolución de Instituciones Financieras (2014) elaborados por el propio Consejo de Estabilidad Financiera.
- Principios para las Infraestructuras del Mercado Financiero (2012) elaborados por IOSCO y por el Comité de Sistemas de Pago y Liquidación del Banco Internacional de Pagos.
- Recomendaciones sobre Blanqueo de Dinero y Financiación del Terrorismo (2012) elaboradas por el GAFI.
- Principios para Sistemas Efectivos de Insolvencia y de Derechos de los Acreedores (2011) elaborados por el Banco Mundial[275].
- Normas Internacionales de Información Financiera (2002) elaboradas por la IASB.

2.3 *Standard setting-bodies*

Bajo esta rúbrica vamos a situar organismos de diferente índole y naturaleza, muchos de los cuales son como se acaba de mencionar miembros del pleno del Consejo de Estabilidad Financiera y en todo caso tienen relevancia en la elaboración de su *Compendium of Standards*. Así encontramos entre otros los siguientes: a) Comité de Supervisión Bancaria de Basilea; b) Comité sobre el Sistema Financiero Global; c) Comité de Pagos e Infraestructuras de Mercado; d) Grupo de Acción Financiera Internacional (GAFI); e) la Asociación Internacional de Aseguradores de Depósitos (IADI); f) Asociación Internacional de Supervisores de Seguros (IAIS); g) Junta de Normas Internacionales

---

[275] Estos principios están inspirados en el Modelo de la Comisión de las Naciones Unidas para el Derecho Mercantil Internacional (UNCITRAL) sobre la Insolvencia Transfronteriza (1997).

de Contabilidad (IASB); h) Consejo de Normas Internacionales de Auditoría y Aseguramiento (IAASB); i) Organización Internacional de Supervisores de Pensiones (IOPS); y, j) Organización Internacional de Comisiones de Valores (IOSCO).

Veamos a continuación algunos detalles sobre cada uno de ellos:

2.3.1 Comité de Supervisión Bancaria de Basilea

El Comité de Supervisión Bancaria de Basilea (Comité de Basilea) fue constituido en 1974 por los gobernadores de bancos centrales pertenecientes al G-10. Se encarga de coordinar y cooperar para reforzar la estabilidad financiera internacional mediante la regulación y la supervisión prudencial bancaria, así como de promover una armonización de las normas financieras internacionales. En su membresía cuenta con 45 entidades (que representan a bancos centrales y autoridades nacionales –incluyendo a la Unión Europea- de supervisión bancaria) pertenecientes a 28 jurisdicciones, así como con ocho entidades habilitadas como observadores[276]. Su Secretaría se encuentra en la Sede del Banco de Pagos Internacionales. El Banco de España pertenece al Comité de Basilea desde 2001. El Comité de Basilea persigue a través de la adopción, monitorización y evaluación del cumplimiento de estándares -mediante el conocido como *proceso*

---

276 Estas 28 jurisdicciones son: Alemania, Arabia Saudí, Argentina, Australia, Bélgica, Brasil, Canadá, China, Corea del Sur, España, Estados Unidos, Francia, Hong Kong, India, Indonesia, Italia, Japón, Luxemburgo, México, Países Bajos, Reino Unido, Rusia, Singapur, Sudáfrica, Suecia, Suiza, Turquía y la Unión Europea (representada por el Banco Central Europeo y por el Mecanismo Único de Supervisión). Asimismo tienen autoridades que les representan en calidad de observadores: Chile, Emiratos Árabes, y Malasia, el Banco de Pagos Internacionales, el Fondo Monetario Internacional, los Grupos del propio Comité de Basilea y la Unión Europea (a través de la Comisión y de la Autoridad Bancaria Europea).

de Basilea[277]- mejorar la resiliencia del sistema bancario global, incrementar la confianza en las ratios prudenciales, así como propiciar un ambiente regulatorio predecible y transparente para los bancos activos internacionalmente. Con arreglo a su Carta Constitutiva[278] el Comité no posee autoridad supranacional ni crea decisiones jurídicamente vinculantes[279], ahora bien, sus miembros adquieren el compromiso de aplicar correctamente los estándares adoptados en sus jurisdicciones internas (piénsese en el grado de aplicación del paquete global con los *acuerdos de Basilea* que serán abordados más adelante en este trabajo). El Comité cuenta en su estructura orgánica con un Presidente[280],

---

277 Se habla resueltamente del *Proceso de Basilea* que: *"remite al papel que presta el BPI al acoger y auspiciar la labor de las secretarías internacionales que trabajan en pro de la normalización y la estabilidad financiera. Un ejemplo clave del Proceso de Basilea es el apoyo que el BPI proporciona al Consejo de Estabilidad Financiera, que coordina a escala mundial el trabajo de autoridades financieras nacionales y organismos de normalización internacionales, y cuyo programa de trabajo ha sido refrendado por los jefes de Estado y de Gobierno del G-20. Otro aspecto del Proceso de Basilea es el mandato otorgado por el BPI a su propio Instituto para la Estabilidad Financiera (FSI) de proporcionar ayuda a las autoridades supervisoras del sector en todo el mundo para reforzar la vigilancia de sus sistemas financieros"*, véase Banco de Pagos Internacionales, 82° Informe Anual, 2012.

278 Carta estatutaria del Comité de Supervisión Bancaria de Basilea de 2013. Estos grupos del Comité de Basilea bajo el paraguas del Banco de Pagos Internacionales son: "*Risks and Vulnerabilities Assessment Group, the Supervisory Cooperation Group, the Policy and Standards Group and the Basel Consultative Group*". A ellos se añaden: *"the Task Force on Climate-related Financial Risks and the Task Force on Evaluations"*, según la información que proporciona su página web: https://www.bis.org/bcbs/mesc.htm

279 Así, por ejemplo, en junio de 2025 se ha adoptado un marco voluntario para que las entidades financieras revelen los riesgos financieros derivados del clima, Basel Committee on Banking Supervision, *A framework for the voluntary disclosure of climate-related financial risks*, 13 de junio de 2025.

280 Actualmente, el sueco Erik Thedéen que ha sucedido en junio de 2024 al español Pablo Hernández de Cos.

una Secretaría, el propio Comité, así como con diversos órganos subsidiarios grupos de trabajo, redes virtuales, etc[281]. Adopta sus decisiones por consenso. También lleva a cabo una labor de cooperación internacional y de consulta con las autoridades supervisoras de terceros Estados (con carácter bienal se celebra una conferencia internacional de supervisores bancarios)[282].

2.3.2 Comité sobre el Sistema Financiero Global

Se trata de un foro de bancos centrales que busca apoyar a estos en su tarea de promover la estabilidad financiera y monetaria global. Sus reuniones anuales tienen lugar coincidiendo con cuatro de las seis reuniones bimensuales que tienen los gobernadores del Banco de Pagos Internacionales. Este Comité inserta su labor en la búsqueda del consenso apropiado para elaborar normas y principios tendentes a mejorar la transparencia y buen funcionamiento de los mercados financieros, prestando especial atención a los nexos entre la estabilidad monetaria y financiera. Para ello elabora estadísticas e información y presenta recomendaciones que se dirigen tanto a los oficiales públicos como a entidades privadas. Fue constituido inicialmente en 1971 como un órgano subsidiario del G-10 de gobernadores de bancos centrales para monitorizar los mercados bancarios internacionales, pero rápidamente su foco se trasladó a los cambios estructurales en el sistema financiero internacional y la estabilidad financiera, dotándole de su actual mandato el G-10 en una reunión de febrero de 1999. Está integrado por

---

281 En 1998 el Banco de Pagos Internacionales y el Comité de Basilea crearon el Instituto para la Estabilidad Financiera Internacional, que también tiene sede en Basilea, y cuyo cometido es prestar asistencia técnica a los supervisores nacionales para mejorar la solidez de sus sistemas financieros.

282 https://www.bis.org/bcbs/index.htm?m=3_14

una alta representación de los bancos centrales pertenecientes a 27 jurisdicciones (incluyendo al Banco Central Europeo)[283].

2.3.3 Comité de Pagos e Infraestructuras de Mercado

Este organismo internacional de normalización tiene como principal cometido *"promover la seguridad y eficiencia de los mecanismos de pago, compensación, liquidación y similares, respaldando con ello la estabilidad financiera y la economía en su conjunto"*[284]. También le presta servicios de Secretaría el Banco de Pagos Internacionales. Está integrado por altos oficiales de 27 bancos centrales (incluyendo al Banco Central Europeo): en 2018 se produce su última ampliación en la que se incorpora el Banco de España junto a los bancos centrales de Argentina e Indonesia[285]. Su creación fue impulsada por el G-10 en 1980 que designó un grupo de expertos sobre sistemas de pagos, y desde el 1 de septiembre de 2014 cuenta con una Carta Constitutiva que establece un mandato más preciso adoptada por los bancos centrales que participaron en el Global Economy Meeting (su órgano rector). En esta Carta se señala igualmente que el Comité no goza de autoridad supranacional (dando a entender que no tiene personalidad jurídica internacional) y que descansa sobre el compromiso de sus integrantes de llevar a cabo su mandato.

---

283 Existe una práctica total coincidencia con la membresía en el Comité de Supervisión Bancaria de Basilea, con las siguientes diferencias: Indonesia no está aquí representada pero sí Tailandia, y en cambio Turquía no aparece en este caso (y sí está representada en el Comité de Basilea).

284 Comunicado de Prensa, *CPSS–Nueva carta estatutaria y cambio de nombre: Comité de Pagos e Infraestructuras del Mercado*, 1 de septiembre de 2014, véase: https://www.bis.org/press/p140901_es.htm

285 Su composición coincide con la representación que existe en el Comité de Basilea, con la diferencia de Luxemburgo que no tiene representación en el Comité de Pagos e Infraestructuras de Mercado.

2.3.4 Grupo de Acción Financiera Internacional (GAFI)[286]

Este organismo intergubernamental fue creado a instancias de la Cumbre del G-7 celebrada en París en 1989, como fruto de un acuerdo entre sus miembros y el Presidente de la Comisión Europea (Jacques Delors a la sazón)[287]. A él se sumaron además de los miembros del G-7, ocho Estados más inicialmente. Su mandato inicial, de vigencia limitada, se circunscribía a prevenir y combatir el blanqueo de capitales, mediante el estudio de sus técnicas y tendencias, y la propuesta de medidas para luchar contra él: en este sentido destacan las 40 Recomendaciones elaboradas por el GAFI en 1990, sin valor jurídico vinculante, que se erigieron en un referente para el Derecho interno de numerosos países (como España) e incluso para el Derecho de la Unión Europea[288]. En octubre de 2001 en un plenario extraordinario celebrado en Washington se amplió el mandato del GAFI a la lucha contra el terrorismo y su financiación. En 2019, conmemorando su trigésimo aniversario, sus Estados miembros proclamaron una extensión del mandato, temporal y material, señalando que el GAFI ha pasado de ser un foro temporal a convertirse en un compromiso político y público permanente para luchar contra el blanqueo de capitales y contra la financiación del terrorismo y de la proliferación de armas de destrucción

---

286 En inglés *Financial Action Task Force (FATF)*.

287 El estudio de su naturaleza jurídica internacional ha merecido la siguiente obra: Ilda Cristina FERREIRA, "The Legal Status of the Financial Action Task Force in the International Legal System", *International and Comparative Business Law and Public Policy*, Vol. 7, Brill/Nijhoff, 2025.

288 En la propia Unión Europea, Estados miembros como Bulgaria fueron emplazados en la lista de alto riesgo para el blanqueo de capitales y la financiación del terrorismo (octubre de 2023) y sometidos a una vigilancia estrecha, siendo este el caso de un candidato a la adhesión, como Albania, asimismo.

masiva[289]. El GAFI cuenta con 39 miembros, 37 jurisdicciones estatales y dos organizaciones internacionales regionales (la Unión Europea a través de la Comisión y el Consejo de Cooperación del Golfo)[290], se apoya además en 9 grupos regionales hechos a imagen y semejanza suya que participan como asociados (verbigracia el GAFISUD para América del Sur[291]) gracias a los cuales sus estándares influyen en más de 200 jurisdicciones. Entre sus integrantes debe destacarse la incorporación de potencias relevantes como Rusia (2003) -ahora suspendida-, China (2007) y la India (2010); asimismo, más allá de la autoridad y participación de actores estatales se toman en consideración las aportaciones de los propios partícipes del mercado financiero así como de expertos en finanzas y Derecho[292]. La admisión de miembros descansa en criterios cuantitativos y cualitativos, que denotan su relevancia y riesgo en relación con el blanqueo de capitales, así como su grado de adherencia a los principales

---

289 Véanse, Covadonga MALLADA FERNÁNDEZ, "La legislación internacional y nacional ante el fenómeno de la financiación del terrorismo. ¿Estamos en el camino correcto?", *Anuario de Derecho Penal y Ciencias Penales*, Tomo 73, nº 1, 2020, pp. 448-449; asimismo, Giorgios PAVLIDIS, "El Grupo de Acción Financiera (GAFI) treinta años después: el futuro de la lucha internacional contra el blanqueo de capitales y la financiación del terrorismo", *Revista de Estudios Jurídicos de la Universidad de Jaén*, nº 2, 2020, p. 435.

290 Alemania, Arabia Saudí, Argentina, Australia, Austria, Bélgica, Brasil, Canadá, Consejo de Cooperación del Golfo, Comisión Europea, Corea del Sur, China, Dinamarca, España, Estados Unidos, Finlandia, Francia, Grecia, Hong Kong, Islandia, India, Indonesia, Irlanda, Israel, Italia, Japón, Luxemburgo, Malasia, México, Nueva Zelanda, Países Bajos, Noruega, Portugal, Reino Unido, Rusia, Singapur, Sudáfrica, Suecia, Suiza y Turquía. Rusia se ha visto suspendida en su membresía desde 24 de febrero de 2023.

291 Integrado por Argentina, Bolivia, Brasil, Chile, Colombia, Ecuador, Paraguay, Perú y Uruguay.

292 Giorgios PAVLIDIS, *loc. cit.*, p. 436.

estándares de regulación financiera global. Entre los observadores se encuentra una larga lista de organizaciones y organismos internacionales (entre ellos el Banco Mundial, Comité de Basilea, Banco Central Europeo, Eurojust, Europol, FMI, IAIS, Interpol, IOSCO, Organización Mundial de Aduanas, bancos regionales de desarrollo, órganos subsidiarios del Consejo de Seguridad de Naciones Unidas[293]...)[294]. Finalmente, el GAFI posee una limitada estructura orgánica articulada en torno a su Secretaría que está ubicada en la sede de la OCDE en París[295]. En un reciente informe del GAFI de evaluación de Francia, este país sale bien parado en aspectos como la congelación de fondos y la recuperación de activos, las reformas legislativas introducidas para establecer una *"presunción simple sobre el origen fraudulento de determinados bienes e ingresos"*, pero este organismo llama la atención igualmente acerca de la necesidad de mayor supervisión hacia algunos actores no financieros (tales como abogados, contables, profesionales del sector inmobiliario, del arte, de los metales preciosos, etc.)[296].

Nicolas Emeric sitúa al GAFI como ejemplo de emisor de un flujo normativo de *soft law* cuya fluidez al servicio de la circulación normativa contribuye a la creación y expansión normativas en los diferentes escenarios del llamado *derecho global*: las recomendaciones de este organismo, inicialmente desprovistas de fuerza vinculante *per se*, se sitúan en el ojo de un gran remolino que genera una co-

---

293 Grupos de expertos creados en virtud de las resoluciones 1540 (2004) y 1718 (2006) del Consejo de Seguridad.

294 Véase: https://www.fatf-gafi.org/about/membersandobservers/

295 https://www.fatf-gafi.org/about/fatfsecretariat/

296 GAFI, *Mesures de lutte contre le blanchiment de capitaux et le financement du terrorisme*
- France, Rapport du quatrième cycle d'évaluations mutuelles, GAFI, París, 2022, disponible en:
www.fatf-gafi.org/fr/publications/evaluationsmutuelles/documents/rem-france-2022.html

rriente normativa continua, y son, flujo y fluidez, los que confieren a este derecho *suave* una gran potencia normativa, empero[297].

2.3.5 Asociación Internacional de Aseguradores de Depósitos (IADI)

Se trata de un organismo de normalización que establece estándares internacionales con el objeto de mejorar la eficacia de los sistemas de garantía de depósitos y de resolución bancaria a nivel mundial mediante la cooperación internacional en aras de contribuir a la estabilidad de los sistemas financieros. Fue constituida en 2002 como una organización sin fines de lucro con arreglo a la legislación suiza y el Banco de Pagos Internacionales alberga su sede en Basilea. En su estructura orgánica cabe destacar que cuenta con una Asamblea General de miembros que se reúne una vez al año, así como con un Consejo Ejecutivo que como mínimo se reúne tres veces al año (este órgano cuenta a su vez con cuatro órganos subsidiarios especializados). Asimismo, en su estructura orgánica hallamos un Presidente y un Secretario General. Este organismo a principios del año 2024 tiene 95 miembros, se trata de autoridades que en su jurisdicción constituyen esquemas legales de garantía, seguro de depósitos o protección a depositantes[298]; además posee 11 asociados (bancos centrales y otras autoridades nacionales)[299]; y, 17 socios (entre ellos, tres organizaciones internacionales, tales como el Fondo

---

297 Nicolas EMERIC, "Droit souple + droit fluide = droit liquide. Réflexion sur les mutations de la normativité juridique à l'ère des flux", *Revue interdisciplinaire d'études juridiques*, Vol. 79, nº 2, 2017, pp. 5-38.

298 En el caso de España se trata del Fondo de Garantía de Depósitos de Entidades de Crédito, en el siguiente enlace puede consultarse el listado completo de miembros: https://www.iadi.org/en/about-iadi/iadi-members-and-participants/list-of-members/

299 https://www.iadi.org/en/about-iadi/iadi-members-and-participants/list-of-associates/

Monetario Internacional, el Banco Mundial y el Banco Europeo de Reconstrucción y Desarrollo). Los miembros aportan cuotas anuales y contribuciones iniciales en función de su riqueza y de su capacidad de captación de depósitos. La IADI organiza conferencias, seminarios, proporciona asistencia técnica, promueve la investigación, así como la cooperación con otras organizaciones internacionales como el Fondo Monetario Internacional y el Banco Mundial. En su actividad normativa destacan los Principios Básicos para los Sistemas Efectivos de Seguro de Depósitos que fueron emitidos conjuntamente por la IADI y el Comité de Supervisión Bancaria de Basilea en 2009 y que constituyen un estándar internacionalmente reconocido e incorporado a su Compendio (en su versión de 2014) por el Consejo de Estabilidad Financiera y que también es utilizado en el Programa de Evaluación del Sector Financiero que efectúan conjuntamente el Banco Mundial y el Fondo Monetario Internacional[300].

2.3.6 Asociación Internacional de Supervisores de Seguros (IAIS)

Fue creada en 1994 como un organismo integrado por autoridades nacionales de supervisión y regulación de seguros. Constituye el organismo internacional de normalización, que busca cooperar en el desarrollo y aplicación de estándares para la supervisión de la industria de los seguros en aras de la estabilidad financiera global. Cuenta con una cierta estructura orgánica apoyada en la Secretaría que se alberga en la sede del Banco de Pagos Internacionales en Basilea. Entre sus miembros se hallan autoridades reguladoras y supervisoras de seguros pertenecientes a más de 200 jurisdicciones que representan más del 97% del mercado de seguros mundial: 56 de ellas se corresponden con

---

[300] Conjuntamente para economías en desarrollo y emergentes, y únicamente, llevado a cabo en el caso de las economías avanzadas por el Fondo Monetario Internacional.

entidades subestatales de Estados Unidos, existen cerca de 150 Estados representados[301], algunas organizaciones internacionales (la Unión Europea a través de la Comisión Europea y a través de la Autoridad Europea de Seguros y Pensiones de Jubilación; el Fondo Monetario Internacional, la OCDE, el Banco Mundial, el Banco de Pagos Internacionales…)[302]. Este organismo internacional ha auspiciado un acuerdo normativo multilateral que constituye el marco jurídico para la cooperación y el intercambio de información entre autoridades encargadas de la supervisión de seguros, se trata del Memorándum de Entendimiento Multilateral (IAIS MMoU) suscrito en febrero de 2007 y revisado en julio de 2014, que según su propio articulado no crea obligaciones vinculantes ni es susceptible de aplicación directa. España no se ha adherido a este MoU pero sí lo ha hecho la Autoridad Europea de Seguros y Pensiones de Jubilación[303].

2.3.7 Junta de Normas Internacionales de Contabilidad (IASB)

Sus orígenes se remontan a 1973[304] cuando asociaciones profesionales de contabilidad de origen privado de Alemania, Australia, Canadá, Estados Unidos, Francia, Japón, México, Países Bajos, y Reino Unido/Irlanda, deciden crear el *International*

---

301 España, a través de la Dirección General de Seguros y Fondos de Pensiones.

302 https://www.iaisweb.org/about-the-iais/iais-members/

303 En el siguiente enlace puede consultarse su texto, así como la lista de participantes en el mismo: https://www.iaisweb.org/about-the-iais/mmou/

304 Año de notables efemérides, como el golpe militar en Chile, el asesinato del almirante Carrero Blanco en España, o sobre todo lo más relevante a estos efectos: la crisis del petróleo desatada por los países de la OPEP tras la asistencia de los países occidentales a Israel en la Guerra de Yom Kipur. Una época que podemos asociar por concomitancia con el fin de los Treinta Gloriosos, la edad dorada del capitalismo, así como con el inicio de la Operación Cóndor en América Latina, e incluso de cierta distensión durante la Guerra Fría.

Accounting Standards Committee (IASC)[305]. En 2001 este organismo es reemplazado por la actual Junta de Normas Internacionales de Contabilidad (IASB) que opera legalmente bajo el paraguas de la Fundación de derecho privado (y sin ánimo de lucro) *International Financial Reporting Standards* constituida con arreglo al derecho del Estado de Delaware (Estados Unidos) conocido por la baja tributación de las empresas[306]. IASB es un organismo de normalización y adopción de estándares internacionales para la armonización de las normas contables, configurado como un grupo de expertos independientes. Sus integrantes deben poseer experiencia en la adopción de estándares, así como en la preparación, auditoría y/o utilización de estados financie-

---

305 En el ámbito de la Unión Europea la terminología que se ha empleado es la siguiente: al primero de estos organismos se le denomina como Comité de normas internacionales de contabilidad (CNIC) y tras su reformulación en 2001, su denominación pasa a ser la de Consejo de normas internacionales de contabilidad (CNIC), debe verse el Reglamento (CE) n° 1606/2002 del Parlamento Europeo y del Consejo, de 19 de julio de 2002, relativo a la aplicación de normas internacionales de contabilidad, DOUE L 243/1 de 11 de septiembre de 2002.

306 Con arreglo a la Constitución de esta fundación adoptada en el año 2000 por el IASC y modificada en sucesivas ocasiones desde entonces, sus objetivos son: *"through the IASB and the ISSB, to develop, in the public interest, high quality, understandable, enforceable and globally accepted standards (referred to as 'IFRS Standards') for general purpose financial reporting based on clearly articulated principles. The IASB is responsible for developing a set of accounting standards (referred to as 'IFRS Accounting Standards') and the ISSB is responsible for developing a set of sustainability disclosure standards (referred to as 'IFRS Sustainability Disclosure Standards'). These complementary sets of IFRS Standards are intended to result in the provision of high-quality, transparent and comparable information in financial statements and in sustainability disclosures that is useful to investors and other participants in the world's capital markets in making economic decisions"*. Las secciones 25 a 28 de esta Constitución se refieren específicamente al IASB, véase https://www.ifrs.org/content/dam/ifrs/about-us/legal-and-governance/constitution-docs/ifrs-foundation-constitution-2021.pdf

ros, y en educación contable. Está formado normalmente por 14 miembros designados con arreglo a una 'peculiar' noción de distribución geográfica equitativa (cuatro de Asia-Pacífico, cuatro de Europa, cuatro de las "Américas", uno de África, y otro de cualquier región, siempre que mantenga ese 'equilibrio geográfico'). El hecho de que no se logre designar a todos sus miembros potenciales no impide que puedan tener lugar sus trabajos y reuniones, que suelen celebrarse todos los meses, con una periodicidad variable. Paul Jorion critica que IASB esté domiciliada en un "paraíso fiscal" como Delaware, así como que el proceso de redacción de normas contables internacionales de evidente interés público para la comparación de estados financieros descanse en manos privadas, concretamente, en personas que suelen provenir de las grandes firmas de auditoría (KPMG, Deloitte, Price Waterhouse Coopers, Ernst & Young[307]...) las denominadas *Big Four*[308]. Asimismo, en opinión de este autor, más allá de la pretendida asepsia y neutralidad de la ciencia económica, las reglas contables abogan por un cierto cortoplacismo como elección consciente[309]. Finalmente, se habla de un incipiente pero defectuoso proceso de convergencia en torno a las normas internacionales de contabilidad entre el IASB y el *Financial Accounting Standards Board (FASB)* estadounidense,

---

307 Ernst & Young, que ha reformulado -probablemente como muestra de mala conciencia- su nombre comercial hacia las discretas siglas *EY*, estuvo también detrás del agujero contable producido por la Fintech de pagos alemana *Wirecard*, en el verano de 2020, donde fallaron también organismos reguladores, de supervisión, y agencias de calificación.

308 En noviembre de 2023, un consorcio periodístico internacional reveló en el conocido asunto *Cyprus Confidential* cómo firmas de primer nivel de la auditoría financiera como Price Waterhouse Coopers y Deloitte ayudaron a través de la industria de los servicios financieros en Chipre a burlar las "sanciones", medidas restrictivas de la Unión Europea, contra oligarcas millonarios rusos vinculados al Kremlin.

309 Paul JORION, *Le dernier qui s'en va éteint la lumière. Essaie sur l'extinction de l'humanité, op.cit.*, pp. 65-71.

igualmente de naturaleza privada[310]. La Unión Europea ha abogado asimismo por contribuir a la financiación de la Fundación que da sustento al IASB con una condicionalidad orientada a incidir en la configuración de su gobernanza[311].

Sorel ha señalado que el principal achaque que puede formularse a estos organismos radica en un: *"hiatus entre leur composition plurilatérale et la portée multilateral de leurs standards"*[312]. Existe esa contraposición entre el pretendido alcance global de los estándares resultantes de su actividad normativa y su composición de carácter selectivo, restringido, en el mayor número de casos. Jan Wouters sitúa como ejemplo paradigmático de la privatización de las normas de interés público en la globalización económica el de IASB y la armonización de las normas contables: un abandono sin precedentes de la soberanía económica en manos de una instancia independiente de los Estados miembros y alejada de los debates políticos y públicos es la que se encarga de armonizar las normas contables, que son esenciales para la libre circulación de capitales y para conocer la situación financiera de aquellas empresas a las que dirigir la inversión. El sector privado suele ser involucrado en los procesos regulatorios que le afectan, llevando a cabo intensas actividades de *lobbying*...Pero en este caso se produce una completa sustitución del poder regulador del sector

---

310 Carlos José RODRÍGUEZ GARCÍA y Alejandra BERNAD HERRERA, "Algunas cuestiones relevantes en el proceso internacional de convergencia contable: IASB vs. FASB", *Estabilidad Financiera,* Banco de España, nº 13, 2007, pp. 9-32.

311 Decisión nº 716/2009/CE del Parlamento Europeo y del Consejo de 16 de septiembre de 2009, por la que se instituye un programa comunitario destinado a respaldar determinadas actividades en el ámbito de los servicios financieros, de la información financiera y de la auditoría, DOUE L 253/8, de 25 de septiembre de 2009. Véase Jean-Marc THOUVENIN, "Les objectifs du 'système monétaire et financier international' : stabilité du cadre et croissance de l'économie mondiale", *op.cit.,* p. 21.

312 Jean-Marc SOREL, "Quelle normativité pour le droit des relations monétaires et financières internationales ? ", *op. cit.,* p. 397.

público que se entrega en su totalidad a actores privados: un fracaso político que entrega a una instancia privada sin pedigrí democrático la elaboración de las normas contables. El IASB, como se ha dicho, está dominado por las *Big Four*[313]de la auditoría que son las únicas con capacidad de participar en la nominación de los expertos que integran este organismo[314].

---

313 Aunque el Tribunal General no ha aceptado que exista conflicto de intereses ni falta de independencia, puede generar cierta perplejidad que Deloitte fuera la entidad privada designada para llevar a cabo sendas valoraciones por la Junta Única de Resolución en el proceso de resolución del Banco Popular con arreglo al Reglamento del Mecanismo Único de Resolución, véase, Jorge URBANEJA CILLÁN, "Los mecanismos de gestión de crisis bancarias como garantía de estabilidad financiera en la Unión Europea. El Tribunal General desestima los recursos contra la resolución del Banco Popular", *loc. cit.*, pp. 1018 y 1029.

314 Jan WOUTERS, "Le Statut Juridique des Standards Publics et Privés dans les Relations Économiques Internationales", *Collected Courses of The Hague Academy of International Law–Recueil des cours*, Vol. 407, 2020, pp. 72-73. Este autor también indica que existe una visión más benévola de este fenómeno de "colaboración público-privada" que la califica de pragmática o de "eficiente". Este fenómeno de *privatización* de la elaboración de las normas contables es aún más lacerante en lo que atañe a la contabilidad propia del sector público, al respecto véase, Jean-Marc SOREL, "L'évolution des institutions financières internationales: entre redéploiement et fragilité, une restructuration systémique en chantier", *loc. cit.*, p. 494. A título de ejemplo en el caso de España puede verse la Orden del Ministerio de Economía y Hacienda EHA/1037/2010, de 13 de abril, por la que se aprueba el Plan General de Contabilidad Pública, BOE nº 102, de 28 de abril de 2010: "*En el ámbito de las normas internacionales, una de las novedades más importantes de los últimos años ha sido la elaboración de las Normas Internacionales aplicables a la Contabilidad del Sector Público (NIC-SP), elaboradas por la Federación Internacional de Contables (IFAC), a través del IPSASB, «Junta de Normas Contables Internacionales para el Sector Público». Aunque en el ámbito de la contabilidad pública no existe una norma de la Unión Europea que obligue a los Estados miembros a aplicar las NIC-SP, por parte de la IFAC se recomienda su adopción, con el fin de lograr una información consistente y comparable entre las entidades del*

2.3.8 Consejo de Normas Internacionales de Auditoría y Aseguramiento (IAASB)

Se trata de un organismo de naturaleza privada para la normalización y adopción de estándares internacionales en interés público en materia de auditoría contable, control de calidad y servicios en este sector. Cuenta con una presidencia y está integrado actualmente por 18 expertos, así como presenta una cierta estructura orgánica y equipo técnico, desarrolla consultas públicas y organiza su trabajo en proyectos (como ilustra el ejemplo del proyecto *Clarity*). Se ubica en Nueva York. En el ámbito de la Unión Europea la adopción de un marco legal orientado a mejorar la calidad y comparabilidad en el entorno financiero internacional de la auditoría ha tomado como referencia las normas internacionales de auditoría elaboradas por IAASB[315].

---

sector público de los distintos países". Un ejemplo de cómo los Estados interpretan y reciben dichas normas internacionales como obligatorias al asumirlas en su legislación interna, pese a carecer de valor jurídico vinculante inmediato *per se.* Nótese que para favorecer la compatibilidad internacional de los conceptos contables el Reglamento (CE) nº 2223/96 del Consejo, de 25 de junio de 1996, relativo al sistema europeo de cuentas nacionales y regionales de la Comunidad, DOUE L 310, de 30 de noviembre de 1996, se hace eco de las *"directrices de las Naciones Unidas para la contabilidad nacional"* así como de *"las principales directrices internacionales para otras estadísticas económicas, especialmente el Manual de balanza de pagos y el Manual de estadísticas de las finanzas públicas del FMI, las Estadísticas de los ingresos públicos de los Estados miembros de la OCDE y las normas sobre los conceptos de empleo, horas trabajadas y costes laborales de la Organización Internacional del Trabajo".*

315 Véanse, la Comunicación de la Comisión al Consejo y al Parlamento europeo, Refuerzo de la auditoría legal en la UE, COM/2003/0286 final, DOUE 236/2, de 2 de octubre de 2003; asimismo, la Directiva 2014/56/UE del Parlamento Europeo y del Consejo, de 16 de abril de 2014, por la que se modifica la Directiva 2006/43/CE relativa a la auditoría legal de las cuentas anuales y de las cuentas consolidadas, DOUE L 158/196, de 27 de mayo de 2014.

2.3.9 Organización Internacional de Supervisores de Pensiones (IOPS)

Fue constituida en 2004 bajo los auspicios de la OCDE y reemplaza a la Red Internacional de Reguladores y Supervisores de Pensiones que agrupaba a 100 instituciones reguladoras y supervisoras de pensiones de más de 60 jurisdicciones estatales, y que en 2001 en su reunión de Sofía había adoptado los 15 principios para la regulación de los esquemas privados de pensión por jubilación, en tanto que estándar internacional en la materia. Estos principios han sido reemplazados por los Principios de Supervisión IOPS para Fondos de Pensiones Privados, adoptados en 2006, y revisados en 2010. La misión de la actual IOPS consiste en mejorar la calidad y efectividad en la supervisión de los esquemas privados de pensiones por retiro, su desarrollo y eficacia operativa, para lograr su extensión como fuente de ingresos seguros de jubilación en la mayor cantidad de países posible. Este organismo coopera con otras organizaciones internacionales y *standard-setting bodies* tales como OCDE, Banco Mundial, Fondo Monetario Internacional e IAIS. Actualmente cuenta con unos 90 miembros pertenecientes a 79 jurisdicciones, entre ellas España representada a través de la Dirección General de Seguros y Fondos de Pensiones[316].

2.3.10 Organización Internacional de Comisiones de Valores (IOSCO)

Este un organismo internacional constituye el mayor centro de cooperación internacional entre autoridades nacionales de regulación de los mercados de valores y se ha erigido en conexión con el G-20 y el Consejo de Estabilidad Financiera en el principal *standard-setting body* para la adopción de estándares cuasi globales dirigidos a la regulación de los mercados de valores: pueden destacarse los *Objetivos y Principios de la Regulación de los*

---

316 https://www.iopsweb.org/

Mercados de Valores (mayo de 2017) respaldados por el G-20 y el Consejo de Estabilidad Financiera y que son tenidos en cuenta en el Programa de Evaluación del Sector Financiero que efectúan conjuntamente el Banco Mundial y el Fondo Monetario Internacional. Su sede está en Madrid desde el año 2000[317]. Fue constituida como persona jurídica sin ánimo de lucro bajo la legislación canadiense en 1983[318] y cuenta con 231 miembros que pertenecen a más de 130 jurisdicciones que representan un 95% de los mercados de valores mundiales. España participa desde 1990 a través de la Comisión Nacional del Mercado de Valores que actualmente es uno de los 35 integrantes del órgano restringido más importante de la organización, el Consejo (*IOSCO Board*), que es el órgano de gobierno y de adopción de estándares internacionales. Al frente de su Secretaría General se encuentra actualmente desde enero de 2025 el español Rodrigo Buenaventura. A título ilustrativo, durante el periodo 2021-2022 el Consejo consideró como principales áreas de trabajo entre otras: la promoción de la estabilidad financiera, así como la evaluación de los riesgos sistémicos procedentes de las actividades no bancarias de intermediación financiera, los riesgos exacerbados a causa de la Covid-19, deuda corporativa y apalancamiento financiero, criptoactivos, inteligencia artificial, digitalización, fragmentación de los mercados de valores y derivados, etc. IOSCO cuenta también desde 2002 con un MoU multilateral que ha

---

317 Evidentemente IOSCO no constituye una organización internacional en sentido estricto; ahora bien, España ha concluido un acuerdo de sede con este organismo donde le confiere los privilegios y exenciones habitualmente reconocidos a las organizaciones internacionales, véase Aplicación provisional del Acuerdo de Sede entre el Reino de España y la Organización Internacional de Comisiones de Valores (OICV/IOSCO), hecho en Madrid el 23 de noviembre de 2011, BOE nº 303, de 17 de diciembre de 2011, pp. 138400-138405. Citado en Francisco JIMÉNEZ GARCÍA, *op. cit.*, p. 118.

318 Actualmente se trata de una asociación de interés público al amparo del derecho español.

sido aceptado por la mayor parte de jurisdicciones para facilitar el intercambio de información sobre transacciones de valores y derivados así como para incrementar la cooperación con ánimo de mejorar la regulación internacional[319].

Como recapitulación final a este apartado dedicado a los *standard setting bodies* podemos referir que se ha efectuado un intento de situar bajo la órbita del impulso político del G-20 y la tenue coordinación que efectúa el Consejo de Estabilidad Financiera a todo este conglomerado de organismos de diverso pelaje tendentes a la "armonización global", con importantes matices, de las normas internacionales en materia financiera, prestando especial atención a los sectores más involucrados en la circulación de los flujos financieros internacionales: bancos, instituciones contables, mercados de valores, y seguros. También el Banco de Pagos Internacionales presta apoyo administrativo a algunas de estas entidades, y sus estándares alimentan en cierto modo la evaluación que llevan a cabo el Fondo Monetario Internacional y el Banco Mundial. Pese a compartir objetivos comunes en última instancia, la estabilidad financiera internacional, se observa un carácter fragmentario, así como un cierto carácter deslavazado, amén de su autopoiesis. Se ha señalado con acierto que en este

---

319 Sin embargo, una versión reforzada de este Memorándum fue adoptada en abril de 2017 para intensificar el intercambio de información, *Enhanced Multilateral Memorandum of Understanding Concerning Consultation and Cooperation and the Exchange of Information (EMMoU)*, a ella solo se han incorporado 21 jurisdicciones (entre ellas no está España) hasta diciembre de 2021. Véase, https://www.iosco.org/about/pdf/IOSCO-Fact-Sheet.pdf

Existe igualmente un modelo de Acuerdo administrativo para la transmisión de datos personales entre las Autoridades del Espacio Económico Europeo y aquellas Autoridades de Estados no pertenecientes al Espacio Económico Europeo, con el objeto de respetar el derecho derivado de la Unión Europea en la materia, teniendo en cuenta el Reglamento General de Protección de Datos (2016/679, DOUE L 119/1, de 4 de mayo de 2016) como principal estándar en la materia.

terreno los intentos de los poderes públicos de colonizar y conquistar este espacio no han terminado de fructificar, Estados y organizaciones internacionales no llegan a ocupar el terreno de las finanzas internacionales por una conjunción de incapacidad y de ausencia de voluntad: ello explica que en este ámbito exista una suerte de hibridación institucional, con participación de personas privadas, y también se habla de un cierto rechazo a la norma jurídica, una huida del Derecho que se traduce en formas de gobernanza suaves y también en la elaboración de una normativa financiera internacional caracterizada por el predominio de formas y contenidos también *suaves*[320]. Cabe en último término plantearse si estos organismos constituyen verdaderas autoridades públicas internacionales, y en caso afirmativo, ¿hasta qué punto es legítimo, admisible, que entidades privadas participen en la persecución de objetivos de interés (general) público internacional -transnacional- que deben ser tutelados por el Derecho Internacional Público? ¿Existe algún grado de *accountability*, se ven legitimadas dichas entidades por su *output*…?

2.4 ¿Qué son los BRICS?

En 2001 un economista británico de la firma estadounidense Goldman Sachs acuñó el acrónimo BRICS agrupando economías emergentes (Brasil, Rusia, India, China, Sudáfrica) a las que auguraba en los siguientes diez años un crecimiento económico muy superior al de las economías del G-7[321]. Actualmente, los BRICS siguen sin tener una personalidad jurídica internacional, ni tan siquiera poseen una mínima institucionalidad (no tienen tratado

---

320 Jean-Marc THOUVENIN, "Les objectifs du 'système monétaire et financier international' : stabilité du cadre et croissance de l'économie mondiale", *op.cit.*, pp. 21-29.

321 Jim O' NEILL, "Building Better Global Economic BRICs", *Goldman Sachs -Global Economics Paper*, nº 66, 2001.

constitutivo, sede, ni secretaría) y es dudoso que lleguen a tenerla porque parte de su atractivo y capacidad de atracción radica en su elevado grado de informalidad[322]. Su aparición como grupo comienza a gestarse en el periodo 2006-2009: con reuniones de ministros de asuntos de exteriores en los márgenes de la Asamblea General de Naciones Unidas en 2006, reuniones de ministros de finanzas, y la primera cumbre anual de jefes de Estado celebrada en Rusia, como primer anfitrión en Ekaterimburgo, en junio de 2009. Sudáfrica comienza a participar en 2011 en estas cumbres[323]. Desde entonces se vienen sucediendo cumbres anuales, habiéndose albergado en Sudáfrica la decimoquinta cumbre en 2023, a la que no acudió Vladimir Putin bajo orden de arresto dictada por la Corte Penal Internacional. Goldman Sachs influyó con sus profecías al augurar que en 2050 los BRICS superarían a un G-7 periclitado (*Dreaming With BRICs: The Path to 2050*, Goldman Sachs, 2003). El momento de eclosión de los BRICS coincide con la Gran Recesión de 2008, así como con la prominencia y centralidad del G-20 en la gobernanza global, en detrimento del G-7.

Los primeros resultados tangibles, relevantes de estas cumbres desde el punto de vista jurídico son la creación del Nuevo Banco de Desarrollo (*New Development Bank*) y del Acuerdo de Reservas de Contingencia (ambos en vigor desde 2015). El Nuevo Banco de Desarrollo de los BRICS cuenta con plena personalidad legal internacional de acuerdo con el artículo 29 de su tratado constitutivo (el Acuerdo de Fortaleza de 15 de julio de 2014[324]). Su sede queda fijada en Shanghái y sus miembros fundadores son Brasil, Rusia, India, China y Sudáfrica, quedando abierta la

---

322 André GATTOLIN y Emmanuel VÉRON, "Les BRICS, un enjeu géopolitique ignoré de l'Union", *Foundation Robert Schuman -Schuman Paper*, Policy Paper nº 736, 12 de febrero de 2024, pp. 2-3.

323 Oliver STUENKEL, "Emerging Powers and Status: The Case of the First BRICs Summit", *Asian Perspective*, Vol. 38, nº 1, 2014, pp. 89-109.

324 *Agreement on the New Development Bank.*

membresía potencial a todos los miembros de Naciones Unidas (prestatarios o no). Bangladesh y Emiratos Árabes Unidos se convirtieron en miembros en 2021, y Egipto, en 2023, siendo Uruguay un miembro potencial. El tratado constitutivo autoriza un capital máximo de 100.000 millones de dólares, y contempla un capital de 50.000 millones de dólares suscrito a partes iguales por los cinco miembros fundadores; en cambio, la participación de los miembros adheridos con posterioridad es sustancialmente menor. Por su parte, el Acuerdo de Reservas de Contingencia (igualmente adoptado en Fortaleza el 15 de julio de 2014)[325] no crea ninguna entidad con personalidad jurídica internacional, aunque sí establece una cierta estructura orgánica, y pretende dotar a sus participantes de instrumentos de liquidez y líneas precautorias para problemas a corto plazo en la balanza de pagos: en este acuerdo la contribución inicial a sus recursos también de 100.000 millones de dólares, corre a cargo de China (41%), Brasil, India y Rusia (a razón de un 18% cada uno), y Sudáfrica (5%).

Los BRICS son un instrumento geopolítico/geoeconómico, no identificado, en buena medida ignorado o subestimado, y que en agosto de 2023 ha experimentado una ampliación con seis nuevos miembros potenciales convirtiéndose en BRICS+: Arabia Saudí[326], Egipto, Emiratos Árabes Unidos, Etiopía, Indonesia e Irán –son nuevos integrantes de este grupo- al que finalmente Argentina solo ha hecho un amago de aproximación[327]. Esta composición

---

325 *Treaty for the Establishment of a BRICS Contingent Reserve Arrangement.*

326 Su entrada estaba prevista a partir de 2024, pero Arabia Saudí invitada a participar en esta decimoquinta Cumbre, está reconsiderando su potencial membresía. Esta membresía, al no tratarse de una organización internacional formalmente, plantea unos perfiles muy inciertos e indeterminados. El propio Donald Trump llegó a calificar en febrero de 2025 a España como un país *BRICS.*

327 Con anterioridad a la llegada de Javier Milei a la presidencia, Argentina y Brasil llegaron a esbozar un proyecto de moneda común que no se ha visto continuado.

encierra diferencias y rivalidades extrañas: los ¿reconciliados? Arabia Saudí e Irán; rivalidades entre China e India; diferencias entre dictaduras, regímenes políticos de carácter feudal y algunos integrantes con democracias más o menos consolidadadas –Brasil, India o Sudáfrica-…[328] No resulta claro que los BRICS aspiren a imponer un nuevo consenso en las relaciones económicas internacionales, ni que tengan capacidad de llegar a hacerlo, más allá de haber apartado la denominada ortodoxia neoliberal (Conseno de Washington); ahora bien, su emergencia (o reemergencia) significa que la Unión Europea y Estados Unidos deben asumir que ya no poseen el poder político y económico para establecer las *reglas del juego* de una forma no consensuada[329].

En el mes de octubre de 2024, tuvo lugar la XVI cumbre de los países ya denominados BRICS + en Kazán, Rusia: donde estuvieron representadas Bolivia, Venezuela y Turquía (un país bisagra, y miembro de la OTAN, que solicitó adherirse y al que de momento se ha ofrecido un estatuto de país asociado[330]). Los

---

328 André GATTOLIN y Emmanuel VÉRON, *loc. cit.*, p. 2.

329 Sonia Elise ROLLAND, "The BRICS' Contributions to the Architecture and Norms of International Economic Law", *Proceedings of the Annual Meeting (American Society of International Law)*, Vol. 107, *International Law in a Multipolar World*, 2013, p. 169. Asimismo, Aniruddha RAJPUT, "The BRICS as 'Rising Powers' and the Development of International Law", en Heike KRIEGER, Georg NOLTE, y Andreas ZIMMERMANN (Eds.), *The International Rule of Law: Rise or Decline?* Oxford Academic, 2019, pp. 105-124; y finalmente, véase, Congyan CAI, Huiping CHEN, y Yifei WANG (Eds.), "The BRICS in the New International Legal Order on Investment. Reformers or Disruptors", *Silk Road Studies in International Economic Law*, Vol. 4, 2020. También ha llamado este fenómeno la atención de la doctrina internacionalista española, véase Antonio BLANC ALTEMIR (Dir.) et al., *La Unión Europea y los BRICS (Brasil, Rusia, India, China y Sudáfrica)*, Thomson Reuters-Aranzadi, Cruz Menor (Navarra), 2015.

330 Bielorrusia, Bolivia, Cuba, Kazajistán, Malasia, Nigeria, Tailandia, Uganda y Uzbekistán han obtenido el estatus de países asociados.

BRICS + aglutinan en torno a un 35% del PIB mundial, y un 45 % de la población del planeta; parece claro que esta organización o alianza de inciertos perfiles no está capacitada ni interesada por el momento en establecer un sistema internacional de pagos alternativo, ni tampoco una divisa internacional de reserva o con potencialidades en las transacciones internacionales de sustituir al dólar. Ahora bien, qué duda cabe que este conglomerado de países, a pesar de su escasa integración monetaria y financiera por el momento, plantea una potencial fragmentación del sistema monetario y financiero internacional, así como eventuales propuestas de reforma futuras, sean *de facto* o de *iure*[331]. Bien es cierto que desde sus inicios, voces autorizadas vaticinaron que sin un sistema centralizado de compensación y mutualización de riesgos derivados de la acumulación permanente y excesiva de déficits comerciales (que se tornarían en déficits fiscales) no sería posible que Bretton Woods y el Fondo Monetario Internacional mantuvieran una centralidad en el sistema monetario y financiero internacional, viéndose abocados a acabar en fracaso más tarde o más temprano, al no poder desempeñar ese papel subsidiario de estabilización[332].

---

331 En ausencia de un modelo centralizado de compensación y liquidación de pagos internacionales (podría ser a través de un banco central común, o de áreas monetarias integradas), es una realidad que para la mayoría de los países que no ostentan una moneda de reserva en el sistema internacional, sus importaciones comerciales se traducen en una acumulación de deuda soberana permanente. Véase Andrea CARRERA, "Sobre el actual sistema de pagos internacionales y sus alternativas", *Instituto Complutense de Estudios Internacionales,* abril de 2025.

332 Feliks MLYNARSKI, "The international equalization fund", *Zeitschrift für Nationalökonomie,* Vol. 19, 1959, pp. 43-65.

3. ORGANIZACIONES INTERNACIONALES DEL ÁMBITO UNIVERSAL MÁS RELEVANTES PARA LA COOPERACIÓN MONETARIA Y FINANCIERA INTERNACIONAL[333]

---

333 En el presente trabajo únicamente serán abordados en mayor detalle el Banco de Pagos Internacionales y el Fondo Monetario Internacional como principales exponentes, sin desconocer que bien podrían merecer un tratamiento específico otras organizaciones internacionales como las integrantes del Grupo del Banco Mundial o la Organización para la Cooperación y el Desarrollo Económicos que deliberadamente no serán objeto de estudio específico en el presente trabajo. La conexión de estas últimas con el ámbito material que vertebra el estudio es en cualquier caso menor que la que presentan las elegidas y analizadas en esta sección. No obstante, no puede desconocerse la relevancia que tuvo el Código de Liberalización de los Movimientos de Capital de la OCDE adoptado en 1961 como principal instrumento jurídico internacional para la apertura de la cuenta de capital, obligatorio para los miembros de la OCDE, y al que desde 2011 pueden adherirse Estados no miembros, véase, Luis Miguel HINOJOSA MARTÍNEZ, "Capítulo 13. La regulación de los movimientos internacionales de capital y de las inversiones extranjeras", en Luis M. HINOJOSA MARTÍNEZ y Javier ROLDÁN BARBERO (Coords.), *Derecho Internacional Económico*, Tirant lo Blanch, Valencia, 2022, p. 317. Por tanto, constituye una elección consciente en la elaboración del presente trabajo dejar fuera de su análisis pormenorizado, sin dedicarles un apartado específico, en el ámbito universal al Grupo del Banco Mundial, y en el ámbito regional (constituida por países desarrollados de varios continentes y hemisferios) a la Organización para la Cooperación y el Desarrollo Económicos. La razón principal de este descarte obedece a la menor importancia de ambas entidades en el mantenimiento de la estabilidad monetaria y financiera internacional. En todo caso no debe olvidarse que el tratado constitutivo de la OCDE, la Convención de París de 14 de diciembre de 1960, contiene en sus artículos I y II sendas menciones a la preservación de la estabilidad financiera interna y externa de sus miembros como objetivo de la organización y como un medio para lograr sus objetivos tendentes al saneamiento y expansión de sus economías. En el caso del Banco Mundial y sus organismos, un prerrequisito para adquirir la condición de miembro en ellos es la posesión previa de

3.1 Banco de Pagos Internacionales

Se trata de una organización internacional atípica, enigmática. El llamado *banco central* de los *bancos centrales* fue creado para facilitar el pago de las reparaciones de guerra que tenía que afrontar Alemania por la I Guerra Mundial. Se ha mantenido esta institución internacional con sede en Basilea pese a ser su creación anterior a la Conferencia de Bretton Woods donde se recomendó su disolución (Noruega señalaba que el Banco de Pagos Internacionales facilitó los crímenes de guerra nazis transfiriendo activos desde territorios ocupados). Fue creado mediante el Convenio sobre el Banco de Pagos Internacionales firmado en la Haya el 20 de enero de 1930 por parte de sus fundadores (Alemania, Bélgica, Estados Unidos, Francia, Italia, Japón, Reino Unido y Suiza). En la Conferencia celebrada en la Haya en enero de 1930 también fue aceptado el conocido como *Plan Young* que buscaba ampliar el plazo para que Alemania pagase las reparaciones de guerra. Con arreglo al artículo 1 del Convenio de la Haya de 20 de enero de 1930, citado, Suiza adoptó el mismo día la carta constitutiva de la organización internacional asumiendo el compromiso de no proceder a su modificación sin el concurso del resto de Estados fundadores. Asimismo, como anexo al Convenio fueron redactados los Estatutos del Banco de Pagos Internacionales (modificados por última ocasión el 7 de

---

la membresía en el Fondo Monetario Internacional. Siendo el Banco Mundial y el Fondo Monetario Internacional instituciones gemelas, con similar arquitectura legal, surgidas ambas de Bretton Woods en 1944 y erigidas más tarde en organismos especializados del sistema de Naciones Unidas, la primera de ellas no tiene relación directa con el mantenimiento de la estabilidad financiera y monetaria internacional; únicamente, tiene como objetivos la reducción de la pobreza y el desarrollo mediante la financiación a largo plazo de proyectos específicos, Ian HURD, *International Organizations Politics, Law, Practice*, 4th Edition, Cambridge University Press, 2020, pp. 141-170.

noviembre de 2016)[334]: estos tampoco pueden ser modificados en sus aspectos más relevantes sin el consentimiento de los Estados fundadores. Los instrumentos constitutivos fueron firmados en Roma en febrero de 1930 por los bancos centrales y autoridades monetarias de los Estados fundadores así como por representantes de las principales entidades de la banca norteamericana (J. P. Morgan…)[335]. El Banco de Pagos Internacionales comenzó su andadura en mayo de 1930[336]. De los trabajos preparatorios de sus instrumentos constitutivos se deduce que el Banco de Pagos Internacionales tiene una doble personalidad jurídica: interna, sujeta al derecho suizo, e internacional. Si bien el Convenio de 1930 preveía un término de 15 años de vigencia, las probabilidades de que el Banco de Pagos Internacionales existiera por un periodo indefinido se podían vislumbrar ya en sus inicios. En su diseño constitutivo está además el Banco de Pagos Internacionales protegido y blindado frente a injerencias arbitrarias de los gobiernos[337]. Se ha dicho que las teorías realistas centradas en la competición estatocéntrica así como aquellas que vinculan la estabilidad hegemónica con la provisión de bienes públicos globales por parte de la principal potencia son incompletas a la hora de explicar el surgimiento de esta organización internacional: una organización internacional cuya creación fue acordada por los principales poderes estatales como forma de cooperación

---

334 https://www.bis.org/about/basictexts-en.pdf

335 Con respecto a la influencia que los grupos de interés, particularmente acreedores y tenedores de títulos de deuda, ejercen en la negociación de algunos convenios bilaterales entre Estados que establecen acuerdos de reparación puede verse, Patrick DAILLIER, Alain PELLET y Nguyen QUOC DIHN, *Droit International Public*, 7ª Edición, L.G.D.J., 2002, p. 654.

336 Roger AUBOIN, "The Bank for International Settlements 1930-1955", *Essays in International Finance*, nº 22, Princeton University, 1955.

337 Jackson E. REYNOLDS, "The Legal Structure of the Bank for International Settlements", *American Bar Association Journal*, Vol. 19, nº 5, 1933, pp. 289-293.

internacional en un momento donde existía un cierto vacío de liderazgo internacional, pero concebida y diseñada por poderes financieros privados y bancos centrales cuyo principal interés radicaba en la estabilidad de los mercados monetarios y financieros, llegando así a persuadir a los gobiernos para crear esta institución con el ánimo de minimizar pérdidas financieras y estabilizar el frágil sistema monetario internacional[338].

Existe un Tribunal Arbitral con jurisdicción para resolver disputas relativas a la interpretación y aplicación del Convenio de la Haya de 1930 y de los Estatutos del Banco de Pagos Internacionales, ante él tienen *ius standi* bancos centrales, instituciones financieras o bancos que aparezcan mencionados en los Estatutos o que sean "accionistas" del Banco de Pagos Internacionales[339]. La principal peculiaridad del Banco de Pagos Internacionales como organización internacional radica tanto en su composición (está integrado por bancos centrales) como en su estructuración como una suerte de sociedad mercantil por acciones[340]. Desde 2001 únicamente pueden ser accionistas bancos centrales, el Tribunal Arbitral confirmó la legalidad de la exclusión de los accionistas privados, así como fijó el montante de la compensación financiera que debían recibir[341]. Hasta 2003 el Banco de Pagos

---

338 Beth A. SIMMONS, "Why innovate? Founding the Bank for International Settlements", *World Politics*, nº 45, 1993, pp. 362-364.

339 https://pca-cpa.org/en/services/arbitration-services/bis/

340 Su capital social se eleva a 1500 millones de francos oro (su unidad de cuenta) divididos en 600.000 acciones de idéntico valor nominal, véase Manuel LÓPEZ ESCUDERO, "Capítulo 12. El Sistema Monetario Internacional (II): Grupos, Foros y Organizaciones Internacionales", *op. cit.* pp. 298-301.

341 https://www.bis.org/about/shareswd.htm
Véase Corte Permanente de Arbitraje, Laudo Definitivo de 19 de septiembre de 2003 del Tribunal Arbitral constituido con arreglo al artículo XV de la Convención firmada en la Haya el 20 de enero de 1930, disponible en: https://pcacases.com/web/sendAttach/673

Internacionales tuvo una unidad de cuenta propia (el franco oro) que a partir de abril de ese año fue reemplazada por los Derechos Especiales de Giro del Fondo Monetario Internacional.

En su estructura orgánica siguiendo el modelo de las sociedades anónimas el Banco de Pagos Internacionales cuenta con un órgano plenario (la Asamblea) integrado por los gobernadores de los bancos centrales miembros en el que el voto está ponderado dependiendo de la participación en las acciones de cada banco central y con un órgano restringido (Consejo de Administración). Asimismo existe un Director General (actualmente el mexicano Agustín Carstens que sustituyó al español Jaime Caruana)[342]. La Asamblea General que se reúne anualmente se encarga entre otras cuestiones de aprobar la ampliación o reducción del capital del Banco de Pagos Internacionales, así como las enmiendas de sus Estatutos. El Consejo de Administración actualmente está integrado por un máximo de 18 miembros que no pueden ser parlamentarios ni representantes gubernamentales (Alemania, Bélgica, Estados Unidos, Francia, Italia y Reino Unido siempre cuentan con un representante, como miembros originarios y cuentan con una posición privilegiada), entre los miembros no permanentes actualmente se encuentra la Presidenta del Banco Central Europeo, Christine Lagarde. El Consejo de Administración se reúne como mínimo seis veces al año y elije a un Presidente (actualmente el francés François Villeroy de Galhau) y a un Vicepresidente. La autonomía e independencia de acción de esta organización internacional así como su perfil técnico se manifiesta en que no puede financiar a los Gobiernos ni abrir cuentas a nombre de estos según el artículo 24 de sus Estatutos. Actualmente el Banco de Pagos Internacionales está integrado por 63 bancos centrales y autoridades monetarias, entre ellas el Banco Central de China, el Banco Central Euro-

---

342 Desde el 1 de julio de 2025 el mexicano Carstens ha sido reemplazado por el español Pablo Hernández de Cos.

peo, y los bancos centrales de todos los Estados miembros de la Unión Europea (con la salvedad de Malta y Chipre). Asimismo, como consecuencia de la agresión perpetrada por Rusia contra Ucrania en febrero de 2022, el acceso del Banco Central de la Federación de Rusia a los servicios del Banco de Pagos Internacionales, así como a sus reuniones y actividades, se ha visto suspendido. En efecto, los recursos puestos a disposición del Banco de Pagos Internacionales pueden ser empleados para prestar asistencia a bancos centrales que lo necesiten afianzando su independencia frente a contribuciones gubernamentales. El Banco de Pagos Internacionales aplica criterios bancarios en sus préstamos a corto plazo a bancos centrales miembros, lejos del carácter político del Fondo Monetario Internacional, sin supeditar la asistencia a una condicionalidad económica y monetaria. En sus operaciones el Banco de Pagos Internacionales debe ser escrupuloso en el respeto de la política monetaria de los bancos centrales interesados; asimismo, sus recursos financieros provienen tanto del capital aportado por los miembros como de sus operaciones en los mercados de capital[343]. En la práctica las funciones del Banco de Pagos Internacionales han excedido con creces aquellas previstas en los Estatutos en materia de cooperación monetaria y financiera[344], asimismo, el Banco presta servicios de apoyo administrativo y de secretaría a foros,

---

343 Estas cuestiones aparecen desarrolladas con mayor detalle en Manuel LÓPEZ ESCUDERO, "Capítulo 12. El Sistema Monetario Internacional (II): Grupos, Foros y Organizaciones Internacionales", *op. cit.*, pp. 299-300.

344 *"En concreto, el BPI actúa como banco central de los bancos centrales, promueve la cooperación monetaria y financiera por diferentes vías y actúa como agente o fideicomisario en pagos internacionales. Como banco central de los bancos centrales, el BPI presta servicios financieros a los bancos centrales. En efecto, aproximadamente unos 140 bancos centrales y organizaciones financieras internacionales tienen depositadas reservas de divisas en el BPI, que las coloca en los mercados de capitales, procurando mantener siempre un alto grado de liquidez para poder devolver los depósitos. Además, el BPI concede ocasionalmente anticipos a corto plazo a los bancos centrales en forma de cré-*

grupos y comités que bajo las directrices del G-20 impulsan la elaboración de normas técnicas en materia financiera (que son inicialmente *soft law*)[345]. A pesar de esta expansión funcional y geográfica de las actividades del Banco de Pagos Internacionales, De Boissieu mostraba en 2010 cierta cautela: *"Quant à la banque des règlements internationaux, contrairement à ce qu'on dit souvent, elle n'est pas 'la banque centrale des banques centrales'. La BRI, au travers ce qui était au départ le G10, assure la coordination de nombreuses banques centrales –celles des pays les plus avancés au départ, et ensuite le club s'est un peu élargi à des pays émergents. Mais la BRI n'est pas la banque centrale des banques centrales. Elle ne les refinance pas"*[346]. Por último, no debe perderse de vista el importante rol que el Banco de Pagos Internacionales desempeñó para propiciar la reconstrucción e integración europeas tras la Segunda Guerra Mundial al apoyar la instauración y funcionamiento de la Unión Europea de Pagos y del Acuerdo Monetario Europeo, que resultaron indispensables para poder liberalizar el comercio intraeuropeo y a la postre establecer las Comunidades Europeas y un área monetaria auxiliar al dólar[347].

---

ditos garantizados con depósitos en oro, efectivo u otros activos de garantía en poder del Banco", *Ibid.*, pp. 300-301.

345 *"Otra forma de fomentar la cooperación monetaria que ha puesto en práctica el BPI es la de prestar apoyo administrativo y asumir la secretaría de grupos y foros como el G10 y sus comités (Comité de Supervisión Bancaria de Basilea, Comité sobre Sistemas de Pago y Liquidación, Comité sobre el Sistema Financiero Global y Comité de los Mercados). Otras secretarías ubicadas en el BPI son las del Consejo de Estabilidad Financiera, la Asociación Internacional de Seguros de Depósitos, la Asociación Internacional de Supervisores de Seguros y el Comité Irving Fisher sobre Estadísticas de Bancos Centrales"*, *Ibid.*, p. 301.

346 Christian de BOISSIEU, *op. cit.*, p. 34.

347 Miguel J. ARJONA SÁNCHEZ, *El Euro, entre la nostalgia posmoderna al oro y un supra-federalismo europeo, un debate constitucional*, Thomson Reuters Aranzadi, 2021, pp. 91-96.

3.2 Fondo Monetario Internacional

El Fondo Monetario Internacional (en adelante FMI) es una organización internacional de cooperación adscrita al sistema de Naciones Unidas como organismo especializado en los términos del artículo 57 de la Carta de San Francisco. Fue creado mediante su Convenio Constitutivo adoptado en la Conferencia Monetaria y Financiera de las Naciones Unidas celebrada en Bretton Woods, New Hampshire, el 22 de julio de 1944: de los 29 Estados parte originarios se ha pasado a un total de 191 actualmente, confiriendo a esta organización internacional el carácter de universal. Cuba o Corea del Norte, que no son miembros, restan como anacronismos y anomalías, originados en la Guerra Fría que durante décadas condicionó la pertenencia a esta organización internacional con adhesiones tardías (Mozambique en 1984 o Angola en 1989) así como con sucesos como el de la propia Cuba que se retiró en 1964, Checoslovaquia que en 1954 perdió la condición de miembro y fue readmitida en 1990, o Polonia que se retiró del Fondo en 1950 y regresó en 1986. Todo un templo de la ortodoxia monetaria y financiera como Suiza se convirtió en Estado miembro en una fecha tan tardía como 1991[348]. También fue tardía la incorporación de la Federación Rusa que se produjo en junio de 1992, para acogerse poco después a la asistencia financiera del Fondo[349]. Este sistema de Bretton Woods fue ideado teniendo muy presente el periodo de entreguerras, así como la amarga memoria de los elevados índices de desempleo, hiperinflación, recesión y de gran ines-

---

348 Dominique CARREAU y Patrick JUILLARD, *op. cit.*, pp. 585-586. Andorra que se ha adherido en octubre de 2020 al FMI constituye hasta la fecha su penúltima incorporación. Liechtenstein, adherido al Fondo desde octubre de 2024, constituye el último Estado en convertirse en miembro.

349 R. G. GIDADHUBLI y Abhijit BHATTACHARYA, "Russia's Big-Bang Entry into IMF", *Economic and Political Weekly*, Vol. 27, nº 33, 1992, pp. 1728-1730.

tabilidad en los tipos de cambio[350]. El Convenio Constitutivo ha experimentado hasta nuestros días siete modificaciones, la última de ellas adoptada por la Junta de Gobernadores el 15 de diciembre de 2010 y en vigor desde 26 de enero de 2016 que ha supuesto incorporar la moneda china renminbi a la cesta de monedas que componen los Derechos Especiales de Giro junto al dólar, euro, libra esterlina y yen (con un peso relativo del 41.73% para el dólar, 30.93% para el euro, 8.09% para la libra, 8.33% para el yen japonés, y 10.92% para el yuan chino).

Acerca de la Sección 1ª del Artículo IV del Convenio Constitutivo del FMI, Alain Pellet ha señalado que constituye en virtud de su tenor un ejemplo por antonomasia de suavidad extrema, esto es, de *soft law* material a pesar de estar recogido en un tratado internacional, vinculante, constitutivo de la organización internacional[351]. Del artículo I relativo a los fines del FMI así como del artículo IV del Convenio Constitutivo relativo a las obligaciones generales de los Estados miembros se desprende que uno de los objetivos centrales de esta organización internacional es el tendente a facilitar una expansión y crecimiento ordenados, armoniosos del comercio internacional, en aras a la mejora de la ocupación, los ingresos reales y los recursos productivos en sus Estados miembros, en un contexto de estabilidad cambiaria[352] y

---

350 Rosa Mª LASTRA, *International Financial and Monetary Law, op.cit.*, p. 408.

351 Alain PELLET, "The Normative Dilemma: Will and Consent in International Law-Making", *Australian Year Book of International Law,* Vol. 12, 1988-1989, pp. 28-30.

352 En virtud del artículo IV, Sección 1ª, iii) los Estados miembros asumen la obligación de no manipular los tipos de cambio de forma que impidan el ajuste de la balanza de pagos o de tal forma que obtengan una ventaja competitiva desleal frente a otros Estados miembros. Más allá de las exacerbadas acusaciones a China de ser el mayor manipulador mundial de divisas efectuadas especialmente durante la administración Trump, puede pensarse acerca de hasta qué punto la política cambiaria de China en los años recientes ha podido menoscabar el potencial de

de estabilidad de precios, donde se aminoren los desequilibrios en las balanzas de pagos de sus Estados miembros. Sin embargo, como es bien sabido la regulación multilateral del comercio internacional ha sido encauzada primero a través del GATT de 1947 y desde 1994-1995 con la creación de la Organización Mundial del Comercio (OMC en adelante): a pesar de que entre FMI y OMC existe cierta cooperación y consulta mutuas en aras de la pretendida coherencia de la política económica global lo cierto es que ambos regímenes jurídicos han sido concebidos y han evolucionado de forma autónoma a pesar de la inextricable ligazón que existe en el plano económico y funcional entre el sistema comercial y monetario (y el financiero, por ende)[353]. Romualdo Bermejo ha advertido cierta complementariedad entre el régimen del GATT de 1947, que ni siquiera era una organización internacional ni organismo especializado de Naciones Unidas, y el régimen monetario y financiero internacional, de

---

desarrollo de otros miembros de la OMC (como Brasil), al respecto, Robert HOWSE, "Towards an equitable integration of monetary and financial matters, trade and sustainable development", *op.cit.*, p. 294. Un estudio que aborda en detalle los diferentes escenarios en que los aspectos de la política cambiaria relacionados con el comercio podrían llegar al Órgano de Solución de Diferencias de la OMC se encuentra en Gabrielle Z. MARCEAU y John J. MAUGHAN, "The WTO dispute settlement mechanism in matters involving exchange rates and trade", en Thomas COTTIER, Rosa Mª LASTRA, Christian TIETJE y Lucía SATRAGNO, *The Rule of Law in Monetary Affairs,* World Trade Forum, Cambridge University Press, 2014, pp. 358-383; en él se estudia en qué medida estas medidas cambiarias pueden producir subsidios prohibidos, o dar lugar en respuesta a medidas de defensa comercial, con la debida deferencia del Grupo Especial de la OMC que consultaría eventualmente al Fondo Monetario Internacional.

353 Se ha sugerido que algunos aspectos de la relación entre el FMI y la OMC no están resueltos en el Derecho de la OMC, Deborah E. SIEGEL, "Legal Aspects of the IMF/WTO Relationship: The Fund's Articles of Agreement and the Wto Agreements", *American Journal of International Law,* Vol. 96, nº 3, 2002, pp. 561-599.

tal modo que en la mente y espíritu de los autores del GATT de 1947 como muestran sus artículos XV[354] y XVIII (párrafo 9) [355]

---

354 Así por ejemplo el párrafo 1 del artículo XV del GATT establece que: *"Las partes contratantes procurarán colaborar con el Fondo Monetario Internacional a fin de desarrollar una política coordinada en lo que se refiere a las cuestiones de cambio que sean de la competencia del Fondo y a las cuestiones relativas a las restricciones cuantitativas o a otras medidas comerciales que sean de la competencia de las partes contratantes"*; mientras que su párrafo 2, reza como sigue: *"En todos los casos en que las partes contratantes se vean llamadas a examinar o resolver problemas relativos a las reservas monetarias, a las balanzas de pagos o a las disposiciones en materia de cambio, entablarán consultas detenidas con el Fondo Monetario Internacional. En el curso de estas consultas, las partes contratantes aceptarán todas las conclusiones de hecho en materia de estadística o de otro orden que les presente el Fondo sobre cuestiones de cambio, de reservas monetarias y de balanza de pagos; aceptarán también la determinación del Fondo sobre la conformidad de las medidas adoptadas por una parte contratante, en materia de cambio, con el Convenio Constitutivo del Fondo Monetario Internacional o con las disposiciones de un acuerdo especial de cambio celebrado entre esta parte contratante y las partes contratantes. Cuando las partes contratantes hayan de adoptar su decisión final en casos en que estén implicados los criterios establecidos en el apartado a) del párrafo 2 del artículo XII o en el párrafo 9 del artículo XVIII, las partes contratantes aceptarán las conclusiones del Fondo en lo que se refiere a saber si las reservas monetarias de la parte contratante han sufrido una disminución importante, si tienen un nivel muy bajo o si han aumentado de acuerdo con una proporción de crecimiento razonable, así como en lo que concierne a los aspectos financieros de los demás problemas comprendidos en las consultas correspondientes a tales casos".*

355 *"Con el fin de salvaguardar su situación financiera exterior y de obtener un nivel de reservas suficiente para la ejecución de su programa de desarrollo económico, toda parte contratante comprendida en el apartado a) del párrafo 4 de este artículo podrá, a reserva de las disposiciones de los párrafos 10 a 12, regular el nivel general de sus importaciones limitando el volumen o el valor de las mercancías cuya importación autorice, a condición de que las restricciones a la importación establecidas, mantenidas o reforzadas no excedan de los límites necesarios para: a) oponerse a la amenaza de una disminución importante de sus reservas monetarias o detener dicha disminución; o b) aumentar sus reservas monetarias de acuerdo con una proporción de crecimiento razonable, en caso*

se encontraba esta búsqueda de la compatibilidad[356]. Aunque ciertamente el alcance de esta solución en aras de la coherencia no deja de ser tenue e insuficiente.

Conviene referirse con más detenimiento a tres aspectos concretos acerca del FMI: a) La distribución de poder y procedimientos de adopción de decisiones; b) Su estructura orgánica; c) Los aspectos de las relaciones monetarias que son objeto de regulación sustantiva por parte del FMI; d) Legitimidad y proceso de reforma del FMI; e) Funciones del Fondo.

3.2.1 Distribución de poder y procedimientos de adopción de decisiones en el FMI

En primer lugar, los derechos de voto de los Estados miembros en los órganos del Fondo vienen determinados por las cuotas que les corresponden. El FMI funciona como una suerte de cooperativa de crédito, dinámica, donde los Estados aportan una cantidad principalmente en su propia moneda y dependiendo de sus relaciones financieras su poder de voto varía (si son acreedores aumentan sus votos y si son deudores su poder de voto disminuye). Las cuotas están denominadas en Derechos Especiales de Giro (en adelante DEG) que son a la vez unidad de cuenta y activo de reserva internacional creados por el Fondo en 1969: no se trata de una moneda y tampoco tiene un peso muy destacado sobre el volumen total de activos internacionales de reserva (eso sí para afrontar las eventuales emergencias de

---

de que sean insuficientes. En ambos casos, se tendrán debidamente en cuenta todos los factores especiales que puedan influir en las reservas monetarias de la parte contratante interesada o en sus necesidades a este respecto, incluyendo, cuando disponga de créditos exteriores especiales o de otros recursos, la necesidad de prever el empleo apropiado de dichos créditos o recursos".

356 Romualdo BERMEJO GARCÍA, "Las relaciones de complementariedad entre regímenes internacionales", *op. cit.*, pp. 220-221.

liquidez tras la pandemia de Covid-19 su montante ha aumentado de forma espectacular)[357]. Las cuotas desempeñan diversas funciones: determinan el máximo de recursos que cada Estado miembro tiene deber de aportar a la organización; son claves en la asignación de Derechos Especiales de Giro a cada Estado miembro y a su vez los derechos de voto adicionales a los votos básicos iniciales se asignan a cada Estado miembro según la clave un voto por cada 100.000 DEG; y finalmente, las cuotas determinan el volumen máximo de recursos financieros del Fondo a que un Estado miembro puede tener acceso en caso de desequilibrio de su balanza de pagos. La Junta de Gobernadores del Fondo revisa de forma regular la adecuación de las cuotas que deben

---

[357] De acuerdo con la información que proporciona el FMI en su página web: *"El DEG es un activo de reserva internacional creado en 1969 por el FMI para complementar las reservas oficiales de los países miembros. Hasta el momento se ha asignado un total de DEG 660.700 millones (equivalentes a aproximadamente USD 943.000 millones), en los cuales se incluye la mayor asignación en la historia de la institución por un monto de alrededor de DEG 456.000 millones aprobada el 2 de agosto de 2021 (en vigor a partir del 23 de agosto de 2021). Esta última asignación se realizó para abordar la necesidad de reservas a escala mundial y a largo plazo, y ayudar a los países miembros a hacer frente al impacto de la pandemia de COVID-19. El valor del DEG se basa en una cesta de cinco monedas: el dólar de EE.UU., el euro, el renminbi chino, el yen japonés y la libra esterlina. [...] El DEG fue creado como una reserva internacional complementaria en el contexto del sistema de paridades fijas de Bretton Woods. El colapso del sistema de Bretton Woods en 1973 y la transición a regímenes de tipo de cambio flotante para las grandes monedas redujeron la dependencia del DEG como activo de reserva mundial. Sin embargo, las asignaciones de DEG pueden desempeñar un papel crucial al proporcionar liquidez y complementar las reservas oficiales de los países miembros, como ocurrió en medio de la crisis financiera mundial. El DEG es utilizado como unidad de cuenta por el FMI y otros organismos internacionales. El DEG no es ni una moneda ni un crédito frente al FMI. Más bien representa un derecho potencial frente a las monedas de libre uso de los países miembros del FMI. El DEG se puede canjear por monedas de libre uso"*, información disponible en: https://www.imf.org/es/About/Factsheets/Sheets/2016/08/01/14/51/Special-Drawing-Right-SDR

corresponderse con la posición económica relativa de los Estados miembros en la economía mundial[358] y que a su vez debe guardar una proporción adecuada entre las hipotéticas necesidades de asistencia financiera de los Estados miembros del Fondo en caso de desequilibrio en la balanza de pagos y la capacidad del Fondo de atender dichas necesidades. Toda modificación de las cuotas requiere ser adoptada por mayoría cualificada del 85% y a su vez requiere del consentimiento individual de los Estados afectados para modificar su cuota individual: como se verá esto implica que Estados Unidos de forma unilateral, o, de forma coordinada, el conjunto de Estados miembros de la Unión Europea (incluso de la eurozona) tienen capacidad de veto. Cabe presuponer que los Estados aceptarán de mejor grado las modificaciones de sus cuotas cuando comporten una elevación que cuando se trate de una reducción de las mismas[359]. Este sistema de cuotas y ponderación de voto presenta importantes desajustes con respecto a la realidad económica de nuestros días: infrarrepresenta a las economías emergentes pujantes, a la par que perpetúa el *statu quo* de los Países Menos Adelantados (que rara vez logran salir de él). Así Estados Unidos tiene un poder de voto del 16.49%[360], mientras que los 27 Estados miembros de la Unión Europea suman alrededor del 26.18% de las cuotas (un 22.23% si solo se

---

[358] La fórmula modificada en 2008 sería la siguiente ponderación de cuatro variables: *(0,50 * PIB + 0,30 * Apertura + 0,15 * Variabilidad + 0,05 * Reservas)*, véase, https://www.imf.org/es/About/Factsheets/Sheets/2016/07/14/12/21/IMF-Quotas

[359] El 15 de diciembre de 2023, la Junta de Gobernadores tras la Decimosexta Revisión General de Cuotas aprobó un aumento de 50% de las cuotas de los países miembros, con lo cual el total de las se elevará hasta alcanzar un total de 960.000 millones de dólares (esta decisión queda sujeta para su entrada en vigor a la posterior ratificación –manifestación del consentimiento- por los Estados miembros, cada uno con arreglo a sus normas constitucionales de derecho interno).

[360] Este peso equivale a una capacidad de veto para aquellas decisiones que requieren ser adoptadas mediante la mayoría cualificada del 85%.

computa a aquellos 20 que pertenecen a la eurozona)[361]. Japón continúa siendo el segundo Estado miembro con mayor poder en el Fondo, con algo más del 6% de peso (6.47% de cuota, y 6.14% de poder de voto). En total las economías más avanzadas representan alrededor del 60% de las cuotas y votos en el Fondo. En segundo lugar, se encuentra un grupo de 70 Estados con economías de ingreso medio, entre ellos muchos Estados miembros con economías emergentes (Brasil, India), algunos de los cuales en algunos momentos han necesitado recabar la asistencia financiera del Fondo (durante los años noventa del siglo pasado y la primera década del Siglo XXI, México, Brasil, Indonesia, Tailandia, Turquía, Rusia y Argentina, por ejemplo). Este segundo grupo de países representa un porcentaje de voto que no llega al 30%. Nótese que China actualmente constituye el tercer Estado miembro con más poder, con un poder similar, pero ligeramente inferior al de Japón: una cuota de 6.40% y poder de voto de 6.08%. En tercer lugar, encontramos un grupo de unos 80 PVD que han sido, ¿lo seguirán siendo? *clientes cautivos, naturales*[362] del Fondo y que tienen un poder de aproximadamente el 7%[363]. Si se atiende al poder de voto del conjunto de países miembros del Fondo en Asia-Pacífico hacia donde se ha

---

361 Tanto la Unión a 27 como el conjunto de Estados miembros que comparten la moneda única, en el caso de actuar como bloques cohesionados, poseen derecho de veto. En términos de poder de voto las cifras son similares (la Unión a 27, posee un 25.53%, y los Estados miembros de la eurozona, un 21.6%).

362 Con la crisis financiera de 2008, Estados del primer mundo, muchos de ellos miembros de la Unión Europea como Grecia, Hungría, Islandia, Letonia, Lituania, Polonia, o Portugal, se convirtieron en clientes del Fondo.

363 Los datos que aparecen en el cuerpo del trabajo acerca de los desajustes de la distribución de poder en el FMI constituyen un resumen del detallado análisis efectuado por Manuel LÓPEZ ESCUDERO, “Capítulo 11. El Sistema Monetario Internacional (I): el Fondo Monetario Internacional”, *op. cit.*, pp. 271-272.

trasladado el centro de gravedad de la economía global en el Siglo XXI, encontramos que el poder de voto agregado de todos ellos supone alrededor de un 20% del total (mientras que su peso sobre el PIB global expresado en dólares corrientes es de aproximadamente un 32%). Por su parte, los llamados BRICS o BRICS +, ampliados, lejos de constituir un grupo integrado y cohesionado que pueda aglutinar un voto homogéneo, sí pueden constituir ya una minoría de bloqueo de decisiones importantes que deban adoptarse por una mayoría cualificada del 85%, con un poder de decisión que es sustancialmente inferior a su peso demográfico (cerca de la mitad de la población mundial) y económico (alrededor de un tercio de la economía mundial).

3.2.2 Estructura orgánica del FMI

Como órganos más relevantes del FMI hallamos la Junta de Gobernadores y el Directorio Ejecutivo del Fondo. La Junta de Gobernadores es el órgano de mayor nivel, tiene carácter plenario, está integrado por un representante titular y otro suplente para cada Estado miembro (los titulares son usualmente gobernadores de bancos centrales o ministros de economía y finanzas). Corresponde a la Junta de Gobernadores: aprobar aumentos de cuotas de los Estados miembros, la asignación de Derechos Especiales de Giro, la admisión de nuevos Estados miembros, la retirada forzosa de un Estado miembro[364], así como las enmiendas al Convenio Constitutivo. Las reuniones ordinarias de la Junta de Gobernadores se producen con carácter anual[365]. El

---

364 Artículo XXVI, Sección 2ª, c) del Convenio Constitutivo.

365 *"The Boards of Governors of the IMF and the World Bank Group normally meet once a year, during the IMF-World Bank Spring and Annual Meetings, to discuss the work of their respective institutions. The Meetings, which take place in September or October, have customarily been held in Washington for two consecutive years and in another member country in the third year. The Annual Meetings usually include two days of plenary sessions, during which*

Directorio Ejecutivo es el órgano de funcionamiento cuotidiano y de composición restringida. Se ocupa de aquellas cuestiones que le delegue la Junta de Gobernadores, así como de supervisar la salud de las economías de los Estados miembros y de aquellos asuntos relevantes para la economía global –de carácter sistémico-, además de efectuar la prestación de asistencia financiera. El Directorio Ejecutivo está integrado por 24 miembros, desde la reforma de 2016 solo hay directores ejecutivos electos (con anterioridad los cinco miembros con cuotas más altas nombraban un director ejecutivo): hay 8 miembros elegidos por los seis países con mayores cuotas (Estados Unidos, Japón, China, Alemania, Francia y Reino Unido) y por Rusia y Arabia Saudí que cuentan con un director ejecutivo sin necesidad de agruparse; los restantes 16 miembros se eligen por periodos de dos años con posibilidad de renovación dentro de 16 grupos de países, que cuentan así con una representación indirecta, mediante los denominados *"constituencies"*. La composición del Directorio Ejecutivo otorga 12 puestos a los 30 países con economías avanzadas, mientras que los restantes 12 corresponden a 160 países con economías emergentes y de bajo ingreso. Asimismo, hay una sobrerrepresentación de Europa Occidental (se ha sugerido que los 27 Estados miembros de la Unión podrían conformar un grupo único). El Directorio Ejecutivo puede adoptar sus decisiones mediante consenso, pero cuando se recurre a votación formal, más allá de los votos básicos, las cuotas determinan el

---

Governors consult with one another and present their countries' views on current issues in international economics and finance. During the Meetings, the Boards of Governors also make decisions on how current international monetary issues should be addressed and approve corresponding resolutions. The Annual Meetings are chaired by a Governor of the World Bank and the IMF, with the chairmanship rotating among the membership each year. Every two years, at the time of the Annual Meetings, the Governors of the Bank and the Fund elect Executive Directors to their respective Executive Boards", véase, https://www.imf.org/external/about/govstruct.htm.

poder de voto de los miembros[366]. El Directorio Ejecutivo elige al Director Gerente del Fondo por un periodo de cinco años con posibilidad de renovación: este asiste a las reuniones de la Junta de Gobernadores donde preside y puede tener únicamente voto dirimente en caso de empate. En la práctica del FMI hasta la fecha ha existido un acuerdo político entre Estados Unidos y los Estados europeos en virtud del cual el Presidente del Banco Mundial siempre ha sido estadounidense, mientras que el Director Gerente del FMI ha sido europeo (los últimos han sido Michel Camdessus[367], Horst Köhler, Rodrigo Rato, Strauss-Kahn, Christine Lagarde, y Kristalina Giorgeva, actualmente). Para finalizar con esta breve mención a la estructura orgánica del Fondo, desde el punto de vista jurídico es sumamente importante el poder que el artículo XXIX otorga al Directorio Ejecutivo y a la Junta de Gobernadores (esta última como una suerte de instancia de apelación) para adoptar decisiones en virtud de

---

366 Manuel LÓPEZ ESCUDERO, "Capítulo 11. El Sistema Monetario Internacional (I): el Fondo Monetario Internacional", *op. cit.*, pp. 274-278. En estas páginas puede verse un cuadro con las agrupaciones de países y sus respectivos porcentajes de cuota/voto. Asimismo, puede consultarse la página web del Fondo, que es actualizada de forma continua: https://www.imf.org/en/About/executive-board/eds-voting-power Como puede observarse en los grupos de países más numerosos puede nombrarse a un segundo director ejecutivo suplente en aras de lograr una mejor representación.

367 Es curioso como Camdessus, al igual que Pascal Lamy (que fuera comisario europeo de comercio y director general de la OMC), y también Jacques Delors (presidente de la Comisión Europea) forman parte de una tríada de socialistas franceses integrantes de los gobiernos de François Mitterrand que fueron responsables de dotar de carácter normativo e institucionalizar en la Unión Europea el neoliberalismo económico derivado del *Consenso de Washington* y de las recetas de Margareth Thatcher y Ronald Reagan. A propósito de Camdessus, Sami Naïr habla de ¡cuán competentes! "tecnócratas oscuros y desconocidos en la arena política", véase Sami NAÏR, *Europa encadenada. El neoliberalismo contra la Unión*, Galaxia Gutenberg, 2025, p. 68.

las que se puede precisar y desarrollar la interpretación de las disposiciones del Convenio Constitutivo[368].

3.2.3 Aspectos sustantivos de las relaciones monetarias regulados por el FMI

Cabe referirse de forma destacada a: los pagos corrientes y los movimientos de capital, en primer lugar; y, en segundo lugar, al régimen jurídico internacional de los tipos de cambio. El Convenio Constitutivo del Fondo deja en principio libertad a los miembros para establecer controles sobre los movimientos de capital,

---

368 Los órganos principales con mayor poder decisorio (Junta de Gobernadores y Directorio Ejecutivo) cuentan con dos comités ministeriales, órganos consultivos que asesoran a la Junta de Gobernadores, se trata del Comité Monetario y Financiero Internacional y del Comité para el Desarrollo. El Comité Monetario y Financiero Internacional está integrado por 24 miembros que representan a los 190 miembros del Fondo, emulando en cierto modo al Directorio Ejecutivo. Se reúne dos veces al año, adopta sus decisiones por consenso, y emite directrices para los programas de trabajo semestrales del Fondo. El Comité para el Desarrollo también está integrado por 24 miembros (ministros de economía y finanzas, usualmente) en representación de los 190 Estados miembros del Fondo. Su función es prestar asesoramiento a la Junta de Gobernadores y al Banco Mundial en cuestiones económicas que afectan a los PVD y a las economías emergentes, para construir consenso intergubernamental en esta materia. No debe confundirse este Comité para el Desarrollo con el G-24, que es un foro intergubernamental de PVD impulsado en 1971 por el G-77 para coordinar la posición de los PVD en asuntos monetarios y de desarrollo en las instituciones de Bretton Woods, en particular en los mencionados comités ministeriales del FMI, y en todos aquellos foros internacionales relevantes. Sus miembros son los siguientes: Argelia, Argentina, Brasil, China, Colombia, Costa de Marfil, Ecuador, Egipto, Etiopía, Filipinas, Gabón, Ghana, Guatemala, Haití, India, Irán, Kenia, Líbano, Marruecos, México, Nigeria, Pakistán, Perú, República Democrática del Congo, Siria, Sudáfrica, Sri Lanka, Trinidad y Tobago, y Venezuela.

siempre y cuando dicha libertad se conjugue con la obligación de no establecer ningún tipo de restricciones a las transferencias monetarias internacionales que impliquen pagos corrientes[369], obligación esta última que viene complementada con la de permitir la convertibilidad de la propia moneda para que pueda ser utilizada por residentes y no residentes en transacciones corrientes (artículo VIII, Sección 4ª del Convenio Constitutivo)[370]. Por lo que respecta a los tipos de cambio, el sistema vigente en la actualidad se corresponde con la segunda enmienda al Convenio Constitutivo del Fondo adoptada en 1976[371] y en vigor desde el 1 de abril de 1978: hasta comienzos de la década de los setenta estuvo vigente

---

369 El artículo XXX letra d) del Convenio Constitutivo explica qué debe entenderse como pagos por transferencias corrientes.

370 Luis Miguel HINOJOSA MARTÍNEZ, "Capítulo 13. La regulación de los movimientos internacionales de capital y de las inversiones extranjeras", *op. cit.*, pp. 316-317. Las economías más avanzadas suelen ser partidarias de la liberalización completa de los movimientos de capital, mientras que los países emergentes y en desarrollo desean mitigar la volatilidad recurriendo a los controles de capital. En el marco del Fondo Monetario Internacional los Estados miembros deben permitir la convertibilidad de la propia moneda para que pueda ser utilizada por residentes y no residentes en transacciones corrientes (artículo VIII, Sección 4ª del Convenio Constitutivo). El Convenio Constitutivo fue redactado dejando a los miembros un amplio margen de maniobra para controlar los movimientos de capital, ya que en el momento de su redacción eran aplicados frecuentemente incluso por economías avanzadas. En este sentido se ha apuntado recientemente que la práctica de la organización internacional ha evolucionado desde una promoción a ultranza de la liberalización de la cuenta de capital en los años 90, hasta épocas recientes donde se ha llegado a respaldar controles preventivos de entrada de capital. E incluso, algunos autores insisten en que en situaciones como la actual en Argentina los controles de salida de capitales deberían ser preceptuados por el Fondo, véase, Joseph E. STIGLITZ y Jonathan D. OSTRY, "El FMI sigue rezagado en el control de capitales", *El País*, 22 de mayo de 2022.

371 Coloquialmente conocidos como los *acuerdos de Jamaica*.

el sistema de paridades fijas articulado en Bretton Woods en torno al dólar y a la promesa de la Reserva Federal estadounidense de garantizar su convertibilidad en oro. El 15 de agosto de 1971 el presidente Nixon adoptó la decisión de abandonar la obligación de garantizar la conversión de dólares en oro, abrogando *de facto* este sistema de paridades fijas, años antes de la modificación del tratado constitutivo del FMI[372]. El artículo IV, Sección 1ª, apartado iii) del Convenio Constitutivo del Fondo establece una obligación de comportamiento para los miembros que deben evitar el dumping monetario, esto es, manipular los tipos de cambio con objeto de *"impedir el ajuste de la balanza de pagos u obtener ventajas competitivas desleales frente a otros países miembros"*[373]. Los miembros del Fondo

---

[372] Manuel LÓPEZ ESCUDERO, "El Derecho monetario internacional en la era de la globalización financiera", *op. cit.*, p. 92.

[373] Desde hace décadas se viene acusando a China de ofrecer *de facto* subsidios a sus exportaciones a través de un yuan devaluado obteniendo una ventaja competitiva desleal, que podría ser contraria al Derecho de la OMC y al del FMI; ahora bien, debe admitirse que un largo superávit en la balanza de pagos obtenido a partir de la ventaja competitiva que puedan ofrecer los tipos de cambio no es *per se* contraria al Convenio Constitutivo del FMI, véase al respecto, Erik DENTERS, "Manipulation of Exchange Rates in International Law: The Chinese Yuan", *American Society of International Law Insights,* Vol. 8, nº 24, 2003. Estas mismas acusaciones fueron vertidas en décadas anteriores, 1960, 1970, contra economías como la de Japón, o la de Alemania, que también acumulaban entonces fuertes superávits comerciales. Las garantías previstas en el Derecho del FMI para hacer frente a tales manipulaciones de los tipos de cambio son limitadas, y hasta la fecha la amplísima discrecionalidad dejada a los miembros en su Convenio Constitutivo plantea gran incertidumbre, por lo que se ha llegado a constituir en la Secretaría de la OMC un Grupo de Trabajo para abordar la relación entre los tipos de cambio y el comercio internacional, sin llegar a grandes conclusiones en tanto no haya una reclamación ante el sistema de solución de controversias de la OMC, o propuestas de *lege ferenda,* véase, Xavier FERNÁNDEZ PONS, "La alineación de los tipos de cambio como interés público global y las actuales "guerras de divisas" ¿Algún rol para el Derecho

con arreglo al artículo IV, Sección 2ª del Convenio Constitutivo pueden optar[374] por diversos tipos de regímenes de cambio que suelen oscilar entre sistemas de paridades fijas y sistemas de fluctuación pura: pueden establecer su paridad con respecto a otras monedas, o cestas de monedas, incluso DEG, pero nunca con respecto al oro[375]; asimismo, pueden optar por un régimen de fluctuación más o menos libre, con bandas de flotación, *crawling pegs* (un sistema híbrido donde hay ajustes periódicos en función de variables como la inflación...), etc. En virtud del sistema elegido las autoridades monetarias asumen mayores o menores constricciones para mantener a través de la política monetaria el sistema de tipo de cambios[376]. El artículo IV, Sección 4ª del Con-

---

de la OMC?", en en Núria BOUZA, Caterina GARCÍA SEGURA, Ángel J. RODRIGO HERNÁNDEZ (Dirs.) y Pablo PAREJA ALCARAZ (Coord.), *La gobernanza del interés público global: XXV Jornadas de la Asociación Española de Profesores de Derecho Internacional y Relaciones Internacionales, Barcelona, 19-20 de septiembre de 2013*, Tecnos, 2015, pp.773-785.

374 Con objeto de favorecer la supervisión de los regímenes cambiarios que el Fondo lleva a cabo de acuerdo con la Sección 3ª del artículo IV del Convenio Constitutivo, así como aquellas más amplias de supervisión de sus políticas económicas, los Estados miembros adquieren la obligación de notificar al Fondo las normas en las que establecen sus respectivos regímenes cambiarios, así como sus eventuales modificaciones (artículo IV, Sección 2ª, letra a)).

375 Acaso la prohibición tras la Segunda Enmienda del Convenio Constitutivo del Fondo Monetario Internacional de fijar la paridad de las monedas con respecto al oro, ¿no constituye un intento implantar *ope legis* la conocida como *ley de Gresham*? Esto es que el *dinero malo* expulse al *dinero bueno* de la circulación. Sin embargo, esta modificación no ha frenado el vertiginoso apetito de los bancos centrales para acaparar reservas de oro.

376 Un intento por sistematizar las combinaciones de política cambiaria por las que pueden optar los miembros del Fondo puede encontrarse en: Fondo Monetario Internacional, *De Facto Classification of Exchange Rate Regimes and Monetary Policy Framework*, 31 de julio de 2006, disponible en: https://www.imf.org/external/np/mfd/er/2006/eng/0706.htm

venio Constitutivo prevé que por voto de una mayoría del 85% se pueda regresar a un sistema generalizado de paridades fijas pero ajustables, con arreglo a su Anexo C, un regreso hipotético y poco probable[377]. La Sección 3ª del artículo VIII establece una obligación de resultado, más taxativa, prohibiendo que los miembros del Fondo participen en regímenes de cambio discriminatorios, con tipos de cambio múltiples. En 2007 una Decisión del Directorio Ejecutivo ha precisado que la libertad de los miembros con respecto a sus regímenes cambiarios debe ser matizada a favor de una visión orientada a la estabilidad sistémica: *"Los países miembros deberán evitar políticas de tipo de cambio que conduzcan a la inestabilidad externa"*[378]. Zimmermann ha analizado en detalle hasta qué punto resulta improbable que pueda demostrarse que un Estado ha efectuado una manipulación del tipo de cambio en contravención de sus obligaciones en el marco del derecho del FMI y/o de la OMC, incluso admitiendo que la manipulación del tipo real de cambio (no del nominal) puede tener efectos equivalentes a la protección aduanera o a los subsidios a la exportación: en efecto, así lo ponen de manifiesto las consultas llevadas a cabo con China en 2010, quedando patente que no toda manipulación monetaria implica una violación del artículo IV del Convenio Constitutivo[379].

---

377 Manuel LÓPEZ ESCUDERO, "El Derecho monetario internacional en la era de la globalización financiera", *op. cit.*, p. 94.

378 Decisión del Directorio Ejecutivo del Fondo Monetario Internacional de 15 de junio de 2007, *Supervisión Bilateral de las Políticas de los Países Miembros.*

379 Claus D. ZIMMERMANN, "Exchange rate misalignment and International Law", *The American Journal of International Law*, Vol. 105, nº 3, 2011, pp. 423-476.

3.2.4 Legitimidad y proceso de reforma del FMI[380]

La más demoledora constatación es la que indica que hay una percepción cada vez más extendida entre los miembros del FMI de que la institución es incapaz o en el mejor de los casos carece de la voluntad de asegurar que todos sus miembros consigan respetar la disposición central recogida en el artículo IV, Sección 1ª del Convenio Constitutivo que constituye una suerte de *código de conducta* general; es por ello, que ya hace una década podía vaticinarse que habría en el futuro intentos de los líderes de puentear y sortear el FMI y recurrir a la diplomacia y a las políticas de poder en su lugar (amén de producirse la fragmentación actual del sistema monetario y financiero internacional). La estabilidad del sistema monetario internacional a largo plazo va a resultar muy problemática y aunque no sea probable el regreso a un sistema global de paridades fijas, resulta una verdad aplastante que el derecho internacional ha alcanzado sus límites a la hora de abordar los desafíos estructurales que siguen a la desalineación de los tipos de cambio y sus efectos en los desequilibrios por exceso y por defecto en las balanzas de pagos (especialmente ardua es la cuestión de someter a disciplina los superávits comerciales que en el caso de China se han venido traduciendo en una ingente acumulación

---

380 Con anterioridad a la crisis financiera global de 2008, existían elementos para hablar además de una crisis de efectividad del FMI manifestada: en una caída de sus ingresos, un cierto alejamiento de los países con economías emergentes (sobre todo en Asia), algunas tentativas de cooperación monetaria de carácter regional, así como el argumento esgrimido en Estados Unidos de la existencia de un riesgo moral que podría propiciar que pueda haber crisis financieras al existir el FMI como tabla de salvación, o por último, la sustitución del FMI como prestamista por los mercados internacionales de capital. Al respecto, Manuel LÓPEZ ESCUDERO, "Crisis y reforma del Fondo Monetario Internacional", *Revista Española de Derecho Internacional*, Vol. LIX, nº 2, 2007, pp. 531-534.

de reservas internacionales)[381]. Del proceso de socialización de China en el FMI se pueden extraer importantes lecciones, ya que se trata de la economía estatal que en términos relativos y absolutos muestra en conjunto en las últimas décadas las tasas más altas de crecimiento, siendo la principal aspirante a sobrepasar y desbancar a Estados Unidos como primera potencia económica mundial (teniendo en cuenta que a paridad de poder adquisitivo su PIB ya supera al estadounidense, así como al conjunto de Estados miembros de la Unión Europea). El proceso pragmático de acomodación gradual y parsimoniosa de China en el FMI, con un progresivo aumento de poder y presencia, sin buscar cambios urgentes, encierra una importante incógnita: ¿hasta qué punto China va a seguir aceptando esta situación acomodaticia en la que el dólar es la principal moneda de reserva internacional? Para un mundo multipolar, que los DEG fueran el principal activo de reserva internacional quizá podría ser una solución idónea, aunque a todas luces resulta impensable que eso suceda a día de hoy. China se ha beneficiado de la asistencia técnica del Fondo y acepta en términos generales sus normas, aunque difiere del denominado *Consenso de Washington*, tildado con frecuencia de neoliberal, ya que no es partidaria de sus recetas impuestas en décadas pasadas *urbi et orbi*; sin embargo, sí es partidaria de políticas financieras, monetarias y fiscales prudentes. Ahora bien, el difícilmente clasificable modelo chino a veces asociado a un *Consenso de Beijing* presenta claros rasgos distintivos como la conjunción de autoritarismo y capitalismo de Estado (con un ingente peso de empresas bajo control estatal). A través de la asistencia financiera el Fondo tiene escasas posibilidades de ejercer influencia sobre la política económica de China, ya que esta fue cliente de la asistencia financiera únicamente entre 1981 y 1984, cuando

---

381 *Íbid.*, pp. 472-476.

terminó de pagar los préstamos recibidos[382]. Más allá de las cuestiones vinculadas con la participación de China en el FMI, aparecen otras importantes cuestiones previas a cualquier reforma sustancial del Fondo: el FMI es técnicamente una organización internacional de cooperación, no de integración, en atención al alcance de sus competencias, pero pocas dudas caben de que la persecución de sus fines y el desempeño de sus funciones podrían precisar de la atribución de competencias de mayor magnitud e intensidad: de ahí que aparezcan dos preguntas, entrelazadas, en primer lugar, ¿hasta qué punto la autonomía regulatoria y la deferencia que el propio Convenio Constitutivo dispensa *prima facie* a los miembros del Fondo es uno de los hándicaps para la consecución de sus fines, que en todo caso solo pueden ser de carácter aspiracional?; ¿hasta qué punto puede ejercerse y resultar admisible la coerción regulatoria ejercida sobre los miembros del Fondo, especialmente en aquellos supuestos donde existe una estricta condicionalidad de ajuste estructural asociada a la percepción de asistencia financiera, sin menoscabar el principio de libre determinación de los pueblos en su dimensión interna, como derecho de los Estados a elegir su propio modelo político, económico y social?[383] La respuesta conjunta a ambas preguntas, podría dar claves para lograr que el FMI no se vea relegado en favor de intentos baldíos de gestionar la *gobernanza monetaria y financiera global* a través de grupos como el G-20 que en última instancia se ven abocados a

---

382 Peter FERDINAND y Jue WANG, "China and the IMF: from mimicry towards pragmatic international institutional pluralism", *International Affairs*, Vol. 89, nº 4, 2013, pp. 895-910.

383 Bien es cierto que el Derecho Internacional no ampara que esa libre determinación en su vertiente interna sea ejercida sin atender los derechos humanos básicos de la población. Cabe recordar el primer artículo de la célebre la Resolución 3281 (XXIX) de la Asamblea General de Naciones Unidas, de 12 de diciembre de 1974, relativa a la *Carta de Derechos y Deberes Económicos de los Estados*.

la resurrección de las políticas de poder más descarnadas. Bien es cierto que el FMI ha aumentado su capacidad crediticia y su capacidad de intervención tras las dos últimas grandes catástrofes de nuestro tiempo, la Gran Recesión de 2008 y la Gran Reclusión originada por la Covid-19: en la Cumbre de Londres del G-20 de 2009 se acordó triplicar la capacidad crediticia del FMI mediante los Nuevos Acuerdos para la Obtención de Préstamos, así como mediante la asignación de 250.000 millones de dólares en DEG. Del mismo modo en agosto de 2021 la Junta de Gobernadores del FMI ha aprobado un nuevo incremento en la asignación de DEG equivalente a 650.000 millones de dólares para afrontar las necesidades posteriores a la pandemia originada por la Covid, así como apoyar las necesidades globales de liquidez y dirigir la economía hacia la sostenibilidad, la resiliencia, la estabilidad...[384]. El FMI también ha llevado a cabo desde 1976[385] iniciativas de asistencia financiera concesionaria/concesional, con unas condiciones más favorables para los países más pobres, con el propósito de aliviar la pobreza, actividad que se ha incrementado de forma notable tras la pandemia global[386]. En esta misma línea puede señalarse la iniciativa conjunta del Banco Mundial y del Fondo Monetario Internacional de aliviar la deuda de los países pobres más endeudados (la mayor parte de ellos en África)[387]. La enorme influencia y peso que los Estados Unidos siguen manteniendo en el FMI ha hecho que en ciertas ocasiones los intereses estratégicos de Estados Unidos hayan sido antepuestos a los objetivos a largo plazo de condi-

---

384 https://www.imf.org/en/News/Articles/2021/07/30/pr21235-imf-governors-approve-a-historic-us-650-billion-sdr-allocation-of-special-drawing-rights

385 Xavier SERRA STECHER, "The IMF's concessional lending policy: situation and Outlook", *Banco de España Economic Bulletin*, nº 2, 2018.

386 https://www.imf.org/en/About/FAQ/low-income-countries-concessional-financing-support

387 Gérard Marie HENRY, *Le FMI*, Studyrama, 2012, pp. 151-160.

cionalidad, de carácter más técnico, en la actuación del Fondo: de tal modo que la autonomía de la actuación del Fondo en los programas de asistencia financiera y la condicionalidad aplicadas pueden variar, dependiendo de los intereses estratégicos de Estados Unidos en juego, así como del balance relativo de poder que tenga el Estado receptor de la asistencia. Esta actuación hegemónica, en algunos casos denominados de *high politics* pueden mermar la legitimidad del Fondo (México, Rusia, Ucrania, Indonesia, Corea del Sur, Brasil, Argentina y Turquía son puestos como ejemplo, de esta influencia estadounidense): se ha señalado que en ocasiones se da oxígeno temporal a gobiernos inestables, relajando la condicionalidad, en detrimento de los objetivos de saneamiento económico a más largo término[388]. Por tanto, no solo se trata de que resulten dramáticas las consecuencias sociales derivadas de la aplicación de la condicionalidad ligada a los programas de ajuste económico para los Estados con problemas estructurales en la balanza de pagos que reciben asistencia financiera del Fondo; se trata, además, de que puede existir la percepción de que dicha condicionalidad se aplica de una forma selectiva, politizada...[389] Recientemente se ha criticado que países sobreendeudados como Pakistán y Ucrania se hayan convertido en los principales clientes del Fondo, con unos honorarios que exceden los costes operativos del Fondo en una espiral viciosa: algunos de los países más endeudados

---

388 Randall W. STONE, "The Scope of IMF Conditionality", *International Organization*, Vol. 62, nº 4, 2008, pp. 589-620. Tampoco han estado libres en su actuación el Banco Mundial ni sus organismos de este componente *hegemónico*, Bartram S. BROWN, *United States and The Politicization of the World Bank: Issues of International Law and Policy*, Graduate Institute of International Studies, Geneva, Ed. Kegan Paul, 1992.

389 En efecto las críticas más extendidas a la actuación del Fondo en estos supuestos inciden en el carácter austeritario de sus recetas, así como en presentar sus medidas como dirigidas a satisfacer intereses corporativos de clases dominantes, de los poderes financieros, véase Gérard Marie HENRY, *op. cit.*, pp. 165-167.

necesitan nuevos créditos del Fondo para asumir sus préstamos previos con el mismo; de este modo la dependencia de estos países se intensifica y en cambio, su capacidad de acumular reservas en moneda extranjera y acceder a los mercados internacionales de capital disminuye. Un círculo vicioso alejado de la misión teórica del Fondo de proveer bienes públicos globales como la estabilidad financiera global[390].

3.2.5 Sobre las funciones del FMI

Señalaremos tres funciones principales: la supervisión de las políticas económicas y monetarias; la asistencia financiera; y la asistencia técnica.

Dentro de la supervisión de las políticas económicas y monetarias existe una supervisión bilateral -individualizada por países- una supervisión multilateral y una supervisión regional. La supervisión individualizada por países se efectúa con carácter anual mediante las consultas celebradas al amparo del artículo IV del Convenio Constitutivo, evaluando la política económica de los miembros incluyendo las políticas fiscales y monetarias, la supervisión del tipo de cambio, la evolución de la balanza de pagos y la deuda externa[391]...Desde 2008 se pone el énfasis

---

390 Joseph E. STIGLITZ, Kevin P. GALLAGHER, Martín GUZMÁN y Marilou UY, "El FMI pide a los países pobres que paguen los platos rotos del resto", *El País*, 6 de octubre de 2024.

391 El Consejo de Derechos Humanos aprobó el 5 de julio de 2012 los *Principios rectores sobre la deuda externa y los derechos humanos* (UN Doc. A/HRC/20/23, de 10 de abril de 2011). Estos principios se insertan en un conjunto de declaraciones internacionales de *soft law* que abogan por la incorporación de las consideraciones sociales y de derechos humanos en el diseño y ejecución de los programas de ajuste estructural, de modo que acreedores y deudores obren con la debida diligencia para no empecer la realización progresiva de los derechos económicos, sociales y culturales. Estos principios no pretenden ser

en la estabilidad externa de los miembros. Al término de estas reuniones los funcionarios del FMI redactan una declaración final o memorando de las discusiones mantenidas que puede el Estado miembro publicar si lo desea. Igualmente, si el director ejecutivo que representa al Estado examinado lo admite, el Directorio Ejecutivo puede hacer público el texto completo del informe[392]. La supervisión multilateral de la economía mundial es llevada a cabo por el Directorio Ejecutivo sobre la base de informes elaborados por el personal técnico del FMI: dos de ellos de periodicidad semestral son destacables, las Perspectivas de la Economía Mundial *(World Economic Outlook)*[393], y el Informe sobre la Estabilidad Financiera Mundial *(Global Financial Stability*

---

hard law, sin embargo, reflejan una cierta *opinio iuris generalis*. No son jurídicamente exigibles, pero pueden acabar teniendo una influencia relevante en la nomogénesis y en la conducta de los sujetos de Derecho Internacional. Puede señalarse que las instituciones de Bretton Woods han ido dotando a estos principios de *soft law* de una cierta efectividad práctica en sus actividades operacionales, véase, Eugenia LÓPEZ-JACOISTE DÍAZ, "Los principios rectores sobre la deuda externa y los derechos humanos: algunas reflexiones desde el Derecho internacional", en Núria BOUZA, Caterina GARCÍA SEGURA, Ángel J. RODRIGO HERNÁNDEZ (Dirs.) y Pablo PAREJA ALCARAZ (Coord.), *La gobernanza del interés público global: XXV Jornadas de la Asociación Española de Profesores de Derecho Internacional y Relaciones Internacionales, Barcelona, 19-20 de septiembre de 2013*, Tecnos, 2015, pp. 786-799.

392 Manuel LÓPEZ ESCUDERO, "Capítulo 11. El Sistema Monetario Internacional (I): el Fondo Monetario Internacional", *op. cit.*, pp. 278-282. Para muestra un botón, véanse las consultas con Francia y sus resultados y recomendaciones principales en, Gérard Marie HENRY, *op. cit.*, pp. 76-78.

393 Contándose las emanadas del FMI entre las que gozan del mayor crédito y prestigio, bien sabido es que con las predicciones económicas suele suceder como con los profetas: ¿quién sabe cuáles son la religión y la fe verdaderas?

Report)[394]. En abril de 2022, a título de ejemplo, el Informe sobre la Estabilidad Financiera Mundial analizaba *ex ante* las implicaciones para la estabilidad financiera derivadas de la guerra en Ucrania (la volatilidad y desajuste en los mercados de materias primas con su correlativa presión inflacionista, la puesta a prueba de la resiliencia del sector financiero, teniendo en cuenta a los intermediarios financieros no bancarios, la transición climática y los aspectos de seguridad alimentaria y energética, la 'criptización' de mercados emergentes, problemas de ciberseguridad…); en segundo lugar, se refiere a las posibilidades del contagio de riesgo soberano-bancario en economías emergentes; y en tercer lugar, las vulnerabilidades y oportunidades para la estabilidad financiera que se desprenden de las Fintech[395]. Junto a las mencionadas supervisión individual y multilateral, encontramos la supervisión económica regional con la presentación de los *Regional Economic Outlook Reports* que se centran en las perspectivas económicas regionales de Europa, Oriente Medio y Asia Central, Asia Pacífico, las Américas (*Western Hemisphere*) y el África subsahariana. Dentro de las funciones de supervisión económica que el Fondo lleva a cabo podemos incardinar su

---

394 También dentro de la supervisión multilateral aparece con carácter semestral -en octubre y en abril- la publicación *Monitor Fiscal* con un análisis de las políticas fiscales de los miembros y su proyección, véase, a título de ejemplo: https://www.imf.org/es/Publications/FM/Issues/2022/04/12/fiscal-monitor-april-2022
Asimismo es posible que para un tema específico de interés para la economía mundial se ponga en marcha una ronda mundial de consultas multilaterales concertadas con los miembros relevantes, afectados, del Fondo. La primera de estas consultas multilaterales fue puesta en marcha en 2006 para tratar el tema de los desequilibrios mundiales de pagos (entre Arabia Saudí, China, Estados Unidos, Japón y la zona euro), véase, Manuel LÓPEZ ESCUDERO, "Crisis y reforma del Fondo Monetario Internacional", *loc. cit.*, p. 543.

395 Fondo Monetario Internacional, *Global Financial Stability Report*, 19 de abril de 2022.

Programa de Evaluación del Sector Financiero llevado a cabo conjuntamente con el Banco Mundial para las economías emergentes y en desarrollo, y solo por el FMI en relación con las economías avanzadas[396]: este programa suministra importante información destinada a identificar vulnerabilidades que puedan comprometer la estabilidad financiera internacional, de tal modo que sus conclusiones puedan ser empleadas en el marco de las consultas y de la supervisión individual de los países en el marco del artículo IV del Convenio Constitutivo[397].

---

396 La función de supervisión del FMI también está sujeta a presiones políticas que lógicamente ejercen con mayor intensidad los países con economías más avanzadas, de modo que más allá de problemas de debilidad analítica o de carácter organizacional, puede existir una pérdida de imparcialidad en los análisis ya que es más fácil presentar análisis severos a miembros del Fondo menos poderosos, Gérard Marie HENRY, *op. cit.*, pp.80-82. Con objeto de afianzar la independencia en la estructura orgánica del FMI con respecto al Directorio Ejecutivo y al Director Gerente en 2001 fue creada la Oficina de Evaluación Independiente que presenta investigaciones y evaluaciones independientes de la actividad del FMI a fin de mejorar la transparencia y la imparcialidad en el desempeño del mandato del Fondo.

397 *"Para evaluar la estabilidad del sector financiero, los equipos del PESF examinan la resiliencia de la banca y otros sectores financieros no bancarios; realizan pruebas de tensión y analizan riesgos sistémicos, tales como los vínculos entre las instituciones bancarias y no bancarias y los efectos de contagio nacionales y transfronterizos; examinan los marcos micro y macroprudenciales; revisan la calidad de la supervisión de las instituciones bancarias y no bancarias y de la infraestructura de los mercados financieros frente a normas aceptadas a nivel internacional, y evalúan la capacidad de los bancos centrales, los reguladores y supervisores, las autoridades de política y los mecanismos de apoyo y las redes de protección financiera para responder eficazmente en caso de tensión sistémica. Si bien los PESF no evalúan la salud individual de las instituciones financieras y no pueden predecir ni prevenir crisis financieras, permiten reconocer los principales factores de vulnerabilidad que las originan"*, véase, Fondo Monetario Internacional, *El Programa de Evaluación del Sector Financiero (PESF)*, 6 de octubre de 2016.

Como segunda función del FMI encontramos la asistencia financiera a países con problemas en la balanza de pagos. En este tipo de situaciones los Estados poseen dos formas de obtener liquidez, con objeto de estabilizar la moneda y sus reservas internacionales de divisas, así como poder seguir afrontando los pagos sin restringir el comercio ni establecer controles sobre los movimientos de capital: pueden emplear reservas de cambio, obteniendo monedas de otros miembros del Fondo a cambio de su propia moneda hasta alcanzar el monto total de su posición de reserva (sin utilizar por tanto el crédito del FMI); o bien pueden acudir a las facilidades de crédito, los préstamos, del Fondo[398]. Dentro de los servicios de asistencia financiera que el Fondo otorga a petición del miembro del Fondo que la precise, se distingue entre servicios de carácter concesional[399] y aquellos que no tienen carácter concesional (a su vez estos pueden ser

398 Manuel LÓPEZ ESCUDERO, "El Derecho monetario internacional en la era de la globalización financiera", *op. cit.*, pp. 98-99.

399 Se trata de servicios de asistencia financiera ofrecidos a los países más pobres en unas condiciones de tipos de interés más ventajosas para hacer frente a deficiencias de carácter estructural. En 2010 el FMI creó un Fondo Fiduciario para el Crecimiento y la Lucha contra la Pobreza, en su seno, desde 2015 existe un el Fondo Fiduciario para Alivio y Contención de Catástrofes que permite al Fondo sumarse a los esfuerzos internacionales por aliviar el servicio de la deuda a los países de más bajos ingresos cuando se ven sacudidos por catástrofes naturales o en el ámbito de la salud pública. En 2015 con el brote de ébola solicitaron acogerse a él Guinea, Liberia y Sierra Leona; en 2020 con motivo de la pandemia de Covid-19 también se han incrementado los esfuerzos para completar este mecanismo.

ordinarios[400] o especiales[401]). Como es bien conocido la asistencia financiera otorgada por el FMI lleva aparejada una fuerte condicionalidad macroeconómica, orientada a restaurar la viabilidad macroeconómica y de la balanza de pagos del Estado asistido y suele recogerse el programa de ajuste económico y financiero en un memorando incluido en la "carta de intención". El programa requiere del consentimiento del Estado perceptor de la asistencia y no equivale a su voluntad pura y simple, sino que es el resultado de una negociación: *"Normalmente, antes de que el FMI pueda conceder un préstamo a un país, el gobierno de este país y el FMI han de ponerse de acuerdo con respecto a un programa de políticas económicas. Los compromisos asumidos por un país de adoptar determinadas medidas de política —conocidos como condicionalidad de política económica— son, en la mayoría de los casos, un elemento esencial de los préstamos del FMI [...]. Este programa de política económica que sirve de base para el acuerdo en la mayoría de los casos se presenta al Directorio Ejecutivo del FMI en una 'carta de intención', con una explicación más detallada en un 'memorando de entendimiento'"*[402]. Una vez que el programa económico recibe el visto bueno del Directorio Ejecutivo este concede acceso a los recursos del Fondo.

La tercera función reseñable del FMI es la asistencia técnica, que al igual que la asistencia financiera, tiene carácter voluntario. Se lleva a cabo a petición del Estado que la percibe (mientras

---

[400] El grueso de la asistencia financiera prestada por el FMI a PVD ha sido a través de los denominados Acuerdos de Derechos de Giro con el fin de encauzar problemas a corto plazo de la balanza de pagos. Dentro de estos servicios ordinarios de asistencia financiera no concesional también encontramos: el Servicio Ampliado del FMI, la Línea de Crédito Flexible, la Línea de Precaución y Liquidez , así como el Instrumento de Financiamiento Rápido. Véase, Fondo Monetario Internacional -Ficha Técnica-, *Préstamos del FMI*, enero de 2023, disponible en: https://www.imf.org/es/About/Factsheets/IMF-Lending

[401] Se trata del servicio de Asistencia de Emergencia.

[402] Fondo Monetario Internacional -Ficha Técnica-, *Préstamos del FMI, loc. cit.*

que la función de supervisión es obligatoria): la asistencia técnica constituye un cuarto del presupuesto operativo del Fondo y dos terceras partes de las operaciones llevadas a cabo van destinadas a países de ingresos débiles, o de ingresos intermedios en la mitad inferior. El Fondo a través de ella busca ayudar a aprovechar los recursos productivos de los países, a gestionar mejor su política económico-financiera, a implementar los consejos del Fondo y versa sobre: política macroeconómica, fiscal, gestión de reservas, tipos de cambio, estabilidad del sistema financiero... adaptación a normas y códigos internacionales en materia de gestión presupuestaria, estadística, financiera, lucha contra el blanqueo de capitales y la financiación del terrorismo, etc[403].

Con ocasión de la agresión padecida por Ucrania, en marzo de 2022, el Directorio Ejecutivo ha aprobado la concesión de 1400 millones de dólares en el marco del Instrumento de Financiamiento Rápido[404], asimismo, en abril de 2022 el Directorio Ejecutivo ha aprobado el establecimiento y administración de una cuenta para canalizar las donaciones multilaterales a Ucrania como vehículo seguro para su asistencia financiera[405]. El FMI provee de asistencia financiera a 90 Estados (el número más amplio en África; también en Centroamérica, México; Sudamérica, con Chile, Bolivia, Ecuador, Perú, Colombia...; Asia Central, con Pakistán y Uzbekistán; o Myanmar en el Sudeste Asiático)[406]. Ucrania gozará de un paquete internacional de ayuda de hasta 122.000 millones de dólares, al que también contribuirá el FMI con 880 millones

403 Gérard Marie HENRY, *op. cit.*, pp. 82-84.

404 Fondo Monetario Internacional, *El Directorio Ejecutivo del FMI aprueba USD 1.400 millones de apoyo a Ucrania en forma de financiamiento de emergencia*, Comunicado de Prensa nº 22/69, 9 de marzo de 2022.

405 Fondo Monetario Internacional, *IMF Executive Board Approves the Establishment of a Multi-Donor Administered Account for Ukraine*, Press Release nº 22/111, 8 de abril de 2022.

406 https://www.imf.org/en/Topics/imf-and-covid19/COVID-Lending-Tracker

de dólares para apoyo presupuestario (*Extended Fund Facility*)[407]. La crítica reside en un hecho central: mientras que las finanzas del FMI son sólidas, robustas, las de algunos de sus principales clientes actuales (Ucrania o Pakistán) lo son cada vez menos[408]. A los efectos de respaldar la actividad de otros bancos multilaterales de desarrollo, tales como el Banco Interamericano de Desarrollo o el Banco Interafricano de Desarrollo, el Directorio Ejecutivo del Fondo Monetario Internacional ha autorizado en mayo de 2024 que los Estados miembros puedan adquirir títulos de deuda híbrida emitidos por aquellos utilizando sus Derechos Especiales de Giro o sus activos de reserva en el Fondo[409].

4. LA INTEGRACIÓN MONETARIA Y FINANCIERA EN EL ÁMBITO REGIONAL EUROPEO: MUTACIONES E IMPLICACIONES INSTITUCIONALES TRAS LA GRAN RECESIÓN DE 2008

La gestión de la crisis del euro se ha traducido en una cierta alteración del método comunitario y del equilibrio institucional en la gobernanza económica de la Unión: así, Mangas Martín hablaba en 2015 de un fuerte tándem presidencial centrado en las presidencias de la Comisión y del Consejo Europeo, que se ve ampliado a una suerte de diálogo cuadrangular donde entran también los presidentes del Eurogrupo y del Banco

---

407 Fondo Monetario Internacional, "IMF Executive Board Concludes the 2023 Article IV Consultation and the Second Review under the Extended Fund Facility Arrangement for Ukraine", Nota de Prensa nº 23/433, 11 de diciembre de 2023.

408 Joseph E. STIGLITZ, Kevin P. GALLAGHER, Martín GUZMÁN y Marilou UY, *loc. cit.*

409 Fondo Monetario Internacional, *IMF Executive Board Approves the Use of SDRs for the Acquisition of Hybrid Capital Instruments Issued by Prescribed Holders*, 14 de mayo de 2024.

Central Europeo. Ello, en detrimento de la lógica clásica del equilibrio institucional, apareciendo también una suerte de intergubernamentalismo asimétrico como el ilustrado por el Tratado constitutivo del Mecanismo Europeo de Estabilidad (en adelante MEDE)[410]. La entrada en vigor del Tratado de Lisboa en diciembre de 2009 se vio solapada en el tiempo con las consecuencias de las crisis de deudas soberanas especialmente en la zona euro a raíz de la crisis financiera global originada en 2007-2008 en Estados Unidos, y bajo este nuevo marco de Derecho originario, con objeto de paliar las crisis, se han sucedido algunos acontecimientos relevantes que serán objeto de análisis en este apartado: la creación del MEDE y del Tratado de Estabilidad, Coordinación y Gobernanza (como tratados de algunos Estados miembros *inter se*), el establecimiento del Sistema Europeo de Supervisión Financiera[411] (contribuyendo de forma notable al proceso de agencificación), e igualmente se han dado pasos incipientes para crear una Unión Bancaria, así como una Unión de los Mercados de Capital, existe un proyecto de *Euro Digital* (una CBDC)...Encontramos asimismo, una incipiente institucionalización de la llamada Cumbre del Euro.

En la respuesta a la crisis desatada por la pandemia global Covid-19 hay quien ha querido ver de un modo altamente optimista -por contraposición a las políticas de austeridad que siguieron a

---

410 Araceli MANGAS MARTÍN, "El nuevo equilibrio institucional en tiempos de excepción", *Revista de Derecho Comunitario Europeo*, nº 50, 2015, pp. 13-42. No puede desconocerse la siguiente obra colectiva en la que autores de referencia abordan las repercusiones de esta transformación institucional que comporta la *gobernanza económica* de la Unión Europea desde la perspectiva de la rendición de cuentas y la legitimidad democrática, véase, Gregorio GARZÓN CLARIANA (ed.), *La democracia en la nueva gobernanza económica de la Unión Europea*, Marcial Pons, Madrid, 2015.

411 A él va dedicada la tesis doctoral de Jorge URBANEJA CILLÁN, *La ordenación internacional de las entidades de crédito. En especial, el sistema de supervisión financiera en la Unión Europea*, Universidad de Extremadura, 2015.

la crisis de deudas soberanas de la zona euro de 2008-2013- una suerte de momento *hamiltoniano* para Europa, con la posibilidad de que la Comisión Europea emita títulos de deuda pública en nombre de la Unión Europea, y con la aprobación del mecanismo de recuperación *Next Generation EU*[412]: para autores como De Witte resulta loable que esta respuesta se haya hecho mediante audaces medidas de ingeniería jurídica creativa dentro de los cauces tradicionales del ordenamiento jurídico de la Unión Europea sin recurrir a acuerdos internacionales al margen de los tratados[413]; mientras que otros autores señalan el carácter arriesgado de haber efectuado esta apuesta de envergadura y trascendencia constitucional únicamente mediante actos de derecho derivado, prescindiendo dada la situación de emergencia del verdadero debate de naturaleza constitucional que comportan estas medidas (así como de su control parlamentario), unas medidas cuya ambición excede probablemente a la capacidad que la propia Unión tiene de controlar la actuación de sus Estados miembros para llevar el proyecto a buen término[414]. También se ha planteado que puede haber ciertos contrapesos que mantengan el equilibrio institucional ante la en apariencia inexorable

---

412 El célebre filántropo e inversor húngaro George Soros, bestia negra de diferentes segmentos ideológicos, conocido por sus ataques especulativos contra la libra esterlina que en 1992 provocaron la salida del Reino Unido del Mecanismo Europeo de Tipos de Cambio, propuso en mayo de 2020 como solución para *salvar* a la Unión Europea la emisión de títulos de deuda pública de la Unión *a perpetuidad.*

413 Bruno DE WITTE, "The European Union's COVID-19 recovery plan: The legal engineering of an economic policy shift", *Common Market Law Review,* Vol. 58, nº 3, 2021, pp. 635 – 682.

414 Päivi LEINO-SANDBERG y Matthias RUFFERT, "Next Generation EU and its constitutional ramifications: A critical assessment", *Common Market Law Review,* Vol. 59, nº 2, 2022, pp. 433-472.

e imponderada transferencia de poder ejecutivo que la base jurídica elegida para su adopción pone en manos del Consejo[415].

Resulta innegable que como respuesta a la Covid-19 se ha producido un salto cualitativo y cuantitativo en la nueva Decisión sobre Recursos Propios de 2020 que autoriza a la Comisión Europea a contraer empréstitos en nombre de la Unión Europea por un máximo de 750.000 millones de euros (a precios de 2018) con un horizonte temporal donde debe ponerse fin al incremento de endeudamiento neto en 2026[416]: esto se traduce en una mejora

---

415 Merijn CHAMON, "The non-emergency economic policy competence in Article 122(1) TFEU", *Common Market Law Review*, Vol. 61, nº 6, 2024, pp. 1501-1526.

416 Decisión (UE, Euratom) 2020/2053 del Consejo de 14 de diciembre de 2020 sobre el sistema de recursos propios de la Unión Europea y por el que se deroga la Decisión 2014/335/UE, Euratom, DOUE L 424/1, de 15 de diciembre de 2020. El 6 de diciembre de 2022 el Tribunal Constitucional alemán avaló la ratificación alemana de la Decisión sobre recursos propios (2 BvR 547/21, 2 BvR 798/21) sin que ello suponga *carta blanca* al establecimiento de una verdadera Unión Fiscal dotada de capacidad fiscal permanente sin ambages: la luz verde del Tribunal de Karlsruhe se condiciona a que la capacidad de endeudamiento de la Comisión esté limitada temporalmente y en volumen y adscrita a los propósitos específicos acordes al principio de competencias por atribución. No debe olvidarse el choque de trenes del que hizo amago el propio Tribunal Constitucional alemán en su sentencia anterior de 5 de mayo de 2020 en la que declaró *ultra vires* la actuación del Banco Central Europeo relativa a sus programas de adquisición de títulos de deuda pública e incluso llegó a proclamar la inconstitucionalidad de la sentencia del Tribunal de Justicia en el asunto *Weiss y otros* donde este había proclamado la validez de aquellos programas. El episodio pudo reconducirse *felizmente* tras el amago de la Comisión de entablar un recurso por incumplimiento por infracción del principio de primacía (llegó a haber una carta de emplazamiento en junio de 2021). Pablo J. MARTÍN RODRÍGUEZ, "Y sonaron las trompetas a las puertas de Jericó...en forma de sentencia del Bundesverfassungsgericht", *Revista General de Derecho Europeo*, nº

del sistema de recursos propios, aunque resta por ver si en sus sucesivas modificaciones se mantendrá/ampliará esta autorización a la Comisión y si las emisiones conjuntas de deuda se convertirán en una fuente permanente y significativa del sistema de recursos propios. Igualmente, puede constatarse la mejora que implica para el actual Marco Financiero Plurianual (2021-2027) y para los presupuestos anuales que se aprueben bajo su vigencia; resta por ver obviamente, si esta tendencia hacia el incremento de los techos presupuestarios continuará, o si su actual expansión ha sido en detrimento de la aprobación de marcos financieros plurianuales y presupuestos futuros. En todo caso este acuerdo coyuntural (veremos si se convierte en estructural) ha llegado en un momento en que el MEDE se encuentra superado y en proceso de reforma, y ha supuesto, en ausencia de un Tesoro de la Unión, un abandono, quizá temporal, quizá definitivo, de las necesidades de procurarse asistencia financiera a los Estados de la zona euro recurriendo al MEDE: se han sorteado, desde luego, por esta vía las prohibiciones de los artículos 123 y 125 TFUE[417] (de financiación monetaria a los poderes públicos de los Estados miembros, y de mutualización de deudas soberanas), que constituyen los verdaderos *límites constitucionales* de la

---

52, 2020. Asimismo, Thu NGUYEN y Martijn VAN DEN BRINK, "An early Christmas Gift from Karlsruhe? The Bundesverfassungsgericht's NextGeneration EU Ruling", Policy Brief, *Hertie School Jacques Delors Centre*, 9 de diciembre de 2022. Asimismo, véase la Sentencia de la Gran Sala del Tribunal de Justicia de 11 de diciembre de 2018, *Weiss y otros*, asunto C-493/17, ECLI:EU:C:2018:1000.

417 Véanse los comentarios de Manuel LÓPEZ ESCUDERO, "Article 123 [Prohibition of Credit Facilities] (ex-Article 101 TEC)", en Robert BÖTTNER y Hermann-Josef BLANKE, (Eds.), *Treaty on the Functioning of the European Union -A Commentary Volume II: Articles 90-164*, Springer Commentaries on International and European Law, 2024, pp. 617-641; asimismo y en la misma obra colectiva, Frédéric ALLEMAND,"Article 125 ["No-Bail-Out" Clause] (ex-Article 103 TEC)", pp. 651-688.

Unión Económica y Monetaria[418]. También fueron desafiados estos límites *constitucionales* por el Banco Central Europeo con sus *medidas no convencionales* de política monetaria, en particular por las denominadas operaciones de mercado abierto: para no violentar las prohibiciones de los tratados, las operaciones de mercado abierto, de compra de títulos de deuda soberana en los mercados secundarios han establecido un plazo mínimo para la recompra de los títulos tras su emisión en los mercados primarios –a los efectos de no falsear las condiciones de emisión- y asimismo, y, en segundo lugar, según se desprende también de la jurisprudencia del Tribunal de Justicia estos programas de compras deben tener carácter temporal[419].

---

418 A propósito del Tratado constitutivo del MEDE el Tribunal Constitucional alemán ya tuvo ocasión de dar luz verde a su creación condicionada eso sí, a tenor de los límites señalados, a que ningún mecanismo de Derecho Internacional pueda erigir un mecanismo permanente -ni siquiera extramuros de los tratados de la Unión- en virtud del cual se tome a cargo la responsabilidad derivada de las decisiones de otros Estados miembros y el riesgo a ellas ligado en términos de déficit y endeudamiento (el famoso riesgo moral). Además, constituye un límite infranqueable para cualquier avance significativo de la Unión Económica y Monetaria hacia la verdadera *Unión Fiscal* el respeto al principio democrático encarnado en los poderes presupuestarios del *Bundestag/Bundesrat* alemán precisados por el Tribunal Constitucional de Karlsruhe, un límite vinculado a la protección de la propia identidad constitucional alemana y a su preservación; deben verse en este sentido dos trabajos: Laurent DECHÂTRE, “La décision de Karlsruhe sur le mécanisme européen de stabilité financière: une validation sous condition et une mise en garde sibylline pour l’avenir”, *Cahiers de Droit Européen*, Vol. 47, nº 1, 2011, pp. 303-342; asimismo, Johannes MASING, “Preservación de la identidad constitucional respecto de la UE en la jurisprudencia constitucional alemana”, *Revista de Derecho Comunitario Europeo*, nº 72, 2022, pp. 393-410. 393-410.

419 El Banco Central Europeo ha permanecido de este modo dentro de los confines formales y materiales de su competencia exclusiva en política monetaria, Carmen HERNÁNDEZ SASETA y David BÁEZ SEARA, *loc. cit.*, pp. 141-147.

Sin excesivas concesiones al optimismo resulta patente a todas luces que la capacidad legal de endeudamiento de la Unión Europea es más limitada que la de un Estado soberano, que sigue siendo muy lejana la formación de una *Unión Fiscal*, y que la aplicación de estos fondos obtenidos mediante el endeudamiento en nombre de la Unión puede ser realmente poliédrica (lucha contra el cambio climático, cohesión, presupuestos de la Unión...)[420]. Desde el punto de vista económico las emisiones masivas de deuda pública que han sido empleadas para superar la crisis *covidiana* no necesariamente suponen un abandono de la opresiva ortodoxia neoliberal abominada como austericida o austeritaria, es más, puede como se ha afirmado que sean ejemplos que siguen ahondando en una redistribución de la riqueza la inversa, esto es *from the bottom to the top*, a pesar de los espejismos que han llevado a pensar que esta vez la lógica de la intervención pública se apartaba del marco neoliberal[421]. ¿Cómo podrá emanciparse en términos financieros la Unión a través de las emisiones de deuda y los recursos extrapresupuestarios? Esta cuestión también muestra los límites de la consideración del sistema unionista como autónomo desde el punto de vista jurídico, si se coteja dicha autonomía con su autonomía financiera[422].

Frente a los modelos del MEDE y del TECG que comportan un empleo del Derecho Internacional tradicional y una suerte de geometría variable, de integración diferenciada, las respuestas económicas a la catástrofe originada tras la pandemia global causada

---

420 Sebastian GRUND y Armin STEINBACH, "European Union debt financing: leeway and barriers from a legal perspective", *Bruegel Working Paper*, nº 15, 2023.

421 Christine GILBERT y Henri GUÉNIN, "The COVID-19 crisis and massive public debts: What should we expect?", *Critical Perspectives on Accounting*, Vol. 98, 2024. En esta misma línea se pronuncia en su reciente ensayo, Sami NAÏR, *op. cit.*

422 Sebastian GRUND y Armin STEINBACH, "Debt-financing the EU", *Common Market Law Review*, Vol. 61, nº 4, 2024, pp. 993-1018.

por la Covid-19 han sido calificadas en cambio como testimonio de que los tratados, el Derecho originario de la Unión, son una *Constitución viviente*, rígidos formalmente en cuanto a su reforma, pero con la flexibilidad suficiente para permitir una imaginativa práctica institucional de adaptación como la que ilustra la puesta en marcha del mecanismo *Next Generation EU* y la reinvención de la política de cohesión que trae aparejada consigo[423].

La Unión Económica y Monetaria, como unión sui géneris, que no es propiamente nacional, ni tampoco puramente internacional -ya que no hay una atribución completa de soberanía al plano supranacional- es una tarea inacabada por definición, sin precedentes históricos, con pulsiones federalizantes[424], pero también centrífugas, y que como es sabido partió en su arquitectura inicial de una notable asimetría entre la dimensión *económica* de la misma (mucho más descentralizada) y su dimensión *monetaria* donde la Unión sí cuenta con una competencia exclusiva[425]. Re-

---

423 Bruno DE WITTE, "The innovative European response to COVID-19: decline of differentiated integration and reinvention of cohesion policy", en Banco Central Europeo, *Continuity and change –how the challenges of today prepare the ground for tomorrow-*, ECB Legal Conference 2021, abril de 2022, pp. 394-402. Se ha achacado al Brexit, a la salida de Reino Unido, que paradójicamente ahora ya no sea necesario recurrir a la diversificación de obligaciones, si bien Reino Unido *de facto* influye en la regulación de los mercados financieros en la Unión Europea, buscando convertir a esta en *rule taker*–condición que también puede recibir Reino Unido con respecto al mercado interior de la Unión-, véase Shawn DONNELLY, "Brexit, EU Financial Markets and Differentiated Integration", *European Papers*, Vol. 7, nº 3, 2022, pp. 1265-1285.

424 Véase Alicia HINAREJOS y Robert SCHÜTZE (Eds.), *EU Fiscal Federalism: Past, Present, Future*, Oxford University Press, 2023, y dentro de esta obra colectiva Alicia HINAREJOS, "Fiscal Union by other Means? The ECB and the Courts", pp. 263-276.

425 Las unificación monetaria en Estados Unidos, Italia o Alemania fue posterior a su unificación política, en cambio la Unión ha propalado en primer lugar la unidad monetaria, ello conlleva una necesidad de

sulta incuestionable que el Banco Central Europeo ha sido desde la Gran Recesión (también en la Gran Reclusión covidiana) el mayor baluarte para evitar la desintegración no solo del euro, sino de la Unión Europea en su conjunto como proyectos ambos denodadamente irreversibles e inextricablemente entrelazados: bien es cierto que el artículo 50 TUE empleado por Reino Unido contempla la posibilidad de retirada de un Estado miembro de la Unión; pero la naturaleza, lógica y sistema del Derecho originario, no permiten deducir que haya una posibilidad de retirada parcial, para un Estado miembro, con respecto a la moneda única, manteniendo la membresía en la Unión: la moneda única ha eliminado riesgos cambiarios entre sus participantes[426] y no contiene cláusula de salvaguardia. La Unión Económica y Monetaria también ha galvanizado la *geometría variable* de la integración europea, multiplicando el situacionismo de los Estados miembros en ella.

En todo caso, las bases jurídicas del Derecho originario relativas a la Unión Económica quedaron rápidamente desbordadas y agotadas tras la Gran Recesión y las crisis de deuda soberana subsiguientes, y los pasos hacia una futura y digna de tal nombre Unión Económica solo podrán hacerse previa reforma de los tratados: el euro hará necesario a largo plazo que la Unión instituya esa verdadera Unión Económica y Monetaria, sin ambages[427]. ¿Acaso no ha dado ya la Unión Económica y Moneta-

---

transferir progresivamente mayor responsabilidad fiscal a la Unión; véase Michael BORDO y Harold JAMES, "A long-term perspective on the euro", en Marco BUTI, Servaas DEROOSE, Vitor GASPAR y João NOGUEIRA MARTINS (Eds.), *The Euro. The First Decade*, Cambridge University Press, 2010, pp. 69-70; asimismo, Barry EICHENGREEN, "*Sui generis* EMU", en la misma obra colectiva que la referencia anterior, en pp.72-101.

426 Y también puede afirmarse lo mismo con respecto a los Estados miembros que no son participantes.

427 Manuel LÓPEZ ESCUDERO, "La nueva gobernanza económica de la Unión Europea: ¿una auténtica unión económica en formación?", *Revista de Derecho Comunitario Europeo*, nº 50, 2015, pp. 361-433.

ria muestras suficientes de haberse convertido a su vez en una suerte de *self-contained regime* dentro del Derecho de la Unión?

4.1 Recurso a los tratados *inter se*[428]: MEDE y Tratado de Estabilidad, Coordinación y Gobernanza

Tanto el Tratado constitutivo del MEDE como el Tratado de Estabilidad, Coordinación y Gobernanza constituyen ejemplos de tratados *inter se* celebrados solo entre algunos Estados miembros de la Unión fuera de la disciplina clásica de los Tratados (con hipotética vocación de poder integrarse en el futuro en el Derecho originario, explícita en el caso del segundo tratado también conocido como *Pacto Fiscal*[429]) y que aparecen en un

---

428 Como se ha indicado en un excelente análisis no son estos acuerdos *inter se* una alternativa equivalente a las cooperaciones reforzadas, no obstante, pueden terminar siendo positivos para la integración europea estos instrumentos de Derecho Internacional si finalmente logran integrarse en la disciplina jurídica de los tratados o se transforman en actos de derecho derivado, Carmen MARTÍNEZ CAPDEVILA, "¿Son los acuerdos inter se una alternativa a la cooperación reforzada en la UE? Reflexiones al hilo del Tratado de Prüm", *Revista Española de Derecho Europeo,* nº 40, 2011, pp. 419-439.

429 Así lo estipula su artículo 16 el Tratado de Estabilidad, Coordinación y Gobernanza. En este caso se habla de incorporación al marco jurídico de la Unión Europea una vez transcurridos cinco años desde su entrada en vigor: lo cierto es que transcurrido este plazo, muchas de las disposiciones del Tratado de Estabilidad, Coordinación y Gobernanza han devenido irrelevantes, y no se ha llevado a cabo esta incorporación. En concreto la traslación al Derecho de la Unión de la regla de la mayoría cualificada inversa que contiene el artículo 7 del tratado supondría generalizar la *"aprobación automática de las propuestas o recomendaciones de la Comisión presentadas a lo largo de todo el procedimiento por déficit público excesivo"*, salvo mayoría cualificada en contra. Por tanto, a falta de incorporación completa al Derecho de la Unión, que no se ha producido, el pacto de voto que contiene el artículo 7 goza de aplicabilidad autónoma fuera, pero estrechamente

contexto de emergencia como soluciones parciales a la crisis financiera de 2008, que se termina convirtiendo, como bien es conocido, en una crisis de deudas soberanas en la zona euro. El nuevo paquete legislativo de reformas adoptado en 2024 para adaptar y apuntalar el Pacto de Estabilidad y Crecimiento sí que ha proclamado su intención explícita de incorporar al derecho derivado el Título III del Tratado de Estabilidad, Coordinación y Gobernanza (no a su derecho originario)[430]. Un nuevo marco

---

ligado al Derecho de la Unión. Hasta la fecha, solo ha habido una propuesta de incorporación parcial al derecho derivado en virtud de la Propuesta de Directiva del Consejo por la que se establecen disposiciones para reforzar la responsabilidad fiscal y la orientación presupuestaria a medio plazo en los Estados miembros, COM(2017) 824 final, Bruselas, 6 de diciembre de 2017. Debe verse Francisco Jesús CARRERA HERNÁNDEZ, "La incorporación del Tratado de Estabilidad, Coordinación y Gobernanza en la Unión Económica y Monetaria (TECG) al marco jurídico de la Unión Europea", *Revista General de Derecho Europeo*, nº 48, 2019, p. 223.

430 Cabe dudar de que esta incorporación, ya rebajada al nivel de derecho derivado sea completa (en lo que atañe por ejemplo a la referida mayoría cualificada inversa). Debe verse el Reglamento (UE) 2024/1264 del Consejo, de 29 de abril de 2024, por el que se modifica el Reglamento (CE) nº 1467/97, relativo a la aceleración y clarificación del procedimiento de déficit excesivo, DOUE L 1264, de 30 de abril de 2024, en el considerando nº 21 de su Preámbulo: *"El presente Reglamento modificativo forma parte de un paquete junto con el Reglamento (UE) 2024/1263 y la Directiva (UE) 2024/1265 del Consejo. Juntos, estos tres actos legislativos (en lo sucesivo, conjuntamente, «reforma del marco de gobernanza económica») reforman el marco de gobernanza económica de la Unión incorporando al Derecho de la Unión el contenido del título III (Pacto Presupuestario) del Tratado de Estabilidad, Coordinación y Gobernanza en la Unión Económica y Monetaria, de 2 de marzo de 2012 (TECG), de conformidad con el artículo 16 de dicho Tratado."*, al respecto José María PORRAS RAMÍREZ, "La reforma del marco de gobernanza económica y presupuestaria de la Unión Europea: ¿una revisión realista del Pacto de Estabilidad y Crecimiento?", *Revista de Derecho Comunitario Europeo*, nº 79, 2024, pp. 143-174. ¿Qué duda cabe como este autor adelanta que la revisión de las reglas fiscales

jurídico que coincide con la solicitud a finales de abril de 2025 por parte de doce Estados miembros de aplicar sus cláusulas de salvaguardia para poder incrementar su gasto nacional dedicado a defensa en el venidero periodo de 2025 a 2030[431].

Desde la década de los setenta del siglo pasado la entonces Comunidad Europea contaba ya con un mecanismo de asistencia y solidaridad financieras concebido para auxiliar a Estados miembros que experimentasen graves problemas en sus balanzas de pagos. El Tratado de Maastricht introdujo el precedente inmediato del actual artículo 122.2 TFUE que permite ante acontecimientos excepcionales (como una catástrofe natural o una crisis) establecer mecanismos temporales, puntuales de ayuda financiera[432]. De este modo fueron establecidas como sendas figuras jurídicas diferenciadas en 2010: la Facilidad Europea de Estabilización Financiera (FEEF)[433] y el Mecanismo

---

no ha sido del todo realista? Máxime cuando son muchos los Estados miembros con stocks acumulados de deuda pública que exceden con creces la ratio del 60% sobre el PIB, y cuando en el contexto de la administración Trump 2.0 se ha presentado por la Comisión Europea la iniciativa ReArm Europe, para incrementar el gasto en seguridad y defensa, ante los virajes que ha producido Estados Unidos con respecto al apoyo a Ucrania; Alemania ha emprendido la reforma de su Constitución para dejar atrás los límites al endeudamiento y aumentar su capacidad fiscal en materia de defensa, al respecto, Miguel AZPITARTE SÁNCHEZ, "La rigidez fiscal alemana se adapta a un mundo en cambio", *Agenda Pública*, 17 de marzo de 2025.

431 Se trata de Alemania, Bélgica, Dinamarca, Eslovaquia, Eslovenia, Estonia, Finlandia, Grecia, Hungría, Letonia, Polonia y Portugal.

432 Francisco Jesús CARRERA HERNÁNDEZ, "Del Mecanismo Europeo de Estabilidad (MEDE) al nuevo Mecanismo de Recuperación y Resiliencia (MRR). ¿Ha sido necesaria una pandemia para reforzar la solidaridad financiera en la Unión Europea?", *Revista Española de Derecho Europeo*, nº 75, 2020, pp. 11-14.

433 Acuerdo Marco de la Facilidad Europea de Estabilización Financiera entre el Reino de Bélgica, la República Federal de Alemania, Irlanda,

Europeo de Estabilización Financiera (MEEF)[434]; mecanismos de carácter coyuntural que fueron utilizados en combinación con otros préstamos bilaterales y del FMI para asistir a Irlanda, Portugal y Grecia[435]: *"En la práctica, se produjo una clara deriva*

---

el Reino de España, la República Francesa, la República Italiana, la República de Chipre, el Gran Ducado de Luxemburgo, la República de Malta, el Reino de los Países Bajos, la República de Austria, la República Portuguesa, la República de Eslovenia, la República Eslovaca, la República de Finlandia, la República Helénica y la Facilidad Europea de Estabilización Financiera, firmado en Bruselas el 05-07-2010, en Berlín el 16-06-2010, en Dublín el 10-06-2010, en Madrid el 10-06-2010, en Paris el 25-06-2010, en Roma el 16-06-2010, en Nicosia el 16-06-2010, en Luxemburgo el 11-06-2010, en la Valeta el 05-07-2010, en la Haya el 10-06-2010, en Viena el 09-06-2010, en Lisboa el 15-06- 2010, en Liubliana el 11-06-2010, en Bratislava 15-07-2010, en Helsinki el 10-06-2010, en Atenas el 16-06-2010 y en Luxemburgo el 11-06-2010, BOE nº 164, de 11 de julio de 2011, p. 76137. La FEEF fue constituida como una sociedad anónima en Luxemburgo y con domicilio social en ese Estado miembro. Puede verse, Francesco MARTUCCI, "Non-EU Legal Instruments (EFSF, ESM, AND Fiscal Compact)", en Fabian AMTENBRINK, Christoph HERRMANN, and René REPASI (Eds.), *The EU Law of Economic and Monetary Union*, Oxford Academic, New York, 2020, pp. 293-325.

434 Reglamento nº 407/2010/UE del Consejo, de 11 de mayo de 2010, por el que se establece un mecanismo europeo de estabilización financiera, DOUE L 118/1, de 12 de mayo de 2010.

435 *"En vez de colocar todos los fondos bajo control de las instituciones de la UE, el MEEF se estableció con dos elementos diferenciados, uno comunitario controlado por la Comisión, llamado Mecanismo Europeo de Estabilización Financiera y regulado en el Reglamento nº 407/2010 con un montante de 60.000 millones de euros; y otro elemento intergubernamental, denominado Facilidad Europea de Estabilidad Financiera (FEEF), que se articuló como una entidad instrumental de titulización de activos, establecida por acuerdo intergubernamental entre los Estados miembros de la zona euro y con capacidad para garantizar a prorrata préstamos por importe de hasta 440.000 millones de euros"*, Manuel LÓPEZ ESCUDERO, "Las interminables reformas de la gobernanza económica de la zona euro", *Revista General de Derecho Europeo*, nº 27, 2012, p. 3. Ambos mecanismos podían alcanzar una

hacia el intergubernamentalismo, porque se asoció también al FMI en la elaboración de los programas de ajuste y en la vigilancia de su aplicación"[436]. A finales de 2010 se impuso en el Consejo Europeo la tesis de que resultaba necesario articular una revisión del Derecho originario para permitir la creación de un mecanismo permanente de asistencia financiera para la zona euro: así fue hecha efectiva mediante procedimiento de revisión simplificado la modificación del art. 136 TFUE permitiendo la creación del Tratado Constitutivo del Mecanismo Europeo de Estabilidad (MEDE)[437] creado como una organización internacional de carácter intergubernamental con sede en Luxemburgo para aquellos Estados miembros de la Unión que forman parte del euro. La compatibilidad del acto institucional mediante el que fue vehiculizada esta reforma del Derecho originario con los tratados fue examinada por el Pleno del Tribunal de Justicia en el asunto Pringle (2012) para elucidar si se habían cumplido las reglas procedimentales y los límites sustantivos previstos para la revisión simplificada de los tratados en el artículo 48.6 TUE (esto es, que se limitase a la tercera parte del Tratado de Funcionamiento de la Unión Europea)[438]. Técnicamente, según el propio Tribunal de Justicia esta revisión del Derecho originario no era indispensable para poner en marcha este mecanismo y

---

capacidad de asistencia financiera de 750.000 millones de euros, en total, sumando los 250.000 millones comprometidos a su vez por el FMI.

436 Manuel LÓPEZ ESCUDERO, "La nueva gobernanza económica de la Unión Europea: ¿una auténtica unión económica en formación?", *loc. cit.*, p. 401. Véase Bruno DE WITTE, "Using international law in the Euro crisis: causes and consequences", ARENA Centre for European Studies –Oslo-, ARENA Working Papers, nº 4, 2013.

437 Instrumento de Ratificación del Tratado Constitutivo del Mecanismo Europeo de Estabilidad (MEDE) *loc. cit.*, BOE nº 239, de 4 de octubre de 2012, p. 70375.

438 Sentencia del Pleno del Tribunal de Justicia de 27 de noviembre de 2012, *Thomas Pringle c. Governement of Ireland y otros*, asunto C-370/12, ECLI:EU:C:2012:756.

de hecho su entrada en funcionamiento fue previa a la entrada en vigor de la reforma operada del Derecho originario[439].

El Tratado Constitutivo del MEDE entró en vigor el 27 de septiembre de 2012, para 16 Estados miembros del euro, adhiriéndose pocos días más tarde Estonia, y los otros dos Estados bálticos, Letonia en 2014 y Lituania en 2015[440]. Desde 1 de enero de 2023 Croacia se ha convertido en el vigésimo Estado miembro de la Unión en adoptar la moneda única[441], y se ha sumado, por ende, al MEDE. El MEDE en puridad ha prestado asistencia financiera a España, a Chipre, y a Grecia en el tercer programa de asistencia de 2015. Al entrar en vigor el Tratado Constitutivo del MEDE se produjo una sucesión por este de la FEEF, asumiendo el MEDE compromisos previos de la FEEF[442] por ejemplo, para proporcionar asistencia financiera a España (sucesión por absorción). El

---

439 Flore VANACKÈRE y Yuliya KASPIAROVICH, "European Institutions acting outside the EU legal order: the impact of the Euro crisis on the EU's 'single institutional framework'", *European Papers*, Vol. 7, nº 1, 2022, p. 485.

440 https://www.consilium.europa.eu/en/documents-publications/treaties-agreements/agreement/?id=2012002

441 Es probable que a partir del 1 de enero de 2026, Bulgaria se convierta en el vigésimo primer Estado miembro de la Unión en adoptar la moneda única.

442 Así fue celebrado con anterioridad a la entrada en funcionamiento del MEDE el Acuerdo Marco de Asistencia Financiera, hecho en Madrid y Luxemburgo el 24 de julio de 2012, entre la FEEF, España, el FROB como garante y el Banco de España, BOE nº 296, de 10 de diciembre de 2012. Véase también el Acuerdo de transferencia y asunción, celebrado entre la FEEF, el MEDE, España, FROB y Banco de España, de 29 de diciembre de 2012, BOE nº 296, 10 de diciembre de 2012. Francisco Jesús CARRERA HERNÁNDEZ, "Del Mecanismo Europeo de Estabilidad (MEDE) al nuevo Mecanismo de Recuperación y Resiliencia (MRR). ¿Ha sido necesaria una pandemia para reforzar la solidaridad financiera en la Unión Europea?", *loc. cit.*, pp. 18-19.

capital suscrito del MEDE es de 700.000 millones de euros[443] (de los cuales 80.000 millones han sido desembolsados), y su máxima capacidad de préstamo se estima en unos 500.000 millones de euros[444]. Para ello puede emitir bonos y otros títulos de deuda en los mercados. Los Estados miembros poseen una clave de contribución en el MEDE (recogida en el Anexo I del Tratado Constitutivo) que oscila entre el 26.9616% de Alemania, el 20.2471% de Francia, o el 17.7917% de Italia, pasando por el 11,8227% de España, hasta llegar al 0,0726% de Malta. El actual artículo 15 del Tratado Constitutivo del MEDE prevé la recapitalización directa de entidades financieras de los Estados miembros, conectando así con los objetivos de la Unión Bancaria en formación en cuanto a la eventual recapitalización de entidades financieras viables y sistemáticas bajo ciertas circunstancias[445]. De este modo el MEDE está concebido como un instrumento que busca romper el *círculo vicioso* entre la eventual insolvencia bancaria y las deudas soberanas y el riesgo a ellas asociado mediante el desempeño de sendas funciones: la asistencia presupuestaria y un hipotético instrumento de recapitalización bancaria directa (a este último se destinaría como máximo el 10% de su capacidad crediticia total).

Por imperativo del artículo 136.3 TFUE toda asistencia financiera que otorgue el MEDE a los Estados miembros para salvaguardar la estabilidad de la zona euro en su conjunto deberá estar sujeta a *una*

443 Concretamente, 704.798.700.000 euros divididos en 7.047.987 acciones.

444 Según el artículo 39 del Tratado Constitutivo: *"Durante el período transitorio, comprendido entre la entrada en vigor del presente Tratado y la completa extinción de la FEEF, la capacidad de préstamo global del MEDE y de la FEEF no excederá de 500.000 millones de euros, sin perjuicio de una revisión periódica de la adecuación del volumen máximo de préstamo de conformidad con el artículo 10".*

445 En mayor detalle, Justo CORTI VARELA, "Direct recapitalization of banks ans sovereign debt: the ESM direct recapitalization instrument and its impact on sovereign debt", en Luis Miguel HINOJOSA MARTÍNEZ y José María BENEYTO PÉREZ (Eds.), *European Banking Union. The New Regime*, Wolters Kluwer, The Netherlands, 2015, pp. 121-136.

estricta condicionalidad. Con arreglo al Preámbulo del Tratado Constitutivo del MEDE entre dichas condiciones se encuentra que los Estados beneficiarios de dicha asistencia deberán, a partir de marzo de 2013, haber ratificado el Tratado de Estabilidad, Coordinación y Gobernanza (en adelante TECG)[446]. El TECG entró en vigor el 1 de enero de 2013, y teóricamente, un año después de su entrada en vigor, el efecto combinado de este tratado con el Tratado Constitutivo del MEDE exige que el hipotético perceptor de asistencia financiera del MEDE no solo haya ratificado el TECG sino que se encuentre en condiciones de dar cumplimiento efectivo a la norma central del pacto presupuestario (de equilibrio presupuestario): es esta la lectura que hace posible la compatibilidad del MEDE con los artículos 123 y 125 TFUE y la regla de no *bail out*[447]. El TECG fue firmado el 2 de marzo de 2012 por veinticinco de los entonces veintisiete Estados miembros de la Unión Europea (todos menos Reino Unido y la República Checa). Croacia, Estado miembro de la Unión desde 1 de julio de 2013, se ha adherido posteriormente al TECG. Se trata de un mecanismo intergubernamental externo

---

446 Paul CRAIG, "The stability, coordination and Governance Treaty: principle, politics and pragmatism", *European Law Review*, nº 3, 2012, pp. 231-248. En España además de acometerse en 2011 la reforma constitucional del artículo 135 de forma acelerada y precautoria, para dar cumplimiento a este tratado fue adoptada la Ley Orgánica 2/2012, de 27 de abril, de Estabilidad Presupuestaria y Sostenibilidad Financiera, BOE nº 103, de 30 de abril de 2012. De modo que cabe inferir que en este caso no se cumple la presunción *iuris tantum* de aplicabilidad directa, de los tratados contenida en el artículo 30 de la Ley 25/2014 de 27 de noviembre, de Tratados y otros Acuerdos Internacionales, BOE nº 288 de 28 de noviembre de 2014.

447 Con ocasión de la situación excepcional a causa de la Covid-19 hubo que recurrir a medidas de flexibilidad presupuestaria en los Estados miembros para afrontar la crisis sanitaria y económica, modulándose la aplicación del Pacto de Estabilidad y Crecimiento, véase, la Comunicación de la Comisión Europea al Consejo relativa a la activación de la cláusula general de salvaguardia del Pacto de Estabilidad y Crecimiento, COM(2020) 123 final, Bruselas, 20 de marzo de 2020.

al Derecho originario de la Unión, que supone una diversificación de obligaciones entre los Estados miembros, como acuerdo *inter se*, que guarda estrecha relación al igual que el MEDE[448] no solo con el Derecho originario sino también con el Derecho derivado de la Unión (piénsese en el Pacto de Estabilidad y Crecimiento), además, otorga ciertas atribuciones (tareas) a instituciones de la Unión como la Comisión y el Tribunal de Justicia...Evidentemente, su génesis estuvo ligada a la urgencia y los escollos que implicaba la unanimidad requerida para modificar el Derecho originario (incluso mediante una revisión simplificada), en palabras de Martín y Pérez de Nanclares: "*Su procedimiento de celebración se ha realizado, empero, al margen de los procedimientos de revisión previstos ad hoc en los tratados constitutivos de la UE (artículo 48 TUE). Es, por tanto, un tratado internacional que formalmente no modifica los tratados constitutivos de la Unión pero regula materias propias de los mismos ligadas a la UEM e incluso encomienda labores de relevancia a instituciones de la UE. Además, para mayor complicación, han quedado fuera dos Estados miembros de la Unión (Reino Unido y República checa), a la vez que puede ser ratificado también por los Estados miembros de la UE que no forman parte de la zona euro*"[449].

---

448 En el caso del MEDE el 20 de junio de 2011, mediante Decisión de los representantes de los Gobiernos de los Estados miembros de la Unión Europea estos autorizaron a las Partes Contratantes de su tratado constitutivo a pedir a la Comisión Europea y al Banco Central Europeo que efectúen las tareas previstas en virtud del mismo, véase el Instrumento de Ratificación del Tratado Constitutivo del Mecanismo Europeo de Estabilidad (MEDE), BOE nº 239, de 4 de octubre de 2012, p. 70375. Por su parte el Parlamento Europeo ha celebrado con el MEDE un MoU que permite dirigir preguntas escritas al Director General del MEDE por parte de la presidencia de la Comisión de Asuntos Económicos y Monetarios del Parlamento Europeo, y establecer con él un intercambio anual de puntos de vista, véase el *Memorandum of Cooperation between the European Parliament and the European Stability Mechanism (ESM)*, Bruselas y Luxemburgo, 7 de mayo de 2024.

449 José MARTÍN Y PÉREZ DE NANCLARES, "El nuevo Tratado de Estabilidad, Coordinación y Gobernanza en la Unión Económica y Mone-

taria: reflexiones a propósito de una peculiar reforma realizada fuera de los Tratados constitutivos", *Revista de Derecho Comunitario Europeo*, nº 42, 2012, p. 402. La respuesta a la crisis pandémica no ha recurrido a la *integración diferenciada* ni a instrumentos de Derecho Internacional Público, algo que sí fue necesario para responder a las crisis de deudas soberanas (especialmente en la zona euro) tras la crisis de 2008 (debido a la urgencia y a la necesidad de sortear eventuales disidencias de Estados miembros). El TECG fue ratificado finalmente por la República Checa en 2019, tras el Brexit, y sigue –como se ha indicado- sin ser integrado propiamente en el marco jurídico de la Unión: *"Due to UK opposition European leaders decided to resort to an international treaty outside the Union but open to signature by all MS. Just 25 out of the then 27 States decided to sign it, with the exception of Great Britain and the Czech Republic. However, following Brexit the Czech Republic ratified the TSCG in 2019, and also Croatia (which joined the EU in 2013) has now signed it. This treaty establishes exceptions to the procedures and competences of the institutions laid down in the Treaties and requires that the budgets of the States be in balance or in surplus. In the event of deviations from the medium-term objective, MS must establish binding corrective mechanisms and the Court of Justice of the EU could impose financial penalties to be transferred to the ESM. As a rule, the Fiscal Compact applies when a MS decides to join the euro area, unless it declares to be fully or partially bound by titles III (Fiscal Compact) and IV (Economic policy and coordination). The Fiscal Compact also introduced a differentiation among the euro area MS, as it required only the ratification by 12 MS of the euro area to enter into force. Once entered into force, it applies to the other euro area MS following the deposit of their respective instrument of ratification. Up to now the Fiscal Compact (Title III of the TSCG) binds 22 MS of the EU: the 19 MS of the eurozone plus Bulgaria (Titles III and V), Denmark (Titles III, IV and V) and Romania (Titles III, IV and V) who have decided to opt in. The other non-eurozone MS apply only Title V (Croatia, Czech Republic, Hungary, Poland, Sweden). Some degree of differentiation is also allowed within euro area MS, as Latvia and Lithuania have been granted a longer timeframe for implementing the rules of the Fiscal Compact"*, véase Stefania BARONCELLI, "Differentiated Governance in European Economic and Monetary Union: From Maastricht to Next Generation EU", *European Papers*, Vol. 22, nº 7, 2022, pp. 867-887 en pp. 875-876. La respuesta a la pandemia mediante instrumentos como *Next Generation EU* o *SURE* parece acomodarse mejor al principio de *solidaridad* que los tratados *inter se*. Como se ha apuntado, Croacia ya ha accedido al TECG.

El TECG refleja la geometría variable de la integración europea: las obligaciones presupuestarias son inicialmente dirigidas únicamente a los Estados miembros de la zona euro, si bien contempla la posibilidad de *opt-in* para que los Estados miembros que no están en la zona euro puedan someterse a idénticas obligaciones presupuestarias[450].

Por su parte, la estructura orgánica del MEDE es relativamente sencilla, emulando en parte a la del FMI, cuenta con dos órganos plenarios e intergubernamentales (Consejo de Gobernadores[451] y Consejo de Administración[452], donde cada Estado miembro cuenta con un representante titular y otro suplente), asimismo existe un Director General (desde finales de 2022 el luxemburgués Pierre Gramegna ha reemplazado al alemán Klaus Regling) que es designado por cinco años renovables por el Consejo de Gobernadores (véanse los artículos 4 a 7 del Tratado Constitutivo). Ambos órganos intergubernamentales toman, según está previsto a lo largo del tratado, sus decisiones mediante común acuerdo, mayoría cualificada[453] o mayoría simple.

---

450 Alberto DE GREGORIO MERINO, "Reflexiones preliminares sobre la Unión Bancaria", *Revista General de Derecho Europeo*, nº 33, 2014, p. 5.

451 Podrán participar como observadores en sus reuniones el *"miembro de la Comisión Europea responsable de asuntos económicos y monetarios y el Presidente del BCE, así como el Presidente del Eurogrupo"*, artículo 5 del Tratado constitutivo del MEDE. Este órgano está presidido actualmente por el presidente del Eurogrupo, el irlandés Paschal Donohoe. Aunque al parecer a mediados de noviembre de 2025 Donohe ha dimitido porque ambiciona ocupar un puesto en el Banco Mundial.

452 *"El miembro de la Comisión Europea responsable de asuntos económicos y monetarios y el Presidente del BCE podrán nombrar un observador cada uno"*, artículo 6.2 del Tratado.

453 Existe la previsión excepcional en el artículo 4.4 del Tratado de que la mayoría cualificada para adoptar la decisión de común acuerdo por el Consejo de Gobernadores y el Consejo de Administración se alcance con el 85% de los votos expresados cuando *"la Comisión y el BCE concluyan que la no adopción de forma urgente de una decisión para*

El 30 de noviembre de 2020, siguiendo el impulso previo del Consejo Europeo y del propio Eurogrupo, fue alcanzado un acuerdo político en el Eurogrupo para reformar el Tratado Constitutivo del MEDE: el acuerdo de modificación del Tratado de 2012 fue firmado en Bruselas, el 27 de enero y el 8 de febrero de 2021, y entrará en vigor una vez lo hayan ratificado con respecto a sus respectivos órdenes constitucionales los 20 Estados miembros que forman parte de la moneda única[454]: el mecanismo modificado propone su conexión con el Fondo Único de Resolución para apoyar eventualmente la resolución bancaria, buscando facilitar el acceso simplificado de los Estados miembros a líneas de crédito precautorias, así como dotarse de mejores herramientas para afianzar la sostenibilidad de la deuda pública de los Estados miembros y tener mayor capacidad de participar en el diseño de los programas de asistencia financiera que se establezcan en el futuro[455].

---

conceder o aplicar una asistencia financiera [...] amenazaría la sostenibilidad económica y financiera de la zona del euro".

454 De momento Italia se resiste a ratificar este tratado reformado que permitiría reducir el riesgo de contagio sistémico en la eurozona, de una forma únicamente comprensible en atención a la narrativa torticera instalada en los discursos de su política nacional. No es baladí esta renuencia procedente del tercer Estado miembro más importante de la eurozona, puesto que se trata de un indicador de que no se puede dar por sentado que las reformas futuras que necesite la Unión Europea vayan a obtener el respaldo de Italia, al respecto, Judith ARNAL, "Why holding up the ESM Treaty's ratification is a missed risk sharing opportunity for the Banking Union", CEPS, nº 17, 2023; asimismo, Giovanni ZACCARONI, "The Reform of the ESM Within a Hybrid EMU Law", *European Public Law,* Vol. 28, nº 3, pp. 373-396; y finalmente, del mismo autor, "The non-ratification of the reform of the ESM by the Italian Parliament and the dilemma of the vincolo esterno", *Brexit Institute Blog,* 2024.

455 Andreu OLESTI RAYO, "La revisión del mecanismo europeo de estabilidad", en Francisco Javier DONAIRE VILLA y Andreu OLESTI RAYO (Dirs.), *Futuro y retos jurídicos de la Unión Económica y Monetaria Europea,* Tirant lo Blanch, 2022, pp. 111-148. El Tribunal Constitucional alemán en octubre de 2022 rechazó como inadmisible la impugnación de los

Tanto el MEDE como el TECG reflejan que en momentos de emergencia para prevenir el colapso financiero de Estados miembros de la zona euro, se ha normalizado en el pasado recurrir a tratados internacionales negociados y celebrados entre algunos de los Estados miembros de la Unión fuera del marco jurídico del Derecho de la Unión, pero que, sin embargo, toman prestado el aparato institucional de la Unión Europea, atribuyendo a sus instituciones poderes (tareas, para ser más precisos) fuera del ordenamiento jurídico de la Unión: al respecto, se ha señalado que si bien no resulta comprometido el carácter único del marco institucional, sí que constituye esta práctica una alteración del equilibrio institucional, laminando por ejemplo, la intervención parlamentaria en relación con estos nuevos poderes que reciben fundamentalmente la Comisión y el Banco Central Europeo, aunque también el Tribunal de Justicia. En el caso del MEDE la Comisión mantiene un rol central con respecto al Estado que recibe asistencia financiera (aunque la decisión de atribuir la asistencia financiera, tras recibir la petición del Estado menesteroso, corresponde al Consejo de Gobierno del MEDE): la Comisión está involucrada en el proceso de negociación y celebración de los *Memoranda of Understanding (MoU)* con el Estado destinatario de la asistencia financiera; y asimismo, es responsable, contando en dicha labor con la asistencia del Banco Central Europeo, de vigilar que los términos del MoU y de la estricta condicionalidad aparejada a la asistencia sean respetados[456]. El Tribunal de Justicia en el asunto *Pringle* sostuvo que por importantes que sean las tareas atribuidas a la Comisión y al Banco Central Europeo en el marco

---

actos nacionales de aprobación tanto de la reforma del Tratado del MEDE como también de la revisión del *Acuerdo sobre la transferencia y mutualización de las aportaciones al Fondo Único de Resolución,* que trae aparejada, véase su Auto de 13 de octubre de 2022, 2 BvR 1111/21.

456 Flore VANACKÈRE y Yuliya KASPIAROVICH, *loc. cit.*, especialmente en p. 491.

del MEDE estas no comportan un verdadero poder decisorio, ni alteran formalmente la atribución de poderes que efectúan los tratados, así como que sus actuaciones en el marco del Tratado del MEDE únicamente vinculan a este y no a la Unión[457].

Frente a los modelos del MEDE y del TECG, como se ha indicado la respuesta a la Covid-19 ha sido efectuada dentro de los límites del Derecho originario[458]. Ahora bien, la incierta reforma del tratado constitutivo del MEDE demuestra que la profundización de la Unión Económica y Monetaria y también de la Unión Bancaria puede seguir requiriendo en algunos casos en instrumentos de naturaleza *híbrida*, de Derecho Internacional Público, nominalmente fuera del ordenamiento jurídico de la Unión, pero indudablemente conectados a este y a sus instituciones.

En suma, para la Unión Económica y Monetaria la crisis de deudas soberanas desencadenada desde 2008 en adelante resultó ser una catalizadora de importantes innovaciones institucionales, en tiempos de emergencia (tratados internacionales *inter se* de algunos Estados miembros por medio de los cuales se efectuaron nuevas atribuciones a las instituciones europeas fuera del marco jurídico del Derecho originario[459], inusitada

---

457 Sentencia del Pleno del Tribunal de Justicia de 27 de noviembre de 2012, *Thomas Pringle c. Governement of Ireland y otros, loc. cit.*, apartados 160 a 162.

458 Emanuel CASTELLARIN, "L'Union économique et monétaire dans la première phase de la crise de Covid-19", *Revue Trimestrielle de Droit Europeen*, Vol. 56, nº 3, 2020, pp. 593-620; destaca en este periodo dentro de la política monetaria no convencional del BCE el Programa de Compras de Emergencias Pandémicas, *Pandemic Emergency Purchase Programme (PEPP)*, lanzado en marzo de 2020, con un techo ampliado para adquirir y poseer activos por valor de hasta 1.85 billones de euros; en diciembre de 2023, el Consejo de Gobierno del BCE ha decicidido reducir a partir de la segunda mitad de 2024 esta cartera a razón de 7.500 millones de euros por mes.

459 Bruno DE WITTE, "Using International Law in the Euro Crisis –Causes and Consequences', *ARENA Working Papers*, nº 4, 2013.

proliferación de agencias...). En el caso de la Unión Europea debe tenerse en cuenta además el papel que tradicionalmente han desempeñado los expertos, piénsese en la misma génesis de la moneda común (Mundell[460]), en la regulación del mercado interior en materia de servicios financieros (el denominado proceso Lamfalussy[461]) o en la creación en 2010-2011 del Sistema Europeo de Supervisión Financiera (SESF)[462] que será presentado a continuación (atendiendo las recomendaciones formuladas por el Grupo de expertos de Alto Nivel presidido y

---

460 Economista canadiense, considerado uno de los padres intelectuales del euro célebre por su teoría relativa a las áreas monetarias óptimas (1961), fallecido en abril de 2021 en la Toscana (Italia). Este autor junto con el economista británico Fleming propugnó la célebre trinidad imposible según la cual no pueden perseguirse simultáneamente los siguientes tres objetivos: tipos de cambio fijos, libre circulación de capitales y una política monetaria autónoma.

461 En honor a Alexandre Lamfalussy que fue el primer presidente del Instituto Monetario Europeo entre 1994 y 1997 y previamente Director Gerente del Banco de Pagos Internacionales de Basilea entre 1985 y 1993. El propio Lamfalussy fue integrante del denominado *Comité Delors* creado a propuesta del Consejo Europeo (1988-1989) para estudiar las fases tendentes a la puesta en marcha de la Unión Económica y Monetaria. Pueden traerse a colación igualmente antecedentes y precursores del establecimiento de la moneda única como son el Plan Barre presentado en 1969 por la Comisión Europea o el Informe Werner presentado el 8 de octubre de 1970 por un Grupo de Expertos encabezado por el primer ministro luxemburgués.

462 Constituye una referencia obligada al respecto en la doctrina española la obra de Jorge URBANEJA CILLÁN, *La ordenación internacional y europea de las entidades de crédito. La Unión Bancaria,* Tirant lo Blanch, Valencia, 2018. La inacción de la Unión previa a la crisis de 2008 se explica por el enfrentamiento entre el Parlamento Europeo y el Consejo que llevó a mantener la supervisión de las entidades financieras europeas *intramuros* de las jurisdicciones nacionales, a pesar de que su actividad no se circunscribía a las fronteras nacionales, al respeto José Manuel GARCÍA-MARGALLO, "Torear la supervisión financiera", *El País,* 18 de mayo de 2010.

creado a instancias de Jacques de Larosière). Bien conocida es por lo demás la compenetración (a través de puertas giratorias, *revolving doors*[463]) que existe entre la industria financiera y las administraciones nacionales y otros *standard setting bodies* de las que se nutren en sus más altos cargos las autoridades que integran el SESF. En la materialización de la propia Unión Económica y Monetaria en los tratados tuvo una influencia notoria el *informe Delors* encargado por el Consejo Europeo de Madrid de junio de 1989 a un *comité de expertos* presidido por el presidente a la sazón de la Comisión Europea, Jacques Delors[464].

Finalmente, cabe resaltar la amplia deferencia que el Tribunal de Justicia muestra hacia el conocimiento especializado y experto del Banco Central Europeo en detrimento de la intensidad del escrutinio judicial hacia los actos de aquella institución, como no podría ser de otro modo, ante la artificiosa línea divisoria de la asimétrica atribución competencial en lo que respecta a la política económica y la política monetaria[465]. En este contexto

---

463 Luis Miguel HINOJOSA MARTÍNEZ, "The regulation of financial markets and the european social model", *op. cit.*, pp. 44-45. Como señala el profesor Hinojosa Martínez las normas para prevenir los conflictos de interés en estos supuestos deben ser articuladas de forma especialmente rigurosa, aunque ello seguramente no sea compensación suficiente para amortiguar el liderazgo de facto que ejercen las grandes corporaciones financieras dada su posición de influencia. Un caso sonado de *revolving doors* fue el fichaje en 2016 de Durão Barroso por un gigante mundial de la banca de inversión como *Goldman Sachs,* nada menos que quien fuera presidente de la Comisión Europea entre 2004 y 2014.

464 Committee for the study of the Economic and Monetary Union, *Report on economic and monetary union in the European Community,* 1989.

465 Sentencia de la Gran Sala del Tribunal de Justicia de 11 de diciembre de 2018, *Weiss y otros, loc. cit.*, apartados 60 y 91. Las críticas a esta deferencia al conocimiento especializado del Banco Central Europeo no son baladíes como señala Martín Rodríguez: "*[...existen razones poderosas para exigir del TJ la intensificación del escrutinio judicial que no puede limitarse al error manifiesto y a la mera exigencia de que BCE utilice*

debe situarse y comprenderse la articulación por el Banco Central Europeo de sus programas *Outright Monetary Transactions (OMT), Pandemic emergency purchase programme (PEPP)* y el más reciente de 2022, instrumento conocido como *antifragmentación, Transmission Protection Instrument (TPI).*

4.2 Agencificación y otros cambios institucionales en el camino hacia la Unión Bancaria y ¿la Unión de los Mercados de Capital?

4.2.1 El Sistema Europeo de Supervisión Financiera

En los primeros años de la crisis de 2008-2009 se dieron tímidos pasos hacia el germen de la Unión Bancaria y la transferencia mínima de competencias a la Unión en materia de supervisión pruedencial de entidades de crédito con la creación en 2010-2011 del Sistema Europeo de Supervisión Financiera (SESF)[466]

---

sus conocimientos especializados en economía y los medios técnicos necesarios para realizar un análisis con diligencia y precisión, sin la menor limitación", así como, sin compartir el razonamiento del Tribunal Constitucional Federal Alemán, en su sentencia de 5 de mayo donde declaró *ultra vires* decisiones del Banco Central Europeo relativas al Programa de compras de valores públicos en mercados secundarios: *"[El efecto más claro de este pronunciamiento ha sido, como indicaba, atajar cualquier posible evolución hacia modelos de mutualización de deuda pública que no pasen por una nueva decisión del TCFA con la más que previsible afectación de la eterna identidad constitucional alemana. Se trata, de nuevo, de la imposición del modelo no finalista de transferencia de competencias soberanas. Por su parte, esa congelación del Derecho primario alcanza a las veleidades futuras del BCE en el diseño de su política monetaria que ahora sí, tiene claro cuáles son las reglas para que el Bundesbank siga participando en un programa de compras"*, véase Pablo J. MARTÍN RODRÍGUEZ, "Y sonaron las trompetas a las puertas de Jericó...en forma de sentencia del Bundesverfassungsgericht", *loc. cit.*, p. 33 y p. 40.

466 Andreu OLESTI RAYO, "La estabilidad financiera en la Unión Europea y la supervisión prudencial de las entidades de crédito", *Revista*

atendiendo a las recomendaciones formuladas por el Grupo de expertos de Alto Nivel presidido y creado a instancias de Jacques de Larosière[467]. El SESF está compuesto por la Junta Europea de Riesgo Sistémico (JERS)[468] encargada de la supervisión *macroprudencial*, y asimismo en cuanto a la supervisión *microprudencial*[469]

---

de Derecho Comunitario Europeo, nº 48, 2014, pp. 403-442.

467 Jacques de Larosière fue Director Gerente del Fondo Monetario Internacional entre 1978 y 1987, además de director del Tesoro y gobernador del Banco Central de Francia. Puede verse el Informe del Grupo de Expertos de Alto Nivel presidido por Jacques de Larosière, publicado en Bruselas el 25 de febrero de 2009.

468 Creada por el Reglamento (UE) nº 1092/2010 del Parlamento Europeo y del Consejo de 24 de noviembre de 2010 relativo a la supervisión macroprudencial del sistema financiero en la Unión Europea y por el que se crea una Junta Europea de Riesgo Sistémico, DOUE L 331/1, de 15 de diciembre de 2010. Ha sido modificado por el Reglamento (UE) 2019/2176 del Parlamento Europeo y del Consejo, de 18 de diciembre de 2019, DOUE L 334/146 de 27 de diciembre de 2019, que establece la siguiente noción de riesgo sistémico: *"un riesgo de perturbación del sistema financiero, que puede tener repercusiones negativas graves para la economía real de la Unión o de uno o varios de sus Estados miembros y para el funcionamiento del mercado interior. Todos los tipos de intermediarios, mercados e infraestructuras financieros pueden ser sistémicamente importantes en cierto grado"*.

469 En el plano económico existe un intenso debate doctrinal acerca de hasta qué punto la supervisión local, regional, global (micro y macroprudencial) a tenor de la experiencia de la eurozona es en sí misma suficiente para prevenir y contener crisis financieras de gran magnitud, y cuáles son los límites de dicha supervisión que no puede por sí sola remediar fallos estructurales en los denominados como *"economic fundamentals"*. Desde luego la regulación y la supervisión pueden ayudar a prevenir y corregir anticipadamente los fallos de los mercados financieros, así como evitar la transmisión y contagio de riesgos de proporciones sistémicas. La crisis de 2008 mostró cómo el contagio sistémico obliga a prestar atención a entidades *too big to fail* y *too big to save*, pero más allá de la importancia sistémica en términos puramente cuantitativos, demostró cómo el énfasis debe ponerse en el grado de

está integrado, además, por las tres Autoridades Europeas de Supervisión que son agencias de la Unión (Autoridad Bancaria Europea[470], Autoridad Europea de Valores y Mercados (ESMA)[471] y Autoridad Europea de Seguros y Pensiones de Jubilación[472]) a las que cabe añadir para completar esta función las autoridades supervisoras nacionales. Estas tres agencias cuentan con importantes poderes de iniciativa normativa en aras de la estandarización y armonización técnica para presentar a la Comisión Europea proyectos de normas técnicas de actos delegados y de ejecución (en el marco de los artículos 290 y 291 TFUE) por lo que suponen una modulación notable de su poder de iniciativa

---

interdependencia y la adecuada *ponderación de riesgos*; no solo se trata por ende de una cuestión de tamaño, véase la obra colectiva Kumiharu SHIGEHARA (Ed.), *The Limits of Surveillance and Financial Market Failure. Lessons from the Euro-Area Crisis*, Palgrave Macmillan, 2014.

470 Reglamento (UE) nº 1093/2010 del Parlamento Europeo y del Consejo de 24 de noviembre de 2010 por el que se crea una Autoridad Europea de Supervisión (Autoridad Bancaria Europea), se modifica la Decisión nº 716/2009/CE y se deroga la Decisión 2009/78/CE de la Comisión, DOUE L 331/12, de 15 de diciembre de 2010.

471 Reglamento (UE) nº 1095/2010 del Parlamento Europeo y del Consejo de 24 de noviembre de 2010 por el que se crea una Autoridad Europea de Supervisión (Autoridad Europea de Valores y Mercados), se modifica la Decisión no 716/2009/CE y se deroga la Decisión 2009/77/CE de la Comisión, DOUE L 331/84, de 15 de diciembre de 2010.

472 Reglamento (UE) nº 1094/2010 del Parlamento Europeo y del Consejo de 24 de noviembre de 2010 por el que se crea una Autoridad Europea de Supervisión (Autoridad Europea de Seguros y Pensiones de Jubilación), se modifica la Decisión no 716/2009/CE y se deroga la Decisión 2009/79/CE de la Comisión, DOUE L 331/48, de 15 de diciembre de 2010. Los reglamentos que instituyen estas tres autoridades europeas de supervisión han sido modificados en virtud del Reglamento (UE) 2019/2175 del Parlamento Europeo y del Consejo, de 18 de diciembre de 2019, DOUE L 334/1, de 27 de diciembre de 2019.

normativa en este ámbito[473]. Según indica De Witte en ocasiones el poder de decisión de estas agencias excede con creces el alcance de las tareas usualmente conferidas a las agencias[474]. El poder normativo de estas autoridades no se limita a los proyectos de normas técnicas, también es relevante su contribución al *soft law* mediante la formulación de directrices[475], recomendaciones: la JERS puede dirigir recomendaciones a la Unión en su conjunto, a la Comisión a efectos de que impulse la iniciativa legislativa, a uno o varios Estados miembros, a las Autoridades Europeas de Supervisión o a las autoridades nacionales...[476].

---

473 Al respecto, Luis Miguel HINOJOSA MARTÍNEZ, "The regulation of financial markets and the european social model", *op.cit.*, p.45.

474 Bruno DE WITTE, "Euro Crisis Responses and the EU Legal Order: Increased Institutional Variation or Constitutional Mutation?", *European Constitutional Law Review*, Vol. 11, nº 3, 2015, pp. 434-457, en p. 440.

475 Es interesante resaltar el conjunto de normas técnicas y directrices que ha publicado en junio de 2024 la Autoridad Bancaria Europea en el marco del Reglamento (UE) 2023/1114 del Parlamento Europeo y del Consejo, de 31 de mayo de 2023, relativo a los mercados de criptoactivos, *loc. cit.*: Proyecto final de Normas Técnicas Reglamentarias (RTS) sobre el uso de tokens referenciados a activos (ART) y tokens de dinero electrónico (EMT) denominados en moneda extracomunitaria como medio de cambio; Proyecto final de Normas Técnicas de Ejecución (ITS) sobre las obligaciones de información de los emisores de ART y EMT denominados en moneda extracomunitaria, y de los proveedores de servicios de criptoactivos (CASP); Directrices sobre pruebas de estrés de liquidez; y el Proyecto final de Normas Técnicas Reglamentarias sobre colegios de supervisores. Véase, Agencia Europa, *Bulletin Quotidien Europe*, nº 13437, 22 de junio de 2024, p. 21.

476 A título de ejemplo, pueden verse las recientes directrices presentadas por la Autoridad Europea de Valores y Mercados (ESMA) en relación con los fondos de inversión que emplean nombres como reclamo que emplean términos ligados a la sostenibilidad medioambiental y social, ante el riesgo de que se produzca *greenwashing*, ESMA, *Guidelines on funds' names using ESG or sustainability-related terms*, Final Report, 14 de mayo de 2024, ESMA34-472-440.

Se encuentra asimismo cierto poder coercitivo en la Autoridad Bancaria Europea que puede dirigir a las entidades financieras una decisión individual instando al cumplimiento de las obligaciones, sin perjuicio de los poderes de la Comisión en virtud del artículo 258 TFUE en relación con las autoridades nacionales[477]; la Autoridad Europea de Valores y Mercados también cuenta con poderes coercitivos análogos para investigar la infracción del Derecho de la Unión con carácter general y en situaciones de emergencia y correlativos poderes se observan, también, en la Autoridad Europea de Seguros y Pensiones de Jubilación[478].

En aras de permitir el control jurisdiccional sobre las decisiones normativas y poderes coercitivos de estas autoridades europeas de supervisión en su seno se han instaurado desde el 1 de mayo de 2019 *Salas de Recurso* que constituyen una suerte órgano cuasijurisdiccional, una especie de tribunal administrativo, cuyas resoluciones finalmente son recurribles ante el Tribunal de Justicia de la Unión Europea en el marco del recurso de anulación en los términos del artículo 263 TFUE (en primera instancia ante el Tribunal General si son particulares los demandantes, en casación ante el Tribunal de Justicia)[479].

---

477 Véanse los artículos 17 y 18.4 del Reglamento nº 1093/2010, *loc. cit.*, para acciones en situación de emergencia.

478 Reglamento (UE) nº 1095/2010, *loc. cit.*, artículos 17 y 18, y calcados preceptos en el Reglamento (UE) nº 1094/2010.

479 Véanse por todos los artículos 58 a 61 del Reglamento (UE) nº 1093/2010 relativos a la configuración de la Sala de Recurso en el caso de la Autoridad Bancaria Europea: un órgano cuya composición debe regirse por los principios de independencia e imparcialidad, y ante el que tienen *ius standi* personas físicas y jurídicas, autoridades nacionales competentes, en unos términos parangonables a la legitimación activa para interponer el recurso de anulación ante el Tribunal de Justicia de la Unión Europea. En mayor detalle, Miguel SAMPOL PUCURULL, "El control de legalidad de las resoluciones de salas de recurso de las agencias de la UE", *Revista de Derecho Comunitario Europeo,*

Sin embargo, ni la creación de la Autoridad Bancaria Europea ni el establecimiento del Sistema Europeo de Supervisión Financiera supusieron freno suficiente a la crisis bancaria y de deudas soberanas en la Unión Económica y Monetaria puesto que inicialmente la supervisión bancaria seguía en manos de las autoridades nacionales, y constreñida a las fronteras de los Estados miembros[480]. El enfoque *soft* de las agencias, y en particular de la supervisión macroprudencial encomendada inicialmente a la Junta Europea de Riesgo Sistémico se demuestra insuficiente a todas luces.

Existe un elevado grado de participación del Banco Central Europeo (BCE) en el Sistema Europeo de Supervisión Financiera, particularmente a través de su presencia en la Junta Europea de Riesgo Sistémico (JERS)[481], cuya base jurídica se encuentra en el mercado interior (no en la política monetaria): *"El BCE asume las funciones de Secretaría de la JERS y, a tal efecto, proporciona los recursos humanos y financieros adecuados. El primer Presidente de la JERS es el Presidente del BCE y su vicepresidente pertenece al Consejo General del BCE. Además, el BCE proporciona apoyo analítico, estadístico, administrativo y logístico a la JERS, implicando a los bancos centrales y supervisores nacionales para que presten su pericia específica"*[482]. Esta presencia e interconexión con el Banco Central Europeo se ve ilustrada por la condición de miembros del Presidente y Vicepresidente

---

nº 79, 2024, pp. 89-117, donde se analiza el impacto de la reforma de 2024 del Estatuto del Tribunal de Justicia (Protocolo nº 3).

480 Manuel LÓPEZ ESCUDERO, "La Unión Bancaria en la Unión Europea: un tortuoso camino para un gran avance", en Diego Javier LIÑÁN NOGUERAS (Dir.) y Antonio SEGURA SERRANO (Coord.), *Las crisis políticas y económicas: nuevos escenarios internacionales,* Tecnos, 2014, p. 191.

481 Reglamento (UE) no 1096/2010 del Consejo, de 17 de noviembre de 2010, por el que se encomienda al Banco Central Europeo una serie de tareas específicas relacionadas con el funcionamiento de la Junta Europea de Riesgo Sistémico, DOUE L 331/162 de 15 de diciembre de 2010.

482 Manuel LÓPEZ ESCUDERO, *"La Unión Bancaria en la Unión Europea: un tortuoso camino para un gran avance", op. cit.*, p. 190.

de la institución monetaria tanto en la Junta General como en el Comité Director de la JERS, formando parte de la Junta General, además, los gobernadores de los bancos centrales de todos los Estados miembros (que forman parte del Sistema Europeo de Bancos Centrales (SEBC) y de su Consejo General[483]. Una vez el Banco Central ha asumido nuevas funciones en virtud de la instauración del Mecanismo Único de Supervisión también han pasado a ser miembros de la Junta General de la JERS sin voto el presidente del Consejo de Supervisión del Banco Central Europeo y el presidente de la Junta Única de Resolución (JUR)[484].

La última agencia en ser desplegada por el momento es la Autoridad Europea de Lucha contra el Blanqueo contra el Blanqueo de Capitales y la Financiación del Terrorismo (AMLA) situada en Frankfurt, cuya supervisión estará plenamente operativa a partir del 1 de enero de 2028[485].

---

483 Diego Javier LIÑÁN NOGUERAS, "Capítulo 14: el Banco Central Europeo", en Araceli MANGAS MARTÍN y Diego J. LIÑÁN NOGUERAS, *Instituciones y Derecho de la Unión Europea*, Tecnos, 11ª Edición, 2024, p. 371.

484 Reglamento (UE) 2019/2176, *loc. cit.*

485 Reglamento (UE) 2024/1620 del Parlamento Europeo y del Consejo de 31 de mayo de 2024 por el que se crea la Autoridad de Lucha contra el Blanqueo de Capitales y la Financiación del Terrorismo y se modifican los Reglamentos (UE) n.o 1093/2010, (UE) n.o 1094/2010 y (UE) n.o 1095/2010, DOUE L/1620, de 19 de junio de 2024; asimismo, deben verse, el Reglamento (UE) 2024/1624 del Parlamento Europeo y del Consejo de 31 de mayo de 2024 relativo a la prevención de la utilización del sistema financiero para el blanqueo de capitales o la financiación del terrorismo, DOUE L/1624, de 19 de junio de 2024; y finalmente, la (*Sexta*) Directiva (UE) 2024/1640 del Parlamento Europeo y del Consejo de 31 de mayo de 2024 relativa a los mecanismos que deben establecer los Estados miembros a efectos de la prevención de la utilización del sistema financiero para el blanqueo de capitales o la financiación del terrorismo, por la que se modifica la Directiva y (UE) 2019/1937 y se modifica y deroga la Directiva (UE) 2015/849, DOUE L/1640, de 19 de junio de 2024.

4.2.2 La Unión Bancaria y sus *pilares*

El desarrollo de la Unión Bancaria viene precipitado desde 2012, especialmente, por la necesidad de preservar la estabilidad financiera de la zona euro en su conjunto, en última instancia la supervivencia de la moneda única, ante las graves consecuencias de las crisis de deudas soberanas desencadenadas en la zona euro a raíz de la crisis financiera y Gran Recesión de 2008: para ello resultará crucial romper *de una vez por todas* el vínculo entre las entidades financieras privadas y el riesgo de las deudas soberanas[486]. Sin embargo, los instrumentos jurídicos en los que se asientan los diferentes pilares de esta Unión Bancaria en ciernes no se limitan a la Unión Monetaria, ni a los Estados miembros, sino que están a caballo entre la Unión Económica y Monetaria y el mercado interior: si bien es cierto que su verdadero epicentro está en la moneda única.

Hasta la fecha la Unión Bancaria es un proyecto inacabado, dista de ser una verdadera *unión total*[487], sin embargo, se han dado

---

Con respecto a su predecesora, el Tribunal de Justicia ha señalado que el *"acceso del público en general a la información sobre la titularidad real"* de las sociedades no estaba regulado de un modo compatible con los artículos 7 y 8 de la Carta de los Derechos Fundamentales, véase su Sentencia de la Gran Sala de 22 de noviembre de 2022, *WM, Sovim SA y Luxembourg Business Registers*, asuntos acumulados C-37/20 y C-601/20, ECLI:EU:C:2022:912, apartados 85 y siguientes.

486 La espectacular interconexión entre riesgos bancarios privados y deudas soberanas puede detonar en cualquier momento el efecto dominó en cascada propalando las pérdidas originadas en una entidad financiera relativamente modesta al sistema en su conjunto: sirva de ejemplo la magnitud de exposición de bancos franceses y alemanes como acreedores y tenedores de títulos de deuda pública italiana en momentos recientes, Francesco SEATZU, "The Current Italian Banking Crisis: An Ultimate Litmus Test for Measuring the Growing Mood of Euro-Skepticism in the 'Belpaese'?", *Revista General de Derecho Europeo*, nº 42, 2017, p. 2.

487 Desde su nacimiento se detecta ya una escasa ambición y un grado insuficiente de preparación ante venideras crisis bancarias y financie-

importantes pasos que se han traducido en una considerable centralización de poderes al mismo tiempo que también se ha acentuado en este terreno la integración diferenciada, a varias velocidades: se ha acelerado la adopción de instrumentos de derecho derivado que componen el denominado *código normativo único (single rulebook)*[488], y al mismo tiempo, los denominados tres pilares, especialmente los

ras, una obra colectiva que ofrece una visión completa sobre la Unión Bancaria es Luis Miguel HINOJOSA MARTÍNEZ y José María BENEYTO PÉREZ (Eds.), *European Banking Union. The New Regime*, Wolters Kluwer, The Netherlands, 2015. Asimismo puede verse un exhaustivo análisis institucional y sustantivo de la Unión Bancaria en Gianni LO SCHIAVO, "The European Banking Union", en Robert BÖTTNER y Hermann-Josef BLANKE, (Eds.), Treaty on the Functioning of the European Union -A Commentary Volume II: Articles 90-164, Springer Commentaries on International and European Law, 2024, pp. 1175-1259.

488 Dos de los principales instrumentos que integran este código normativo único incorporan los requisitos de solvencia de las entidades financieras establecidos en los acuerdos de Basilea III y que son tenidos en cuenta en sus funciones de supervisión en el marco del Mecanismo Único de Supervisión por el Banco Central Europeo y las autoridades nacionales competentes son: la Directiva 2013/36/UE del Parlamento Europeo y del Consejo de 26 de junio de 2013 relativa al acceso a la actividad de las entidades de crédito y a la supervisión prudencial de las entidades de crédito y las empresas de inversión, por la que se modifica la Directiva 2002/87/CE y se derogan las Directivas 2006/48/CE y 2006/49/CE, DOUE L 176/338, de 27 de junio de 2013 (conocida como Directiva CRD IV *Capital Requirements Directive* que establece un capital mínimo de 5 millones de euros para que cualquier entidad de crédito pueda iniciar la actividad, con la salvedad prevista en su artículo 12; asimismo en ella se establecen obligaciones para mejorar los recursos propios de las entidades de crédito, mediante un colchón de conservación de capital y un colchón de capital anticíclico); y, en segundo lugar, el Reglamento (UE) 575/2013 del Parlamento Europeo y del Consejo, de 26 de junio de 2013, sobre los requisitos prudenciales de las entidades de crédito, y por el que se modifica el Reglamento (UE) n.º 648/2012, DOUE L 176/1, de 27 de junio de 2013; este último conocido como *Capital Requirements Regulation* (CRR).

dos primeros han recibido un notable impulso: el primer pilar destinado a la supervisión, el segundo pilar a la resolución bancaria, y el tercer pilar, menos desarrollado hasta ahora, con muy tímidos pasos hacia un sistema unificado, europeo, de garantía de depósitos, que de momento solo implica una cierta armonización de los sistemas nacionales de garantía de depósitos de los Estados miembros.

Antes de entrar a ver los pormenores y estado de cada uno de estos tres pilares cabe detenerse en uno de los elementos esenciales de este denominado *código normativo único bancario* que sería la implementación todavía a día de hoy pendiente de ultimar de los denominados acuerdos de Basilea III adoptados para mejorar la gestión y supervisión de los riesgos bancarios en el contexto posterior a la crisis financiera de 2007-2008 por el Comité de Supervisión Bancaria de Basilea y endosados por el G-20 en 2009. Debe destacarse que a pesar de la urgencia política y económico-financiera que dio lugar a los acuerdos de *Basilea III* su traslación al mercado interior y al derecho derivado de la Unión Europea no haya sido aún completa, una vez transcurridos más de tres lustros desde su adopción: a partir de 2025 se espera tras el acuerdo alcanzado por Consejo y Parlamento Europeo en junio de 2023 que se apliquen los últimos estándares internacionales acordados en aquel momento para la regulación prudencial de las entidades financieras, se trataría de la enésima reforma de la Directiva y el Reglamento sobre Requisitos de Capital (CRD y CRR, respectivamente) sobre la base de las propuestas formuladas en 2021 por la Comisión Europea. Ambos instrumentos CRD y CRR ya fueron objeto de una reforma en 2019[489]; y en ambos casos tanto

---

489 Directiva (UE) 2019/878 del Parlamento Europeo y del Consejo, de 20 de mayo de 2019, por la que se modifica la Directiva 2013/36/UE en lo que respecta a los entes exentos, las sociedades financieras de cartera, las sociedades financieras mixtas de cartera, las remuneraciones, las medidas y las facultades de supervisión y las medidas de conservación del capital, DOUEL 150/253, de 7 de junio de 2019 (CRD V); y el Reglamento (UE) 2019/876 del Parlamento Europeo y del Consejo, de

los instrumentos originales como los reformados contemplan importantes poderes para que la Comisión Europea adopte actos delegados en los términos del artículo 290 TFUE sobre la base de proyectos de normas técnicas elaboradas por la Autoridad Bancaria Europea. Estos últimos flecos pendientes de Basilea III que se aplicarán a partir de 2025[490] con la nueva Directiva y el nuevo Reglamento, tienen por finalidad incrementar la resiliencia de las entidades financieras, armonizar los requisitos de autorización de sucursales de bancos de terceros Estados y su supervisión, un régimen transitorio para los criptoactivos y los riesgos derivados de la exposición a los mismos, la mejora de la gestión de los riesgos sociales y ambientales (ligados a la sostenibilidad) y la fijación del denominado *output floor* para mejorar la comparabilidad de los requisitos de capital de las entidades financieras y evitar su

---

20 de mayo de 2019 por el que se modifica el Reglamento (UE) n.o 575/2013 en lo que se refiere a la ratio de apalancamiento, la ratio de financiación estable neta, los requisitos de fondos propios y pasivos admisibles, el riesgo de crédito de contraparte, el riesgo de mercado, las exposiciones a entidades de contrapartida central, las exposiciones a organismos de inversión colectiva, las grandes exposiciones y los requisitos de presentación y divulgación de información, y el Reglamento (UE) nº 648/2012, DOUE L 150/1, de 7 de junio de 2019 (CRR II). En la Directiva CRD V, en su artículo 133 se prevé que los Estados miembros puedan constituir un *colchón de capital contra riesgos sistémicos*, pudiendo establecer requisitos de capital para las entidades financieras *"con el fin de prevenir y paliar los riesgos macroprudenciales o sistémicos que no estén cubiertos por el Reglamento (UE) nº575/2013 ni por los artículos 130 y 131 de la presente Directiva, es decir, los riesgos de que se produzca una perturbación del sistema financiero que pueda tener consecuencias negativas graves en dicho sistema y en la economía real de un Estado miembro concreto"*.

490 La idea que subyace es acompasar la entrada en vigor de estas reglas prudenciales en la Unión Europea con su aplicación en Estados Unidos donde se prevé en 2026 la entrada en vigor para *nivelar el terreno de juego* en los mercados de banca de inversión entre las entidades europeas y las norteamericanas, véase Agencia Europa, *Bulletin Quotidien Europe*, nº 13437, 22 de junio de 2024, p. 19.

reducción excesiva en caso de sacudidas económico-financieras. La nueva Directiva (CRD VI) y el nuevo Reglamento (CRR III) han entrado en vigor en julio de 2024, con diferentes plazos de aplicación (enero de 2025 para el Reglamento, y enero de 2026 como plazo de transposición de la Directiva, con un régimen especial aplicable desde enero de 2027 en el caso de las sucursales de terceros Estados)[491]. En cuanto al desarrollo reglamentario que trae causa de Basilea III podemos mencionar a título de ejemplo cómo han sido adoptados en la Unión en virtud de un Reglamento Delegado los estándares conocidos como FRTB (*Fundamental Review of the Trading Book*) tendentes a mejorar la medición de los riesgos de mercado a tenor de los requisitos de fondos propios[492].

En todo caso estos dos instrumentos más emblemáticos del *código normativo único* (CRR[493] y CRD) empleados en las tareas

---

491 Se trata de la Directiva (UE) 2024/1619 del Parlamento Europeo y del Consejo de 31 de mayo de 2024 por la que se modifica la Directiva 2013/36/UE en lo referente a las facultades de supervisión, las sanciones, las sucursales de terceros países y los riesgos ambientales, sociales y de gobernanza, DOUE L/1619, de 19 de junio de 2024; y del Reglamento (UE) 2024/1623 del Parlamento Europeo y del Consejo, de 31 de mayo de 2024, por el que se modifica el Reglamento (UE) nº 575/2013 en lo que respecta a los requisitos para el riesgo de crédito, el riesgo de ajuste de valoración del crédito, el riesgo operativo, el riesgo de mercado y el suelo de los activos ponderados por riesgo, DOUE L/1623, de 19 de junio de 2024.

492 Reglamento Delegado 2024/2795/UE de la Comisión de 24 de julio de 2024 por el que se modifica el Reglamento (UE) nº 575/2013 del Parlamento Europeo y del Consejo en lo que respecta a la fecha de aplicación de los requisitos de fondos propios por riesgo de mercado, DOUE L, de 31 de octubre de 2024.

493 Existe a su vez un importante conglomerado normativo, de *derecho terciario*, de implementación de estas *normas básicas* del código normativo único; así por ejemplo, se han establecido normas técnicas relativas a la divulgación y presentación pública a las autoridades de supervisión y de resolución del denominado *requisito mínimo de fondos propios y pasivos admisibles (Minimum Requirement for Own Funds and Eligible Liabilities*

de supervisión prudencial para los bancos de los Estados participantes en el Mecanismo Único de Supervisión -que se presenta a continuación- constituyen también en todo caso las reglas sustantivas para la supervisión de todos los bancos del mercado interior: aunque ya podemos vislumbrar aquí el divorcio que existe entre el mercado interior y su unidad y la *Unión Bancaria* cuya gestación y desarrollo parecen estar más anudados y anclados a los engranajes de la eurozona, como núcleo aglutinador[494].

A pesar de su carácter incompleto e incabado, y de estos *cleavages/décalages* podemos convenir con De Gregorio Merino *"sin ambages que la unión bancaria entraña la mayor y más importante centralización de poderes en favor de instituciones y órganos de la Unión de las últimas décadas"*[495]. No obstante, la Unión Bancaria no ha sido aprovechada para crear una *Unión Fiscal* (ni siquiera su ger-

---

-MREL-), véase el Reglamento de Ejecución 2021/763/UE de la Comisión de 23 de abril de 2021 por el que se establecen normas técnicas de ejecución para la aplicación del Reglamento (UE) nº 575/2013 del Parlamento Europeo y del Consejo y de la Directiva 2014/59/UE del Parlamento Europeo y del Consejo en lo que respecta a la presentación con fines de supervisión y la divulgación pública de información sobre el requisito mínimo de fondos propios y pasivos admisibles, DOUE L 168/1, de 12 de mayo de 2021 (la más reciente modificación y corrección de errores al mismo en DOUE L, 2024/90490, 8 de agosto de 2024. Del mismo modo debe verse el Reglamento Delegado (UE) 2024/2795 de la Comisión de 24 de julio de 2024 por el que se modifica el Reglamento (UE) nº 575/2013 del Parlamento Europeo y del Consejo en lo que respecta a la fecha de aplicación de los requisitos de fondos propios por riesgo de mercado, DOUE L/2795, de 31 de octubre de 2024. *MREL* es una traslación para las entidades financieras que persigue el mismo objetivo regulatorio que el estándar adoptado por el Consejo de Estabilidad Financiera ante el fenómeno *too big to fail*, de entidades globalmente sistémicas, denominado Capacidad de absorción de pérdidas total (TLAC siglas de *Total Loss-Absorbing Capacity*).

494 Karl-Philipp WOJCIK, "Bail-in in the Banking Union", *Common Market Law Review*, Vol. 53, nº 1, 2016, pp. 93-94.

495 Alberto DE GREGORIO MERINO, *loc. cit.*, p. 2.

men) por la puerta trasera, debido a las reticencias de Estados miembros como Alemania: esto hace que la Unión Monetaria siga exigiendo una Unión Bancaria más completa e integrada para hacer la moneda única sostenible; puesto que en caso de una potencial crisis sistémica futura, los mercados seguirán en ausencia de *Unión Fiscal* sin saber quién es el soberano de la Unión Bancaria, ni de la Unión Monetaria ¿podría serlo acaso el Banco Central Europeo?[496] Por otra parte, la Unión Bancaria por medio de este código normativo único y en sus tres pilares, nos ofrece un ejemplo como pocos de influencia y endurecimiento (*hardening*), de traslación al derecho derivado, del *soft law* producido por las distintas instancias internacionales que componen el entramado regulatorio transnacional de las finanzas internacionales[497].

4.2.2.1 El Mecanismo Único de Supervisión (Primer Pilar)

Desde noviembre de 2014, en virtud del Reglamento 1024/2013, el Banco Central Europeo se ocupa de la supervisión directa de las entidades financieras significativas (sistémicas) en la Eurozona y en aquellos Estados miembros participantes en el Mecanismo Único de Supervisión (MUS) que han decidido mantener una cooperación estrecha al efecto con el BCE[498]. La

496 Miguel OTERO IGLESIAS y Federico STEINBERG, "The future of the Banking Union", en Luis Miguel HINOJOSA MARTÍNEZ y José María BENEYTO PÉREZ (Eds.), *European Banking Union. The New Regime*, Wolters Kluwer, The Netherlands, 2015, pp. 213-228.

497 Manuel LÓPEZ ESCUDERO, "EU Banking Union and International Financial Law", en Luis Miguel HINOJOSA MARTÍNEZ y José María BENEYTO PÉREZ (Eds.), *European Banking Union. The New Regime*, Wolters Kluwer, The Netherlands, 2015, pp. 179-212.

498 Participan automáticamente del MUS los veinte Estados miembros cuya moneda es el euro, y desde octubre de 2020 Bulgaria mantiene asimismo una cooperación estrecha como participante del MUS. Véase la Decisión del Banco Central Europeo, de 31 de enero de

atribución al BCE de tareas específicas sobre supervisión prudencial de las entidades de crédito a excepción de las compañías de seguros ha sido posible de acuerdo con los artículos 127.5 y 127.6 TFUE y (3.3 y 25.2 de los Estatutos del Sistema Europeo de Bancos Centrales y del Banco Central Europeo)[499].

A diferencia de los poderes monetarios del Banco Central Europeo que implican una exclusividad para la Unión con pérdida inmediata de competencia para los Estados miembros, haya o no ejercido la Unión su competencia, en el terreno de la supervisión financiera, existen peculiaridades y matices, así como ciertas controversias en cuanto a la naturaleza y poderes de la

---

2014 sobre la cooperación estrecha con las autoridades nacionales competentes de los Estados miembros participantes cuya moneda no sea el euro (BCE/2014/5) (2014/434/UE), DOUE L 198/7, de 5 de julio de 2014. El BCE también ha asumido más allá de la eurozona la supervisión directa de las entidades financieras significativas búlgaras, así como una vigilancia indirecta de las menos significativas. Por su parte, las autoridades nacionales siguen siendo responsables de la supervisión cotidiana y directa de las entidades *menos significativas*, sin perjuicio de la supervisión indirecta que el BCE ejerce sobre las mismas y *"sin perjuicio de la facultad del BCE de decidir en casos específicos la supervisión directa de dichas entidades cuando sea necesario para la aplicación coherente de las normas de supervisión"*.

499 Sobre la base jurídica del artículo 127.6 TFUE que requiere un procedimiento legislativo especial marcado por la exigencia de unanimidad en el Consejo fue adoptado el Reglamento (UE) 1024/2013 del Consejo de 15 de octubre de 2013 que encomienda al Banco Central Europeo tareas específicas respecto de políticas relacionadas con la supervisión prudencial de las entidades de crédito, DOUE L 287/63, de 29 de octubre de 2013. Este se complementa con el Reglamento (UE) n ° 468/2014 del Banco Central Europeo, de 16 de abril de 2014, por el que se establece el marco de cooperación en el Mecanismo Único de Supervisión entre el Banco Central Europeo y las autoridades nacionales competentes y con las autoridades nacionales designadas (Reglamento Marco del MUS) (BCE/2014/17), DOUE L 141/1, de 14 de mayo de 2014. Diego Javier LIÑÁN NOGUERAS, *op. cit.*, p. 370.

Unión en este ámbito: podría hablarse de que la Unión llegue a tener una competencia exclusiva "por ejercicio", o por *preemption,* supeditada a la previa habilitación mediante el procedimiento legislativo especial contemplado en el artículo 127.6 TFUE[500]. Ahora bien, no es probable que esta sea una visión necesariamente compartida por el Tribunal Constitucional alemán, que

---

500 Paul DERMINE, "La Banque Centrale Européenne et le principe d'exclusivité. Les compétences de l'Union européenne en matière de politique monétaire et de surveillance financière et leurs limites", *Cahiers de Droit Européen,* Vol. 57, nº3, 2021, p. 672; este autor se refiere a una Sentencia del Tribunal General de 16 de mayo de 2017, *Landeskreditbank Baden-Württemberg c. BCE,* asunto T-122/15, ECLI:EU:T:2017:337, apartado 54, donde se sostiene la exclusividad a favor del Banco Central Europeo en un contexto de aplicación descentralizada de una competencia exclusiva, en un procedimiento que puede llegar a ser híbrido, pero donde *"el BCE es competente para determinar las 'circunstancias particulares' en las que podría confiarse a una autoridad nacional la supervisión directa de una entidad que, en principio, debería ser supervisada exclusivamente por aquél".* Acerca de la bifurcación entre las funciones *supervisoras* y *monetarias* en mayor detalle puede verse, Luis Miguel HINOJOSA MARTÍNEZ, "The role of the ECB in the supervision of credit institutions", en Luis Miguel HINOJOSA MARTÍNEZ y José María BENEYTO PÉREZ (Eds.), *European Banking Union. The New Regime,* Wolters Kluwer, The Netherlands, 2015, pp. 47-68. En todo caso el grado de separación requerido entre las funciones de política monetaria y las tareas de supervisión debe ser el suficiente para permitir al BCE llevar a cabo una política monetaria sólida y un ejercicio independiente y eficaz de sus tareas de supervisión prudencial, Gianni LO SCHIAVO, "The European Banking Union", *op.cit.,* p. 1188. Nótese que las decisiones propuestas por el Consejo de Supervisión son formalmente adoptadas por el Consejo de Gobierno del BCE, siguiendo un procedimiento de *no objeción.* Finalmente, tras ser recurrida aquella sentencia del Tribunal General en casación, véase la Sentencia del Tribunal de Justicia de 8 de mayo de 2019, *Landeskreditbank Baden-Württemberg c. BCE,* asunto C-450/17 P, ECLI:EU:C:2019:372. Este fenómeno también ha recibido atención desde el Derecho Administrativo, véase Javier ESTEBAN RÍOS, "La supervisión del sector bancario de la Unión Europea ¿un mecanismo único para controlarlos a todos?", *Revista General de Derecho Administrativo,* nº 55, 2020.

en todo caso no puede ser el último juez del sistema de competencias por atribución, pero sí puede llegar a tensionarlo[501].

El BCE supervisa directamente unas ciento doce (112) entidades de crédito que abarcan el 82% del total de los activos bancarios en los países participantes[502]. El resto de las entidades crédito "menos significativas" son indirectamente supervisadas por el BCE en estrecha cooperación con las autoridades nacionales de supervisión que continúan asumiendo su supervisión principal.

Dentro de estas tareas supervisoras el BCE tiene autoridad para: i) evaluar y llevar a cabo investigaciones e inspecciones *in situ*; ii) puede otorgar y revocar autorizaciones (licencias) a entidades de crédito exigiendo el cumplimiento del Derecho de la Unión prudencial, y ejerciendo en ocasiones esta misión a propuesta de las autoridades nacionales de supervisión y en atención a los requisitos establecidos a su vez por la legislación nacional[503]; iii)

---

501 Véase su Sentencia de 30 de julio de 2019, 2 BvR 1685/14.

502 La lista actualizada a 1 de marzo de 2024 puede consultarse en: https://www.bankingsupervision.europa.eu/ecb/pub/pdf/ssm.listofsupervisedentities202404.en.pdf

503 La retirada de licencias bancarias en el marco del MUS está sujeta al respeto de la tutela judicial efectiva en los términos del artículo 47 de la Carta de los Derechos Fundamentales. Puede producirse efectivamente por decisión final del BCE a propuesta de la autoridad nacional competente, en el marco de un procedimiento administrativo híbrido, compuesto (a la vez europeo y nacional) y en el que el derecho nacional puede resultar determinante. La saga de asuntos *Trasta Komercbanka* resultan de gran interés a la hora de examinar el *locus standi* de las entidades bancarias afectadas por la retirada de una licencia bancaria: en este asunto resultaba de aplicación el derecho letón, en virtud del cual la pérdida de la licencia comporta la liquidación automática de la entidad de crédito y el traspaso de los poderes de decisión y representación legal a la figura de un *liquidador* designado a estos efectos; en estas circunstancias, el pronunciamiento de la Gran Sala del Tribunal de Justicia descartó la legislación nacional relativa a la representación de entidades financieras en proceso de liquidación y también corrigió la previa sen-

evaluación de la adquisición y venta de participaciones significativas en entidades de crédito, salvo en el contexto de la resolución de entidades bancarias; iv) velar por la aplicación coherente y eficaz de las normas de Derecho de la Unión Europea sobre supervisión prudencial y por la aplicación homogénea del código normativo único para los servicios financieros entre los Estados participantes en el MUS; y, finalmente, v) el BCE está facultado para exigir a las entidades que mantengan fondos propios superiores a los requisitos de capital en relación con riesgos y elementos de riesgo no cubiertos por los actos pertinentes de la Unión.

El BCE es el responsable último del funcionamiento coherente y eficaz del MUS respaldado por las autoridades nacionales compétetentes sujetas al principio de cooperación leal y a la obligación de intercambiar información. Se ha sugerido la posibilidad de mejorar los derechos procesales de las entidades supervisadas en el seno del Banco Central Europeo incorporando experiencias procedentes del ámbito del Derecho de la libre competencia[504].

---

tencia del Tribunal General, para admitir, en los términos del artículo 263.4 TFUE, la legitimación activa de la antigua representación legal de la entidad financiera (previa a la nominación del *liquidador*) a la par que denegó esta capacidad a los accionistas de la entidad, debe verse la Sentencia de la Gran Sala del Tribunal de Justicia de 5 de noviembre de 2019, *BCE c. Trasta Komercbanka AS y otros*, asuntos acumulados C-663/17 P, C-665/17 P y C-669/17 P, ECLI:EU:C:2019:923. Un comentario sobre la misma puede encontrarse en Marta SIMONCINI, "Different shades of legal standing and the right to judicial protection of private parties in the Banking Union: Trasta Komercbanka", *Common Market Law Review*, Vol. 57, nº 6, 2020, pp. 1867-1886. La protección judicial efectiva de los accionistas, como consecuencia de la decisión del Tribunal de Justicia, se encomienda a los tribunales nacionales, sin que quepa descartar como señala esta autora, la eventual aparición de tensiones entrel las jurisdicciones nacionales y los tribunales del sistema jurisdiccional de la Unión.

504 Paola CHIRULLI y Luca DE LUCIA, "Fundamental procedural rights and ECB banking supervision: An ECB Hearing Officer?", *Common Market Law Review*, Vol. 61, nº 5, 2024, pp. 1191-1222.

Los criterios contemplados en el artículo 6 del Reglamento 1024/2013 para determinar las entidades de crédito significativas a efectos de su sometimiento a la supervisión directa del BCE contemplan una presunción iuris tantum (salvo que circunstancias particulares justifiquen su exclusión) cuando una entidad de crédito, o sociedad financiera de cartera o sociedad financiera mixta de cartera reúna alguna de las condiciones relativas a su tamaño especificadas[505]. Otras posibilidades para su inclusión entre las entidades significativas atienden a su especial importancia para la economía de la Unión, o de un Estado participante, así como a la relevancia de la dimensión transfronteriza de sus actividades...

En todo caso quedarán bajo supervisión directa del BCE como entidades significativas aquellas que hayan solicitado o recibido ayuda financiera pública directa del MEDE y salvo que se justifique su exclusión sobre la base de circunstancias particulares las tres entidades de crédito de mayor importancia en cada Estado miembro participante. Además, el BCE por iniciativa propia y a tenor de la importancia de la dimensión transfronteriza de sus actividades podrá estudiar la relevancia significativa de una institución *"cuando hubiese establecido filiales bancarias en más de un Estado miembro participante y su activo o pasivo transfronterizo represente una parte importante de su activo o pasivo total"*.

A los efectos de garantizar las funciones atribuidas al MUS el BCE queda facultado para imponer sanciones administrativas de naturaleza pecuniaria a las entidades incumplidoras -de deberes

---

[505] *"i) que el valor total de sus activos supere los 30 000 000 000 EUR,*
ii) que la ratio de sus activos totales respecto del PIB del Estado miembro participante de establecimiento supere el 20 %, a menos que el valor total de sus activos sea inferior a 5 000 000 000 EUR,
iii) que, previa notificación por su autoridad nacional competente en el sentido de que considera que esa entidad tiene importancia significativa para la economía nacional, el BCE tome una decisión por la que confirma dicho carácter significativo tras haber realizado una evaluación global, incluida una evaluación del balance, de dicha entidad financiera".

exigibles en virtud de un acto directamente aplicable de Derecho de la Unión- que pueden llegar hasta el 10% del volumen de negocios anual de la persona jurídica en el ejercicio anterior, o hasta el doble del beneficio derivado del incumplimiento o de la pérdida evitada como consecuencia del incumplimiento[506]. Hasta la fecha el BCE ha adoptado más de una veintena (cerca de treinta) de sanciones administrativas en ejercicio de sus funciones supervisoras por diferentes motivos que van acompañadas de multas coercitivas: incumplimiento de la obligación de comunicar información sobre requisitos de fondos propios e información financiera[507], incumplimiento de los requisitos de capital, un continuo incumplimiento de las condiciones para reducir los recursos propios[508], incumplimiento de las obligaciones

---

506 En estos términos se expresa el poder sancionador en el artículo 18.1 del Reglamento 1024/2013: *"Con el fin de desempeñar las funciones que le atribuye el presente Reglamento, cuando una entidad de crédito, una sociedad financiera de cartera o una sociedad financiera mixta de cartera, deliberadamente o por negligencia, incumpla un requisito establecido en un acto directamente aplicable del Derecho de la Unión, en relación con el cual las autoridades competentes estarán facultadas para imponer sanciones pecuniarias administrativas con arreglo al Derecho aplicable de la Unión, el BCE podrá imponer sanciones pecuniarias administrativas de hasta el doble de la cantidad correspondiente a los beneficios obtenidos o las pérdidas evitadas como resultado del incumplimiento, en caso de que puedan determinarse estos, o de hasta el 10 % del volumen de negocios total anual, según lo defina el Derecho aplicable de la Unión, de la persona jurídica en el ejercicio anterior, u otras sanciones pecuniarias contempladas en el Derecho pertinente de la Unión".*

507 Hasta la fecha la sanción de mayor cuantía impuesta por este motivo a Banca Popolare di Vicenza S.p.A. mediante decisión adoptada el 24 de agosto de 2017 por un importe de 8.700.000 euros. La misma entidad fue sancionada en el mismo día con 2.500.000 euros por infracción de las obligaciones relativas a la limitación de la gran exposición (con fundamento jurídico en ambos casos en el mencionado Reglamento 575/2013).

508 Banco de Sabadell S.A. incumplió la obligación "de obtener la autorización previa de la autoridad competente antes de la recompra de instrumentos de capital de nivel 1 ordinario, al haber efectuado recompras

de limitación de la gran exposición de una entidad respecto de un cliente o un grupo de clientes vinculados entre sí, el incumplimiento de la obligación de informar a las autoridades sobre la ratio de apalancamiento[509]...decisiones fundamentadas en muchos de estos casos en incumplimientos de exigencias establecidas en el Reglamento 575/2013 (CRR)[510]. Estas sanciones pueden ser recurridas en anulación (principalmente por su destinatario) en los términos del artículo 263 TFUE[511].

Las tareas de supervisión directa de entidades sistémicas llevadas a cabo por el Banco Central Europeo también pueden ser atacadas y sujetas a control jurisdiccional por la vía del recurso por responsabilidad extracontractual: así, a título de ejemplo, en la supervisión del Banco Carige, una entidad italiana significativa

---

de acciones propias entre el 1 de enero de 2014 y el 7 de noviembre de 2016". El Banco Central Europeo le impuso el 14 de marzo de 2018 una sanción pecuniaria administrativa de 1.600.000 euros. El Tribunal General confirmó la validez de esta medida en la Sentencia de 8 de julio de 2020, *VQ c. Banco Central Europeo,* asunto T-203/18, ECLI:EU:T:2020:313.

509 Este fue el caso de la Decisión adoptada por el BCE el 4 de abril de 2023 donde se impone una multa de 6.630.000 euros a Goldman Sachs Bank Europe SE.

510 La lista actualizada de las sanciones pecuniarias impuestas hasta la fecha por el BCE en el marco de sus tareas supervisoras puede consultarse en: https://www.bankingsupervision.europa.eu/banking/sanctions/html/index.en.html

511 La motivación insuficiente llevó a la anulación de la sanción pecuniaria que había impuesto el BCE a Crédit agricole SA por un importe de 4.300.000 euros. Al respecto, véase la Sentencia del Tribunal General de 8 de julio de 2020, *Crédit agricole SA c. Banco Central Europeo,* asunto T-576/18, ECLI:EU:T:2020:304; confirmada en casación, en virtud del Auto del Tribunal de Justicia de 16 de junio de 2021, *Crédit agricole SA y otros c. Banco Central Europeo,* asuntos acumulados C-456/20 P a C-458/20 P, ECLI:EU:C:2021:502.

y cotizada en bolsa, el Tribunal General ha tenido la oportunidad de rechazar el recurso presentado por un grupo de accionistas[512].

Las autoridades de supervisión también reciben algunos poderes acrecentados en las fases de "actuación temprana" de la resolución, cuando en una entidad se produce un *"deterioro rápido de su situación de liquidez, un incremento rápido de su nivel de apalancamiento, mora o concentración de exposiciones"*: esto nos da una imagen de cierto solapamiento entre las actividades de supervisión y resolución, que no forman parte de compartimentos estancos, sino más bien de una suerte de *continuum*[513].

En estas funciones de supervisión el Banco Central Europeo trabaja en estrecha conexión con las autoridades nacionales de las veintiuna jurisdicciones (Estados miembros) participantes, y además, se ve compelido a aplicar las normas nacionales de las mismas, tales como son las normas nacionales de transposición de la directiva de requerimientos de capital; no en vano, se ha indicado: *"que la unión bancaria necesita un verdadero single rulebook o libro normativo único, donde el uso de reglamentos prime al de las directivas,*

512 El BCE sometió a la entidad -con dificultades para cumplir los requisitos prudenciales- a una "administración provisional" y aprobó una ampliación de capital que según los demandantes era contraria a sus derechos de adquisición preferente, constituyendo a su juicio una violación suficientemente caracterizada de diferentes normas y principios de Derecho de la Unión y de la normativa italiana: entre otros motivos los demandantes adujeron la violación del derecho a la propiedad debido a la reducción significativa del valor de sus participaciones en el banco. El Tribunal General desestimó el recurso, rechazando plenamente los argumentos de los demandantes, véase la Sentencia del Tribunal General de 5 de junio de 2024, *Malacalza Investimenti Srl. c. Banco Central Europeo*, asunto T-134/21, ECLI:EU:T:2024:362.

513 Karl-Philipp WOJCIK, *loc. cit.*, pp. 97-98.

acabando con la fragmentación regulatoria que dificulta sobremanera la implementación de una verdadera supervisión centralizada europea"[514].

4.2.2.2 El Mecanismo Único de Resolución (Segundo Pilar)

En el denominado segundo pilar de la Unión Bancaria anudado a la resolución bancaria se ha avanzado principalmente en tres dimensiones: en primer lugar, en la armonización de las legislaciones nacionales relativas a la reestructuración y resolución de entidades de crédito (favoreciendo el *bail-in* frente al *bail-out*[515]*);* en segundo lugar, en la implantación del Mecanismo Único de Resolución (en adelante MUR)516 que conlleva la

---

514 Carmen HERNÁNDEZ SASETA y David BÁEZ SEARA, *loc. cit.*, p. 163. En la página 160 de este trabajo se incluye una referencia a la Sentencia del Tribunal General de 24 de abril de 2018, *Caisse régionale de crédit agricole mutuel Alpes Provence c. Banco Central Europeo*, asuntos acumulados acumulados T-133/16 a T-136/16, ECLI:EU:T:2018:219, en la que el Tribunal confirma que el Banco Central Europeo se ve obligado a interpretar y a aplicar las normas nacionales de transposición de la directiva en Francia (el Código Monetario y Financiero francés).

515 En el periodo comprendido entre 2008 y 1 de octubre de 2014, tras la quiebra de Lehman Brothers, el sector financiero en los Estados miembros de la Unión Europea recibió ayudas estatales (con peso, por tanto, para el contribuyente) por un importe de casi seis billones de euros: un importe equivalente aproximadamente a cuatro o cinco veces el PIB anual de España. Karl-Philipp WOJCIK, *loc. cit.*, p. 91.

516 Este mecanismo entraña importantes consideraciones de alcance constitucional relativas a su relación con la propiedad y la libertad de empresa, así como desde el punto de vista de su operatividad en el plano administrativo. Se ha comparado su procedimiento con el seguido en la expropiación forzosa, al respecto María PRENDES VALLE, *El Mecanismo de Resolución Bancaria: ¿Procedimiento singular o expropiación forzosa?*, Iustel, 2022. En el plano interno debe verse la Ley 11/2015, de 18 de junio, de recuperación y resolución de entidades de crédito y empresas de servicios de inversión, BOE nº 146, de 19 de junio de 2015.

creación de la Junta Única de Resolución (JUR en adelante)[517]; y en tercer lugar, con el establecimiento del Fondo Único de Resolución Bancaria cuya compleción se supeditó a un acuerdo intergubernamental ajeno al marco jurídico de la Unión.

La diversidad, en procedimiento y en regulación sustantiva, en los regímenes nacionales de resolución de entidades financieras demostró tener efectos transnacionales nocivos para la estabilidad financiera en el conjunto de los Estados miembros de la Unión, haciéndose necesaria su armonización, que se llevó a cabo con la adopción de la Directiva 2014/59/UE aplicable también al Espacio Económico Europeo[518]: entre sus elementos centrales se encuentra la idea de evitar el *bail-out* perjudicial para los contribuyentes y distribuir pérdidas entre accionistas y acreedores siguiendo una prelación que no impida la adopción de ulteriores reglas en la materia; en la adopción de esta Directiva

---

517 En marzo de 2025 ha sido nombrado Vicepresidente de la JUR el español Miguel Carcaño Sáenz de Cenzano a propuesta de la Comisión Europea por mayoría cualificada en el Consejo, con la previa aprobación del Parlamento Europeo y tras ser escuchado a modo de los *hearings* para la elección de los miembros de la Comisión Europea en el Comité de Asuntos Económicos y Monetarios del Parlamento Europeo.

518 Directiva 2014/59/UE del Parlamento Europeo y del Consejo, de 15 de mayo de 2014 , por la que se establece un marco para la reestructuración y la resolución de entidades de crédito y empresas de servicios de inversión, y por la que se modifican la Directiva 82/891/CEE del Consejo, y las Directivas 2001/24/CE, 2002/47/CE, 2004/25/CE, 2005/56/CE, 2007/36/CE, 2011/35/UE, 2012/30/UE y 2013/36/UE, y los Reglamentos (UE) n ° 1093/2010 y (UE) n ° 648/2012 del Parlamento Europeo y del Consejo Texto pertinente a efectos del EEE, DOUE L 173/190, de 12 de junio de 2014. También es relevante la preexistente Directiva 2001/24/CE del Parlamento Europeo y del Consejo, de 4 de abril de 2001, relativa al saneamiento y a la liquidación de las entidades de crédito, DO L 125/15, de 5 de mayo de 2001. Véase Seraina GRUENEWALD, *The Resolution of Cross-Border Banking Crises in the EU. A Legal Study from the Perspective of Burden Sharing*, Kluwer, 2014.

de reestructuración y resolución (BRRD en adelante) tuvieron gran influencia el informe y recomendaciones del Grupo sobre Resoluciones Bancarias Transfronterizas perteneciente al Comité de Basilea de Supervisión Bancaria adoptado en 2010, así como los Atributos Claves del Régimen de Resolución Efectiva para Instituciones Financieras *(Key Attributes of Effective Resolution Regimes for Financial Institutions)*[519]. En 2019 la Directiva ha sido reformada (aunque en lo sucesivo aludiremos a su versión originaria de 2014) para adecuarse a los estándares de absorción de pérdidas y de recapitalización de las entidades de crédito (TLAC), así como a los requisitos mínimos sobre fondos propios y pasivos admisibles (MREL), ambos procedentes de la órbita del Consejo de Estabilidad Financiera y respaldados en el seno del G-20[520]. En 2024, ha habido una nueva modificación, la conocida como *Daisy Chain Directive*, cuya trasposición nacional se encuentra aún en una situación manifiestamente deficiente[521].

519 Karl-Philipp WOJCIK, *loc. cit.*, p. 96. Basel Committee on Banking Supervision, *Report and Recommendations of the Cross-border Bank Resolution Group*, marzo de 2010.

520 Directiva 2019/879/UE del Parlamento Europeo y del Consejo, de 20 de mayo de 2019, por la que se modifica la Directiva 2014/59/UE en relación con la capacidad de absorción de pérdidas y de recapitalización de las entidades de crédito y empresas de servicios de inversión, así como la Directiva 98/26/CE, DOUE L 150, de 7 de junio de 2019, pp. 296–344.

521 Directiva (UE) 2024/1174 del Parlamento Europeo y del Consejo de 11 de abril de 2024 por la que se modifican la Directiva 2014/59/UE y el Reglamento (UE) n.o 806/2014 en lo que respecta a determinados aspectos del requisito mínimo de fondos propios y pasivos admisibles, DOUE L, de 22 de abril de 2024. En mayo de 2025, hay diez Estados miembros que no han notificado medidas de transposición de esta directiva: Alemania, Austria, Bélgica, Bulgaria, Eslovaquia, España, Estonia, Italia, Polonia y Suecia. Son diecisiete los Estados miembros contra los que la Comisión ha iniciado un procedimiento de infracción por no haber acometido su transposción en tiempo y forma.

Los engranajes y *motores* de la resolución bancaria arrancan cuando una entidad financiera es *inviable o exista la probabilidad de que lo vaya a ser*, en particular las autoridades de resolución emprenderán acciones de resolución en supuestos de sobreendeudamiento (activo inferior al pasivo), iliquidez e incapacidad de afrontar el pago de pasivos a su vencimiento, que haya infringido o pueda infringir los requisitos para mantener su licencia/autorización, que la entidad necesite *ayuda financiera pública extraordinaria...* (artículo 32 BRRD). En segundo lugar, es necesario que *teniendo en cuenta el calendario y otras circunstancias pertinentes, que no existan perspectivas razonables de que ninguna medida alternativa del sector privado [...] pueda impedir la inviabilidad de la entidad en un plazo de tiempo razonable*; y finalmente, la medida de resolución debe ser necesaria para el interés público[522] esto es *"para alcanzar, de forma proporcionada, uno o varios de los objetivos de resolución establecidos en el artículo 31, mientras que una liquidación de la entidad a través de los procedimientos de insolvencia ordinarios no permitiría alcanzar en la misma medida los citados objetivos"*.

Los objetivos de la resolución están por tanto estipulados en el artículo 31.2 de la BRRD: mantener la continuidad de las funciones esenciales de la entidad, garantizar la estabilidad financiera previniendo el contagio de riesgo y mantener la disciplina de mercado, la protección de los fondos públicos minimizando en su caso la ayuda pública financiera extraordinaria, proteger los depósitos cubiertos por la Directiva 2014/49/UE[523] así como activos y fondos de los clientes...A la hora de perseguir estos objetivos las autoridades de resolución deberán *minimizar el coste*

[522] Cuestión que encierra, como se indica más adelante, un elevado componente discrecional.

[523] Directiva 2014/49/UE del Parlamento Europeo y del Consejo, de 16 de abril de 2014, relativa a los sistemas de garantía de depósitos, DOUE L 173/149, de 12 de junio de 2014, como se verá constituye un elemento central del denominado *tercer pilar* en ciernes de la Unión Bancaria.

de la resolución y evitar la destrucción de valor (a menos que sea necesaria para alcanzar dichos objetivos) y los Estados miembros se comprometen a adoptar las medidas necesarias para que la actuación de las autoridades de resolución se ajuste a los principios estipulados en el artículo 34 de la Directiva 2014/59/UE: las pérdidas de la entidad objeto de resolución serán asumidas en primer lugar por los accionistas, y a continuación por los acreedores (de acuerdo con la prelación de los procedimientos de insolvencia ordinarios, en principio); pudiendo ser sustituidos los órganos de dirección de la entidad según aconseje la mejor contribución al logro de los objetivos de la resolución y debiendo en todo caso colaborar dichos órganos a su consecución; se debe garantizar que salvo disposición expresa en contra de la Directiva los acreedores de la misma categoría sean tratados de forma equitativa, y en todo caso que los acreedores no incurran en pérdidas superiores a las que se habrían producido si la entidad *hubiera sido liquidada con arreglo a los procedimientos de insolvencia ordinarios*; finalmente, debe otorgarse plena protección a los depósitos cubiertos por la Directiva 2014/49/UE.

Por su parte, los instrumentos de resolución que sean puestos en práctica en casos de crisis sitémica sumamente extraordinaria que requieran de instrumentos gubernamentales de estabilización deben respetar una regla mínima de contribución no inferior al 8% a la absorción de pérdidas y a la recapitalización interna para accionistas y tenedores/titulares de instrumentos de capital y otros pasivos (artículo 37.10 a) BRRD). La Comisión Europea tendrá en cuenta el respeto a esta regla a la hora de valorar *ex ante* la compatibilidad del esquema gubernamental con el marco de ayudas públicas en los términos de los artículos 107 y 108 TFUE[524].

---

[524] En buena medida el espíritu y énfasis en el *bail-in* de la Directiva 2014/59/UE había sido ya anticipado en la Comunicación de la Comisión sobre la aplicación, a partir del 1 de agosto de 2013, de la normativa sobre ayudas estatales a las medidas de apoyo en favor de

Más allá de la Directiva 2014/59/UE (BRRD) que constituye la mínima armonización para la totalidad del mercado interior[525], pero estrechamente conectado a la misma desde enero de 2016 se encuentra en vigor el Reglamento que establece el marco jurídico del Mecanismo Único de Resolución (MUR)[526] y en virtud del cual se crea la Junta Única de Resolución (JUR) y se proyecta el futuro Fondo Único de Resolución (FUR): su ámbito de aplicación está estrechamente conectado al del Mecanismo Único de Supervisión, primer pilar de la Unión Bancaria, esto es se aplica a todas las entidades financieras de la zona euro (Estados participantes) y de aquellos Estados miembros que no tienen como moneda el euro pero que han decidido entablar una cooperación estrecha; de este modo la JUR es directamente responsable de los planes y propuestas de resolución de determinados grupos bancarios transfronterizos y de aquellos bancos y entidades financieras significativas que están bajo la supervisión directa del BCE[527]; aquí sí hay una simetría entre el MUS y el MUR. La JUR es creada por el Reglamento MUR (806/2014) como una agencia independiente de la Unión Europea con importantes poderes decisorios en el MUR, pero sujeta a la doctrina *Meroni* del Tribunal de Justicia

---

los bancos en el contexto de la crisis financiera («Comunicación bancaria»), DOUE C 216/1, de 30 de julio de 2013. Con la entrada en vigor del MUR y de la Directiva referida su relevancia decayó, especialmente desde enero de 2016, véase, Karl-Philipp WOJCIK, *loc. cit.*, p. 106.

525 De este modo mientras Reino Unido fue miembro de la Unión, hasta el 31 de enero de 2020, estuvo sujeto a la BRRD, no así en ningún caso al MUR del que se mantuvo fuera desde su proyección inicial.

526 Reglamento nº 806/2014/UE del Parlamento Europeo y del Consejo de 15 de julio de 2014 por el que se establecen normas uniformes y un procedimiento uniforme para la resolución de entidades de crédito y de determinadas empresas de servicios de inversión en el marco de un Mecanismo Único de Resolución y un Fondo Único de Resolución y se modifica el Reglamento (UE) nº 1093/2010, DOUE L 225/1, de 30 de julio de 2014.

527 Artículo 7.2 del Reglamento nº 806/2014/UE.

que no permite la delegación de poderes con amplio margen de discrecionalidad[528], es por ello, que sus decisiones deben ser respaldadas por la intervención de la Comisión y/o del Consejo de la Unión. En todo caso el Reglamento nº 806/2014 viene a dotar de aplicabilidad directa a las reglas sustantivas establecidas en la BRRD y añade un procedimiento único de resolución para las entidades financieras comprendidas bajo su paraguas[529].

De acuerdo con la doctrina del Tribunal de Justicia relativa a los poderes que pueden delegarse en las agencias de la Unión, el Reglamento nº 806/2014 establece un procedimiento de resolución destinado a que en su caso el dispositivo de resolución iniciado a propuesta de la JUR[530] quede adoptado o rechazado en un plazo de 24 horas (artículo 18.7[531]): el dispositivo de resolución adoptado por la JUR entrará en vigor si ese plazo es aprobado por la Comisión, o bien no suscita objeciones por parte de la Comisión ni del Consejo[532]. Ahora bien, si el Consejo formula objeciones señalando que a su juicio no se cumple el criterio del interés público, el dispositivo de resolución queda rechazado debiendo ser la entidad *"liquidada de manera ordenada de conformidad*

---

528 Sentencia del Tribunal de Justicia de 13 de junio de 1958, *Meroni & Co. c. Alta Autoridad de la Comunidad Europea del Carbón y del Acero,* asunto C-9/56, ECLI:EU:C:1958:7.

529 Karl-Philipp WOJCIK, *loc. cit.*, pp.101-102.

530 Tanto el BCE en las tareas que tiene conferidas en el marco del MUS como la JUR deben estar en condiciones de evaluar si una entidad financiera "está en graves dificultades o existe la probabilidad de que lo esté y si no hay ninguna perspectiva razonable de que alguna medida de supervisión o del sector privado pueda impedir su inviabilidad en un plazo razonable"; debiendo en tal caso la JUR iniciar la adopción del dispositivo de resolución.

531 Reglamento nº 806/2014, *loc. cit.*

532 La Junta dispone de un plazo de ocho horas para modificar el dispositivo de resolución en atención a aquellas objeciones de naturaleza cuantitativa.

con la legislación nacional aplicable" (artículo 18.8[533]). La ausencia de declaración de que la resolución de una entidad financiera presenta interés público ocasiona que su liquidación se rija por el derecho nacional: esto puede ocurrir, bien porque la entidad financiera carezca de importancia sistémica, bien porque incluso tratándose de una entidad sujeta al MUS y tras constatar el BCE que se halla en dificultades o puede hallarse en dificultades la JUR decida no adoptar un esquema de resolución por ausencia de interés público (en esta omisión, la Comisión o el Consejo no podrían contrarrestar la discrecionalidad de la Junta). En estos supuestos la falta de armonización de los regímenes nacionales de insolvencia es un potencial elemento de distorsión, siendo además frecuente que en ausencia de un esquema de resolución pueda entrar en juego la ayuda financiera de los poderes públicos nacionales (sujeta al control de la Comisión Europea en virtud del marco de ayudas estatales[534]), tal y como sucedió con la liquidación de Banca Popolare de Vicenza y Veneto Banca en 2017, donde hubo una fuerte intervención estatal avalada con la Comisión

---

533 Reglamento nº 806/2014, *loc. cit.*

534 Con carácter excepcional la Comisión Europea puede avalar en el marco de las ayudas de Estado medidas de apoyo y sostén público temporal para proceder a una resolución bancaria que busque una liquidación y venta ordenadas en el mercado, de forma abierta, no discriminatoria, transparente, conforme a las reglas de Derecho de la competencia del mercado único y orientada a favorecer la viabilidad a largo plazo y la estabilidad financiera. Así ha ocurrido con la entidad polaca Getin Noble Bank S.A.: *"La Commission a constaté que les mesures sont conformes à l'objectif de préservation de la stabilité financière. Les actionnaires existants et les détenteurs de dettes subordonnées ont contribué aux coûts, ce qui a réduit la nécessité d'une intervention du fonds de résolution polonais, conformément aux principes de partage des charges. En outre, afin de limiter les distorsions de concurrence, la Pologne s'est engagée, entre autres, à ce que l'existence de la banque relais soit limitée dans le temps et qu'une gestion prudente soit mise en œuvre. Sur cette base, la Commission a approuvé les mesures en vertu des règles communautaires sur les aides d'État"*. Véase, Agencia Europa, *Bulletin Quotidien Europe*, nº 13034, de 4 de octubre de 2022, p.7.

Europea. Frente a este supuesto, la resolución del Banco Popular y su adquisición por el Banco Santander fue expuesta como un supuesto modélico de *solución de mercado* acorde a los objetivos del MUR, siguiendo el esquema presentado por la JUR, y sin que hubiera ningún coste para el contribuyente en aquel momento. No obstante, la comparación entre ambos casos resulta problemática y ha dado lugar a críticas de *dobles raseros*[535], además, de originar la resolución de Banco Popular una oleada de recursos ante los tribunales nacionales y el Tribunal General[536]. A finales de febrero de 2022 el BCE determinó que las filiales en Croacia y Eslovenia de la entidad de crédito estatal rusa Sberbank eran inviables o probablemente lo serían en un futuro próximo: la JUR a comienzos de marzo de 2022 adoptó decisiones de resolución basadas en soluciones de mercado en relación con las filiales croata y eslovena, transfiriendo sus acciones a otras entidades croata (Hrvatska Poštanska Banka d.d.) y eslovena, respectivamente, (Nova ljubljanska banka d.d.). En cambio, decidió no adoptar un esquema de resolución con una entidad financiera emparentada, Sberbank Europe AG, que estaba establecida en Austria.

El Tribunal de Justicia ha precisado que en la delegación de poderes que recibe la JUR para aprobar el dispositivo de resolución, no existe un verdadero *desplazamiento de responsabilidad* a su favor que supere los límites fijados en la doctrina *Meroni*, siendo la responsabilidad final derivada de apreciar los elementos discrecionales de dicho dispositivo de resolución de la Comisión, o en

---

535 Luis Miguel HINOJOSA MARTÍNEZ, “The regulation of financial markets and the european social model”, *op. cit.*, pp.49-54.

536 El Tribunal General ha rechazado que accionistas y acreedores de Banco Popular tengan derecho a compensación puesto que no habrían recibido mejor tratamiento en caso de liquidarse la entidad que en la resolución llevada a cabo; de este modo confirma la validez de una Decisión de la JUR en este mismo sentido, véase la Sentencia del Tribunal General de 22 de noviembre de 2023, *Del Valle Ruiz y otros c. JUR*, asuntos acumulados T-302/20, T-303/20 y T-307/20, ECLI:EU:T:2023:735.

su caso, del Consejo: de este modo los dispositivos de resolución de la JUR no son susceptibles *per se* del recurso de anulación[537].

El MUR cuenta con un Fondo Único de Resolución (FUR) como respaldo previsto bajo administración de la JUR a raíz del Reglamento nº 806/2014. En él establece que, en un plazo de ocho años contados desde el 1 de enero de 2016, el FUR debe alcanzar unos recursos financieros disponibles a partir de contribuciones *ex ante*[538] procedentes de las entidades financieras un importe mínimo del 1% *"de los depósitos con cobertura de todas las entidades de crédito autorizadas en todos los Estados miembros participantes"* (artículo 69)[539]. Se trata de un nuevo instrumento que busca lograr

---

537 Sentencia de la Gran Sala del Tribunal de Justicia de 18 de junio de 2024, *Comisión Europea c. JUR*, asunto C-551/22 P, ECLI:EU:C:2024:520, apartados 70 y siguientes.

538 El Tribunal General anuló siete decisiones de la JUR relativas a contribuciones *ex ante* de bancos franceses y alemanes al Fondo Único de Resolución, en Sentencias de 20 de diciembre de 2023: *Banque postale c. JUR*, asunto T-383/21, ECLI:EU:T:2023:845; *Confédération nationale du Crédit mutuel y otros c. JUR*, asunto T-384/21, ECLI:EU:T:2023:823; *BPCE y otros c. JUR*, asunto T-385/21, ECLI:EU:T:2023:824; *Société générale y otros c. JUR*, asunto T-387/21, ECLI:EU:T:2023:825, *Crédit Agricole y otros c. JUR*, asunto T-388/21, ECLI:EU:T:2023:826; *Landesbank Baden-Württemberg c. JUR*, asunto T-389/21, ECLI:EU:T:2023:827; y finalmente, *BNP Paribas c. JUR*, asunto T-397/21, ECLI:EU:T:2023:829. Del mismo modo en una sentencia posterior el Tribunal General anuló la decisión de la JUR relativa a la fijación de la aportación *ex ante* del banco francés Dexia por infringir el Reglamento 806/2014, *loc. cit.*, véase la Sentencia del Tribunal General de 10 de abril de 2024, *Dexia c. JUR*, asunto T-411/22, ECLI:EU:T:2024:216.

539 A día de hoy son participantes, los 20 Estados miembros cuya moneda es el euro, junto con Bulgaria. Cuando las contribuciones ex ante no son suficientes para cubrir los gastos o pérdidas en que incurra el FUR en acciones de resolución, con carácter extraordinario pueden establecerse contribuciones *ex post*. A comienzos de 2025 la JUR declara que ha sido alcanzado el importe mínimo de un 1% los depósitos cubiertos, con un montante de 80.000 millones de euros. La JUR debe calcular las aportaciones que corresponde efectuar a las distintas en-

el objetivo central de la Unión Bancaria de romper los vínculos entre el riesgo bancario y los riesgos soberanos: podría ser utilizado únicamente para lograr la consecución de los objetivos y aplicación efectiva de los instrumentos de resolución respetando el requisito de la compensación de pérdidas mínima del 8% (bail-in)[540] y también que *"la aportación del Fondo no supere el 5 % del total del pasivo, incluidos los fondos propios de la entidad objeto de resolución"*.

El siguiente paso lo constituye la mutualización de los recursos financieros puestos a disposición del FUR: su entrada en vigor se hizo depender de un acuerdo intergubernamental externo al marco jurídico de la Unión, de nuevo con geometría variable, hecho por 26 Estados miembros[541] en mayo de 2014: el Acuerdo sobre la transferencia y mutualización de las aportaciones al Fondo Único de Resolución. La razón de fondo de esta apuesta por un instru-

---

tidades financieras sobre la base de los siguientes actos: Reglamento Delegado 2015/63/UE de la Comisión de 21 de octubre de 2014 por el que se completa la Directiva 2014/59/UE del Parlamento Europeo y del Consejo, en lo que respecta a las contribuciones ex ante a los mecanismos de financiación de la resolución, DOUE L 11/44, de 17 de enero de 2015; y Reglamento de Ejecución 2015/81/UE del Consejo de 19 de diciembre de 2014 que especifica condiciones uniformes de aplicación del Reglamento (UE) no 806/2014 del Parlamento Europeo y del Consejo en lo que respecta a las aportaciones ex ante al Fondo Único de Resolución, DOUE L L 15/1, de 22 de enero de 2015.

540 Artículo 37.10 a) BRRD.

541 Todos en aquel momento, a excepción de Reino Unido y Suecia. Incluso Dinamarca que está sujeta a una excepción en cuanto a la obligación de incorporarse a la moneda única, participa en este tratado. Véase el Instrumento de ratificación del Acuerdo sobre la transferencia y mutualización de las aportaciones al Fondo Único de Resolución, hecho en Bruselas el 21 de mayo de 2014, BOE nº 302, de 18 de diciembre de 2015. Este acuerdo entró en vigor toda vez que se convirtiesen en partes un número de Estados participantes en el MUS y en el MUR equivalente al 90% del poder de voto ponderado de los Estados participantes en ambos mecanismos.

mento de Derecho Internacional Público externo al Derecho de la Unión estriba en la contestada elección de la base jurídica del artículo 114 TFUE para la adopción del Reglamento MUR que fue disputada en el Consejo: no solo los recelos del Tribunal Constitucional alemán o del ejecutivo alemán a la mutualización de riesgos bancarios y a medidas de carácter *parafiscal*; también debe tenerse en cuenta como señala De Gregorio Merino el carácter *bifronte* de las bases jurídicas relativas a la Unión Bancaria: *"un proyecto que hunde sus raíces en la unión monetaria"* pero que *"es por otra parte un proyecto íntimamente vinculado al establecimiento del mercado interior en el sector de los servicios financieros y bancarios"*[542]. El acuerdo intergubernamental de 2014 prevé que transcurridos diez años de su entrada en vigor (esto es en 2026) los Estados parte adopten las medidas necesarias para incorporar sus normas sustantivas en conformidad con el TUE y el TFUE en el derecho originario y el Derecho de la Unión; siendo además un acuerdo entre Estados miembros que confiere jurisdicción potencial al Tribunal de Justicia en los términos del artículo 273 TFUE. No deja de ser llamativo, además, que un acuerdo intergubernamental externo al Derecho de la Unión blinde como condición necesaria para el acceso al FUR el respeto a las reglas sustantivas del derecho derivado, esto es, del Reglamento MUR y también de la Directiva BRRD, el espíritu *del bail-in*, en su artículo 9[543].

Por último, cabe tener en cuenta que el proyecto de acuerdo para modificar el tratado constitutivo del MEDE, y también, el borrador para modificar sus Estatutos (*by-laws*), contemplan la creación de un mecanismo de apoyo (*backstop*) que puede concederse a la Junta Única de Resolución para respaldar el Fondo Único de Resolución, sujeto a la previa aprobación del Consejo de Gobernadores del MEDE.

---

542 Alberto DE GREGORIO MERINO, *loc. cit.*, p. 4, y pp. ss.

543 Karl-Philipp WOJCIK, *loc. cit.*, pp. 103-104.

4.2.2.3 ¿Hacia un Sistema Europeo de Garantía de Depósitos? (Tercer Pilar)

Posiblemente este sea el pilar en el que menos terreno se ha avanzado hacia la *Unión*: los sistemas de garantía estatal de los depósitos en entidades de crédito, cumplen la función de proteger a los pequeños y medianos depositantes ante la fragilidad del dinero de creación bancaria (de reserva fraccionaria) así como de preservar la estabilidad del sistema financiero en su conjunto. En 1994 la Unión Europea adoptó una directiva con la intención de armonizar los esquemas nacionales de garantía de depósitos para favorecer las libertades de establecimiento y de prestación de servicios en el mercado interior, a la par que la protección de los ahorradores y la estabilidad del sistema bancario[544]. Esta directiva fue modificada en 2009, elevando el nivel de cobertura de los depósitos (no disponibles) por depositante a 100.000 euros, un nivel que se ha mantenido tras la adopción en abril de 2014 de la vigente Directiva 2014/49/UE[545]. Esta directiva establece un orden de prelación en los supuestos de resolución o de insolvencia de entidades financieras: tendrán prioridad aquellos depositantes que tengan depósitos de hasta 100.000 euros, y para los depósitos superiores a esta cantidad, en segundo lugar, aquellos cuyos depositantes sean personas naturales y pequeñas y medianas empresas. Los Estados miembros

---

544 Directiva 94/19/CE del Parlamento Europeo y del Consejo, de 30 de mayo de 1994, relativa a los sistemas de garantía de depósitos, DOUE L 135/5, de 31 de mayo de 1994. En aquel momento los Estados miembros debían asegurar que sus sistemas nacionales de garantía de depósitos tuviesen como mínimo una "*cobertura de hasta 20 000 ecus para los depósitos agregados de un mismo depositante*".

545 Véase el artículo 6.1 de la Directiva 2014/49/UE del Parlamento Europeo y del Consejo, de 16 de abril de 2014, *loc. cit.* En su artículo 8, la Directiva también establece que los sistemas de garantía de depósitos deberán garantizar el reembolso en su caso de los depósitos cubiertos en un plazo máximo de siete días hábiles (a más tardar desde el 31 de diciembre de 2023).

deben velar por que sus respectivos sistemas de garantía de depósitos alcancen los niveles de recursos adecuados para afrontar sus deudas potenciales y en todo caso, deberán garantizar que *"a más tardar 3 de julio de 2024, los recursos financieros a disposición de un SGD alcancen como mínimo el nivel objetivo de un 0,8 % del importe de los depósitos con cobertura de sus miembros"* (artículo 10.2)[546].

El principal problema de este sistema de armonización mínima a pesar de los intentos destinados a mejorar los sistemas de garantía de depósitos en el plano institucional y sustantivo es que no se logra establecer un verdadero *sistema unificado* de garantía de depósitos, un marco jurídico supranacional, que lograse mutualizar riesgos bancarios, y minimizar riesgos de contagio, rompiendo el círculo vicioso entre las entidades financieras y los riesgos asociados a las deudas soberanas de los Estados miembros: en noviembre de 2015, la Comisión efectuó una propuesta para crear progresivamente un sistema europeo de garantía de depósitos, con una transferencia progresiva de fondos desde los sistemas nacionales de garantía a este sistema europeo de garantía que finalmente sería un sistema mutualizado, de coaseguro, que permitiría compartir la carga de potenciales quiebras bancarias en la Unión Bancaria, y que sería configurado bajo la administración de la JUR (que aunaría

---

546 Según la Autoridad Bancaria Europea, a finales de 2023, 21 de los 36 regímenes de garantía de depósito existentes en el Espacio Económico Europeo y bajo la Directiva 2014/59/UE habían alcanzado este nivel requerido, habiéndose experimentado en 2023 un incremento del 14,9% de estos recursos, Agencia Europa, *Bulletin Quotidien Europe*, nº 13418, 29 de mayo de 2024, p. 19. En mayo de 2025, la Autoridad Bancaria Europea indica que en los 33 regímenes de garantía de depósitos de la Unión se ha alcanzado una cifra de 79.000 millones de euros (81.000 millones en los 36 regímenes de garantía de depósitos del Espacio Económico Europeo, incluyendo a Noruega, Islandia y Liechtenstein). Por tanto, los regímenes nacionales de garantía de depósitos se sitúan como mínimo en los niveles requeridos. Agencia Europa, *Bulletin Quotidien Europe*, nº 13647, 24 de mayo de 2025.

funciones de resolución bancaria y de garantía de depósitos). Como señala Olesti Rayo la Comisión vino a matizar en octubre de 2017 su propuesta inicial ante los obstáculos planteados en el Parlamento Europeo y en el Consejo[547].

En abril de 2023 la Comisión Europea ha presentado una propuesta para mejorar el marco jurídico de gestión de crisis y de seguro de los depósitos[548]: en junio de 2024 ha sido alcanzado el acuerdo político en el Consejo, siendo su punto de vista acorde en principio a introducir garantías de *bail-in* para que accionistas y acreedores sean las primeras líneas de defensa ante entidades inviables; con un reparto de cargas financieras entre los regímenes nacionales de garantía de depósitos y la liberación de recursos del Fondo Único de Resolución Bancaria...supeditando incluso el acceso a estos fondos de rescate a la obligación de reembolsar retroactivamente los *bonus* percibidos por los dirigentes de la entidad financiera en los dos años anteriores a la movilización de un sistema nacional de garantía de depósitos... La propuesta de la Comisión busca mejorar la protección de la estabilidad financiera y también la armonización de aspectos que mejoren la protección de los depositantes minimizando el uso

---

547 Véanse, la Comunicación de la Comisión al Parlamento Europeo, al Consejo, al Banco Central Europeo, al Comité Económico y Social Europeo y al Comité de las Regiones, *Hacia la culminación de la unión bancaria*, COM(2015) 587 final, de 24 de noviembre de 2015; y, la Comunicación de la Comisión al Parlamento Europeo, al Consejo, al Banco Central Europeo, al Comité Económico y Social Europeo y al Comité de las Regiones, *sobre la culminación de la unión bancaria*, COM (2017) 592 final, de 11 de octubre de 2017, ambas citadas en Andreu OLESTI RAYO, "La consolidación institucional de la Unión Económica y Monetaria en el seno de la Unión Europea: propuestas y realizaciones", *Revista Catalana de Dret Public*, nº 59, 2019, pp. 47-48.

548 Propuesta de Directiva del Parlamento Europeo y del Consejo, por la que se modifica la Directiva 2014/59/UE en lo que respecta a las medidas de actuación temprana, las condiciones de resolución y la financiación de las medidas de resolución, COM(2023) 227 final, 18 de abril de 2023.

del dinero de los contribuyentes. No obstante, la ya ex Comisaria Mairead McGuinness encargada de la Estabilidad Financiera, los Servicios Financieros y la Unión de los Mercados de Capital declaró también en junio de 2024 que el acuerdo político en el Consejo distaba de contribuir a los objetivos de la propuesta: puesto que limita considerablemente el acceso a los colchones de seguridad financiados por la industria a la hora de financiar la resolución de entidades financieras, pudiera propiciar el empleo de recursos nacionales (incluidos los de los contribuyentes) fuera del marco de resolución armonizado, debilitando la dimensión europea de la gobernanza de la Junta Única de Resolución[549]...

4.2.3 El Eurogrupo (en formato inclusivo) y las *Cumbres del euro*

Especialmente desde 2008 han ganado prominencia en la adopción de decisiones relativas a la gobernanza económica del euro algunas formaciones de naturaleza informal, al margen del sistema instiucional de la Unión, pero no enteramente desligadas de él, a caballo entre lo intergubernamental y lo institucional, externas y extrañas (pero no totalmente) al sistema jurídico de la Unión: se trata del Eurogrupo (incluida su manifestación reciente *en* formato inclusivo) y de la celebración periódica de las llamadas *Cumbres del euro*. El Tribunal de Justicia en su célebre sentencia emitida en casación en el asunto *Chrysostomides* originada en torno al programa de apoyo a la estabilidad financiera de Chipre de 2013, rechazó que el Eurogrupo sea a los efectos del artículo 340 TFUE una institución, órgano u organismo, o un ente con poder decisorio creado por los tratados, declarando en consecuencia la inadmisibilidad de toda acción de responsabilidad extracontractual dirigida contra sus actuaciones

---

[549] Agencia Europa, *Bulletin Quotidien Europe*, nº 13437, 22 de junio de 2024, pp. 3-4.

u omisiones[550]. El Tribunal de Justicia llega a este resultado al constatar que la creación del Eurogrupo fue operada en virtud de una Resolución del Consejo Europeo de 13 de diciembre de 1997: en virtud de ella se creó un órgano intergubernamental, externo al marco institucional de la Unión, que desempeña una función de coordinación entre el nivel nacional y el nivel de la Unión de las políticas económicas de los Estados miembros cuya moneda es el euro. En modo alguno puede asimilarse el Eurogrupo a una formación del Consejo, y el Tribunal enfatiza su naturaleza informal, su composición (ministros de finanzas de los Estados que comparten la moneda única), sin que esta herramienta intergubernamental de coordinación ostente verdaderas atribuciones ni competencias en el marco de aplicación del ordenamiento jurídico de la Unión, a pesar de su evidente conexión con los fines generales de la Unión establecidos en el artículo 3 TUE (entre los que figura el establecimiento de una Unión Económica y Monetaria cuya moneda es el euro). La creación del Eurogrupo, por tanto, a juicio del Tribunal de Justicia no altera el reparto horizontal de poderes entre las instituciones, y no comporta ninguna alteración en el poder decisorio del Consejo, ni tampoco de la Comisión Europea ni del BCE ni su independencia. El Tribunal de Justicia señala que los

---

550 Sentencia de la Gran Sala del Tribunal de Justicia de 16 de diciembre de 2020, *Consejo c. Dr. K. Chrysostomides & Co. LLC y otros, loc. cit.*, apartado 80. En ella se estima en casación la posición del Consejo declarando el error de Derecho en que había incurrido el Tribunal General (en su Sentencia de 13 de julio de 2018, ECLI:EU:T:2018:486) al haber admitido en primera instancia los recursos por responsabilidad extracontractual en lo tocante a las actuaciones del Eurogrupo. Desde la óptica *constitucional* aplicada al estudio de la Unión Económica y Monetaria aparece la necesidad clamorosa de *conceptualizar jurídicamente* al Eurogrupo y de paliar la sensación de *inexistencia jurídica* que se desprende de la lectura de este asunto, véase Daniela DOBRE, "Chrysostomides: completando el puzzle constitucional de la unión económica y monetaria", *Teoría y Realidad Constitucional*, nº 49, 2022, pp. 437-460.

tratados se limitaron a formalizar la existencia del Eurogrupo en el artículo 137 TFUE y en el Protocolo nº 14 anexo al TUE y al TFUE: en este último se contempla que la Comisión participará en sus reuniones, y que se invitará al BCE. Como contrapunto a la exclusión del Eurogrupo de la legitimación pasiva en el sistema de la responsabilidad extracontractual, el Tribunal de Justicia admite que los *acuerdos políticos* alcanzados en su seno pueden traducirse al sistema institucional, al sistema de normas y actos de la Unión, siendo posible entonces interponer el recurso de responsabilidad extracontractual frente a los actos del Consejo, Comisión y del BCE *adoptados a raíz de tales acuerdos políticos*[551]. Como cláusula de cierre del sistema de responsabilidad extracontractual el Tribunal de Justicia considera a la Comisión en su función de guardiana de los tratados como responsable de controlar y garantizar que los acuerdos políticos alcanzados en el seno del Eurogrupo reúnan garantías de conformidad con el Derecho de la Unión, exponiéndose en caso de inacción en el ejercicio del control a que la *ilicitud* de la Comisión pueda envolver la responsabilidad extracontractual de la Unión. Sin duda es esta una extraña pirueta jurídica[552]: la responsabilidad extracontractual tiene como presupuesto un hecho ilícito atribuible a una institución, e indirectamente se vendría a cuestionar la inacción de la Comisión por no velar en grado suficiente por la adecuación de un acuerdo político con el Derecho de la Unión. Como mínimo hay dos contrasentidos: a) ¿puede un

---

551 Véase aquí el apartado 93 de la Sentencia. Este sería el caso del Memorandum de Entendimiento en cuya negociación y firma intervienen BCE y Comisión Europea en el que se concreta el programa de ajuste macroeconómico al que se sometía Chipre. Cabe inferir del razonamiento del Tribunal de Justicia que tratándose de *acuerdos políticos* aquellos que emanan de la actuación del Eurogrupo no son impugnables sin más en virtud del recurso de anulación en los términos del artículo 263 TFUE.

552 Se trata del apartado 96 de la Sentencia.

acuerdo político ser el origen de una actuación ilícita?, b) ¿puede censurarse a la Comisión Europea mediante la exigencia de responsabilidad extracontractual por no ejercer el control del cumplimiento del Derecho de la Unión con respecto a la actuación de un ente *externo* a los tratados?, y en todo caso, ¿cómo es posible que la inacción de la Comisión dé lugar a un hecho ilícito cuando su función de control, en el marco del recurso de incumplimiento, está caracterizada por su poder discrecional en todas sus fases sin ser atacable por la vía del recurso de omisión? ¿Está el Tribunal de Justicia encomendando un deber a la Comisión de vigilancia sobre la conducta mancomunada de los Estados miembros en un ámbito externo a los tratados pero estrechamente ligado a estos? El razonamiento del Tribunal de Justicia en *Chrysostomides* a la hora de excluir al Eurogrupo de la noción de institución a los efectos de la responsabilidad extracontractual de la Unión en los términos del artículo 340.2 TFUE ha sido calificado de poco convincente, y plantea importantes interrogantes, teniendo en cuenta que en la práctica reciente de la Unión la respuesta a importantes desafíos (la pandemia de Covid-19) comienza a prefigurarse en foros informales que aparentemente están fuera del marco jurídico e institucional de la Unión Europea (Eurogrupo, Cumbres del Euro...)[553].

Rizando más el rizo las reuniones del Eurogrupo que suelen producirse con carácter mensual en la víspera de las reuniones de la formación del Consejo ECOFIN, han empezado también a extenderse y celebrarse con carácter *inclusivo*, esto es en un formato ampliado que aglutina a todos los ministros de economía y finanzas de la totalidad de Estados miembros siendo su composición la misma que el ECOFIN: pero lógicamente sin la capacidad de participar formalmente en los procedimientos

---

553 Anastasia KARATZIA, Menelaos MARKAKIS, "Financial assistance conditionality and effective judicial protection: Chrysostomides", *Common Market Law Review*, Vol. 59, nº 2, 2022, pp. 501-542.

legislativos, y actuando bajo la presidencia del Presidente del Eurogrupo (actualmente el irlandés Paschal Donohoe), junto con un miembro de la Comisión, el Presidente del BCE y un miembro de su Comité Ejecutivo y el Director General del MEDE. El Eurogrupo puede producir declaraciones escritas, una suerte de conclusiones[554]. En una de estas Declaraciones emitida por el

---

[554] Puede verse a título de ejemplo la Declaración del Eurogrupo en formato inclusivo relativa al futuro de la Unión de los Mercados de Capital, de 11 de marzo de 2024: se señala la necesidad de superar una asignatura pendiente y de propiciar un verdadero mercado europeo de valores con mayor integración y mayor liquidez como un elemento indispensable para apuntalar y completar tanto la Unión Bancaria como la Unión Económica y Monetaria, sobre la base de una distribución transfronteriza y compartida del riesgo para un funcionamiento más eficiente del mercado europeo de capitales en el contexto de mercados globalmente competitivos. Los ejes prioritarios para la regulación jurídica radican en reducir la fragmentación, la carga regulatoria, así como los elevados costes de transacción para los participantes. En aras de su consecución es necesario lograr una mayor convergencia de la supervisión de los mercados de valores, la armonización de los esquemas nacionales de insolvencia corporativa, la armonización contable para propiciar la comparabilidad transfronteriza de la información disponible sobre las empresas...El Eurogrupo traza de este modo las grandes líneas de una hoja de ruta para el legislador de cara a 2029. En mayor profundidad, Antonio SÁINZ DE VICUÑA BARROSO, "La Unión de Mercados de Valores: una nueva frontera para Europa", *Revista de Derecho Comunitario Europeo*, nº 50, 2015, pp. 321-359. Un trabajo donde se da buena cuenta de la relevancia de los informes de grupos de expertos (*Lamfalussy*, Informes del Grupo Giovannini...) como precursores de la regulación en este campo. Efectivamente, en 2015 presentó la Comisión Europea su Comunicación al Parlamento Europeo, al Consejo, al Comité Económico y Social Europeo y al Comité de las Regiones, *Plan de acción para la creación de un mercado de capitales*, COM(2015) 468 final, p. 12263/15. En marzo de 2025, ha empezado a hablarse de un modo evanescente, sin avances sustanciales, de una *Unión de Ahorros y de Inversiones*. Se barajan hipótesis de forma laxa como es complementar esta *Unión* con la emisión de títulos de deuda por parte del Banco Europeo de Inversiones y del

Eurogrupo en *formato inclusivo* el 16 de junio de 2022 se presentó una hoja de ruta para la Unión Bancaria en la senda de reforzar la autonomía estratégica abierta de la Unión y el rol internacional del euro: con el propósito de robustecer el mercado interior para los servicios bancarios y su marco jurídico, la protección del consumidor, la armonización y aplicación ampliadas de las herramientas de gestión y resolución de crisis, la mayor armonización de los sistemas nacionales de garantía de depósitos y de los aspectos de los regímenes nacionales de insolvencia bancaria para asegurar su consistencia con el marco revisado de gestión y resolución de crisis bancarias, así como un nuevo marco en línea con este último para las ayudas estatales al sistema financiero…

También como una forma reducida de Consejo Europeo, limitada en su composición a los Estados de la zona euro, ha surgido en la práctica desde la primera reunión en octubre de 2008 en París una nueva formación informal: las *Cumbres del euro*, que son

---

MEDE. En enero de 2024 el ministro francés de economía había lanzado un encargo a un grupo de expertos encabezado por un antiguo gobernador del Banco de Francia, Christian Noyer, para relanzar la propuesta de la Unión de los Mercados de Capital y ese embrión futuro de *Unión del Ahorro y de la Inversión*, véase, *Développer les marchés de capitaux européens pour financer l'avenir. Propositions pour une Union de l'Épargne et de l'Investissement*, Direction générale du Trésor, 25 de abril de 2024. En este marco hacia la Unión de los Mercados de Capital también se ha puesto el énfasis en incrementar el grado de educación financiera de la ciudadanía, a estos efectos pueden ser tenidas en cuenta las Conclusiones aprobadas el 14 de mayo de 2024 por el Consejo de la Unión, sobre la *educación financiera* (*financial literacy*). Por su parte, la Autoridad Europea de Valores y Mercados (ESMA) se ha pronunciado a favor de una supervisión financiera más directa y centralizada a nivel de la Unión en el marco de la hoja de ruta hacia esa futura *Unión de los Mercados de Capital*, véase, ESMA, *Building more effective and attractive capital markets in the EU*, 22 de mayo de 2024. En el mismo sentido se pronunció la presidenta del Banco Central Europeo, Christine Lagarde, en su discurso pronunciado el 17 de noviembre de 2023 en Frankurt, titulado: *A Kantian shift for the capital markets union.*

al Consejo Europeo lo mismo que el Eurogrupo al Consejo de la Unión. Se suelen celebrar sus reuniones dos veces al año. Las *Cumbres del euro* cuentan con su propio presidente elegido por mayoría simple de los Estados del euro, cada dos años y medio revovable una vez –coinciendo con la renovación de la presidencia del propio Consejo Europeo-; hasta la fecha presente la presidencia de la *Cumbre del euro* ha sido ocupada por los sucesivos presidentes del Consejo Europeo. La *Cumbre del euro* ha experimentado una cierta formalización e institucionalización, fuera del marco del Derecho originario: ha sido recogida su regulación y existencia en el artículo 12 del Tratado Constitutivo del MEDE y también la Secretaría General del Consejo publicó en 2013 unas *Normas relativas a la organización de los trabajos de las Cumbres del Euro.* Finalmente, cabe señalar que los resultados y actos jurídicos de las *Cumbres del Euro*, también se traducen en declaraciones y conclusiones, que cabe identificar como *soft law* (formal y sustantivo).

4.3 La propuesta de *euro digital*

Se desconoce cuál es la razón última por la cual el Banco Central Europeo se ha encaminado desde el otoño pandémico de 2020 a explorar las posibilidades de lanzar un *euro digital*, una CBDC (*Central Bank Digital Currency*)[555]. Muchas son las razones que han sido apuntadas como argumentos que abogan a su favor, así: la innovación digital[556], la mejora de los sistemas de pago, hacer frente a las criptomonedas y la laminación progresiva del efectivo como medio de pago, el contexto de interoperabilidad

---

555 Seraina GRÜNEWALD, Corinne ZELLWEGER-GUTKNECHT y Benjamin GEVA, "Digital Euro and ECB Powers", *Common Market Law Review*, nº 58, 2021, pp. 1029-1056.

556 Iris H-Y CHIU, "Building out the Crypto Economy in Europe: a Proposal for Central Bank Digital Euros", *European Law Review*, nº 4, 2021, pp. 435-459.

de las CBDC que empieza a ser explorado por otros bancos centrales y en grupos de trabajo del Banco de Pagos Internacionales…mejorar la protección de la estabilidad financiera, a la par que se preservan la privacidad y seguridad de los particulares en los medios de pago, fortalecer un sistema de *dinero público* más o menos centralizado de mayor regulación y garantía que el dinero de creación bancaria (reserva fraccionaria), la inclusión financiera, ¿una cierta, pero limitada, desintermediación bancaria?, mejorar la transmisión y la autonomía de la política monetaria[557], ¿la autonomía estratégica abierta de la Unión?[558] El euro es la segunda moneda en importancia en el sistema monetario internacional, tanto como medio de pago, como en su

---

557 Se ha llegado a apuntar al euro digital como hipotético instrumento híbrido de política monetaria y fiscal, una configuración que podría sobrepasar el actual marco de distribución de competencias, véase Francisco HERNÁNDEZ HERNÁNDEZ, *loc. cit.*, pp. 1020-1021. Como este autor apunta, ninguna de las imprevisibles consecuencias económicas -deseables- para la integración europea derivadas de la implantación del euro digital, sería infranqueable ni indisponible ante una hipotética revisión de los tratados.

558 Juan Carlos FERNÁNDEZ CELA, *loc. cit.*, menciona como principales fines de política pública a los que obedecería el lanzamiento del euro digital: "*estabilidad monetaria, trazabilidad fiscal, privacidad controlada y compatibilidad con el sistema bancario*", pp. 14-15. En un contexto de profunda fragmentación y de un sistema monetario y financiero global en descomposición, señala este autor, el euro no puede seguir operando bajo las premisas de neutralidad técnico-funcional, y la búsqueda de la autonomía estratégica debe trasladarse a este ámbito con una propuesta de crear para salir de la edad de la inocencia "*una Agencia de Inteligencia Financiera Estratégica, integrada en su aparato diplomático y coordinada con el BCE, la Comisión y los servicios exteriores*", en p. 17. Cabe deducir que esta última alusión lo es al Servicio Europeo de Acción Exterior. El propio Banco Central Europeo ha ligado el futuro euro digital a la noción de autonomía estratégica abierta y el rol público del dinero, véase "The EU's Open Strategic Autonomy from a central banking perspective. Challenges to the monetary policy landscape from a changing geopolitical environment", *Occasional Paper Series*, nº 311, marzo de 2023.

condición de activo de reserva, y el esbozo, embrionario aún, del euro digital podría obedecer al temor de que un hipotético yuan digital consiga popularizarse como medio de pago internacional, o como activo de reserva, desgastando la posición privilegiada de la que gozan tanto el dólar como el euro[559].

El 28 de junio de 2023 la Comisión Europea presentó una propuesta de Reglamento para el establecimiento del euro digital[560] sobre la base del artículo 133 TFUE y en el marco de la competencia exclusiva de la Unión en lo tocante a la política monetaria de los Estados miembros cuya moneda es el euro: el euro digital no puede suponer -sin modificar previamente el derecho originario- la desaparición del efectivo; billetes y monedas de curso legal denominados en euros seguirán teniendo poder liberatorio. Ahora bien, en el marco de sus propias competencias los Estados miembros pueden exceptuar/limitar la obligación de aceptar el pago en efectivo, estando dichas medidas nacionales restrictivas sujetas al ulterior control de su compatibilidad con el Derecho de la Unión -tales medidas deben respetar el principio de proporcionalidad, y obedecer a motivos de interés público como la persecución de la delincuencia, la seguridad o, por ejemplo, la mayor efectividad de la recaudación-[561].

---

559 Este sería el factor que más podría acelerar la implantación del euro digital a juicio de Luis Miguel HINOJOSA MARTÍNEZ, "Euro digital o criptoeuro: ¿Está en juego la soberanía monetaria europea?", *loc. cit.*, p. 501.

560 Propuesta de Reglamento del Parlamento Europeo y del Consejo relativo a la instauración del euro digital, Bruselas, COM(2023) 369 final, 28 de junio de 2023.

561 El Tribunal de Justicia ha tenido ocasión de precisar la relevancia de los artículos 128 y 133 TFUE en la unicidad del euro y en la efectividad de la política monetaria única, señalando que el *"concepto de «curso legal» de un medio de pago denominado en una unidad monetaria significa, en su sentido ordinario, que en general dicho medio de pago no puede rechazarse a la hora del pago de una deuda denominada en la misma unidad monetaria,*

La propuesta de Reglamento arroja numerosos interrogantes de índole económica y jurídica: el artículo 133 TFUE hace depender la entrada en funcionamiento del euro digital de un procedimiento legislativo ordinario, en el que el Banco Central Europeo debe ser consultado (con un poder consultivo, particularmente cualificado). El euro digital podrá ser utilizado *en línea*, y fuera de línea, contemplando el artículo 16 de la Propuesta la posibilidad de adoptar límites cuantitativos, límites a la tenencia del euro digital, a su utilización como *reserva de valor*. Está por ver, asimismo, cuál será el grado de anonimato, de privacidad, con el que será configurado en su diseño definitivo el euro digital: ¿cuál es el nivel adecuado de privacidad que puede conjugarse con el marco jurídico para la prevención de la financiación del terrorismo, del blanqueo de capitales y otras actividades ilícitas, o en otro orden, las medidas restrictivas adoptadas por la Unión? El artículo 29 de la propuesta impone a los proveedores de servicios de pago el deber de verificar el cumplimiento de las "sanciones", esto es, de las medidas restrictivas entabladas a partir del artículo 215 TFUE en el marco de la PESC[562]. No puede desdeñarse que

---

por su valor nominal y con efecto liberatorio". En el caso concreto el Tribunal de Justicia rechazó la posición de los demandantes según la cual existía una obligación incondicional de aceptar billetes para liquidar el canon audiovisual establecido por el Estado federado alemán de Hesse, que de acuerdo con el derecho alemán únicamente podría realizarse por medios de pago distintos del dinero en metálico para mejorar la efectividad de la recaudación, habida cuenta de que 46 millones de contribuyentes estaban llamados al pago. A juicio del Tribunal esta medida no implica alterar de forma unilateral por un Estado miembro el régimen jurídico del "curso legal" de la moneda única. Véase la Sentencia de la Gran Sala del Tribunal de Justicia de de 26 de enero de 2021, *Hessischer Rundfunk*, asuntos acumulados C-422/19 y C-423/19, ECLI:EU:C:2021:63, apartados 42-43 y 46; citada en Francisco HERNÁNDEZ HERNÁNDEZ, *loc. cit.*, pp. 1016-1017.

562 Las medidas restrictivas impiden viajar a Rusia desde aeropuertos situados en el territorio de los Estados miembros con cantidades de

existen interrogantes acerca de la suficiencia para el futuro euro digital de la base jurídica mencionada en el derecho derivado *a tratados constantes.* Constituye igualmente una incógnita cuál será la tecnología que finalmente dará soporte al euro digital[563].

En la primavera de 2025, tras los anuncios de la segunda administración Trump de potenciar los criptoactivos y las *stablecoins,* así como su veto a las CBDC[564], en la comunicación pública se han intensificado las voces que abogan por acelerar el desarrollo del euro digital, encontrando su contrapunto en ciertos segmentos de la opinión pública o de las actividades de desinformación e intoxicación en las redes que ven en el *euro digital* el instrumento definitivo para establecer un control social omnímodo[565]. Cual-

---

dinero denominado en euros superiores a los propios gastos del viaje (estas restricciones pueden mantenerse con el futuro euro digital, desde luego). En aplicación de ellas, en el aeropuerto de Frankfurt fueron intervenidas por las autoridades aduaneras alemanas cantidades en efectivo que hicieron desistir de su viaje, al pasajero *ZZ* que se disponía a volar a Estambul y posteriormente a Rusia. Dichas medidas restrictivas justifican prohibir la exportación de billetes denominados en euros a Rusia, incluso aunque estuvieran destinados a financiar eventuales tratamientos médicos, véase la Sentencia del Tribunal de Justicia de 30 de abril de 2025, *ZZ c. Generalstaatsanwaltschaft Frankfurt am Main,* asunto C-246/24, ECLI:EU:C:2025:295.

563 También se ha especulado con la posibilidad teórica de que los ciudadanos sean titulares de depósitos centralizados en las cuentas y balance del Banco Central Europeo, véase, Carlos VIÑUELA VALCARCE, Juan SAPENA BOLUFER, y Gonzalo WANDOSELL FERNÁNDEZ DE BOBADILLA, *¿Una nueva era monetaria?: El depósito en el Banco Central (CBDC),* Ediciones Pirámide, 2023.

564 En aras de la *autonomía estratégica abierta* y en el contexto de nueva *guerra comercial,* todo parece abogar por excluir de este ecosistema del futuro *euro digital* a las grandes compañías tecnológicas estadounidenses en aplicación de una cierta idea de *reciprocidad.*

565 *"In a more fragmented and digital world, accelerating progress on a digital euro is key to support a competitive and resilient European payment system, contribute to Europe's economic security and strengthen the international role*

quiera que sea la configuración definitiva del euro digital, es dudoso pensar que su desarrollo se vaya a traducir en un verdadero "bien público", y queda descartado que estemos ante una concepción del dinero como veradero *monopolio natural*.

of the euro", Declaración de la Cumbre del Euro celebrada en Bruselas el 20 de marzo de 2025, EURO 504/25. Son varias las decenas de países que estudian y tienen en fases piloto una moneda soberana digital, y en algunos pequeños países (Bahamas, Caribe Oriental, Jamaica y Nigeria) ya han sido puestas en circulación, sin que los resultados permitan extraer conclusiones reveladoras, José María LÓPEZ JIMÉNEZ, "Las monedas digitales de los bancos centrales: contexto e implicaciones geopolíticas, con especial atención al euro digital", *Diario La Ley*, nº 88, 2024.

CAPÍTULO III: Especificidades normativas en el ámbito de las relaciones monetarias y financieras internacionales

1. EXISTE UN LUGAR PARA EL DERECHO INTERNACIONAL GENERAL

Mientras que el sistema monetario internacional en Derecho Internacional Público *stricto sensu* nace con Bretton Woods, las finanzas -jurídicamente- se consideran como una cuestión circunscrita a la esfera nacional, a las jurisdicciones nacionales como feudos regulatorios *ab initio*: evidentemente así hemos llegado a la paradoja actual donde los mercados financieros son globales -a pesar de los retrocesos fragmentadores- y el poder regulatorio público global está prácticamente ausente, con la particularidad añadida de que los Estados que retienen un poder regulatorio cada vez más atenuado necesitan y dependen cada vez en mayor medida de los mercados financieros de carácter privado y global para obtener financiación. La tendencia hacia la informalidad en la regulación internacional de las actividades financieras y la gobernanza global de los mercados financieros puede explicarse porque si bien la persecución de la estabilidad financiera es un bien público (no rival y no excluyente) la regulación a nivel nacional hace soportar costes actuales en el presente a nivel doméstico para generar beneficios futuros (e inciertos) en la prevención de crisis financieras internacionales:

los costes asumidos mediante la regulación doméstica limitan la acción poniendo en posición de desventaja a las jurisdicciones cooperativas frente a *free riders* que no desean contribuir al bien público[566]. Dicho de otro modo, los Estados mediante una regulación bancaria y financiera laxa pueden atraer a los actores más poderosos y competitivos de la industria financiera a expensas de trasladar al plano internacional y a otros Estados el coste de la 'externalidad negativa' derivada de incrementar los potenciales riesgos de la inestabilidad financiera. De este modo un enfoque global fundado en el *laissez faire* favorece la competencia entre Estados y jurisdicciones para maximizar las ganancias a corto plazo y externalizar los costes internacionales de la siguiente crisis financiera en gestación. En un escenario tal, los países con una regulación más laxa pueden beneficiarse del compromiso de otros Estados de introducir regulaciones más severas en el ámbito bancario y financiero[567]. Existen muestras de la *huida del Derecho*[568], o la renuncia a regular, en algunos supuestos.

---

566 Cuando se incrementan la regulación y la transparencia en una zona, el poder económico-financiero real gusta de trasladarse hacia las zonas de penumbra, hacia los agujeros negros del sistema, sin que le resulte demasiado difícil encontrar y sembrar las claraboyas necesarias para hacerlo. También se ha indicado que no existe una panacea regulatoria capaz de promover un comportamiento responsable; y por su parte, el *soft law* no puede ofrecer una respuesta adecuada a los procesos de resolución bancaria de carácter transnacional. El cumplimiento aparente de los *estándares financieros internacionales* puede impulsar a actividades de mayor riesgo en segmentos menos regulados (brindando una falsa sensación de seguridad), Mario GIOVANOLI, *op. cit.* p. 60.

567 Armin STEINBACH, "The Trend towards Non-Consensualism in Public International Law: A (Behavioural) Law and Economics Perspective", *European Journal of International Law*, Vol. 27, nº 3, 2016, pp. 643-668, en p. 663.

568 Carbonnier hablaba de la hipótesis del no-derecho, del abandono o la retirada del derecho de un terreno que habría poder ocupado o que ocupaba, véase Jean CARBONNIER, *Derecho flexible. Para una sociología no rigurosa del derecho*, Tecnos, 1974. Estas áreas de no-derecho

Como la evidencia histórica muestra, los *defaults* soberanos son un fenómeno histórico relativamente usual, sin embargo, los Estados no han querido desarrollar un régimen jurídico internacional preciso en materia de insolvencia estatal: esta falta de respuesta regulatoria acentúa los problemas, ya que también hallamos una creciente imbricación entre las crisis presupuestarias y de deuda soberana y los mercados financieros internacionales y la moneda, en último término[569]. El Derecho Internacional general es abso-

---

son abandonadas a normas técnicas, "leyes naturales", incluida la ley de la fuerza, normas morales, costumbres sociales, la pura autonomía de la voluntad, la innovación científica y tecnológica, etc. También es cierto que nos encontramos ante una paradoja difícilmente superable en este ámbito: el poder público debe ser capaz de regular a un poder privado que le suministra los recursos financieros de los que el primero carece y con respecto a los que depende de este último.

569 Christian TIETJE, *op. cit.*, pp. 13-14. Debe confesarse una cierta impotencia del Derecho Internacional Público ante la jungla de las finanzas globalizadas y los actores privados: el Derecho interno y el Derecho Internacional Privado se abren paso en este minúsculo terreno de juego del Derecho Internacional Público, para abordar la tutela de intereses privados de los acreedores en la relación contractual con deudores soberanos, sin que haya una regulación internacional orientada al interés general (con la salvedad de las organizaciones internacionales de integración regional). Evidentemente, el Derecho Internacional general entra en juego (prohibición del uso de la fuerza armada y de la amenaza, de ciertas represalias, inmunidades soberanas, posibilidad de recurrir a la institución arbitral...), la tutela de intereses privados también se traslada al CIADI (Centro Internacional de Arreglo de Diferencias relativas a Inversiones), y las disposiciones exoneratorias de la responsabilidad internacional del Estado deudor (fuerza mayor, estado de necesidad) con limitado alcance pueden resultar de aplicación...En uso de su soberanía los Estados han descartado tanto un mecanismo centralizado y vinculante de reestructuración de deudas soberanas, como han sido refractarios a instaurar algún tipo de foro preestablecido de solución jurisdiccional a las disputas en estos supuestos, y finalmente, no han establecido mecanismos vinculantes para la prevención del endeudamiento excesivo en el plano inter-

lutamente relevante en el ámbito de las relaciones monetarias y financieras internacionales. Así, ahondando en la cuestión apuntada de la *huida del Derecho* y en la idea de que el *soft law* puede reflejar a un tiempo, en ciertos casos, la mayoría numérica de los PVD y la hegemonía de poder real de los Estados industrializados encontramos como muestra significativa la Resolución de la Asamblea General de Naciones Unidas adoptada el 10 de septiembre de 2015 mediante la cual fueron aprobados los Principios Básicos de los Procesos de Reestructuración de la Deuda Soberana, con 136 votos a favor (principalmente PVD), 41 abstenciones (países europeos, fundamentalmente) y 6 votos en contra (Alemania, Canadá, Estados Unidos, Israel, Japón, y Reino Unido). Con arreglo a dichos *Principios*, mientras se preservan los derechos de los acreedores, los Estados deudores deben tener derecho a formular sus políticas macroeconómicas incluyendo sus procesos de reestructuración que deben estar guiados por la transparencia e imparcialidad y el trato equitativo a los acreedores, de tal modo que queden garantizadas la estabilidad del sistema financiero internacional así como el respeto a los derechos humanos[570], a la par que la resolución

---

nacional, véase, Mathias FORTEAU, "Le défaut souverain en droit international public. Les instruments de droit international public pour remédier à l'insolvabilité des États", en Mathias AUDIT (Dir.), *Insolvabilité des États et dettes souveraines*, L.G.D.J., 2011, pp. 209-232. Cuestión distinta es el avance normativo, con recursos, como se ha indicado al Derecho Internacional Público para prevenir y remediar la insolvencia soberana en los Estados miembros de la Unión Europea, Francesco MARTUCCI, "Le défaut souverain en droit de l'Union européenne. Les instruments de droit de l'Union européenne pour rémedier à l'insolvabilité des États", en Mathias AUDIT (Dir.), *Insolvabilité des États et dettes souveraines*, L.G.D.J., 2011, pp. 233-276.

570 El Tribunal Europeo de Derechos Humanos se habría hecho eco implícitamente de estos principios en la resolución en 2016 del asunto *Mamatas y otros c. Grecia*, donde el Tribunal entendió que no se violó el derecho a la propiedad de los tenedores de bonos en su programa de reestructuración de la deuda pública de 2012, véase Alexandre

reafirma las inmunidades soberanas de jurisdicción y ejecución de los Estados deudores ante los tribunales extranjeros[571]. En esta misma línea tenue tendente a la evitación de asunción de obligaciones internacionales multilaterales tajantes, encontramos en el año anterior la aprobación a instancias del Grupo de los 77 y de China de la Resolución de la Asamblea General relativa al establecimiento de un marco jurídico multilateral para los procesos de reestructuración de la deuda soberana: desde entonces, como resulta patente, las mimbres para la traducción en compromisos jurídicos sólidos, de *hard law*, de este marco multilateral no han

---

BELLE, "Mamatas and Others v. Greece: How the European Court of Human Rights Could Change Sovereign Debt Restructuration", en John D. HASKELL y Akbar RASULOV (Eds.), *New Voices and New Perspectives in International Economic Law. European Yearbook of International Economic Law*, 2020, pp. 153-171. El Tribunal General de la Unión Europea se ha referido a su vez a este pronunciamiento del Tribunal Europeo de Derechos Humanos en el marco de un recurso por responsabilidad extracontractual, véase la Sentencia del Tribunal General de 23 de mayo de 2019, *Frank Steinhoff y otros c. Banco Central Europeo*, asunto T-107/17, ECLI:EU:T:2019:353, apartado 106 y ss.

571 Resolución 69/319 aprobada por la Asamblea General el 10 de septiembre de 2015, *Principios Básicos de los Procesos de Reestructuración de la Deuda Soberana*, A/RES/69/319.

sido erigidas[572]. Existen foros de negociación de carácter informal donde se buscan soluciones en estos supuestos[573].

En todo caso el Derecho Internacional ha evolucionado constriñendo los medios expeditivos que el acreedor puede emplear para hacer efectivo el cobro de sus deudas: piénsese en la *diplomacia de las cañoneras* y el bloqueo naval y bombardeo de puertos en Venezuela llevado a cabo por las marinas de potencias europeas como Alemania, Italia y Reino Unido ante su impago en 1902-1903. Estas represalias originaron la elaboración de la Convención Drago-Porter del 18 de octubre de 1907, relativa a la limitación del empleo de la fuerza armada para el cobro de las deudas contractuales, elaborada en la Segunda Conferencia de Paz de la Haya: eso sí, la vía de recurso al uso de la fuerza no quedaba enteramente descartada, pudiendo acudirse a ella si el Estado deudor no aceptaba el arbitraje[574]. Siguiendo esta

---

572 Resolución 68/304 aprobada por la Asamblea General el 9 de septiembre de 2014, *Hacia el establecimiento de un marco jurídico multilateral para los procesos de reestructuración de la deuda soberana*, A/RES/68/304. Es un lugar común referirse al parentesco moral que en alemán tienen los términos "deuda" y "culpa" a partir de la obra *Genealogía de la Moral* (1887) del filósofo Friedrich Nietzsche. Del mismo modo puede verse un recorrido histórico en la evolución del comportamiento de los Estados deudores y acreedores en las negociaciones y en la llamada *diplomacia de la deuda* en la obra de, Pierre PENET y Juan FLORES ZENDEJAS (Eds.). *Sovereign Debt Diplomacies: Rethinking sovereign debt from colonial empires to hegemony*, Oxford University Press, 2021.

573 *"Nos referimos, fundamentalmente, al Club de París, en el que se reúnen representantes de los gobiernos acreedores, de las instituciones multilaterales y del país deudor, para renegociar la deuda de naturaleza pública, y al Club de Londres, creado por bancos privados para reprogramar el servicio de la deuda entre el país deudor y sus acreedores privados, garantizando la igualdad de trato para todos ellos"*, Luis Miguel HINOJOSA MARTÍNEZ, "Capítulo 1. La regulación jurídica del sistema económico internacional", *op. cit.*, p. 24.

574 Romualdo BERMEJO GARCÍA, "El uso de la fuerza, la Sociedad de Naciones y el Pacto Briand-Kellogg", en Yolanda GAMARRA CHO-

trayectoria hemos llegado hoy al artículo 2.4 de la Carta de San Francisco que prohíbe sin ambages el uso de la fuerza armada sin que se contemple ningún resquicio que haga legítimo ni legal al acreedor su utilización ni la amenaza de su empleo para emplear coerción sobre el deudor, se trata de una norma convencional que también tiene una existencia dual, simultánea como norma consuetudinaria, y que debe situarse entre las normas imperativas (*ius cogens*) de Derecho Internacional.

Díez-Hochleitner ha propuesto que convendría adoptar alguna medida que impida que los tribunales arbitrales entren a conocer de controversias relativas a bonos soberanos: por ejemplo, incluyendo en los Acuerdos de Protección y Promoción Recíproca de Inversiones cláusulas que excluyan de su ámbito de aplicación las controversias relativas a bonos soberanos o que limiten la posibilidad de presentar demanda arbitral por parte de los tenedores de dichos bonos cuando se inicien procesos de reestructuración de deuda pública así como en supuestos de *default* soberano[575]. En 2003 el Directorio Ejecutivo del FMI rechazó una propuesta para crear un mecanismo de reestructuración de la deuda soberana que implantase un tribunal arbitral internacional para estos supuestos colocando a los Estados deudores bajo una tutela similar a la que existe en las leyes concursales internas[576].

PO, Carlos R. FERNÁNDEZ LIESA (Coords.), *Los orígenes del derecho internacional contemporáneo: estudios conmemorativos del Centenario de la Primera Guerra*, Institución Fernando El Católico, Excma. Diputación de Zaragoza, Zaragoza, 2015, pp. 218-219.

575 Javier DÍEZ-HOCHLEITNER, "El arbitraje de inversiones frente a los *defaults* soberanos. (A propósito de los laudos sobre jurisdicción en los asuntos *Abaclat* y *Ambiente Ufficio*)", en Diego Javier LIÑÁN NOGUERAS (Dir.) y Antonio SEGURA SERRANO (Coord.), *Las crisis políticas y económicas: nuevos escenarios internacionales*, Tecnos, 2014, pp. 129-160.

576 Jean-Marc SOREL, "L'évolution des institutions financières internationales: entre redéploiement et fragilité, une restructuration systémique en chantier", *loc. cit.*, p. 493.

Nada impide que los Estados industrializados y que concentran mayor proporción de acreedores se concierten para aliviar la presión ejercida sobre los deudores en aras del desarrollo económico: así, tras el cataclismo originado por la pandemia de la Covid-19 el Banco Mundial y el Fondo Monetario Internacional instaron a los integrantes del G-20 a establecer la Iniciativa de Suspensión del Servicio de la Deuda de la que participan 73 Estados (PVD) que han podido a tenor de la misma acceder a una suspensión temporal del servicio de la deuda contraída con acreedores bilaterales oficiales[577]. Esta engalanada expresión *servicio de la deuda* ha sido calificada por Remiro Brotóns como ilustrativa de un pernicioso *lenguaje sedativo* empleado con frecuencia para dotar de una envoltura agradable a una realidad verdaderamente odiosa[578].

---

577 Banco Mundial, *COVID-19 (coronavirus): Iniciativa de Suspensión del Servicio de la Deuda*, 8 de diciembre de 2021. En su Resolución relativa a la *sostenibilidad de la deuda y el desarrollo* la Asamblea General de Naciones Unidas estableció igualmente que *"los deudores y los acreedores deben trabajar de consuno para prevenir y resolver las situaciones de endeudamiento insostenible y que mantener niveles sostenibles de endeudamiento es responsabilidad de los países prestatarios, reconoce que los prestamistas también tienen la responsabilidad de otorgar préstamos de una manera que no menoscabe la sostenibilidad de la deuda de un país y, a este respecto, toma nota de los principios de la Conferencia de las Naciones Unidas sobre Comercio y Desarrollo sobre el otorgamiento y la toma responsables de préstamos soberanos, reconoce los requisitos aplicables de la política de límites de la deuda del Fondo Monetario Internacional [...]"*, Resolución 72/204 de la Asamblea General de Naciones Unidas adoptada el 20 de diciembre de 2017, *La sostenibilidad de la deuda externa y el desarrollo*, A/RES/72/204.

578 *"Se trata de adormecer con expresiones sedativas y tranquilizadoras la eventual reacción ciudadana frente a la agresión, el asesinato y la tortura, las operaciones encubiertas, las víctimas inocentes, la detención ilegal y el secuestro, las cuevas de alí babá y los banqueros ladrones, los intereses usurarios, el despojo social, la supresión y deterioro del servicio público, la explotación laboral y el despido barato y, de ser preciso, preparar los discursos para deslegitimar las protestas, recortando las libertades de expresión, de reunión y manifestación y haciendo de la calle y de los medios de difusión de masas el coto privado*

Las crisis financieras y bancarias no son tampoco un fenómeno insólito -al contrario, la historia está plagada de ejemplos- ni tampoco constituye una novedad la internacionalización de los mercados financieros: ahora bien, su dimensión y grado actual unidos a la génesis y consecuencias de la primera crisis financiera global de 2008 han atraído necesariamente el interés del Derecho Internacional Público debido a los efectos transfronterizos y sistémicos. Las crisis originadas en mercados financieros de carácter privado, no son ya un fenómeno cuyos efectos se circunscriban a una jurisdicción estrictamente nacional. Sin embargo, en 1944 en Bretton Woods reinó la idea de dejar las finanzas en aquel momento en manos de las jurisdicciones nacionales...Los productos financieros se adquieren en un mercado global, pero siguen anclados fundamentalmente a legislaciones nacionales, internas. Existe una interdependencia sin precedentes en nuestro tiempo entre mercados financieros internacionales de carácter privado, estabilidad monetaria y deudas soberanas: a ella debe unirse la interdependencia entre el comercio, la moneda y los mercados financieros, que no ha recibido la suficiente atención hasta la fecha por parte de la arquitectura financiera internacional ni por el Derecho Internacional Público[579]. En buena medida los exitosos resultados de China en la exportación tras su adhesión en diciembre de 2001 a la Organización Mundial de Comercio

del establecimiento", Antonio REMIRO BROTÓNS, "De la seguridad, el lenguaje y otras calamidades", en *Cursos de derecho internacional y relaciones internacionales de Vitoria-Gasteiz = Vitoria-Gasteizko nazioarteko zuzenbide eta nazioarteko herremanen ikastaroak*, nº 1, 2012, p. 33.

579 Pese a la estrecha interconexión entre los aspectos comerciales y monetarios, las constricciones impuestas por la política global del momento hicieron que el Fondo Monetario Internacional y la liberalización comercial siguieran caminos institucionales separados, véase, Jan WOUTERS y Jed ODERMATT, "Comparing the 'Four Pillars' of Global Economic Governance: A Critical Analysis of the Institutional Design of the FSB, IMF, World Bank, and WTO", *Journal of International Economic Law*, Vol. 17, nº 1, 2014, pp. 49–76.

se tradujeron en una gran acumulación de reservas en moneda extranjera[580] en manos de China que a su vez inundaron los mercados financieros en Estados Unidos mediante su política de inversión, permitiendo este excedente de recursos financieros llevar a cabo a la Reserva Federal una política de bajos tipos de interés que desencadenó y alimentó junto a otras causas la crisis financiera manifestada desde 2007[581]. En este contexto macroeconómico de consumo y apalancamiento desmedidos en Estados Unidos frente a los grandes superávits cosechados por una China volcada a las exportaciones se produjo el auge del crédito barato, fomentando el endeudamiento de los hogares, las burbujas de activos especialmente inmobiliarios, y la asunción de mayores riesgos por parte de los intermediarios financieros y consumidores: como colofón y origen inmediato de la crisis financiera global *las hipotecas subprime*, la titulización[582] y la dispersión y esparcimien-

---

580 Una de las lagunas más ostensibles del sistema de Bretton Woods es la ausencia de disciplina jurídico-internacional sobre la composición y gestión de las reservas monetarias internacionales por parte de los Estados: nada se indica en los Estatutos del FMI, al respecto, véase Dominique CARREAU y Patrick JUILLARD, *op.cit.*, p. 625.

581 Christian TIETJE, *op. cit.*, pp. 24-27.

582 En el ámbito de la Unión Europea ha sido abordado este fenómeno mediante el Reglamento (UE) 2017/2402 del Parlamento Europeo y del Consejo de 12 de diciembre de 2017 por el que se establece un marco general para la titulización y se crea un marco específico para la titulización simple, transparente y normalizada, y por el que se modifican las Directivas 2009/65/CE, 2009/138/CE y 2011/61/UE y los Reglamentos (CE) nº 1060/2009 y (UE) nº 648/2012, DOUE L 347/35, de 28 de diciembre de 2017. Su objetivo es encauzar el mercado de titulización, que permite convertir los préstamos en valores negociables, sin poner *aparentemente* en riesgo la estabilidad financiera. Las Autoridades Europeas de Supervisión han recomendado en marzo de 2025 simplificar los deberes de vigilancia y transparencia que contiene este reglamento, así como clarificar su campo de aplicación, véase, *Joint Committee Report on the implementation and functioning of the Securitisation Regulation (Article 44)*, 31 de marzo de 2025. En junio de

to de activos tóxicos por el sistema financiero propiciada por la actuación de los bancos de inversión estadounidenses[583].

En el sistema monetario internacional se produce, en suma, una pugna (*trade-off*) entre la persecución de los objetivos domésticos de los Estados en ejercicio de su *soberanía monetaria* y la consecución de la estabilidad monetaria general, global, de modo que se hace necesaria una profunda revisión del sistema, como sostiene Lucía Satragno[584].

2025 la Comisión ha presentado una propuesta COM (2025) 826 para revisar el Reglamento de 2017 y expandir el mercado de la titulización cuantitativamente, simplificando su regulación, sin renunciar teóricamente a la preservación de la estabilidad financiera.

583 Manuel LÓPEZ ESCUDERO, "Estabilidad económico-financiera y derecho internacional", *loc. cit.*, pp. 372-373.

584 Lucía SATRAGNO, *Monetary Stability as a Common Concern in International Law. Policy Cooperation and Coordination of Central Banks*, *op. cit.*, pp. 10 y ss. Si se quisiera aislar el sistema monetario internacional de la noción de "sistema monetario y financiero internacional", como hace el Fondo Monetario Internacional, seguramente habría que referirse fundamentalmente a las relaciones entre Estados que afectan a los ajustes y financiación de la balanza de pagos y que están gobernadas por el Derecho Monetario Internacional como rama del Derecho Internacional Público; en esta obra de Satragno aparece una cita de Joseph GOLD, en este sentido, "Public International Law in the International Monetary System", *Southwestern Law Journal*, Vol. 38, nº 3, 1984, p. 799. El Derecho del sistema monetario internacional –dejando aparte el sistema financiero internacional- trataría de los acuerdos y reglas internacionales relativos a los tipos de cambio, sistemas de pagos internacionales, movimientos internacionales de capital y reservas monetarias, y acceso a la liquidez.

2. LA FORMACIÓN DE NORMAS Y OBLIGACIONES INTERNACIONALES EN EL ÁMBITO DE LAS RELACIONES MONETARIAS Y FINANCIERAS INTERNACIONALES

Una vez examinados los anteriores condicionantes derivados del Derecho Internacional General, atendiendo a la existencia de una jerarquía en Derecho Internacional dimanante de la primacía Carta de Naciones Unidas[585] así como a la existencia de normas imperativas, conviene adentrarse en las denominadas "fuentes formales" o de un modo más preciso, métodos y procesos de formación y creación de normas y obligaciones internacionales en el ámbito de las relaciones monetarias y financieras internacionales: ¿Qué rol desempeñan en este ámbito los tratados, la costumbre, los actos unilaterales, los actos concertados no convencionales o los actos de las organizaciones internacionales? El artículo 38 del Estatuto del Tribunal Internacional de Justicia está ampliamente superado para identificar los lugares y métodos de producción de normas, máxime, con el fenómeno de la normatividad relativa (tierna si se quiere) y del *soft law*. Más allá de las denominadas "fuentes formales" en este ámbito de las relaciones monetarias y financieras internacionales donde coexisten e interactúan una multiplicidad de espacios jurídicos, conviene prestar atención a los procesos reales de formación de las normas internacionales (enlazando con el capítulo precedente que intentaba desbrozar y presentar las redes informales y su interacción con las organizaciones internacionales a los efectos de facilitar la comprensión de esta génesis reticular e informal[586] en buena medida de normas internacionales, con

---

585 De su artículo 103 y en conjunción con él, el artículo 2.6.

586 A título de ejemplo, véase cómo el Comité de Pagos e Infraestructuras de Mercado, el Banco de Pagos Internaccionales, el *Innovation Hub* adscrito a este, y el Banco Mundial y Fondo Monetario Internacional efectuaron un informe conjunto acerca del acceso e interoperabilidad de las CBDC *–divisas digitales de los bancos centrales-* en los pagos transfronterizos, tal y

independencia de su posterior materialización y solidificación "formal")[587]. Lejos de adoptar una visión mecanicista o estática en la que predominen las categorías formales, el interés de esta aproximación radica en examinar la interacción que se produce en los procesos y entre los diferentes tipos de *fuentes*[588] que con-

---

como se da cuenta en la Declaración de los líderes del G-20 reunidos en Bali (Indonesia) los días 15 y 16 de noviembre de 2022, en su apartado 27.

587 Véase a título de ejemplo de este proceso de *solidificación* cómo la opinión del Consejo de Estabilidad Financiera y de IOSCO es tenida en cuenta en su exposición de motivos para elaborar mediante el procedimiento legislativo ordinario un reglamento tendente a establecer obligaciones de gestión de riesgo macroeconómico derivadas de los fondos del mercado monetario en la Unión Europea, Reglamento 2017/1131/UE del Parlamento Europeo y del Consejo de 14 de junio de 2017 sobre fondos del mercado monetario, DOUE L 169/8, de 30 de junio de 2017.

588 A pesar de los problemas terminológicos que la noción de fuentes (formales) plantea, y de que existe un cierto acuerdo acerca de que el consentimiento estatal constituye la más obvia fuente material del Derecho Internacional, Jean D'Aspremont advierte y previene de que el rechazo del formalismo -en un contexto donde el ejercicio de autoridad pública internacional se plantea fuera de los cauces tradicionales del Derecho Internacional- puede llevar a los iusinternacionalistas a buscar en la deformalización (*deformalization*) del Derecho Internacional un elixir frente a las ansiedades que se traduzca en abandonar todo criterio formal a la hora de identificar las normas en Derecho Internacional. Sería un error el abandono total de las categorías formales y la reducción del Derecho Internacional a un mero *proceso*, un continuo, donde distinguir Derecho del no Derecho en un área gris resultaría impracticable, Jean D'ASPREMONT, "The Politics of Deformalization in International Law", *Goettingen Journal of International Law*, Vol. 3, nº 2, 2011, pp. 503-550. Este autor indica cuáles son las razones *políticas* que subyacen a la agenda hacia la deformalización: impulsar el desarrollo futuro del Derecho Internacional, la expansión del Derecho Internacional, elevar el grado de responsabilidad y rendición de cuentas de las redes que ejercen *autoridad pública internacional*, la pugna académica por ensanchar los límites de la propia disciplina y encontrar nuevos *nichos*, promover el pluralismo legal e invocar argumentos legales creativos ante órganos

ducen a la formación de normas y obligaciones internacionales. El Derecho Internacional entendido como sistema jurídico alude por tanto no solo al conjunto de principios y normas, en una dimensión estática, sino también a sus interacciones y conexiones, a su cambio, así como a su proceso dinámico de producción, creación y aplicación. Como Riedel explicaba a principios de los años 90 del pasado siglo, la *tríada de fuentes tradicionales* (normas convencionales, costumbre, principios generales del Derecho[589]) es a todas luces insuficiente para explicar los procesos normativos que tienen lugar en las actuales relaciones internacionales: además, la teórica dicotomía entre *hard* y *soft law* está llena de zonas de penumbra y sombras (*zebra codes*); en un mismo instrumento jurídico aparecen contenidas normas con diferente densidad e intensidad normativas (no es automática ni necesariamente cierta la asimilación entre norma convencional y *hard-law* o normas vinculantes). Como este autor señala *"a sharp delineation of law and non-law would not do justice to modern international relations"*, un aserto particularmente relevante en lo que atañe al sistema

jurisdiccionales. Los costes de esta tendencia radican en: erosionar el carácter normativo y la autoridad del Derecho Internacional Público, degradar el Estado del Derecho en el plano internacional e impedir el debate y la crítica académicos, afectar a su unidad y paradójicamente *resucitar* el formalismo como sucede en la corriente del Derecho Administrativo Global y otras corrientes posmodernas.

589 Los principios generales del sistema jurídico internacional que teóricamente expresan intereses comunes de la comunidad de Estados en su conjunto ejercen influencia sobre los derechos internos, tal y como sucede en el ámbito del Derecho Internacional de los Derechos Humanos, y, desde la perspectiva de su relación con otras "fuentes" la clave reside en su interacción ya que los principios generales de Derecho Internacional resultan indisociables en la práctica del proceso de formación de las normas consuetudinarias y de su reflejo, Hanna BOKOR-ZEGÖ, "Les príncipes généraux du Droit", en Mohamed BEDJAOUI (Dir.), VV.AA, *Droit International. Bilan et Perspectives,* Vol. 1, Éd. Pedone, Unesco, 1991, pp. 223-230.

monetario y financiero internacional y su regulación jurídica. Riedel habla de normas aspiracionales, normas de influencia sociológica –no legal-, normas no vinculantes o que establecen *obligaciones imperfectas*...diferentes componentes, de diferente densidad normativa que pueden estar presentes en diferente grado en un mismo instrumento jurídico continente: la interacción entre instrumentos jurídicos con diferente grado de obligatoriedad y alcance constrictivo es en todo caso relevante para la entrada en acción de principios generales del derecho como son el de buena fe y el *estoppel*[590].

En Derecho Internacional Económico señalaban, en los albores del siglo XXI, Sobrino Heredia y Abad Castelos como particularidad para entender la formación de normas internacionales que se ha impuesto el principio de libre mercado y que no existe un marco jurídico general ni se ha establecido entre los Estados ni entre la doctrina un consenso general para instaurar una base normativa convencional que coarte las reglas *naturales* del mercado: más allá de la obligación general del artículo 1.3 de la Carta de Naciones Unidas que establece la obligación de cooperar para encauzar los problemas internacionales de carácter económico en línea con sus propósitos y principios (entre los que cabe ubicar la protección internacional de los derechos humanos –y en nuestros días del medioambiente-). Destaca en este ámbito la importancia de los operadores económicos priva-

---

590 Eibe RIEDEL, "Standards and Sources. Farewell to the Exclusivity of the Sources Triad in International Law?", *European Journal of International Law*, Vol. 2, nº 2, 1991, pp. 58-84, en p. 68.

dos[591], la presencia del *soft law,* de la normatividad atenuada[592], el retroceso o la retirada del Derecho Internacional del desarrollo, las dificultades para practicar la codificación en este ámbito...[593].

Más allá por tanto de la noción de "fuentes formales"[594] vamos a efectuar un recorrido panorámico (sin ánimo de exhaustividad)

---

591 Puede pensarse en el caso particular de la normalización industrial, donde también aparecen sociedades privadas encargadas de la elaboración de normas técnicas, la relevancia de los organismos privados de normalización y certificación, etc. Al respecto, Vicente ÁLVAREZ GARCÍA, *Las normas técnicas armonizadas (una peculiar fuente del Derecho Europeo),* Iustel, 2020. En el caso de la Unión Europea la Comisión puede condicionar el mandato de estos organismos de normalización cuando elaboran normas armonizadas, véanse al respecto las Conclusiones del Abogado General Manuel Campos Sánchez-Bordona presentadas el 28 de enero de 2016, *James Elliott Construction Limited contra Irish Asphalt Limited,* asunto C-613/14, ECLI:EU:C:2016:63, apartado 56. Al respecto, Vicente ÁLVAREZ GARCÍA, "La confirmación por parte de la jurisprudencia del Tribunal de Justicia de la Unión Europea de la capacidad normativa de los sujetos privados y sus lagunas jurídicas. El asunto "James Elliott Construction Limited contra Irish Asphalt Limited", *Revista General de Derecho Administrativo,* nº 46, 2017.

592 Ángel Rodrigo distingue entre una normatividad atenuada por motivos formales y una normatividad atenuada por motivos sustantivos, véase Ángel J. RODRIGO HERNÁNDEZ, "Los actos de las organizaciones internacionales entre el *hard* y el *soft law*", en Ana Mª BADIA MARTÍ, Laura HUICI SANCHO (Dirs.) y Ana SÁNCHEZ COBALEDA (Ed.), *Las organizaciones internacionales en el siglo XXI,* Marcial Pons, 2021, pp. 114-119.

593 José Manuel SOBRINO HEREDIA y Montserrat ABAD CASTELOS, "Reflexiones sobre la formación del Derecho Internacional en un escenario mudable", *Anuario Español de Derecho Internacional,* nº 17, 2001, pp. 223-228.

594 Se trataría aquí de combinar el enfoque normativista con el heterogéneo grupo de enfoques caracterizados como *Law as a proccess* de los que puede desprenderse *"la visión del Derecho como un enjambre de decisiones"*, Pablo J. MARTÍN RODRÍGUEZ, *Los paradigmas del Derecho Internacional. Ensayo interparadigmático sobre la comprensión científica del Derecho Internacional,* Editorial Universidad de Granada, 2008, pp. 54-55. Seguramente uno de los enfoques procedentes de las Relaciones

por los principales métodos y formas de producción normativa que encontramos en el ámbito de las relaciones monetarias y financieras internacionales[595], señalando algunas de sus peculiaridades:

2.1 Normas convencionales

2.1.1 Tratados internacionales constitutivos de organizaciones internacionales y otras normas de dimensión *constitucional*

Encontramos en primer lugar tratados internacionales constitutivos de organizaciones internacionales que tienen atribuciones en materias monetarias y financieras, tanto en el plano universal como en el plano regional: dichos tratados están a caballo por tanto entre su naturaleza institucional, constitucional incluso en el caso de la Unión Europea, y su base jurídica que es convencional. Así hallamos el Convenio Constitutivo del FMI[596], el del

---

Internacionales tal y como es el *constructivismo* sea el indicado en este caso para estudiar en Derecho Internacional cómo los actores internacionales estatales persiguen su interés nacional dentro de un marco de socialización previo que prefigura tanto normas como intereses (véase esta misma obra y autor en p. 64); una socialización en la que la existencia de hegemonía en la sociedad internacional y la lucha por la misma resultan determinantes.

595 Como advierte López Escudero en el ámbito de las normas financieras internacionales por lo general *"los mecanismos institucionales de elaboración de normas son atípicos, ya que no estamos ante organizaciones internacionales y también lo son las propias normas adoptadas, soft law, que carecen de fuerza vinculante y cuyos incumplimientos no generan responsabilidad internacional"*, Manuel LÓPEZ ESCUDERO, "La protección de la estabilidad financiera como bien público global", *op. cit.*, p. 666.

596 Convenio Constitutivo del Fondo Monetario Internacional aprobado en la Conferencia Monetaria y Financiera de las Naciones Unidas de Bretton Woods (New Hampshire, Estados Unidos de América), celebrada los días 1 a 22 de julio de 1944, BOE nº 220, de 13 de septiembre de 1958. En estrecha conexión con el Convenio Constitutivo del FMI

Banco Internacional de Reconstrucción y Fomento (germen del Banco Mundial)[597], los tratados constitutivos de la Unión Europea[598], el referido Tratado constitutivo del MEDE...Los acontecimientos económicos pueden precipitar *de facto* una reforma de un tratado constitutivo: fue el caso del abandono del sistema

---

se encuentran los Estatutos y el Reglamento del Fondo Monetario Internacional que tienen un evidente carácter complementario con respecto a aquél, pese a ser derecho derivado de la organización internacional, y que mantienen, asimismo, una subordinación jerárquica al primero en caso de contradicción. En todo caso, el Reglamento desarrolla, precisa a su vez a los Estatutos.

597 Convenio Constitutivo del Banco Internacional de Reconstrucción y Fomento aprobado en la Conferencia Monetaria y Financiera de las Naciones Unidas de Bretón Woods (New Hampshire, Estados Unidos de América), celebrada los días 1 a 22 de julio de 1944, BOE nº 220, de 13 de septiembre de 1958.

598 Entre la Comisión Europea y el FMI existe un acuerdo calificado de cooperación administrativa, *de liaison*, que permite el intercambio de ciertos documentos bajo el sello "confidencial" entre ambas organizaciones internacionales y que fue formalizado mediante un canje de notas en 1972, al respecto, Javier ROLDÁN BARBERO, "La participación de la Unión Europea en organismos internacionales", en Fernando M. Mariño Menéndez, *Acción exterior de la Unión Europea y comunidad internacional*, BOE Universidad Carlos III de Madrid, 1998, p. 248. En 2009 y 2015 esta relación de asociación estratégica y de cooperación administrativa se ha intensificado con nuevos acuerdos, entre la Unión y el FMI, firmados en nombre de la primera por la Comisión Europea como es el caso del *Framework Administrative Agreement for Capacity Development Cooperation* de 2015 que refuerza al Acuerdo Administrativo Marco de 2009, vid. Fondo Monetario Internacional, Nota de Prensa nº 15/232, de 21 de mayo de 2015. En 2020 el FMI y la Comisión en nombre de la Unión Europea han celebrado un nuevo *Financial Framework Partnership Agreement* con objeto de poner su cooperación en línea con la lucha contra el cambio climático y los objetivos de desarrollo sostenible, véase *European Commission and International Monetary Fund strengthen cooperation to support sustainable development*, Comisión Europea, Nota de Prensa, 28 de enero de 2020.

de paridades fijas dólar-oro abandonado de facto, mediante un acto unilateral de Estados Unidos, desde el 15 de agosto de 1971, que reintrodujo la libertad de los Estados para dejar fluctuar el valor externo de su moneda o establecer un régimen de tipos de cambio vinculado a otras monedas, Derechos Especiales de Giro...Dicha libertad se vio materializada *de jure* mediante la Segunda Enmienda al Convenio Constitutivo del FMI adoptada el 30 de abril de 1976[599] (una vez fallaron los infructuosos intentos de mantener el sistema de paridades fijas) y que entró en vigor el 1 de abril de 1978[600]. Desde entonces el tenor del nuevo artí-

599 Instrumento de Aceptación de España de la Segunda Enmienda del Convenio Constitutivo del Fondo Monetario Internacional, adoptada el 30 de abril de 1976, BOE nº 305, de 22 de diciembre de 1978.

600 En el plano interno la preceptiva autorización previa de las Cortes Generales para celebrar un acuerdo internacional en virtud del cual se modifica el tratado constitutivo del FMI (entre otros acuerdos adoptados en el seno del FMI contemplados en el Real Decreto-Ley 14/1998 a los que España pretendía adherirse) no puede ser sustituida por un Real Decreto-Ley sujeto a ulterior convalidación, este fue un motivo de inconstitucionalidad extrínseca del citado Real Decreto-Ley declarado por el Tribunal Constitucional en su Sentencia 155/2005 de 9 de junio de 2005, al respecto véase, Ana SALINAS DE FRÍAS, "La reafirmación del necesario control parlamentario de la actividad convencional del ejecutivo comentario a la Sentencia 155/2005, de 9 de junio, del Tribunal Constitucional", *Revista Española de Derecho Internacional*, Vol. 57, nº 1, 2005, pp. 121-143. En el referido Real Decreto-Ley se contemplaba la incorporación de España a un aumento de cuotas del FMI, así como a Nuevos Acuerdos para la Obtención de Préstamos del Fondo Monetario Internacional, se autorizaba la ratificación de la cuarta enmienda al Convenio Constitutivo del Fondo Monetario Internacional, y se facultaba al Gobierno para asumir compromisos frente al FMI por importe de 3000 millones de dólares (BOE nº 243, de 10 de octubre de 1998). Se trataba por tanto de uno de los supuestos de acuerdos internacionales que implica "obligaciones financieras para la Hacienda Pública" y en los que la prestación del consentimiento en obligarse requiere de la previa autorización de las Cortes Generales (artículo 94.1 d) de la Constitución Española de 1978.

culo IV, Sección 1ª relativo a las obligaciones de los Estados en materia de arreglos sobre los tipos de cambio se ha caracterizado por su *suavidad* y por el carácter poco intrusivo de la supervisión aparejada al mismo por parte del FMI (estaríamos ante una normatividad atenuada desde el punto de vista material, no formal, ya que se recoge en el tratado constitutivo)[601]. Se ha dicho que la práctica de esta organización internacional también ha hecho evolucionar su rol más allá de la literalidad de su tratado constitutivo[602], pasando de una función inicialmente normativa en su tratado constitutivo -postergada tras la Segunda Enmienda- para centrarse a continuación más en el ámbito operacional, en el otorgamiento de asistencia financiera[603]. Como consecuencia de esta crisis del sistema monetario internacional y del abando-

---

601 Rosa Mª LASTRA, *International Financial and Monetary Law, op. cit.*, pp. 423-426. Algo similar sucede con el artículo VIII, Sección 2ª en conjunción con el artículo VI, Sección 3ª del Convenio Constitutivo: los Estados pueden arbitrar mecanismos de control de los movimientos internacionales de capital siempre y cuando no restrinjan los pagos corrientes ni las transferencias por transacciones internacionales corrientes. En este sentido el Directorio Ejecutivo del FMI adoptó en 2012 y ha actualizado en 2022 una suerte de directrices denominadas *Visión Institucional sobre la Liberalización y la Gestión de los Flujos de Capital*: en esta última se contempla la posibilidad de que los países puedan restringir de forma preventiva la entrada de flujos de capital que aumenten los pasivos externos (la deuda) cuando esta está denominada en moneda extranjera y no existen suficientes activos de cobertura a efectos de preservar la estabilidad macroeconómica y financiera.

602 Nótese que la Convención de Viena de 1986 sobre el derecho de los tratados entre Estados y organizaciones internacionales o entre organizaciones internacionales en su artículo 2.1 j) enmarca dentro de las llamadas 'reglas de la organización' la práctica establecida de las organizaciones internacionales: *"se entiende por "reglas de la organización" en particular los instrumentos constitutivos de la organización, sus decisiones y resoluciones adoptadas de conformidad con éstos y su práctica establecida"*.

603 Jean-Marc SOREL, "Quelle normativité pour le droit des relations monétaires et financières internationales ? ", *op. cit.*, pp. 281, 301 y ss.

no del sistema de paridades fijas en este periodo se intensificó la integración monetaria regional en el ámbito europeo con el lanzamiento de un Sistema Monetario Europeo que funcionó efectivamente durante el periodo comprendido entre 1979 y 1999, y que fue articulado formalmente mediante unas simples resoluciones del Consejo Europeo celebrado en Bruselas los días 4 y 5 de diciembre de 1978[604]. Sorel emplea este ejemplo para ilustrar que a pesar de ser impulsado mediante un *soft law*, incitatorio, una declaración política desprovista de verdaderos efectos vinculantes, sin embargo, va a generar verdaderas obligaciones, que fueron más respetadas que las consignadas, por el contrario, en el Tratado de Maastricht de 1992 atinentes a los señalados "criterios de convergencia" que los Estados miembros debían respetar para poder completar el lanzamiento en tres etapas de la Unión Económica y Monetaria antes de enero de 1999 y que, sin embargo, aunque formalmente obligatorios, recibieron una lectura e interpretación *blandas* (Sorel critica el riesgo de prever de forma rígida como obligatorios criterios económicos a respetar en el futuro en un tratado, así como denuncia la existencia del *velo hipócrita* al considerar como respetados criterios que no fueron respetados por todos los Estados miembros de la Unión que accedieron a la fase final de la Unión Económica y Monetaria, valga como botón de muestra la crisis de Grecia a principios de la segunda década de este siglo)[605]. A raíz de este ejemplo,

---

604 Del mismo modo fue instaurado el Mecanismo de Tipos de Cambio (MTC II) mediante la Resolución del Consejo Europeo sobre el establecimiento de un mecanismo de tipos de cambio en la tercera fase de la unión económica y monetaria Amsterdam, 16 de junio de 1997, DOCE C 236, de 2 de agosto de 1997, p. 5.

605 *Ibid.*, pp. 313-315. Véase asimismo, en mayor profundidad, Rosa María LASTRA y Jean-Victor LOUIS, "European Economic and Monetary Union: History, Trends, and Prospects", *Yearbook of European Law*, Vol. 32, nº 1, 2013, pp. 57–206. Podemos recordar cómo la mayoría cualificada en el Consejo requerida entonces para adoptar sanciones frente a Estados miembros incursos en deficits excesivos impidió que se adoptasen

vemos que hay normas formalmente vinculantes pero que son blandas desde un punto de vista material (puede pensarse en el artículo IV del Convenio Constitutivo del FMI, o en los mencionados criterios de convergencia) así como normas formalmente suaves pero que generan verdaderas constricciones y obligaciones sustantivas (el Sistema Monetario Europeo durante 1979-1989). Para finalizar, esta breve mención a los tratados constitutivos de las organizaciones internacionales puede reiterarse que en la Unión Europea se ha configurado la búsqueda de la estabilidad financiera como una suerte de *metavalor* del mismo valor jurídico que el propio Derecho originario[606] pero sin un certero reflejo e inequívoco en el mismo (y sin ocasionar su reforma), dando lugar a espectaculares desarrollos normativos e institucionales de verdadera *dimensión constitucional* desde 2008 (entre ellos la asunción de atribuciones y tareas por parte de numerosas instituciones fuera del marco de los tratados, una cierta alteración del equilibrio institucional…)[607]. Cabe mencionar que con ocasión de la adopción de la última Decisión sobre Recursos Propios (formal y materialmente equiparada al Derecho originario) con arreglo al artículo 311.3 TFUE, la Comisión Europea ha quedado habilitada a emitir empréstitos hasta 2026 por un importe neto de hasta 750.000 millones de euros (algo insólito hasta la fecha)

---

medidas frente a Francia y Alemania, haciendo perder credibilidad y legitimidad al Pacto de Estabilidad y Crecimiento en los momentos cruciales de comienzo de la moneda única. El Tribunal de Justicia no pudo estimar la demanda de la Comisión frente a la "inacción" del Consejo, véase la Sentencia del Pleno del Tribunal de Justicia de 13 julio de 2004, *Comisión c. Consejo,* asunto asunto C-27/04, ECLI:EU:C:2004:436.

606 Véanse las citadas con anterioridad, Conclusiones presentadas el 2 de diciembre de 2021, *Banco Santander, S. A., c. J. A. C. y M. C. P. R.*, asunto C-410/20, ECLI:EU:C:2021:976, apartados 64, 77 y 97. El Tribunal de Justicia ha defendido esta tesis en su Sentencia de 5 de mayo de 2022, ECLI:EU:C:2022:351, apartados 36 y 37, resolviendo este mismo asunto.

607 Gianni LO SCHIAVO, *The Role of Financial Stability in EU Law and Policy, op. cit.*

de cara a las perspectivas financieras plurianuales 2021-2027 para hacer frente a las consecuencias de la pandemia de Covid-19[608]. Con independencia de que ambas cuestiones entren de *soslayo* en el campo formal y material del Derecho originario, se trata como se puede apreciar de cuestiones de verdadera envergadura *constitucional*[609]. Desde 2008 la insuficiencia y desbordamiento del propio Derecho originario de la Unión han llevado a emplear mecanismos híbridos que combinan el Derecho Internacional Público y el Derecho de la Unión Europea (FEEF, MEDE, MoU...) para canalizar la asistencia financiera a determinados Estados miembros de la zona euro (préstamos bilaterales en el primer rescate a Grecia en 2010, intervención del FMI en el rescate a Irlanda...) en detrimento de la claridad normativa y de las garantías

---

608 Decisión (UE, Euratom) 2020/2053 del Consejo de 14 de diciembre de 2020 sobre el sistema de recursos propios de la Unión Europea y por el que se deroga la Decisión 2014/335/UE, Euratom, DOUE L nº 424, de 15 de diciembre de 2020.

609 En la respuesta a la Covid-19 articulada mediante el Programa *Next Generation EU* la Unión deberá amortizar mediante recursos propios los empréstitos recibidos hasta finales del año 2058. A diferencia de lo ocurrido en la respuesta a la crisis de 2008 el salto cualitativo que comporta el Programa *Next Generation EU* en el que los más optimistas ven la senda hacia una futura unión fiscal: *"ha sido posible mediante la utilización de mecanismos adoptados dentro de los límites del ordenamiento jurídico de la UE y sin recurrir a acuerdos internacionales entre los Estados miembros. El NGEU se desarrolla por las instituciones de la UE y por los países miembros y no mediante la constitución de organizaciones internacionales ad hoc, ni otras instancias externas a los órganos e instituciones de la UE. La utilización de instrumentos netamente comunitarios facilita que la actividad esté sujeta al control jurisdiccional del Tribunal de Justicia de la UE (TJUE). La ingeniería jurídica desplegada por la UE para elaborar una respuesta a las consecuencias de la crisis pandémica no ha necesitado revisar los Tratados constitutivos"*, Andreu OLESTI RAYO, "El programa Next Generation EU y el presupuesto de la Unión Europea", *Revista de Derecho Comunitario Europeo*, nº 73, 2022, pp. 742-743.

de control jurisdiccional propias del Estado de Derecho[610]. En otro orden de ideas España se incorporó en diciembre de 2017 a una organización internacional de nueva planta liderada y dominada por China, el Banco Asiático de Inversión en Infraestructuras, manifestando el consentimiento en obligarse en virtud de sus Estatutos mediante el procedimiento previsto en el artículo 94.1 de la Constitución Española, de un modo silencioso lejos

610 Un análisis exhaustivo y minucioso es el realizado por Manuel LÓPEZ ESCUDERO, "La degradación de las exigencias del Estado de Derecho en el ámbito de la Unión Económica y Monetaria", en Diego Javier LIÑÁN NOGUERAS y Pablo Jesús MARTÍN RODRÍGUEZ (Dirs.), *Estado de Derecho y Unión Europea*, Tecnos, Madrid, 2018, pp. 189-229. Así por ejemplo, las medidas nacionales de ajuste que constituyan aplicación de un MoU del MEDE no entrañan en puridad per se aplicación del Derecho de la Unión y escaparían al ámbito de aplicación de la Carta de los Derechos Fundamentales de la Unión Europea (señalado en su artículo 51.1), por lo que no podrían ser atacadas ante los tribunales nacionales utilizando su canon: como López Escudero sostiene sería deseable la plena integración del MEDE en el derecho originario para salvar este escollo, y en su defecto, una lectura menos formalista que permitiera invocar la Carta ante los tribunales nacionales frente a estas medidas nacionales *híbridas*, quizá en combinación con el artículo 19 TUE (p. 227). Véase asimismo Paul DERMINE y Menelaos MARKAKIS, "Bailouts, the legal status of Memoranda of Understanding, and the scope of application of the EU Charter: Florescu", *Common Market Law Review*, Vol. 55, nº 2, 2018, pp. 643-671. Puede verse la aplicabilidad de la Carta en relación con las medidas nacionales de aplicación de un acto de la Unión como es el Memorando de Acuerdo entre la Comunidad Europea y Rumanía, concluido en Bucarest y Bruselas el 23 de junio de 2009, en la Sentencia de la Gran Sala del Tribunal de Justicia de 13 de junio de 2017, *Florescu*, asunto C-258/14, ECLI:EU:C:2017:448; así como, la relación entre los ámbitos respectivos de aplicación del artículo 19 TUE y de la Carta de los Derechos Fundamentales con respecto a las medidas nacionales de ajuste presupuestario derivadas de exigencias imperativas del Derecho de la Unión en la Sentencia de la Gran Sala del Tribunal de Justicia de de 27 de febrero de 2018, *Associação Sindical dos Juízes Portugueses*, asunto C-64/16, ECLI:EU:C:2018:117.

del escrutinio y debate públicos[611]. Igualmente extemporánea, pero más conspicua ha sido la tardanza con que ha sido publicada recientemente en el BOE la adhesión de España a una serie de enmiendas al Convenio Constitutivo del FMI adoptadas por la Junta de Gobernadores en el ya remoto diciembre de 2010[612]. El BOE da cuenta continuamente de modificaciones en tratados constitutivos de organizaciones internacionales del ámbito monetario y financiero internacional y europeo en las que España participa como miembro, así como de la publicación de algunos actos unilaterales dependientes de aquellos[613]. Así, por ejemplo,

---

611 La posterior publicación en el BOE tampoco fue simultánea a la manifestación del consentimiento del Reino de España, véase el Instrumento de ratificación de los Estatutos del Banco Asiático para inversión en infraestructuras, hechos en Pekín el 29 de junio de 2015, BOE nº 159, de 2 de julio de 2018.

612 Enmiendas al Convenio constitutivo del Fondo Monetario Internacional, adoptadas por la Junta de Gobernadores mediante Resolución 66-2, de 15 de diciembre de 2010, BOE nº 32, 6 de febrero de 2025, p. 16027. Véanse asimismo: la Enmienda al Convenio constitutivo del Fondo Monetario Internacional, adoptada por la Junta de Gobernadores el 28 de abril de 2008 mediante Resolución No. 63-2, BOE nº 275 de 14 de noviembre de 2024, pp. 145586 a 145590; y la Enmienda al Convenio constitutivo del Fondo Monetario Internacional, adoptada por la Junta de Gobernadores el 5 de mayo de 2008 mediante Resolución No. 63-3, BOE nº 275 de 14 de noviembre de 2024, 145591 a 145592.

613 Podemos ver ejemplos recientes: Convenio multilateral para aplicar las medidas relacionadas con los tratados fiscales para prevenir la erosión de las bases imponibles y el traslado de beneficios, hecho en París el 24 de noviembre de 2016. Notificación de España el 31 de mayo de 2024 al Secretario General de la Organización para la Cooperación y el Desarrollo Económicos (OCDE) como depositario del Convenio, de conformidad con las disposiciones de su artículo 35.7, BOE de 21 de junio de 2024; asimismo, en relación con el mismo tratado, la Notificación de España el 2 de octubre de 2024 al Secretario General de la Organización para la Cooperación y el Desarrollo Económico (OCDE) como depositario del Convenio, de conformidad con las disposiciones de su artículo 35.7, BOE de 14 de octubre de 2024; también

entre estas publicaciones del BOE encontramos que el Banco Europeo de Reconstrucción y Desarrollo ha admitido recientemente a Mongolia como país de operaciones, así como también a los países del Mediterráneo Meridional y Oriental[614].

---

la notificación de España el 26 de mayo de 2025 al Secretario General de la Organización para la Cooperación y el Desarrollo Económicos (OCDE) como depositario del Convenio, de conformidad con las disposiciones de su artículo 35.7, BOE de 5 de junio de 2025.

614 Modificación del Convenio constitutivo del Banco Europeo de Reconstrucción y Desarrollo para admitir a Mongolia como país de operaciones, adoptada en París el 16 de diciembre de 2003, BOE nº 66, de 15 de marzo de 2024, p. 30464: *"Con su contribución al progreso y reconstrucción económicos, el Banco tiene por objeto favorecer la transición a una economía abierta de mercado y promover la iniciativa privada y empresarial en los países de Europa Central y del Este que suscriban y apliquen los principios de la democracia multipartidista, el pluralismo, y la economía de mercado. El Banco puede también operar en Mongolia bajo las mismas condiciones"*. Véanse igualmente las Enmiendas a los artículos 1 y 18 del Convenio constitutivo del Banco Europeo de Reconstrucción y Desarrollo para permitir al Banco operar en los países del Mediterráneo Meridional y Oriental y para permitir el uso de fondos especiales en los países beneficiarios y potencialmente beneficiarios, adoptadas el 30 de septiembre de 2011, BOE nº 67, de 16 de marzo de 2024, p. 31111. Según indica el portal electrónico EUR-Lex: *"El Banco Europeo de Reconstrucción y Desarrollo (BERD) se creó en 1991 y tiene su sede en Londres. Se creó para prestar ayuda durante la transición hacia una economía de mercado en los países de Europa Central y Oriental tras el final de la Guerra Fría. Su ámbito geográfico se amplió posteriormente a los países de la antigua Unión Soviética y, después, al Mediterráneo Meridional y Oriental. En la actualidad está activo en más de treinta países. Entre los accionistas del BERD se incluyen sesenta y cinco países, la Unión Europea y el Banco Europeo de Inversiones. El mandato político del BERD es asistir únicamente a aquellos países que se comprometan a aplicar los principios de la democracia pluralista. Aunque mucha de la financiación del BERD ha estado destinada a empresas del sector privado, también ha sido muy activo apoyando a instituciones financieras. El apoyo a estas últimas se ha realizado a través de la inversión directa y del crédito para programas de represtamos a empresas. Otro eje importante de la financiación del BERD han sido las infraestructuras relacionadas con el transporte, la energía, el agua y el saneamiento"*.

2.1.2 Otros tratados y acuerdos internacionales

Encontramos también tratados internacionales, acuerdos monetarios celebrados entre la Unión Europea como organización internacional regional de integración económica y terceros Estados y/o organizaciones internacionales: en el artículo 219. 1 TFUE se alude a los *"acuerdos formales relativos a un sistema de tipos de cambio para el euro en relación con las monedas de terceros Estados"*, mientras que en el artículo 219.3 TFUE[615] se contemplan los *"acuerdos en materia de régimen monetario o de régimen cambiario con uno o varios terceros Estados u organizaciones internacionales"*[616]. En

---

615 El procedimiento de celebración de acuerdos internacionales en este ámbito material del artículo 219 TFUE difiere del procedimiento general (artículo 218 TFUE) debido a una intervención más limitada del Parlamento Europeo, la adopción de decisiones por unanimidad en el Consejo y la participación consultiva del Banco Central Europeo.

616 En materia de tipos de cambio algunos Estados miembros como Francia y Portugal tienen arreglos particulares de cuya evolución deben informar a la Comisión y al Banco Central Europeo (Francia con la Unión Económica y Monetaria del África Occidental y con la Comunidad Económica y Monetaria de África Central; Portugal con Cabo Verde). La Unión Europea ha celebrado acuerdos monetarios con San Marino, el Vaticano, Mónaco y Andorra. Algunos territorios franceses de ultramar, que no están comprendidos en el ámbito de aplicación del Derecho de la Unión, en concreto las islas de San Bartolomé y de Saint-Pierre-et-Miquelon, utilizan el euro como moneda oficial en virtud de un acuerdo entre Francia y la Unión. Además, Kosovo y Montenegro utilizan el euro como moneda oficial *de facto*. A título de ejemplo, veamos, el Acuerdo monetario entre la Unión Europea y el Principado de Andorra, DOUE C 369/1, de 17 de diciembre de 2011; y el Acuerdo monetario entre la Unión Europea y la República Francesa relativo al mantenimiento del euro en San Bartolomé como consecuencia de la modificación de su estatuto respecto de la Unión Europea, DOUE L 189/3, 20 de julio de 2011. Una información más detallada acerca de estos acuerdos puede encontrarse en la página web: https://eur-lex.europa.eu/EN/legal-content/summary/exchange-rate-matters-and-monetary-agreements-with-the-euro-area.html

el ámbito de la Unión Europea, previstos en el derecho institucional/derivado, encontramos también otro tipo de acuerdos internacionales que no se rigen por el procedimiento general en materia de tratados del artículo 218 TFUE: se trata de los acuerdos internacionales en virtud de los que se otorga un marchamo de equivalencia a las entidades de contrapartida central (cámaras de compensación) de terceros países, tras un previo acto de ejecución de la Comisión Europea, y con la posibilidad de que una vez celebrado el acuerdo internacional con el tercer país, la Autoridad Europea de Valores y Mercados celebre a su vez acuerdos de cooperación, cuya calificación no resulta sencilla ¿acuerdos internacionales administrativos, estos últimos?[617]

Estas cuestiones son abordadas con exhaustividad en Manuel LÓPEZ ESCUDERO, *El euro en el sistema monetario internacional*, Tecnos, 2004, pp. 47-62. Asimismo, Manuel LÓPEZ ESCUDERO, "La politique de taux de change de l'euro vis-à-vis des monnaies de pays tiers", en *Mélanges en hommage à Jean-Victor Louis*, Bruylant, Bruxelles, 2003, pp. 281-300; y Manuel LÓPEZ ESCUDERO, "La politique de change de l'euro", *Cahiers de Droit Européen*, Vol. 47, nº 2, 2011, pp. 369-432. Resulta paradójico que en el caso de Kosovo, en el que la Unión Europea efectúa labores de mediación con Serbia -candidato a la adhesión-, una decisión unilateral reciente de Kosovo -potencial candidato a la adhesión- de índole monetaria pueda dificultar este proceso (la prohibición del dinar serbio que perjudica a la minoría serbokosovar).

617 Véase el artículo 75 del Reglamento (UE) n ° 648/2012 del Parlamento Europeo y del Consejo, de 4 de julio de 2012, relativo a los derivados extrabursátiles, las entidades de contrapartida central y los registros de operaciones, DOUE L 201, de 27 de julio de 2012. A título de ejemplo, en septiembre de 2022 la Comisión Europea ha reconocido la equivalencia de las reglas prudenciales de las cámaras de compensación de Colombia y Taiwán, véase Agencia Europa, *Bulletin Quotidien Europe*, nº 13032, de 30 de septiembre de 2022, p. 26. Asimismo, la Autoridad Europea de Valores y Mercados ha otorgado la equivalencia en octubre de 2022 a las cámaras de compensación de Shanghai y de Dubai. ¿Ejerce en estas decisiones alguna relevancia la *condicionalidad democrática y de derechos humanos* que la Unión Europea esgrime en sus relaciones exteriores?, véase Agencia Europea, *Bulletin Quotidien Europe*, nº 13036, de 6 de octubre, p. 29.

Hallamos, en otro orden de ideas, los Acuerdos Generales sobre Obtención de Préstamos como los celebrados en 1962 para dotar de fondos suplementarios, a sus respectivas cuotas, al Fondo Monetario Internacional celebrados por diez Estados[618]. En nuestro ordenamiento jurídico también reciben esta calificación como norma convencional los denominados *Nuevos Acuerdos para la obtención de préstamos* adoptados por el Directorio Ejecutivo del FMI y orientados a incrementar su capacidad financiera[619].

Sin apartarse del procedimiento general de celebración de tratados del artículo 218 TFUE, en ejercicio de su *ius ad tractatum*, nada impide que la Unión aproveche la negociación y celebración en el marco de la Política Comercial Común de los denominados acuerdos comerciales *de nueva generación*, para contribuir a la solidificación y endurecimiento de los estándares internacionales elaborados por los *standard-setting bodies* del ámbito financiero internacional, tal y como pone de manifiesto el reciente acuerdo alcanzado con Nueva Zelanda[620].

---

618 Alemania, Bélgica, Canadá, Estados Unidos, Francia, Italia, Japón, Países Bajos, Reino Unido y Suecia. A ellos se sumó Suiza.

619 Son celebrados con la previa autorización de las Cortes Generales requerida por el artículo 94.1 de la Constitución, véase a título de ejemplo el Instrumento de adhesión a la Decisión relativa a los Nuevos Acuerdos para la obtención de préstamos, aprobada por el Consejo Ejecutivo del Fondo Monetario Internacional el 16 de enero de 2020, BOE nº 145, de 18 de junio de 2021. En este mismo sentido, véase la extemporánea publicación de la Modificación de los Nuevos Acuerdos para la obtención de préstamos del Fondo Monetario Internacional, adoptada por el Consejo de Administración el 12 de abril de 2010, por Decisión n.º 14577-(10/35), BOE nº 32 de 6 de febrero de 2025, p. 16010. Como puede apreciarse los apelativos empleados en el BOE para referirse al órgano intergubernamental de composición restringida del Fondo, varían ora "Consejo de Administración", ora "Consejo Ejecutivo", pero siempre referidos al Directorio Ejecutivo.

620 En el flamante acuerdo internacional de libre comercio entre la Unión Europea y Nueva Zelanda, (DOUE L, 28 de febrero de 2024), se pre-

Finalmente, debe prestarse atención en este campo a la propia actividad convencional autónoma de España, al margen de la Unión Europea,[621] por ejemplo, la ligada a someter a una adecuada fiscalidad las actividades ligadas a la posesión de criptoactivos[622].

---

vé en el marco del capítulo relativo a la liberalización de inversiones y del comercio de servicios, y específicamente en relación con los servicios financieros, la siguiente disposición: *"Cada una de las Partes prestará la debida atención a garantizar que se implementen y apliquen en su territorio las normas acordadas internacionalmente para la regulación y supervisión en el sector de los servicios financieros y para la lucha contra la evasión y elusión fiscales en el sector de los servicios financieros. Estas normas acordadas internacionalmente son, entre otras, las adoptadas por el G-20, el Consejo de Estabilidad Financiera, el Comité de Supervisión Bancaria de Basilea, en particular sus Principios Fundamentales para una supervisión bancaria eficaz, la Asociación Internacional de Inspectores de Seguros, en particular sus Principios Fundamentales en materia de Seguros, la Organización Internacional de Comisiones de Valores, en particular sus Objetivos y principios para la regulación de los mercados de valores, el Grupo de Acción Financiera Internacional y el Foro Global sobre Transparencia e Intercambio de Información con Fines Fiscales. 2. Las Partes procurarán cooperar e intercambiar información sobre la elaboración de normas internacionales."*.

621 A título de ejemplos recientes de la misma, véanse: la Aplicación provisional del Acuerdo de renovación del Acuerdo Marco de Cofinanciación entre el Reino de España, el Banco Internacional de Reconstrucción y Fomento y la Asociación Internacional de Fomento, hecho en Madrid y Washington el 22 de enero de 2024, BOE nº 74, de 25 de marzo de 2024, p. 34311; asimismo, la entrada en vigor del Acuerdo sobre Inmunidades y Prerrogativas entre el Reino de España y el Banco Centroamericano de Integración Económica, hecho en Madrid el 28 de julio de 2022, BOE nº 301, de 14 de diciembre de 2024, p. 171643.

622 Véanse los instrumentos provenientes de la OCDE: Acuerdo Multilateral entre Autoridades competentes sobre intercambio automático de información en virtud del Marco de Comunicación de Información sobre Criptoactivos, BOE nº 127, de 27 de mayo de 2025, pp. 69275-69280; así como la Adenda al Acuerdo Multilateral entre Autoridades Competentes sobre intercambio automático de información de cuentas financieras, hecho en Berlín el 29 de octubre de 2014, BOE nº 127, de 27 de mayo de 2025, pp. 69281-69283. En el ámbito de la

2.2 Derecho Internacional General no convencional: costumbre, principios generales del Derecho...

En segundo lugar, podemos hablar del Derecho Internacional General, no convencional, en particular, de la costumbre y de los principios generales del Derecho[623]. Forma parte del Derecho internacional consuetudinario de carácter general el elemento más básico de la soberanía monetaria estatal que corresponde a todo Estado en régimen de monopolio de su poder público: el poder de acuñar moneda y de otorgarle poder liberatorio en su territorio a

---

Unión también se ha avanzado mediante la cooperación administrativa en materia de fiscalidad en punto a los criptoactivos mediante la conocida como DAC8, Directiva 2023/2226/UE del Consejo de 17 de octubre de 2023 por la que se modifica la Directiva 2011/16/UE relativa a la cooperación administrativa en el ámbito de la fiscalidad, DOUE L/2226, de 24 de octubre de 2023.

623 El Derecho Internacional General no ha podido solventar forjando normas generales cuestiones importantes que quedan sujetas a los acuerdos particulares: piénsese en el incierto destino del tímido intento de codificar e impulsar un desarrollo progresivo en materia de sucesión de Estados por deudas, con la adopción de la Convención de Naciones Unidas de 1983 sobre sucesión de Estados en materia de bienes, archivos y deudas de Estado, que no ha entrado en vigor. Al respecto puede verse Anthony AUST, "Limping Treaties: Lessons from Multilateral Treaty-making", *Netherlands International Law Review*, Vol. 50, nº 3, 2003, pp. 254-255. En relación con la sucesión de Estados en materia de deudas existen acuerdos sucesorios *particulares*, como el adoptado entre los países que surgieron tras la disolución de la antigua Yugoslavia para distribuir su deuda con arreglo a las cuotas respectivas de los nuevos Estados en el Fondo Monetario Internacional, véase Antonio REMIRO BROTÓNS, *et al.*, *Derecho Internacional. Curso General*, *op. cit.*, pp. 85-88. Del mismo modo cabe señalar que en materia de cobros de deudas y de relaciones entre acreedores y deudores soberanos el principio consuetudinario de no *intervención* es plenamente aplicable en la dimensión *interestatal*, pero ¿en qué medida son destinatarios los acreedores privados de las obligaciones dimanantes del principio de no intervención?

dicha moneda, además de conducir la política monetaria[624]. Los Estados miembros de la Unión Europea que participan de la moneda única han transferido su soberanía monetaria a una organización internacional de integración regional y además, han otorgado una competencia exclusiva a la misma, que ejercen el Banco Central Europeo y el Sistema Europeo de Bancos Centrales, para definir y ejecutar su política monetaria[625] (un hecho insólito, tras el fracaso en el siglo XIX de la Unión Monetaria Latina[626] que no supuso la atribución de poder a ninguna organización internacional)[627]. En

---

624 Véanse las mencionadas con anterioridad Sentencias de la Corte Permanente de Justicia Internacional de 12 de julio de 1929, *Empréstitos serbios y brasileños emitidos en Francia,* Serie A, núms. 20 y 21.

625 Ernst BALTENSPERGER y Thomas COTTIER, "The Role of International Law in Monetary Affairs", en Thomas COTTIER, John H. JACKSON y Rosa Mª LASTRA, *International Law in Financial Regulation and Monetary Affairs,* Oxford University Press, 2012, pp. 357 y ss. Como se analiza en detalle en el siguiente trabajo conviene afinar y matizar, ponderar, el carácter exclusivo en términos amplios de las atribuciones competenciales a la Unión Europea en materia de política monetaria y supervision financiera, así como poner de manifiesto sus límites, Paul DERMINE, "La Banque Centrale Européenne et le principe d'exclusivité. Les compétences de l'Union européenne en matière de politique monétaire et de surveillance financière et leurs limites", *loc. cit.,* pp. 667-724.

626 Fue articulada mediante un tratado de 23 de diciembre de 1865 e integrada por Francia, Bélgica, Suiza, Italia, y Grecia se incorporaría en 1868.

627 En el ámbito regional y subregional africano encontramos sendas experiencias de embrión de unión económica y monetaria, con sus propios bancos centrales, ligadas a las zonas de utilización del Franco CFA en África Occidental y en África Central: en primer lugar, hallamos el Banco Central de los Estados de África Occidental, situado en Dakar, ligado a la Unión Monetaria del África Occidental (UMAO), a la que pertenecen Benín, Burkina Faso, Costa de Marfil, Guinea-Bissau, Malí, Níger, Senegal y Togo, con una composición más reducida que la CEDEAO (Comunidad Económica de Estados de África Occidental); y en segundo lugar, encontramos el Banco Central de los Estados de África Central situado en Yaoundé (Camerún), creado en virtud de las convenciones que dieron lugar en 1972 a la Unión Monetaria de África

Europa por tanto estos últimos bastiones de la soberanía, de la estatalidad y de la identidad nacional, han sido puestos en manos de una organización internacional de integración regional por parte de 20 Estados miembros hasta la fecha[628]. Sin embargo, en el plano internacional, en la proyección y relaciones exteriores del Euro no hay una sucesión funcional ni una sustitución completa[629] por parte de la Unión Europea a sus Estados miembros ni en el FMI[630], ni en

---

Central de la que forman parte Camerún, República Centroafricana, Congo, Gabón, Guinea Ecuatorial y Chad. Las pugnas geopolíticas también se trasladan al ámbito monetario, con el reciente alejamiento de Burkina Faso, Malí y Níger con respecto a la CEDEAO y a Occidente, véase: Gabriel Jaime GONZÁLEZ, "La moneda, ¿reflejo de la reconfiguración geopolítica en África Occidental?", *Instituto Español de Estudios Estratégicos*, Documento de Opinión 25/2024, de 4 de marzo de 2024.

628 Dinamarca es un Estado sujeto a una excepción, no obligado a acceder a la fase final de la Unión Económica y Monetaria, ya que introdujo en el Tratado de Maastricht de 1992 una cláusula de exclusión voluntaria (*opt-out*).

629 Ello contrasta de forma diferenciada con respecto a la sucesión funcional de las Comunidades Europeas a sus Estados miembros que se produjo en el marco del GATT de 1947. Mientras que la política monetaria interna corresponde a la competencia exclusiva de la Unión y al Banco Central Europeo, los tratados han otorgado una relevancia mayor al Consejo y a los Estados miembros en la formulación de la política cambiaria, siendo compartida dicha función con el Banco Central Europeo, de modo que ello es un óbice a falta de reformar el Derecho originario -unido a las limitaciones que el propio derecho primario del FMI presenta- para que haya una mayor y mejor unidad de representación y participación de la Unión Europea en el FMI, al respecto, véase Jean-Victor LOUIS, "L'espace euro, l'Union européenne et le FMI", *Revue d'économie financière*, nº 88, 2007, pp. 123-139, en p. 130.

630 Una defensa temprana de la necesidad de modificar los estatutos del FMI para permitir la condición de miembro en él de la Unión Europea en tanto que organización internacional y para dotar a la Comisión de un papel relevante de representación de la Unión en sustitución de todos sus Estados miembros incluso de los que quedaran fuera de la tercera fase de la Unión Económica y Monetaria se encuentra en

los grupos y foros monetarios y financieros internacionales (reseñados en el apartado anterior): ello se traduce en una participación conjunta de la Unión y sus Estados miembros en muchas ocasiones, y existen serias dificultades para la verdadera unidad de representación internacional de la Unión Económica y Monetaria (la Unión no es miembro del FMI, por ejemplo[631]). Las explicaciones obedecen a las dificultades político-jurídicas derivadas de la atribución vertical y horizontal de competencias, y también como se ha señalado a que estos organismos, grupos, foros poseen ámbitos de atribución material que van más allá de la política monetaria (donde la competencia de la Unión sí es exclusiva para los Estados del euro)[632].

Jean-Victor LOUIS, "Union Monétaire et Fonds monétaire international", en Albrecht WEBER (Ed.), *Festschrift für Prof. Dr. Hugo J. Hahn zum 70*, Baden-Baden, 1997, pp. 201-213, citado en Javier ROLDÁN BARBERO, "La participación de la Unión Europea en organismos internacionales", *op. cit.*, p. 263. El propio Jean-Victor Louis ha matizado con posterioridad dicha posición maximalista en aras del pragmatismo que se impone a nivel institucional ante la imposibilidad de dar *de iure* una representación y participación a la Unión en el FMI a la altura del rol internacional del euro: la zona euro, la Unión Europea, podrían aspirar a un cierto *rol constituyente* si se abordase una reforma y transformación sustancial del FMI, de tener dicha representación.

631 La problemática para la unidad de representación internacional de la entonces Comunidad Europea en el Fondo fue abordada por Carmela PÉREZ BERNÁRDEZ, *Las relaciones de la Unión Europea con organizaciones internacionales: análisis jurídico de la práctica institucional*, Comunidad de Madrid, Consejeria de Educación, Dirección General de Universidades, 2003, pp. 426-429. Sin duda un escollo de difícil superación tiene que ver con el diseño del Convenio Constitutivo del Fondo ideado solamente por y para Estados.

632 Manuel LÓPEZ ESCUDERO, *El euro en el sistema monetario internacional, op. cit.* En esta obra se pone de manifiesto que, tras la creación de la moneda común y el reemplazo a las monedas nacionales de numerosos Estados miembros, la pérdida de poder que estos experimentaron en los organismos internacionales de carácter financiero no se vio suficientemente respaldada con un correlativo aumento del peso de la Unión Europea en ellos.

Con respecto a esta breve mención a las normas consuetudinarias y a los principios generales en Derecho Internacional general, cabe preguntarse si el deber de las jurisdicciones nacionales y de las organizaciones internacionales de integración económica regional -como la Unión Europea- de cooperar para perseguir la *estabilidad financiera internacional* (y económica y monetaria por ende), ha alcanzado o no, el carácter de norma de Derecho Internacional general, esto es, ¿el entramado institucional descrito y la normativa internacional son declarativos, o han hecho cristalizar, o pueden generar en el futuro, una norma consuetudinaria/o un principio general referido al deber de perseguir la estabilidad financiera internacional mediante la cooperación internacional de las diferentes jurisdicciones? El Derecho Internacional general en una concepción *sistémica*[633] hace que en este ámbito de las relaciones monetarias y financieras internacionales deban tenerse presentes otras obligaciones sectoriales, como las emanadas

633 Paz ANDRÉS SÁENZ DE SANTA MARÍA, "El principio de integración sistémica y la unidad del Derecho internacional", en Ángel J. RODRIGO, Caterina GARCÍA (eds.), *Unidad y Pluralismo en el Derecho internacional Público y en la Comunidad internacional,* Coloquio en Homenaje a Oriol Casanovas, Barcelona, 21-22 de mayo de 2009, Tecnos, Madrid, 2011, pp. 356-374.

del Derecho Internacional de los Derechos Humanos[634] o de la protección internacional del medio ambiente[635].

Cabe, asimismo, plantearse hasta qué punto el Derecho Internacional general de naturaleza consuetudinaria relativo a las inmunidades soberanas puede entrar en juego en relación con las medidas de congelación, por ejemplo, de las reservas exteriores del Banco Central de Rusia (y de una forma más amplia

634 El 16 de junio de 2011 el Consejo de Derechos Humanos de Naciones Unidas por consenso adoptó la Resolución 17/4 que reafirma los Principios Rectores sobre las Empresas y los Derechos Humanos contenidos en el Informe que sometió al Consejo el Representante Especial del Secretario General para la cuestión de los derechos humanos y las empresas transnacionales y otras empresas, John Ruggie (A/HRC/17/31). Puede verse José Elías ESTEVE MOLTÓ, "Los Principios Rectores sobre las empresas transnacionales y los derechos humanos en el marco de las Naciones Unidas para 'proteger, respetar y remediar' ¿hacia la responsabilidad de las corporaciones o la complacencia institucional?", *Anuario Español de Derecho Internacional*, nº 27, 2011, pp. 317-351. En este mismo orden de ideas puede mencionarse que desde el 1 de mayo de 2020 la Sra. Yuefen Li desempeña por mandato del Consejo de Derechos Humanos de Naciones Unidas la función de Experta Independiente sobre las consecuencias de la deuda externa y las obligaciones financieras internacionales conexas de los Estados para el pleno goce de todos los derechos humanos, sobre todo los derechos económicos, sociales y culturales. Como indica Bernstorff: *"It requires, however, a large dose of optimism to think that human rights-sensitive legal interpretation of entrenched legal structures alone will cause extreme poverty to vanish or to be significantly reduced"*, Jochen VON BERNSTORFF, *loc. cit.*, p. 292. La posición jerárquica de los derechos humanos en casos de conflicto con otras normas y obligaciones internacionales es problemática como es sabido, Erika de WET y Jure VIDMAR (Eds.), *Hierarchy in International Law: The Place of Human Rights*, Oxford University Press, 2012.

635 Un ejemplo ilustrativo de esta problemática interacción es el reciente Reglamento (UE) 2023/956 del Parlamento Europeo y del Consejo de 10 de mayo de 2023 por el que se establece un Mecanismo de Ajuste en Frontera por Carbono, DOUE L/130, de 16 de mayo de 2023.

de sus propiedades estatales en el exterior) en respuesta a la agresión perpetrada contra Ucrania. Este ejemplo ilustra que las medidas restrictivas de carácter financiero y monetario deben también acomodarse al Derecho Internacional general (a los presupuestos procedimentales y sustantivos de las contramedidas –en defensa de un interés colectivo-, a las normas relativas a las inmunidades soberanas...)[636]. Siguiendo los acuerdos adoptados por el G-7 en Apulia en junio de 2024, la Unión Europea ha establecido un mecanismo de cooperación con Ucrania en materia de préstamos financiado a partir de los *"futuros flujos de beneficios extraordinarios resultantes de los activos inmovilizados de Rusia"*[637].

Por otra parte, ¿qué decir de la práctica propia de las organizaciones internacionales en este ámbito, tales como la Unión Europea o el FMI? ¿Debemos examinarla en tanto que *reglas de la organización*[638] o se trata –asimismo- de una contribución *a la formación o la expresión de normas de derecho internacional consuetudinario*?[639]

---

636 Jean-Marc THOUVENIN, "Gel des fonds des banques centrales et immunité d'exécution", en Anne PETERS, Evelyne LAGRANGE, Stefan OETER y Christian TOMUSCHAT, *Immunities in the Age of Global Constitutionalism,* Brill/Nijhoff, 2015, pp. 209-219. También se ha estudiado la aplicabilidad a la actividad de los *fondos de inversión soberanos* de estas inmunidades de los estados, véase Marco ARGENTINI, "Sovereign Wealth Funds and State Immunity", *Queen Mary Studies in International Law,* Vol.54, Brill/Nijhoff, 2024.

637 Reglamento (UE) 2024/2773 del Parlamento Europeo y del Consejo, de 24 de octubre de 2024, por el que se establece el Mecanismo de cooperación con Ucrania en materia de préstamos y se concede una ayuda macrofinanciera excepcional a Ucrania, DOUE L/2773, de 28 de octubre de 2024.

638 Véase la Convención de Viena de 1986 sobre el derecho de los tratados entre Estados y organizaciones internacionales o entre organizaciones internacionales en su artículo 2.1 j).

639 Comisión de Derecho Internacional, *Identificación del derecho internacional consuetudinario,* Texto del proyecto de conclusiones aprobado por el Comité de Redacción en segunda lectura, 70º período de sesiones

En esta línea podríamos situar a título de ejemplo la regla no escrita y cruzada entre el FMI y el Banco Mundial según la cual un europeo asume siempre de forma automática la dirección del Fondo mientras que es un estadounidense quien dirige los designios del Banco Mundial. Para completar estas sucintas menciones al derecho consuetudinario podríamos indicar que en relación con los Principios sobre Otorgamiento y Toma Responsables de Préstamos Soberanos auspiciados por la UNCTAD en 2012[640] se ha señalado que, si bien estos principios de carácter no vinculante pueden prefigurar la regulación futura de los préstamos y *defaults* soberanos (en una muestra de desarrollo progresivo del Derecho Internacional), no integran actualmente el derecho consuetudinario internacional: a pesar de que algunos de los principios reflejan en buena medida la práctica estatal, no se ven acompañados de una *opinio iuris* de alcance general[641].

Nueva York, 30 de abril a 1 de junio y Ginebra, 2 de julio a 10 de agosto de 2018, véase la Conclusión nº 4 punto 2: *"En algunos casos, la práctica de las organizaciones internacionales también contribuye a la formación o la expresión de normas de derecho internacional consuetudinario"*; asimismo, este proyecto se hace eco de la contribución de la práctica de algunas *instituciones financieras internacionales* cuando señala en la nota al pie nº 695: *"[…en las condiciones generales de préstamos, garantías y otros acuerdos de financiación del Banco Europeo de Reconstrucción y Desarrollo y en las condiciones generales de préstamos garantizados por el Estado del Banco Asiático de Inversiones en Infraestructura se reconoce que las fuentes de derecho internacional público que pueden ser de aplicación en caso de controversia entre el Banco y una de las partes en el acuerdo de financiación incluyen, entre otras, '… formas de costumbre internacional, incluida la práctica de los Estados y de las instituciones financieras internacionales, de una generalidad, coherencia y duración tales que creen obligaciones jurídicas' (Banco Europeo de Reconstrucción y Desarrollo, Standard Terms and Conditions (1 de diciembre de 2012), art. 8.04 b) vi) C); Banco Asiático de Inversiones en Infraestructura, General Conditions for Sovereign-backed Loans (1 de mayo de 2016), art. 7.04 vii) c)"*, vid. p. 142.

640 UNCTAD/OSG/DP/2010/2

641 Pese a mantener su condición de *soft law* sí sirven estos principios para hacer disminuir el *domaine réservé* de los Estados sobre la financiación

2.3 La concordancia/discordancia de los actos unilaterales y sus efectos jurídicos y económicos: la importancia de las externalidades de red en los asuntos monetarios y financieros

El grado de convergencia/divergencia de los actos unilaterales de los Estados debido a los efectos y externalidades de red[642] resulta relevante para explicar determinados aspectos de la regulación de las relaciones monetarias y financieras internacionales: con anterioridad al sistema monetario internacional instaurado en Bretton Woods, desde la mitad del Siglo XIX hasta la Primera Guerra Mundial hubo en diferentes versiones y con geometría variable[643] un sistema monetario internacional establecido como Patrón oro, mediante una forma de normatividad original, la acumulación de decisiones nacionales convergentes, un fenómeno de unilateralismos convergentes (*bottom-up*) que contribuye a formar Derecho Internacional sin llegar a la forma de tratado –de norma convencional- mediante dicha convergencia de actos unilaterales de los Estados. Este sistema también finalizó con un

soberana. Véase Michael WAIBEL, "Out of Thin Air? Tracing the Origins of the UNCTAD Principles in Customary International Law", en Carlos ESPÓSITO, Yuefen LI y Pablo BOHOSLAVSKY (eds.), *Sovereign Financing and International Law. The UNCTAD Principles on Responsible Sovereign Lending and Borrowing*, Oxford University Press, 2013, pp. 87-112.

642 Véase Barry EICHENGREEN, *La globalización del capital. Historia del sistema monetario internacional*, Antoni Bosch, 1996, p. 7, donde se explica la relevancia de las *externalidades de red* en la adopción de las decisiones monetarias estatales que configuran el sistema internacional. En esta obra se efectúa un minucioso repaso histórico por la evolución del sistema monetario internacional previo a Bretton Woods desde el siglo XIX hasta que en 1931 Reino Unido abandona nuevamente el patrón cambio-oro.

643 Francia impulsó el bimetalismo durante buena parte del S.XIX y también desapareció la Unión Monetaria Latina -de la que formó parte- con la Primera Guerra Mundial. Esta Unión Monetaria Latina (1865-1927) fue creada en virtud de una convención firmada en 1865 por Francia, Italia, Bélgica y Suiza, a los que se añadió en 1868, Grecia.

acto unilateral de Reino Unido –al que siguieron muchos Estados- que de un modo similar a Estados Unidos en 1971 abandonó ante el estallido de la Primera Guerra Mundial la convertibilidad de la libra esterlina en oro, abriendo un periodo de incertidumbre[644]. En el periodo de entreguerras la Conferencia Monetaria Internacional de Génova celebrada en 1922 bajo auspicios de la extinta Sociedad de Naciones supuso un intento de reestablecer un Patrón oro en el que la libra esterlina y el dólar norteamericano fuesen divisas clave; intento que fracasaría tras la Gran Depresión de 1929 al abandonar nuevamente este sistema Reino Unido en septiembre de 1931. En todo caso, los derechos internos –unos más que otros, claro- en materia monetaria y financiera adquieren singular trascendencia en este sector del Derecho Internacional incluso aunque no tengan una vocación explícita de aplicación extraterritorial: tras la Gran Depresión de 1929 en Estados Unidos fue adoptada la conocida como ley Glass-Steagall (1933) que establecía una tajante separación entre la banca comercial (de depósitos) y la banca de inversión en valores; dicha ley fue derogada en 1999 bajo la presidencia de Clinton y reemplazada por la ley conocida como Gramm-Leach-Bliley que permitió la reunión de prácticas comerciales y de inversión en las entidades financieras, favoreciendo el crecimiento de la banca en la sombra (*shadow banking*). Este cambio normativo unido al cambio en la normativa contable internacional también se sitúa entre los factores que alumbraron la Gran Recesión de 2008[645].

---

644 Jean-Marc SOREL, "Quelle normativité pour le droit des relations monétaires et financières internationales?", *op. cit.*, pp. 275-277.

645 Al calor de esta ley estadounidense de 1999 nació Citigroup primer conglomerado estadounidense que pudo aunar servicios financieros de banca y seguros desde la Gran Depresión y que sufrió importantes pérdidas en la crisis *subprime* de 2007-2008 esparciendo notablemente el *riesgo sistémico global*.

2.4 Acuerdos de confirmación *(stand-by agreements)*, MoU y otros instrumentos jurídicos para vehiculizar la *asistencia financiera*, ¿instrumentos jurídicos sui géneris?

Los acuerdos de confirmación del FMI (*stand-by agreements*) constituyen el instrumento crediticio[646] típico (sui géneris) empleado desde 1952 para formalizar la asistencia financiera del Fondo: Sorel siguiendo al consejero jurídico del Fondo Joseph Gold, niega que su naturaleza sea la de un acuerdo internacional (tratado) del mismo modo que al ser sus protagonistas sujetos de Derecho Internacional (el Estado y el Fondo) no puede tratarse de un contrato[647]. El Estado que demanda la asistencia financiera del Fondo, aunque lo haga por necesidad, efectúa su solicitud voluntariamente mediante una "carta de intención" dirigida al Fondo, que constituiría un acto unilateral (que podría ser calificado de *soft law*, una declaración unilateral en forma de promesa con un programa económico a seguir -de estabilización-). A este acto unilateral le seguiría una decisión del Directorio Ejecutivo del Fondo Monetario Internacional, que constituye igualmente un acto unilateral de la organización

---

646 Técnicamente el propio Sorel discrepa de que sean aplicables aquí los términos "crédito" y "préstamo" el Fondo no es un banco, sino que pone a disposición del Estado menesteroso, en estas circunstancias sus recursos, que son activos de valor constante, véase Jean-Marc SOREL, "Sur quelques aspects juridiques de la conditionnalité du F.M.I. et leurs consequences", *European Journal of International Law*, Vol. 7, 1996, p. 45. Es posible asimismo que un Estado ponga recursos financieros a disposición de la Cuenta de Recursos Generales del Fondo con carácter provisional, a título de ejemplo, el Acuerdo de préstamo entre el Reino de España y el Fondo Monetario Internacional, hecho en Madrid y Washington el 30 de octubre y 11 de noviembre de 2020, BOE nº 145, de 18 de junio de 2021.

647 Ni siquiera admite el antiguo consejero legal del FMI, Joseph Gold, que se trate de un acto concertado no convencional.

internacional, en este caso[648]: el Fondo niega que exista un ajuste recíproco de voluntades, y que del acuerdo de confirmación se desprenda un vínculo jurídico convencional entre el Fondo y los créditos (acceso a los recursos generales) que el Estado peticionario va a recibir gracias a él. El Acuerdo de Confirmación sería una garantía de la intención de llevar a cabo la asistencia[649]. De modo que siguiendo el punto de vista del Fondo estos acuerdos no deben satisfacer los requisitos de registro establecidos en el artículo 102 de la Carta de Naciones Unidas ni tampoco teóricamente someterse a los procedimientos constitucionales de aprobación parlamentaria[650]...Si se acepta la

---

648 De este modo se califica en Patrick DAILLIER, Alain PELLET y Nguyen QUOC DIHN, *Droit International Public*, 7ª Edición, L.G.D.J., 2002, p. 1080.

649 El Estado es autorizado a efectuar compras de la Cuenta de Recursos Generales del Fondo por un montante específico. *"Le procédé est subtil puisque les instruments dependent l'un de l'autre (la lettre d'intention et la decision du Fonds) mais juridiquement ne se rencontrent pas, le Fonds ne faisant que donner 'l'assurance' qu'en vertu d'une decision un achat est possible. Cette formulation particuliere a jeté un voile sur la veritable nature juridique de ces 'accords' qui continue de faire l'objet de controverses"*, Jean-Marc SOREL, "Sur quelques aspects juridiques de la conditionnalité du F.M.I. et leurs consequences", *loc. cit.*, p. 47.

650 Jean-Marc SOREL, "Quelle normativité pour le droit des relations monétaires et financières internationales? ", *op. cit.*, pp. 301-304. En el caso del Banco Mundial, por el contrario, Ángel Rodrigo Hernández califica sin ambages de tratado internacional entre el Banco Mundial y el Estado perceptor el acuerdo de préstamo, que incluye estándares y medidas ambientales y sociales que pueden llegar por esta vía a ser obligatorias (el Banco Mundial es una institución de naturaleza operacional y no tiene atribuidas de forma expresa competencias normativas). Dichos estándares sociales y medioambientales fueron adoptados en 2016 en virtud de una Declaración política en principio desprovista de efectos jurídicos vinculantes (salvo para los agentes del Banco Mundial), y, se refieren a pueblos indígenas, trabajadores, recursos naturales, etc. Al incorporarse por referencia a los acuerdos de préstamo (que Ángel Rodrigo califica de tratados) devienen así obligatorios dichos estándares, en una suerte de obligatoriedad no programada inicialmente, véase,

tesis propuesta por el Fondo ni el Estado ni el FMI pueden invocar responsabilidad internacional aparejada al incumplimiento de estos acuerdos. La naturaleza jurídica de estos *acuerdos de confirmación* dista mucho por ende de ser enteramente pacífica[651]: Carreau se inclina por la tesis contraria, según él, son verdaderos acuerdos internacionales -tratados que constan de instrumentos conexos- que generan un vínculo entre el FMI y el Estado perceptor (sin embargo, no se publican, son confidenciales, y escapan a todo tipo de debate parlamentario o de la opinión pública)[652]. Más allá de su naturaleza jurídica el Fondo muestra una voluntad sin ambages de hacer prevalecer

---

Ángel J. RODRIGO HERNÁNDEZ, "Los actos de las organizaciones internacionales entre el *hard* y el *soft law*", *op. cit.*, pp. 112-113.

651 En todo caso resultará difícil contar con una opinión judicial definitiva (incluso a título consultivo) sobre la naturaleza jurídica última de estos acuerdos, puesto que en materia económico-financiera existe en cuanto a la solución de controversias una peculiar desconfianza en el plano internacional hacia los procedimientos judiciales e incluso jurisdiccionales en general (con la salvedad de las organizaciones internacionales de integración económica regional). Además, las instituciones financieras internacionales tales como el FMI o el Banco Mundial se han arrogado y han sido dotadas de un poder exclusivo de auto-interpretación (autorizada, auténtica) de su Derecho originario. En consecuencia, las controversias en el seno del FMI serán sometidas al Directorio Ejecutivo, en primera instancia, con posibilidad de recurso ante la Junta de Gobernadores, véase, Giorgio MALINVERNI, "Le règlement des différends dans le cadre des organizations internationales", en Mohamed BEDJAOUI (Dir.), VV.AA, *Droit International. Bilan et Perspectives*, Vol. 1, Éd. Pedone, Unesco, 1991, pp. 601-605. A este propósito este autor señala de forma crítica en p. 605: *"L'attribution de compétences contentieuses à des organes composés d'économistes ou d'hommes politiques, qui prennent souvent décisions selon le système de vote pondéré, ne va certes pas sans soulever un certain nombre de problèmes: prépondérance des considérations politiques sur celles strictement juridiques, respect du principe nemo judex in re sua, l'organisation étant souvent juge et partie au différend".*

652 Dominique CARREAU y Patrick JUILLARD, *op.cit.*, p. 638.

su función sobre la forma. Cuestión íntimamente relacionada con la anterior, pero distinta es la de la condicionalidad asociada a esta asistencia financiera del Fondo. Se trata de una condicionalidad que consiste en aquellas políticas económicas que el Fondo desea ver puestas en práctica en el Estado asistido para que este pueda utilizar los recursos generales del Fondo en conformidad con su derecho originario: junto con la política general del Fondo puede haber una condicionalidad particular, con obligaciones específicas, establecidas entre el Fondo y el Estado asistido en el marco del acuerdo de confirmación. Esta condicionalidad conduce a medidas impopulares de ajuste y saneamiento económico, que pueden alcanzar dimensiones draconianas (Venezuela en 1989, por ejemplo), cuyo cumplimiento o incumplimiento se traduce, más allá del vínculo legal, en un efecto reputacional, en una suerte de "certificado de buena conducta" que el Fondo emite de cara a futuros créditos públicos o privados (del mismo modo que puede suspenderse la ayuda por tramos si a juicio del Fondo el Estado no ejecuta correctamente el programa de estabilización como forma de sanción financiera). Sorel califica la práctica relativa a la condicionalidad en los acuerdos de confirmación a falta de una *opinio iuris* uniforme de cuasi-consuetudinaria, esto es, de integradora de un verdadero "estándar internacional"[653]. Ciertamente, el Fondo también ha desarrollado programas en su práctica con una condicionalidad aligerada para países muy endeudados o

---

653 *"Enfin, la conditionnalité apparaît comme un simple vecteur d'un droit interventionniste. La conditionnalité à travers son support essentiel–l'accord de confirmation–a des buts qui se confondent avec ceux du Fonds. Il faut parvenir à intégrer les États dans l'economie mondiale. Dès lors, la conditionnalité n'est qu'un instrument, un intermédiaire dans un cadre d'affrontements. Mais ce concept est porteur d'un message qui n'est pas neutre. Ce phénomène est particulièrement visible dans le processus de l'accord de confirmation où l'unilatéralisme convergent masque la contrainte du but à atteindre. Le vecteur porte en soi la solution que l'on espère"*, Jean-Marc SOREL, "Sur quelques aspects juridiques de la conditionnalité du F.M.I. et leurs consequences", *loc. cit.*, p. 63.

menos adelantados. Autores como Pigrau Solé plantean hasta qué punto la condicionalidad es conforme a normas imperativas de Derecho Internacional General como la libre determinación de los pueblos, la igualdad soberana de los Estados o la dignidad de la persona[654]. Por su parte, López-Jacoiste señala que en sentido amplio y al amparo del Capítulo IX de la Carta de Naciones Unidas sí puede defenderse que las instituciones de Bretton Woods son destinatarias de obligaciones internacionales positivas en materia de derechos humanos, en particular deben contribuir a cumplir con los propósitos y principios de la Carta de Naciones Unidas, estando en estrecha conexión con ellos el artículo 2 y la Parte IV del Pacto Internacional de Derechos Económicos, Sociales y Culturales[655]. Ciertamente como Sorel advertía en 1995-1996 ya había motivos para dudar de que las recetas económicas ligadas a la condicionalidad pudieran ser

---

654 Antoni PIGRAU SOLÉ, "Las políticas del FMI y del Banco Mundial y los Derechos de los Pueblos", *loc. cit.*, p. 142.

655 Eugenia LÓPEZ-JACOISTE DÍAZ, *El Banco Mundial, el Fondo Monetario Internacional y los Derechos Humanos, op. cit.* A nivel doctrinal y jurídico existe un importante debate acerca de hasta qué punto organizaciones internacionales como el Fondo Monetario Internacional están sujetas en estas actuaciones al Derecho Internacional General: parece indiscutible que más allá de las normas de *ius cogens* que les son oponibles a todas luces, en estos casos, las organizaciones internacionales también actúan con sujeción a la obligación de respetar en sus actuaciones los derechos humanos básicos de carácter económico y social que han adquirido la condición de Derecho Internacional General. Si bien resulta más difícil sostener que sobre las organizaciones internacionales pesan obligaciones positivas tendentes a la realización de los derechos económicos, sociales y culturales, también, resulta difícilmente cuestionable la certeza de que sí pesa sobre aquellas la obligación de respetar los niveles mínimos de los derechos relativos al agua, la alimentación y la atención sanitaria básica de las poblaciones que se ven afectadas por la actuación de organizaciones internacionales como el Fondo Monetario Internacional. Kristina DAUGIRDAS, "How and Why International Law Binds International Organizations", *loc. cit.*; asimismo, Bahram GHAZI, *op. cit.*

una panacea universal: *"L'urgence de situations économiques désespérées, l'absence d'alternative, l'acceptation tacite du modèle proposé ... font oublier une autre question plus grave et plus profonde: certains pays ou certaines régions ne sont-ils pas réfractaires dans leur structure culturelle et sociale aux programmes d'ajustement largement uniformisés du F.M.I. ? Une décennie d'échecs de ces programmes en Afrique devrait y faire réflechir"*[656]. Cabe preguntarse en un estadio preliminar de la cuestión si puede trazarse una analogía en cuanto a naturaleza jurídica entre estos citados acuerdos de confirmación del FMI y los MoU firmados por la Comisión en nombre del MEDE con el Estado de la zona euro perceptor de la asistencia financiera: llevan en todo caso igualmente aparejada una estricta condicionalidad como condición indispensable para no violentar la prohibición de *bail out* sentada por el artículo 125 TFUE. ¿Son estos MoU tratados internacionales entre una organización internacional y un Estado?[657] Si nos inclinamos por esta segun-

---

656 Jean-Marc SOREL, "Sur quelques aspects juridiques de la conditionnalité du F.M.I. et leurs consequences", *loc. cit.*, p. 66. China se ha beneficiado de la asistencia técnica del Fondo y acepta en términos generales sus normas, aunque difiere del denominado Consenso de Washington, tildado con frecuencia de neoliberal, ya que no es partidaria de sus recetas impuestas *urbi et orbi*, sin embargo, sí es partidaria de políticas financieras, monetarias y fiscales prudentes. Ahora bien, el difícilmente clasificable modelo chino a veces asociado a un Consenso de Beijing presenta claros rasgos distintivos como la conjunción de autoritarismo y capitalismo de Estado (con un ingente peso de empresas bajo control estatal). A través de la asistencia financiera el Fondo tiene escasas posibilidades de ejercer influencia sobre la política económica de China, ya que esta fue cliente de la asistencia financiera únicamente entre 1981 y 1984, cuando terminó de pagar los préstamos recibidos, véase Peter FERDINAND y Jue WANG, "China and the IMF: from mimicry towards pragmatic international institutional pluralism", *loc. cit.*

657 Los rescates financieros practicados con anterioridad al establecimiento del MEDE (Hungría, Letonia, Rumanía, Irlanda, Portugal...) fueron también articulados mediante un *Memorandum of Understanding* concluido entre los integrantes de la *troika* (Comisión, Banco Central

da hipótesis no puede dejar de constatarse que estos MoU como el celebrado en 2013 entre la República de Chipre y el MEDE confían en su marco tareas a la Comisión y al Banco Central Europeo, pero no vinculan a la Unión Europea como tal, ni atribuyen a estas instituciones potestades decisorias propias como dejó sentado el Tribunal de Justicia en *Pringle*: serían en tal caso acuerdos internacionales que no se celebran en el marco del procedimiento general de tratados del artículo 218 TFUE, ni están sujetos al control del Parlamento Europeo ni al control jurisdiccional propio del sistema de actos de la Unión; por ende, no son atacables mediante el recurso de anulación los actos del MEDE en que participan la Comisión y el Banco Central Europeo, aunque sí puede interponerse contra dichas instituciones de la Unión el recurso de responsabilidad extracontractual[658].

Europeo y Fondo Monetario Internacional) y los países asistidos en los márgenes del Derecho de la Unión y con dudas acerca de su naturaleza jurídica vinculante: sin embargo, de su rápida ejecución se desprendieron drásticos recortes en materia de salud y educación, acceso y nivel de pensiones y otros beneficios sociales, dimensión y retribuciones en el sector público, negociación colectiva...en aras del ajuste estructural y la consolidación fiscal, véase Claire KILPATRICK, "Are the bailouts immune to EU social challenge because they are not EU law?", *European Constitutional Law Review*, Vol. 10, nº 3, 2014, pp. 393-421. La estrecha participación del FMI en la articulación y supervisión de estos rescates financieros ha hecho que se hable del Fondo como *institución de facto de la Unión Europea*, en una suerte de delegación de poderes, que plantea numerosos interrogantes, véase Dermot HODSON, "The IMF as a *de facto* institution of the EU: A multiple supervisor approach", *Review of International Political Economy*, Vol. 22, nº 3, 2015, pp. 570-598. En el marco de la crisis de deuda griega la célebre *troika* fue llevada a la gran pantalla por el director Costa-Gavras, en *Adults in the Room* donde se recrea la obra homónima del singular ministro de finanzas griego a la sazón, Yanis Varoufakis.

658 El Tribunal de Justicia ha señalado que en caso de albergar dudas acerca de la compatibilidad del MoU con el Derecho de la Unión la Comisión debería abstenerse de firmarlo, véase la Sentencia de

Para cerrar esta mención a los acuerdos de confirmación y su eventual analogía imperfecta con los MoU concluidos por el MEDE, no puede dejarse de constatar que los Estados que solicitan asistencia financiera en uno u otro caso, pero especialmente en el caso de las cartas de intención dirigidas al FMI se encuentran en una situación de necesidad y dependencia económico-financiera inaplazable que les hace acatar "voluntariamente" toda la condicionalidad aparejada (incluso los peticionarios suelen incluir mención a su buen desempeño con predisposición a aplicar en su jurisdicción interna estándares financieros internacionales, inicialmente desprovistos de naturaleza jurídica vinculante): el consentimiento es prestado por tanto, en un contexto de *coerción material*, válido para el Derecho Internacional, pero no equivalente, como es sabido, a la voluntad lisa y llana de los Estados[659]. Este poder normativo del FMI y la capacidad de supervisión aparejada a la condicionalidad han contribuido a reforzar discursivamente la división Norte-

---

la Gran Sala del Tribunal de Justicia de 20 de septiembre de 2016, *Ledra Advertising Ltd. y otros c. Comisión y Banco Central Europeo, loc. cit*, apartados 55 a 60. Al respecto, Manuel LÓPEZ ESCUDERO, "La degradación de las exigencias del Estado de Derecho en el ámbito de la Unión Económica y Monetaria", *op. cit.*, pp. 214-216; en este trabajo se menciona el trabajo de Paz ANDRÉS SÁENZ DE SANTAMARÍA, "El préstamo de instituciones de la UE al MEDE: singularidades a la luz del derecho internacional", en la obra *Estudios conmemorativos del 60 aniversario del Tratado de Roma. 35 aniversario de la Asociación Española para el Estudio del Derecho Europeo (AEDEUR)*, Madrid, 2017, pp. 31-42. Su título resulta poderosamente ilustrativo.

659 En efecto en estos acuerdos de confirmación el consentimiento jurídicamente relevante manifestado por el Estado en crisis no equivale enteramente a voluntad, pudiendo estar más próximo a la sumisión, o a la claudicación, véase Javier ROLDÁN BARBERO, "El consentimiento del Estado y la formación de los acuerdos internacionales", en *Cursos Euromediterráneos Bancaja de Derecho Internacional*, Vol. VIII/ IX, 2004/2005, Tirant lo Blanch, p. 787.

Sur[660]. Se ha dicho finalmente que en muchos casos los acuerdos de confirmación han tenido *por obra de magia* un efecto 'benéfico' sobre el riesgo moral en los mercados financieros privados que ha relajado en muchos casos sus exigencias en términos de solvencia asumiendo mayores riesgos a la hora de prestar recursos a aquellos países asistidos previamente por el FMI (de ahí que con razón se haya dicho que el FMI debería rediseñarse hacia un rol más preventivo y normativo, que asistencial, terapéutico o "curativo" –rol que ha desempeñado especialmente desde la década de los 70 del siglo pasado hasta la primera década del presente siglo-)[661]. No en vano, la Unión Europea suele alinear su ayuda macrofinanciera a terceros Estados con la existencia previa de un acuerdo entre el país asistido y el FMI, otorgándola de forma complementaria a este último[662].

---

660 Francesco CORRADINI "The Struggle for International Financial Standards: An Historical Analysis of Entangling Legalities in Finance", en Nico KRISCH (Ed.), *Entangled Legalities Beyond the State,* Cambridge University Press, 2021, pp. 289-317, especialmente en pp. 298-299. En sus primeros estadios las instituciones financieras internacionales fueron empleadas como instrumento de coerción económica por Estados Unidos por ejemplo, cuando Egipto se aproximó a la Unión Soviética, o tras la elección de Salvador Allende en Chile, denegando a estos adversarios el apoyo y acceso a fondos del FMI y Banco Mundial, al respecto, Mohamed S. HELAL, *loc. cit.*, p. 102.

661 Jean-Marc SOREL, "L'évolution des institutions financières internationales: entre redéploiement et fragilité, une restructuration systémique en chantier", *loc. cit.*, pp. 494-495.

662 Véase a título de ejemplo, la Decisión del Consejo de 30 de noviembre de 2009 por la que se concede ayuda macrofinanciera a Armenia (2009/890/CE), DOUE L 320/3, de 5 de diciembre de 2009, en su considerando nº 3: *"El ajuste y recuperación económicos de Armenia cuentan con el apoyo del Fondo Monetario Internacional (FMI), que ha facilitado ayuda financiera. En marzo de 2009, las autoridades armenias acordaron con el FMI un acuerdo de derecho de giro por importe de 540 millones de dólares en apoyo de la economía del país, con el fin de alcanzar los ajustes necesarios en el contexto de crisis económica"*.

2.5 Actos concertados no convencionales

En quinto lugar, cabe hablar de actos concertados no convencionales: este sería el caso, como ejemplo, de las numerosas *Declaraciones* del G-20[663] emitidas con posterioridad al estallido de la Gran Recesión de 2008. ¿Cuál es su valor jurídico? En principio no obligatorio. ¿Se trata de *gentlemen's agreements*? ¿Acuerdos políticos? ¿Se corresponden con la categoría de *acuerdos internacionales no normativos* recogida en nuestra Ley de Tratados y Otros Acuerdos Internacionales?[664] Efectivamente, dichas declaraciones no tienen un valor jurídico obligatorio *per se*[665], no obstante, impulsan y prefiguran actos ulteriores de trascendencia jurídica y que pueden

---

663 Seguramente en esta misma categoría podríamos incardinar los llamados Acuerdos Smithsonianos (Smithsonian Agreements) que intentaron en balde e in extremis salvar el sistema de paridades fijas de Bretton Woods centrado en la convertibilidad del dólar en oro a un precio invariable, tras haber sido abandonado por decisión del Presidente Nixon el 15 de agosto de 1971. El G-10 fue el artífice de los mismos.

664 Ley 25/2014, de 27 de noviembre, de Tratados y otros Acuerdos Internacionales, BOE nº 288, de 28 de noviembre de 2014.

665 Para determinar la naturaleza de estos acuerdos no vinculantes o actos concertados no convencionales debe atenderse a la intención de las partes, el lenguaje vago o programático, las circunstancias que rodean a su adopción...Este tipo de actos no genera ni desencadena directamente responsabilidad internacional, ahora bien, sí puede generar expectativas en cuanto a su cumplimiento por las partes. De modo que los Estados no tienen la misma libertad de actuar que si tal Declaración o acuerdo no existiera. Pueden entrañar obligaciones jurídicas que nazcan de la doctrina de los actos propios o del estoppel. Más allá de su valor político o moral pueden contener compromisos y constricciones que son tomadas en serio por sus Estados parte. Como sostiene Oscar Schachter el hecho de que en la elaboración de la Convención de Viena sobre Derecho de los Tratados de 1969 no fueran incluidos por considerar que no están regidos por el Derecho Internacional es en sí mismo una regla de Derecho Internacional, véase Oscar SCHACHTER, "The Twilight Existence of Nonbinding International Agreements", *American Journal of International Law*, Vol. 71, nº 2, 1977, pp. 296-304.

traducirse en compromisos obligatorios, en este sentido, cabe preguntarse acerca de cuál es la línea divisoria con los *acuerdos internacionales concluidos en forma simplificada*[666]. La Comisión de Derecho Internacional está ocupándose de la cuestión relativa a los *acuerdos internacionales jurídicamente no vinculantes*, habiendo presentado su primer informe el Relator Especial Mathias For-

666 A título de ejemplo, cabe preguntarse cuál sería el valor jurídico del siguiente compromiso expresado en un comunicado de prensa a resultas de su reunión en abril de 2021 en Toronto por los integrantes del G-20 que da a entender que sus miembros se abstendrán de practicar devaluaciones competitivas y realizarán esfuerzos tendentes a lograr la estabilidad de los tipos de cambio: "*Strong fundamentals and sound policies are essential to the stability of the international monetary system. We remain committed that our exchange rates reflect underlying economic fundamentals and note that exchange rate flexibility can facilitate the adjustment of our economies. We will continue to consult closely on foreign exchange market developments. We recognize that excessive volatility or disorderly movements in exchange rates can have adverse implications for economic and financial stability. We will refrain from competitive devaluations and will not target our exchange rates for competitive purposes*". Cabe traer a colación las palabras del Tribunal Internacional de Justicia en relación con un comunicado conjunto de dos gobiernos en su Sentencia de 19 de diciembre de 1978, *Plataforma continental del Mar Egeo (Grecia c. Turquía)*, Rec. 1978, apartado 96, p. 39: "*On the question of form, the Court need only observe that it knows of no rule of international law which might preclude a joint communiqué from constituting an international agreement to submit a dispute to arbitration or judicial settlement (cf. Arts. 2, 3 and 11 of the Vienna Convention on the Law of Treaties). Accordingly, whether the Brussels Communiqué of 31 May 1975 does or does not constitute such an agreement essentially depends on the nature of the act or transaction to which the Communiqué gives expression; and it does not settle the question simply to refer to the form -a communiqué- in which that act or transaction is embodied. On the contrary, in determining what was indeed the nature of the act or transaction embodied in the Brussels Communiqué, the Court must have regard above all to its actual terms and to the particular circumstances in which it was drawn up*".

teau donde propone algunos criterios para la distinción de estos acuerdos con respecto a las normas convencionales[667].

A título de ejemplo la Cumbre del G-20 de Londres celebrada en abril de 2009 acordó la transformación del Foro de Estabilidad Financiera en el Consejo de Estabilidad Financiera (que no constituye, pese a las semejanzas, una organización internacional) y también decidieron en ella los países dotar de mayor capacidad financiera al FMI con 750.000 millones de dólares (Nuevos Acuerdos de Préstamo y una mayor asignación de Derechos Especiales de Giro)[668]. Conviene recordar aquí que la Carta constitutiva del Consejo de Estabilidad Financiera fue adoptada por el G-20 en la Cumbre de Pittsburgh celebrada en septiembre de 2009. Una Carta Constitutiva que no convierte al Consejo de Estabilidad Financiera en una organización internacional ni le atribuye personalidad jurídica internacional y que fue asimismo modificada en la Cumbre del G-20 celebrada en Los Cabos en 2012. Según señala en su artículo 23 la Carta Constitutiva del Consejo de Estabilidad Financiera, en su versión de 2012, la misma no tiene el propósito de crear obligaciones ni derechos legales (no deja de ser llamativa esta autoproclamación de operar en un agujero negro normativo -en un *legal vacuum*[669]- a la par que un Consejo de Estabilidad Financiera con tan aparentemente débil sujeción legal reivindica para sí mismo cierta centralidad en la arquitectura multilateral dedicada

---

667 Comisión de Derecho Internacional, Primer informe sobre los acuerdos internacionales jurídicamente no vinculantes, elaborado por Mathias Forteau, Relator Especial, 21 de junio de 2024, A/CN.4/772.

668 Manuel LÓPEZ ESCUDERO, "Estabilidad económico-financiera y derecho internacional", *loc. cit.*, pp. 383-385.

669 En los Cabos (México) en 2012, el Consejo de Estabilidad Financiera se convirtió en asociación privada sin ánimo de lucro con arreglo al derecho suizo a la par que emplea la sede del Banco de Pagos Internacionales en Basilea.

a preservar la estabilidad financiera global)[670]. ¿Se trata de un mero pacto entre caballeros, de un acuerdo no normativo?[671] En la época reciente, en otro orden de ideas, dos son los acuerdos cambiarios más célebres: los Acuerdos de Plaza de 1985 y los Acuerdos del Louvre en 1987. ¿Cuál es exactamente su naturaleza jurídica? ¿*Soft law*[672], actos concertados no convencionales? Los Acuerdos de Plaza de 1985[673] firmados por ministros de finanzas y gobernadores de bancos centrales de los integrantes del G-5 (Estados Unidos, Francia, Reino Unido, Alemania y Japón) buscaban contener la excesiva apreciación del dólar con respecto a sus divisas, y los Acuerdos de 1987 firmados por los integrantes del G-7 pretendían evitar un exceso de devaluación del dólar como consecuencia de la aplicación de los primeros. Nuevamente vemos que la forma/la obligatoriedad jurídica *a priori* no resulta determinante de la eficacia económica real de

---

670 Klaas KNOT, *Navigating change in the global financial system: the role of the FSB, loc. cit.*

671 *"Le fait qu'une déclaration ou un autre acte concerté ne soit pas censé créer d'obligations juridiques ne signifie d'ailleurs pas qu'ils soient sans rapport avec le droit international: dans certaines circonstances, l'acte concerté peut jouer un rôle pertinent et important dans la définition des obligations et des droits de l'État"*, Oscar SCHACHTER, "Les actes concertés à caractère non conventionnel", en Mohamed BEDJAOUI (Dir.), VV.AA, *Droit International. Bilan et Perspectives,* Vol. 1, Éd. Pedone, Unesco, 1991, p. 279.

672 De *soft law* son calificados estos acuerdos de Plaza urdidos por el Secretario del Tesoro nortemericano James Baker para evitar el deterioro de la competitividad industrial de Estados Unidos, así denominados por el nombre del hotel de Nueva York donde fueron firmados, véase Thomas COTTIER y Lucía SATRAGNO, "The potential of law and legal methodology in monetary affairs", en Thomas COTTIER, Rosa Mª LASTRA, Christian TIEJTE y Lucía SATRAGNO, *The Rule of Law in Monetary Affairs,* World Trade Forum, Cambridge University Press, 2014, p. 418. Aquel célebre hotel fue durante algún tiempo *Trump Plaza...*

673 Announcement by the Ministers of Finance and Central Bank Governors of France, Germany, Japan, the United Kingdom, and the United States (Plaza Accord), 22 de septiembre de 1985.

los acuerdos: ¿son estos acuerdos guiados por la hegemonía estadounidense compatibles con el Convenio Constitutivo del Fondo? Se han llegado a asociar, sin resultados concluyentes al respecto, las décadas perdidas y el estancamiento de tres décadas de la economía japonesa con su implementación. ¿Sería posible hoy un acuerdo de esta índole teniendo en cuenta a China, la Unión Europea...?[674] En otro orden de ideas, el *concordato* de colaboración celebrado en 1989 entre el Banco Mundial y el FMI para alinear progresivamente sus prácticas de asistencia en aras del desarrollo y el apoyo macroeconómico y al cambio estructural en sus Estados miembros, ¿constituye un acto concertado no convencional o un acuerdo internacional concluido en forma simplificada entre dos organizaciones internacionales? Sea cual fuere la respuesta este *concordato* parecía querer marcar el punto de partida hacia una práctica conjunta de ambas organizaciones internacionales para evitar el fenómeno de la *doble condicionalidad* y establecer una política común orientada teóricamente a abordar de un modo estructural los problemas del desarrollo[675]. Por mucho empeño y finura conceptual que se pongan al servicio de trazar una línea divisoria entre los actos concertados no convencionales, entendidos quizá como *acuerdos políticos* o *acuerdos no normativos*[676]*, y el soft law,* esta tarea no resulta fácil en

---

674 Christian BORDES, " 'L'histoire ne se répète pas, elle rime': un nouveau Plaza pour encadrer les fluctuations du dollar?", *Revue d'économie financière,* Vol. 145, nº 1, 2022, pp. 87-128. No es baladí recordar que entre octubre de 2021 y octubre de 2022 el dólar se llegó a apreciar con respecto al euro en cerca de un 20%.

675 Jean-Marc SOREL, "L'évolution des institutions financières internationales: entre redéploiement et fragilité, une restructuration systémique en chantier", *loc. cit.* p. 486. Véase IMF-WORLD BANK CONCORDAT (SM/89/54, REV. 1), 31 de marzo de 1989, disponible en: https://www.imf.org/en/publications/selected-decisions/description?decision=sm%2F89%2F54

676 Esta es la terminología que emplea la Ley 25/2014, de 27 de noviembre, de Tratados y otros Acuerdos Internacionales, BOE nº 288, de

la práctica[677]. Resulta relevante para el Derecho Internacional Público la cooperación internacional entre actores de carácter no gubernamental como son los bancos centrales (piénsese en las líneas de liquidez *swap* entre bancos centrales)[678].

---

28 de noviembre de 2014.

677 *"[L]os denominados acuerdos estrictamente políticos comparten con el soft law su carácter jurídicamente no vinculante, sin embargo no se pueden equiparar o asimilar con esta última institución, pues el objetivo principal perseguido a través de ellos es no producir efecto jurídico alguno (incluso eliminando su potencialidad jurídica), así como eludir las consecuencias parlamentarias, de responsabilidad o judiciales, entre otras, que derivarían de su calificación como norma convencional sometida al régimen general de los tratados. Si el soft law persigue integrarse en el marco o redes jurídicas a las que va dirigido por otros medios diferentes a la estricta normatividad, los acuerdos políticos persiguen lo contrario, huir de las redes jurídicas para liberar toda posible normatividad impregnada en sus estructuras y engarces que les impida alcanzar sus objetivos estrictamente políticos. Sus autores quieren situar el compromiso adquirido en el marco discrecional de la política internacional y, en su caso, de la responsabilidad política, excluyéndolo expresamente de cualquier marco jurídico donde, por el contrario, sí que se situaría el soft law. La calificación de político pretende emplazarlo en un espacio extrajurídico, ajeno a los principios generales del derecho, a las técnicas jurídicas de aplicación e interpretación, a la responsabilidad internacional y a la fiscalización judicial. Esto es, conservar plenamente la soberanía sobre el acuerdo, así como la capacidad para modificarlo, suspenderlo o darlo por concluido en cualquier momento"*, Francisco JIMÉNEZ GARCÍA, *op. cit.*, pp. 144-145. Como este autor refiere la doctrina más autorizada alberga dudas acerca de si la mera calificación por parte de sus autores como *acuerdo político* es suficiente para sustraerlo de su vinculación a principios generales del derecho como son el de buena fe o la doctrina de los actos propios.

678 *"Los acuerdos de swap son acuerdos bilaterales de crédito recíproco, en virtud de los cuales cada Parte puede efectuar una emisión sobre la otra para obtener facilidades de crédito a corto término. Estos acuerdos se concluyen generalmente entre dos Bancos centrales que intercambian sus monedas a un tipo de cambio fijo para un periodo corto, normalmente tres meses, después del cual la transacción se resolverá al tipo previamente establecido"*, Romualdo BERMEJO GARCÍA, *Comercio internacional y sistema monetario: aspectos jurídicos*, *op. cit.*, véase pp. 172-173. ¿Cuál es el valor jurídico de un acuerdo

2.6 Actos unilaterales/autónomos de las organizaciones internacionales

Cabe hablar de los actos *unilaterales* o autónomos de las organizaciones internacionales, esto es, de su derecho derivado. Naturalmente, en el caso de la Unión Europea la calidad del derecho derivado y de su control de legalidad en punto a los parámetros propios del Estado de Derecho es mayor que la existente en el ámbito internacional: incluso actos no obligatorios como la *Comunicación bancaria* de 2013 en materia de ayudas de Estado a entidades financieras han sido sujetos a un control de validez en el marco de la cuestión prejudicial[679]; gran relevancia tiene la Sentencia del Tribunal de Justicia en el asunto *BT* de 2021, donde no solo se admitió la cuestión prejudicial de validez sobre un acto de *soft law* sino que además el Tribunal de Justicia procedió a declarar su invalidez (una Recomendación de la Autoridad Bancaria Europea dirigida al Banco Central y al Fondo de Garantía de Depósitos de Bulgaria en virtud de la que se sometía a una entidad financiera a una vigilancia especial que suponía la indisponibilidad de sus depósitos) [680]. El FMI también adopta actos de

---

entre el Banco Central Europeo y los bancos centrales nacionales del SEBC de Estados que no forman parte de la eurozona? Véase el Acuerdo de 12 de diciembre de 2022 entre el Banco Central Europeo y los bancos centrales nacionales de los Estados miembros que no forman parte de la zona del euro por el que se modifica el Acuerdo de 16 de marzo de 2006 entre el Banco Central Europeo y los bancos centrales nacionales de los Estados miembros que no forman parte de la zona del euro por el que se establecen los procedimientos de funcionamiento del mecanismo de tipos de cambio de la tercera fase de la unión económica y monetaria, DOUE nº12, de 13 de enero de 2023.

679 A título de ejemplo, la Sentencia de la Gran Sala de 19 de julio de 2016, *Kotnik y otros c. Državni zbor Republike Slovenije*, asunto C-526/14, ECLI:EU:C:2016:570.

680 Sentencia de 25 de marzo de 2021, *BT c. Balgarska Narodna Banka*, asunto C-501/18, ECLI:EU:C:2021:249. El Tribunal de Justicia en Sentencia

derecho derivado que pueden producir efectos vinculantes para sus Estados miembros, a título de ejemplo, puede hablarse de la asignación de Derechos Especiales de Giro (su unidad de cuenta escritural de base convencional, que cumple funciones a los fines propios de esta organización internacional), asignación que el Fondo puede efectuar de modo uniforme entre sus miembros con arreglo a sus respectivas cuotas (artículo XVIII, Sección 2.b de su Convenio Constitutivo)[681]. En algunos casos las decisiones, el derecho derivado del Fondo, puede tener más allá de su valor

---

de la Gran Sala de 15 de julio de 2021, *Fédération bancaire française (FBF) c. Autorité de contrôle prudentiel et de résolution (ACPR)*, asunto C-911/19, ECLI:EU:C:2021:599, mantuvo este mismo razonamiento admitiendo una cuestión prejudicial de validez en relación con unas *Directrices* de la Autoridad Bancaria Europea sobre procedimientos de gobernanza y vigilancia de productos de banca minorista, igualmente *soft law*, si bien en este caso no encontró motivos para declarar su invalidez (en contra de lo sostenido por el Abogado General Michal Bobek). Alonso García sostiene que el Tribunal de Justicia debería no solo contemplar de forma indirecta la eventual invalidez de estas normas de *soft law* en el marco del artículo 267 TFUE sino que también debería admitir su impugnabilidad directa en virtud del recurso de anulación del artículo 263 TFUE, véase Ricardo ALONSO GARCÍA y Paz ANDRÉS SÁENZ DE SANTA MARÍA, *El sistema europeo de fuentes*, Madrid, Fundación Coloquio Jurídico Europeo, 2022, pp. 110 y ss. En relación con estas sentencias del Tribunal de Justicia puede verse Giulia GENTILE, "To be or not to be (legally binding)? Judicial review of EU soft law after BT and Fédération Bancaire Française", *Revista de Derecho Comunitario Europeo*, nº 70, 2021, pp. 981-1005; asimismo, Merijn CHAMON y Nathan DE ARRIBA-SELLIER, "FBF: On the Justiciability of Soft Law and Broadening the Discretion of EU Agencies ECJ (Grand Chamber) 15 July 2021, Case C-911/19, Fédération Bancaire Française (FBF) v Autorité de Contrôle Prudentiel et de Résolution, ECLI:EU:C:2021:599", *European Constitutional Law Review* , Vol. 18 , nº 2 , 2022 , pp. 286-314.

681 En relación con la última asignación de Derechos Especiales de Giro efectuada en agosto de 2021 para dar apoyo a los países con mayores dificultades derivadas de la pandemia de Covid-19 por un importe equivalente a 650.000 millones de dólares puede verse Manuel A.

formal una dimensión o *trascendencia constitucional*, sirva de ejemplo la Decisión relativa a las *directrices de condicionalidad* adoptada por su Directorio Ejecutivo el 2 de marzo de 1979[682].

Como mencionamos con anterioridad las autoridades de supervisión, agencias, en el caso de la Unión Europea, que forman parte del Sistema Europeo de Supervisión Financiera pueden presentar a la Comisión Europea proyectos de normas técnicas en el marco de las funciones que esta última tiene atribuidas para adoptar actos delegados y actos de ejecución (artículos 290-291 TFUE)[683]; ello además de atemperar la iniciativa normativa de la Comisión implica una cierta dilución de las posibilidades de control político *ex post facto* del Consejo y del Parlamento Europeo, de postergación del control democrático en la elaboración de normas financieras europeas para la regulación de los mercados de capital, con escasas posibilidades para la ciudadanía de influir en las elecciones de política y en los efectos distributivos que se esconden bajo su

---

PÉREZ ÁLVAREZ, "Nueva asignación de Derechos Especiales de Giro", *Banco de España. Documentos Ocasionales* nº 2201, 2022.

682 Decision nº 6056-(79/38) del Directorio Ejecutivo del FMI, *Uso de los recursos generates del Fondo y acuerdos de derecho de giro.*

683 A título de ejemplo la Autoridad Bancaria Europea, la Autoridad Europea de Valores y Mercados y la Autoridad Europea de Seguros y Pensiones de Jubilación han propuesto proyectos de normas técnicas reglamentarias en el marco del Reglamento sobre divulgación de información sobre la sostenibilidad de los servicios financieros que establecen obligaciones de divulgar información sobre el grado de exposición de los productos financieros a las inversiones en actividades vinculadas con el sector del gas fósil y la energía nuclear, véase Agencia Europa, *Bulletin Quotidien Europe*, nº 13034, de 4 de octubre de 2022, pp. 6-7. Se trata del Reglamento (UE) 2019/2088 del Parlamento Europeo y del Consejo de 27 de noviembre de 2019 sobre la divulgación de información relativa a la sostenibilidad en el sector de los servicios financieros, DOUE L 317/1, de 9 de diciembre de 2019.

aparente carácter técnico[684]. Más allá de las atribuciones de las agencias, órganos de la Unión, en relación con los poderes de la Comisión al abrigo de los artículos 290-291 TFUE, el Tribunal de Justicia ha avalado que el legislador de la Unión pueda mediante la creación del derecho derivado endosar a las agencias de la Unión significativos poderes regulatorios (que pueden ser ejecutivos o normativos) siempre que articulen criterios y condiciones para limitar su discrecionalidad y que exista conocimiento técnico que así lo requiera. Ahora bien, como señala Martín Rodríguez esta transferencia de poderes ejecutivos del ámbito nacional al plano de la Unión mediante la utilización de la base jurídica del artículo 114 TFUE ha sido posible en el contexto de emergencia de la Unión Económica y Monetaria sin reformar el derecho originario ni emplear la cláusula de flexibilidad de la atribución competencial (art. 352 TFUE)[685]. Continuando con la Unión Europea debe pen-

---

684 Luis Miguel HINOJOSA MARTÍNEZ, "The regulation of financial markets and the european social model", *op.cit.*, pp. 45-46. En mayor profundidad acerca del debate relativo a la legitimidad democrática de las agencias regulatorias independientes y los bancos centrales como un poder equiparable a los que integran la clásica trinidad (legislativo, ejecutivo y judicial), puede verse Paul TUCKER, *Unelected Power: The Quest for Legitimacy in Central Banking and the Regulatory State*, Princeton University Press, 2018, en especial en pp. 147-172.

685 Debe verse la Sentencia de la Gran Sala del Tribunal de Justicia de 22 de enero de 2014, *Reino Unido de Gran Bretaña e Irlanda del Norte c. Parlamento y Consejo de la Unión Europea*, asunto C-270/12, ECLI:EU:C:2014:18, en relación con los poderes excepcionales de intervención conferidos a la Autoridad Europea de Valores y Mercados para intervenir sobre la posición de los particulares en relación con determinados instrumentos financieros (en virtud del artículo 28 del Reglamento nº 236/2012/UE del Parlamento y del Consejo de 14 de marzo de 2012 sobre las ventas en corto y determinados aspectos de las permutas de cobertura por impago, DOUE L 86/1, de 24 de marzo de 2012). A todo ello se refiere ampliamente, Pablo MARTÍN RODRÍGUEZ, "A Missing Piece of European Emergency Law: Legal Certainty and Individuals' Expectations in the EU

sarse en el gran elenco de poderes normativos que tiene el Banco Central Europeo, sin ser *formalmente* uno de sus legisladores, en el marco de la política monetaria, asimismo, de sus funciones en el Mecanismo Único de Supervisión: puede elaborar reglamentos, decisiones, recomendaciones y dictámenes (artículo 132 TFUE); orientaciones[686] e instrucciones (Protocolo nº 4 relativo a los Estatutos del Sistema Europeo de Bancos Centrales[687] y del Banco

---

Response to the Crisis", *European Constitutional Law Review*, Vol. 12, 2016, pp. 265-293, en especial en p. 274. Como este autor señala la doctrina ha criticado la falta de seguridad jurídica que en estos supuestos puede traer aparejada la falta de publicación de estos actos, así como su reducido control jurisdiccional. Un análisis detenido de las implificaciones de la *agenficificación* en este asunto en cuanto al razonamiento propio del Derecho de emergencia y la llamativa ausencia de mención al principio de equilibrio institucional puede verse en, Augusto PIQUERAS GARCÍA, "Legalidad y legitimidad en la actividad legislativa de la Unión Europea", en Diego Javier LIÑÁN NOGUERAS y Pablo Jesús MARTÍN RODRÍGUEZ (Dirs.), *Estado de Derecho y Unión Europea*, Tecnos, Madrid, 2018, pp. 328-335.

686 Véase a título de ejemplo la Orientación (UE) 2021/834 del Banco Central Europeo de 26 de marzo de 2021 sobre la presentación de información estadística sobre emisiones de valores (BCE/2021/15), DOUE L 208/311, de 11 de junio de 2021, en la que se tienen en cuenta las exigencias de presentación de información para el Banco de Pagos Internacionales, que es el encargado de comunicar las emisiones realizadas en el resto del mundo.

687 El Sistema Europeo de Bancos Centrales implica una hibridación entre el Derecho de la Unión Europea y los derechos internos para los bancos centrales nacionales, un verdadero desdoblamiento funcional como el Tribunal de Justicia ha sostenido: *"tal como ha declarado el Tribunal de Justicia, el SEBC constituye en Derecho de la Unión una construcción jurídica original en la que participan y cooperan estrechamente instituciones nacionales, esto es, los bancos centrales nacionales, y una institución de la Unión, a saber, el BCE, y en el que priman una articulación diferente y una distinción menos pronunciada entre el ordenamiento jurídico de la Unión y los ordenamientos jurídicos internos. En este sistema estrechamente integrado, que fue el querido por los autores de los Tratados para el SEBC, los bancos centrales nacionales y*

Central Europeo) e incluso *multas y pagos periódicos coercitivos a las empresas que no cumplan con sus obligaciones respecto de los reglamentos y decisiones* (artículos 132 TFUE y 34 de sus Estatutos), como una de las manifestaciones de su poder sancionador[688]. El Tribunal de Justicia se ha referido incluso a los comunicados de prensa del Consejo de Gobierno del Banco Central Europeo para precisar si un programa de compra de bonos en los mercados secundarios entra dentro de la política monetaria y es compatible con el Derecho originario; para evaluar, entre otras disposiciones, su compatibilidad con la prohibición de financiación monetaria de los presupuestos de los Estados miembros del artículo 123 TFUE[689]. En otro orden de ideas, la línea divisoria entre el derecho derivado vinculante y el *soft law* no puede trazarse desde un punto de vista puramente formal, como ilustra el reciente Reglamento a través del que la Unión

---

sus gobernadores tienen un estatuto híbrido, en la medida en que son a la vez autoridades nacionales y autoridades que actúan en el marco del SEBC", véase la Sentencia de la Gran Sala del Tribunal de Justicia de 13 de septiembre de 2022, *Banka Slovenije*, asunto C-45/21, ECLI:EU:C:2022:670, apartado 52.

688 Manuel LÓPEZ ESCUDERO, "El Banco Central Europeo en el Tratado de Lisboa", *Revista de Derecho Constitucional Europeo*, nº 9, 2008, pp. 151-174.

689 Sentencia de la Gran Sala del Tribunal de Justicia de 16 de junio de 2015, *Gauweiler y otros*, asunto C-62/14, ECLI:EU:C:2015:400, apartados 47-65. En el mismo sentido véase la Sentencia de la Gran Sala del Tribunal de Justicia de 11 de diciembre de 2018, *Weiss y otros*, asunto C-493/17, ECLI:EU:C:2018:1000, apartados 37 a 39. El célebre programa *Outright Monetary Transactions (OMT)* fue anunciado en conferencia de prensa por su Presidente a la sazón Mario Draghi el 6 de septiembre de 2012 publicándose sus detalles técnicos mediante una nota de prensa, sin forma legal, precisamente para evitar la alta probabilidad de verse impugnado ante el Tribunal Constitucional alemán de Karlsruhe (https://www.ecb.europa.eu/press/pr/date/2012/html/pr120906_1.en.html). Esta conferencia de prensa fue particularmente célebre por las milagrosas palabras de Draghi orientadas a salvar el euro, y demuestran el enorme poder de un *acto atípico* a todas luces. Vid., Agustín José MENÉNDEZ, "Editorial: A European Union in Constitutional Mutation?", *European Law Journal*, Vol. 20 nº 2, 2014, pp. 127-141.

pretende dotarse de una *taxonomía* para las inversiones sostenibles que contiene importantes elementos de carácter más suasorio que jurídicamente vinculantes en aras a consolidar una práctica en los mercados financieros que potencie la financiación de actividades medioambientalmente sostenibles[690]. El propio Banco Central Europeo hace una lectura extensiva de su mandato para hacer la persecución de sus objetivos monetarios congruente con el cumplimiento de las obligaciones internacionales de la Unión y de sus Estados miembros relativas a la mitigación del cambio climático dimanantes del Acuerdo de París de 2015[691]: para ello, de forma

690 Se trata del Reglamento (UE) 2020/852 del Parlamento Europeo y del Consejo de 18 de junio de 2020 relativo al establecimiento de un marco para facilitar las inversiones sostenibles y por el que se modifica el Reglamento (UE) 2019/2088, DOUE L 198/13, de 22 de junio de 2020. En el mismo se contempla la creación por parte de la Comisión de una *Plataforma sobre Finanzas Sostenibles "compuesta por expertos que representen tanto al sector público como al privado. Entre los expertos del sector público debe haber representantes de la Agencia Europea de Medio Ambiente, de las AES, del Banco Europeo de Inversiones y de la Agencia de los Derechos Fundamentales de la Unión Europea. Entre los expertos del sector privado debe haber representantes de los participantes en los mercados financieros y no financieros y de los sectores empresariales que representen a las industrias pertinentes, y personas con experiencia en contabilidad y elaboración de informes. La Plataforma también debe incluir a expertos que representen a la sociedad civil, en particular expertos en cuestiones ambientales, sociales, laborales y de gobernanza. Ha de alentarse a los participantes en los mercados financieros a que, cuando consideren que una actividad económica que no cumple los criterios técnicos de selección, o respecto de la cual aún no se han establecido tales criterios, debe considerarse no obstante medioambientalmente sostenible, lo comuniquen a la Comisión, a fin de ayudar a esta última a evaluar la conveniencia de complementar o actualizar los criterios técnicos de selección"*. En este sentido en su artículo 24 se contempla igualmente el Grupo de expertos de los Estados miembros en materia de finanzas sostenibles para asesorar a la Comisión Europea a estos efectos.

691 Un acuerdo que podría fatalmente desembocar en la *imposibilidad subsiguiente de cumplimiento* de continuar la demencial senda de incremento de la temperatura media del planeta (recuérdese aquí el artículo 61 de la Convención de Viena sobre el Derecho de los Tratados de 1969).

acorde a la doctrina de las competencias implícitas, ha anunciado que sus programas de compra en los mercados financieros de títulos de deuda y obligaciones emitidas por empresas privilegiarán la adquisición de activos procedentes de empresas que en términos relativos tengan un mejor comportamiento en relación con los gases de efecto invernadero, y el propio Banco Central Europeo se compromete a publicar la repercusión en el activo de su balance de este *reverdecimiento* a partir de 2023[692]. La Unión se ha dotado en el marco del mercado interior, siguiendo la hoja de ruta trazada por el Banco Central Europeo de un reglamento para estandarizar las

---

692 Evidentemente no son desdeñables los riesgos derivados del *greenwashing* que puedan practicar instituciones públicas y privadas, véase Agencia Europa, *Bulletin Quotidien Europe*, nº 13024, de 20 de septiembre, pp. 13-14. Un *greenwashing* que resulta dañino en términos ambientales y económicos: salvando las distancias, estas malas prácticas recuerdan a la *venta de indulgencias papales*...El Banco Central Europeo en tanto que supervisor bancario ha publicado una suerte de compendio de buenas y malas prácticas bancarias a la hora de integrar el riesgo climático en sus actividades, Banco Central Europeo, *Good practices for climate-related and environmental risk management*, 2022. De conformidad con los artículos 127.1 y 282.2 TFUE, el Banco Central Europeo y el Sistema Europeo de Bancos Centrales deben contribuir, más allá del objetivo primario y primordial de la *estabilidad de precios*, a apoyar *las políticas económicas generales de la Unión* en aras de la consecución de los objetivos generales de la Unión ínsitos en el artículo 3 TUE: de este modo, cabe preguntarse hasta qué punto este *reverdecimiento* de la política monetaria y la lucha a través de la misma contra el cambio climático puede y debe ser perseguida en combinación con el mandato principal (orientado a la estabilidad de precios) y con otros mandatos también secundarios (*preservar la estabilidad financiera*). Los efectos *spillover* de estas acciones, los confines artificiales y la asimetría competencial entre la política económica y monetaria, así como los propios contornos jurídicos del mandato del Banco Central Europeo remiten a una cuestión discutida y llena de grises, véase Paul DERMINE, "La Banque Centrale Européenne et le principe d'exclusivité. Les compétences de l'Union européenne en matière de politique monétaire et de surveillance financière et leurs limites", *loc. cit.*, pp. 674-677.

nociones de bonos verdes europeos, bonos medioambientalmente sostenibles y bonos vinculados a la sostenibilidad[693].

2.7 Normatividad de facto y otros actos unilaterales de los Estados

Puede señalarse que en las relaciones monetarias y financieras internacionales existe una cierta *normatividad de facto*: podemos pensar en la preeminencia del dólar en el sistema monetario y financiero internacional y el poder de veto *de facto* que Estados Unidos tiene en las decisiones más relevantes en el FMI. Los acuerdos de Bretton Woods no implicaban *per se* que el dólar se convirtiera en una moneda mundial, pero a falta de una moneda supranacional, por defecto sembraban las condiciones para que esta supremacía se produjera[694]. Del mismo modo el abandono unilateral de la convertibilidad del dólar en oro en agosto de 1971 supuso *de facto* el fin de las paridades fijas ajustables instaurado en Bretton Woods que sería reemplazado *de iure* por el sistema de libertad de elección de tipos de cambio y tipos flotantes con la entrada en vigor de la Segunda Enmienda al Convenio Constitutivo del FMI en 1978. Otro ejemplo, lo aporta Sorel cuando califica de *organización internacional de facto* algún caso de organización de derecho privado de normalización, que produce normas comunes para las compañías de seguros, en particular la *National Association of Insurance Commissioners*[695]. En el mismo sentido se refiere a IOSCO con sede en Madrid y como asociación regida por el derecho privado español que reagrupa a autoridades de

---

693 Reglamento (UE) 2023/2631 del Parlamento Europeo y del Consejo de 22 de noviembre de 2023 sobre los bonos verdes europeos y la divulgación de información opcional para los bonos comercializados como bonos medioambientalmente sostenibles y para los bonos vinculados a la sostenibilidad, DOUE L, de 30 de noviembre de 2023.

694 Jean-Marc SOREL, "Quelle normativité pour le droit des relations monétaires et financières internationales?", *op. cit.*, p. 281.

695 *Ibid.*, p. 339-342.

regulación de los mercados financieros de más de 120 países: advierte que la forma jurídica privada de estos organismos no debería eclipsar que su régimen jurídico original y sus funciones presentan numerosas similitudes con las propias de una organización internacional. Pensemos, por otra parte, en los estándares financieros internacionales que bajo la coordinación del Consejo de Estabilidad Financiera pasan a engrosar su *Compendium of Standards* que pretende tener alcance global aunque como hemos visto se elabora bajo una *lógica de club* en la mayoría de *standard setting-bodies*, de composición restringida y que en principio están desprovistos de valor jurídico vinculante: ahora bien, bajo la autoridad del FMI aunque estos estándares financieros no sean jurídicamente vinculantes *per se*, permiten indirectamente determinar si un Estado se atiene a las obligaciones dimanantes de la pertenencia al Fondo (por lo que *de facto* pueden constreñir a los Estados; así, siendo normas elaboradas en una dimensión plurilateral devienen multilaterales)[696]. En otro orden de ideas, a pesar de lo señalado en relación con el artículo 219 TFUE en las páginas precedentes, en la práctica en sus operaciones diarias el control de la política de cambio del euro ha sido asumido por el Banco Central Europeo *de facto*, caracterizándose por un *benign neglect* según el cual la política cambiaria solo ha preocupado realmente a la autoridad monetaria cuando ha tenido repercusión en la estabilidad de precios: se trata de una subordinación de la política cambiaria a la política monetaria[697].

También son relevantes los actos unilaterales de los Estados (no convergentes, o divergentes) aunque no necesariamente desencadenen la formación de normas o de obligaciones internacionales: por ejemplo, a partir de 1978 con la Segunda Enmienda a los Estatutos del FMI se permite -en virtud del artículo IV, Sección

---

696 *Ibid.*, pp. 354-355.

697 Manuel LÓPEZ ESCUDERO, "La politique de change de l'euro", *loc. cit.*, pp. 406-411.

2ª del Convenio Constitutivo- a los Estados miembros retornar a actos unilaterales bajo su cobertura para establecer y ordenar los regímenes de cambio. No hay una obligación convencional de establecer el tipo de cambio ni en relación a una moneda concreta (ni Derechos Especiales de Giro), ni en relación al oro (este tipo de ligamen en particular se prohíbe). El equilibrio monetario, como se ha indicado, dependerá entre otras cuestiones de que exista o no dicha conjunción y convergencia favorable de actos unilaterales de los Estados[698]. En otro orden de ideas, la ausencia hasta la fecha de un enfoque regulatorio global ante la irrupción de Bitcoin propicia una gran disparidad de actitudes unilaterales de los Estados hacia este fenómeno que van desde la adopción como moneda de curso legal y forzoso de Bitcoin por El Salvador[699] o la República Centroafricana hasta la prohibición y veto a sus transacciones, publicidad y minado en territorio de China. Otros actos unilaterales que en su momento supusieron una grave crisis para el sistema monetario internacional, así como su ruptura y/o reforma, también han sido ya mencionados (el abandono de la convertibilidad de sus monedas por parte de Reino Unido en 1931 y por parte de Estados Unidos en 1971, en dos versiones diferentes de *patrón oro*). Entre las ditirámbicas medidas inaugurales de la segunda Administración Trump estadounidense se encuentra la teórica prohibición mediante un decreto de que la Reserva Federal pueda desarrollar una CBDC, esto es un dólar digital[700].

---

698 Jean-Marc SOREL, "Quelle normativité pour le droit des relations monétaires et financières internationales?", *op. cit.*, p. 299-300. Es esta una vía a través de la cual los Estados han recuperado protagonismo para sus derechos internos.

699 Una aventura la de El Salvador con Bitcoin que ha abandonado en enero de 2025 entre otras razones debido a las condiciones que el FMI requería para concederle asistencia financiera.

700 La orden ejecutiva presidencial *Strengthening American Leadership In Digital Financial Technology* adoptada el 23 de enero de 2025 establece entre

2.8 *Soft law*

Como señala Fajardo del Castillo en una excelente y reciente monografía, la noción de *soft law* se encuentra sujeta a una fuerte polisemia acompañada de un uso poliédrico: *"[l]as disposiciones de soft law se encuentran recogidas tanto en instrumentos normativos de carácter vinculante como tratados internacionales y actos de las organizaciones internacionales, como en instrumentos carentes de valor obligatorio, pero no desprovistos de naturaleza y/o efectos jurídicos como resoluciones, declaraciones, recomendaciones, memorandos de entendimiento, estándares, códigos de conducta, guías o líneas directrices"*[701].

Sorel indica que la capacidad extrajurídica del *soft law* de imponerse en este terreno de las relaciones monetarias y financieras,

---

sus propósitos: *"taking measures to protect Americans from the risks of Central Bank Digital Currencies (CBDCs), which threaten the stability of the financial system, individual privacy, and the sovereignty of the United States, including by prohibiting the establishment, issuance, circulation, and use of a CBDC within the jurisdiction of the United States"*. De algún modo se busca prevenir y evitar en la jurisdicción norteamericana el impacto extraterritorial que, en la estabilidad financiera, la privacidad y la soberanía propias puedan tener las divisas digitales emitidas por otros bancos centrales, pudiendo erigir barreras preclusivas frente a divisas digitales en ciernes.

701 Como la misma autora señala se asocia a la noción de *soft law* una cierta capacidad vinculante de índole extrajurídica, sin ser pacífica esta visión, y este fenómeno jurídico cobra importancia en un contexto en el que el consentimiento como origen y fundamento último de los procesos de formación de normas y de obligaciones internacionales se ve desbordado por el célebre fenómeno de la *normatividad relativa* y la aparición de una variada tipología de normas de variable densidad e intensidad normativas, véase Teresa FAJARDO DEL CASTILLO, *El soft law en el Derecho Internacional y Europeo: su capacidad para dar respuesta a los desafíos normativos actuales*, Valencia, Tirant lo Blanch, 2024, pp. 11-13; donde se alude al célebre trabajo de Prosper WEIL, "Towards Relative Normativity in International Law?", *American Journal of International Law*, Vol. 77, nº 3, 1983, pp. 413-442.

también deriva de una cierta *ley económica* de la oferta y de la demanda, en particular, de la demanda de los operadores normativos[702].

En lo que concierne al *soft law* la dimensión formal y sustantiva de la *suavidad* normativa pueden estar disociadas o desacompasadas como ya se ha indicado a propósito del artículo IV del Convenio Constitutivo del FMI: son múltiples los ejemplos que cabe citar aquí; uno de los *standard-setting bodies* mencionados, IOSCO, elabora un Memorándum Multilateral destinado a permitir los intercambios de información entre las autoridades nacionales que son miembros, al mismo tiempo que se subordina a la adhesión al mismo la adquisición de la condición de miembro con todos sus atributos en dicho organismo (las autoridades que no se convierten en parte en el mismo pueden llegar a ver suspendido su derecho de voto en la organización desde 2014).

Pensemos, trayendo de nuevo a colación la imagen de la normatividad relativa, en los estándares de supervisión bancaria que elabora el Comité de Supervisión Bancaria de Basilea creado en 1974 por el G-10 (un organismo desprovisto de personalidad jurídica internacional pero que depende administrativa y

---

702 *"En cela, le produit final est lui-même souple: pas de caractère contraignant, pas de sanction, mais une efficacité réelle par la légitimité de ses auteurs, leur fiabilité professionnelle, l'attente des destinataires, et leur caractère indispensable dans un domaine qui souffre d'une dispersion ressentie comme une entrave à l'expansion des marchés. À partir du moment où l'utilisateur devient un demandeur, il y a de fortes chances pour que le cadre juridique s'impose et l'on sait que la soft law peut imposer le respect d'une norme si elle naît d'un besoin collectif et est conforme à l'esprit dans lequel les acteurs souhaitent intervenir. En cela, le système du FSF s'inspire de l'expérience de la BRI et du comité de Bâle qui ont toujours procédé par des propositions reprises par les sujets de droit (Etats ou organisations pour la Communauté européenne), intégrés dans leur for, et produisant finalement un cadre international contraignant par le rapprochement et la similarité des cadres internes"*, Jean-Marc SOREL, "L'évolution des institutions financières internationales: entre redéploiement et fragilité, une restructuration systémique en chantier", *loc. cit.*, p. 503.

financieramente del Banco de Pagos Internacionales, integrado actualmente por miembros de 28 jurisdicciones incluyendo a la Unión Europea): cabe señalar que sus trabajos no tienen per se *ab initio* un valor jurídico vinculante (piénsese en los acuerdos de Basilea, y el actual paquete Basilea III sobre requisitos de capital, recursos propios, liquidez de las entidades financieras). Ahora bien, el FMI y el Banco Mundial evalúan el grado de respeto a sus estándares en el marco del Programa de Evaluación del Sector Financiero, y el FMI supedita su política de compra de moneda nacional entre otros factores al cumplimiento de los estándares del Comité de Basilea (de modo que este derecho suave se endurece progresivamente, sirviendo este ejemplo, a su vez para ilustrar los puntos siguientes, recepción, ejecución, control y sanción)[703].

Con respecto a la labor que efectúa el Consejo de Estabilidad Financiera de identificación de las 12 normas técnicas más relevantes para las relaciones financieras internacionales a partir del trabajo de los *standard-setting bodies,* pero también de organizaciones internacionales como el FMI, o del Banco de Pagos Internacionales se ha hablado de una suerte de *entanglement,* de una legalidad entreverada, entrelazada, que conduce a una suerte de normatividad derivada, inicialmente no programada, aumentando la juridicidad de estas normas internacionales inicialmente no vinculantes (*entangled legality*)[704]. En este aparente

---

703 Jean-Marc SOREL, "Quelle normativité pour le droit des relations monétaires et financières internationales?", *op. cit.*, pp. 346-349.

704 Francesco CORRADINI, "The Struggle for International Financial Standards: An Historical Analysis of Entangling Legalities in Finance", en Nico KRISCH (Ed.), *Entangled Legalities Beyond the State,* Cambridge University Press, 2021, pp. 289-317. En medio de este pluralismo normativo, y polifonía institucional (pandemonio, quizá), resulta clarificadora la labor del Consejo de Estabilidad Financiera a la hora de identificar los estándares más relevantes para las relaciones financieras internacionales (*key standards*) en su *Compendium of Standards.* Su lista es actualizada periódicamente (https://www.fsb.org/work-of-the-fsb/

about-the-compendium-of-standards/key standards/) y actualmente incluye los siguientes: a) En relación con la política macroeconómica y transparencia de datos:
- El Código de Transparencia Fiscal (2017) elaborado por el FMI.
- El Sistema General de Divulgación de Datos reforzado (2015) también elaborado por el FMI.
- Código de Buenas Prácticas de Transparencia en las Políticas Monetaria y Financiera (1999-2000) elaborado por el FMI.
- Normas Especiales para la Divulgación de Datos (1996), FMI.
b) En materia de regulación financiera y de supervisión:
- Principios básicos, estándares, orientación y metodología de evaluación de seguros (2019) elaborados por IAIS.
- Objetivos y Principios de la Regulación de los Mercados de Valores (2017) elaborados por IOSCO.
- Principios Fundamentales para la Regulación de las Finanzas Islámicas (2015) elaborados por el *Islamic Financial Services Board.*
- Principios Básicos para una Supervisión Bancaria Eficaz (2012) elaborados por el Comité de Supervisión Bancaria de Basilea.
c) Infraestructuras institucionales y de mercado:
- Estándares internacionales de auditoría (2015) elaborados por IAASB.
- Principios de gobierno corporativo (2015) elaborados por el G-20/OCDE.
- Principios Básicos para Sistemas de Seguro de Depósitos Eficaces (2014) elaborados por IADI.
- Atributos Clave para un Efectivo Régimen de Resolución de Instituciones Financieras (2014) elaborados por el propio Consejo de Estabilidad Financiera.
- Principios para las Infraestructuras del Mercado Financiero (2012) elaborados por IOSCO y por el Comité de Sistemas de Pago y Liquidación del Banco Internacional de Pagos.
- Recomendaciones sobre Blanqueo de Dinero y Financiación del Terrorismo (2012) elaboradas por el GAFI.
- Principios para Sistemas Efectivos de Insolvencia y de Derechos de los Acreedores (2011) elaborados por el Banco Mundial.
- Normas Internacionales de Información Financiera (2002) elaboradas por la IASB.
Véase en mayor detalle, Manuel LÓPEZ ESCUDERO, "Capítulo 12. El Sistema Monetario Internacional (II): Grupos, Foros y Organizaciones Internacionales", *op. cit.*, pp. 303-305. Estos estándares, constituyen una suerte de requisitos mínimos que de menor a mayor

proceso de desestatalización no debe perderse de vista que son los Estados quienes delegan funciones a estas redes regulatorias transnacionales, descansando en ellas, y que posteriormente en la fase de recepción y ejecución contribuyen a juridificar con mayor solidez estos estándares internacionales (sea en el plano estatal, sea en el ámbito de la Unión Europea)[705]. Este modelo regulatorio transnacional de *soft law* para las relaciones financieras internacionales debe comprenderse como señala López Escudero a la vista de que *"en los derechos internos la regulación y supervisión de las actividades financieras está en manos de autoridades independientes total o parcialmente del poder político (bancos centrales, autoridades de control de los mercados de valores, autoridades de supervisión bancaria, etc.)"*[706]. Bajo los auspicios del G-20 por tanto, el Consejo de Estabilidad Financiera abandera la codificación de las normas financieras internacionales reuniendo normas dispersas de intensidad jurídica variable confeccionadas en virtud de una división tácita del trabajo que conduce a un producto de *soft law* pero que como veremos goza de una eficacia acrecentada, de una vocación cuasi-legislativa que salvando las distancias supondría una superación del efecto relativo de los tratados: con normas que se configuran como multilaterales aunque surgidas de instancias plurilaterales[707]. Para finalizar esta breve mención al *soft law* en los asuntos monetarios y financieros cabe señalar, a propósito de los Principios sobre Otorgamiento y Toma Responsables de Préstamos Soberanos auspiciados por la UNCTAD en 2012, que los defensores del *soft law* confían en que dadas las grandes dificultades y la lentitud para alcanzar en la materia una regulación *hard*,

---

especificidad se distinguen en principios, prácticas y directrices, más detalladas estas últimas (p. 304).

705 Francisco JIMÉNEZ GARCÍA, *op. cit.*, p. 130.

706 Manuel LÓPEZ ESCUDERO, "La protección de la estabilidad financiera como bien público global", *op. cit.*, p. 667.

707 Jean-Marc SOREL, "¿Quelle normativité pour le droit des relations monétaires et financières internationales?", *op. cit.*, pp. 349-354.

convencional, este instrumento no vinculante pueda contribuir al desarrollo progresivo del Derecho Internacional introduciendo cambios de comportamiento en los prestatarios y prestamistas a tenor de los costes reputacionales que hipotéticamente se deriven de su incumplimiento: en una demostración de optimismo considerable se ha llegado a hablar del *soft law* como *bien público internacional*[708]. D'Aspremont indica que las normas recogidas en estos instrumentos *suaves* no están desprovistas de efectos jurídicos, contribuyen a internacionalizar la materia, pueden, suministran directrices para la interpretación de otros instrumentos jurídicos, o pueden conducir, quizá, a una práctica subsiguiente que alimente la formación de normas consuetudinarias[709]. Huesa Vinaixa

---

708 Estos principios fueron auspiciados por UNCTAD con el apoyo financiero de Noruega, y están orientados a promover de forma equilibrada la estabilidad financiera, previniendo y minimizando el coste de resolver a su vez las crisis financieras. Para ello, en unos mercados de deuda cada vez más complejos buscan promover la responsabilidad en los prestatarios y evitar una asunción de riesgos excesiva en los prestamistas, Yuefen LI, "Soft Law on Sovereign Borrowing and Lending: UNCTAD Principles on Promoting Responsible Sovereign Lending and Borrowing", *International Banker*, 12 de septiembre de 2022; esta misma línea optimista en cuanto al potencial del *soft law* es manifestada por Anna GELPERN, "Hard, soft, and embedded: Implement principles on promoting responsible sovereign lending and borrowing" y Robert HOWSE, "Concluding remarks in the light of international law", ambos, en la misma obra colectiva, Carlos ESPÓSITO, Yuefen LI y Pablo BOHOSLAVSKY (eds.), *Sovereign Financing and International Law. The UNCTAD Principles on Responsible Sovereign Lending and Borrowing*, Oxford University Press, 2013, pp. 347-384 (en el caso de la primera) y pp. 385-390 (en el caso de este último). Una monografía acerca del *soft law* en las finanzas globales, donde se muestra una visión menos optimista del mismo, pero en todo caso se descarta por poco probable la hipotética evolución futura hacia una suerte de Organización Mundial de las Finanzas anclada en un tratado constitutivo multilateral, al estilo de la OMC, puede verse en Chris BRUMMER, *op. cit.*

709 "*Norms enshrined in soft instruments, e.g. political declarations, codes of conducts and gentlemen's agreements, are considered as part of this continuum between law*

apunta, efectivamente, a que la ambigua categoría del *soft law* puede repercutir sobre el proceso de formación y consolidación de normas consuetudinarias siempre que se reúna *la intención normativa, la participación representativa y el consensus colectivo*[710]. La Unión Europea también se dotó, además de los conocidos tratados *inter se* de sus Estados miembros y de las modificaciones en el derecho derivado relativas a la gobernanza presupuestaria, de instrumentos significativos de *soft law* en el momento de mayor fragor de la crisis financiera y de deudas soberanas[711].

A modo de remate de este subepígrafe, podemos mencionar un ejemplo de una reciente tendencia *metanormativa* que se aprecia en la Unión Europea: la *externalización*, la privatización, de la elaboración de estándares de *soft law*, incitatorios, redactados por expertos privados, externos a las instituciones que actúan bajo la cobertura de un contrato administrativo celebrado con una institución, en

---

and nonlaw. In the traditional theory of the sources of international law, norms enshrined in a non-legal instrument (i.e. those norms with soft instrumentum) can still have legal effect. For instance, they can partake in the internationalization of the subject-matter, provide guidelines for the interpretation of other legal acts or pave the way for futher subsequent practice that may one day be taken into account for the emergence of a norm of customary international law. Yet, if formal pedigree were to be the only law-ascertainment criterion, they would simply be legal facts. Nonetheless, the international legal scholarship has adopted a strong tendency to construe these legal facts as law", Jean D'ASPREMONT, "The Politics of Deformalization in International Law", *loc. cit.*, pp. 527-528.

710 Rosario HUESA VINAIXA, "La costumbre internacional", en José María BENEYTO y Carlos JIMÉNEZ PIERNAS, (Dirs.), *Concepto y Fuentes del Derecho Internacional*, Tirant lo Blanch, Valencia, 2022, pp. 596 y ss.

711 Es el caso del Pacto Euro Plus, adoptado junto con las Conclusiones del Consejo Europeo celebrado en sesiones de 24 y 25 de mazo de 2011, EUCO 10/1/11 REV 1 CO EUR 6 CONCL 3, Bruselas 20 de abril de 2011 y de la Estrategia Europa 2020, Comunicación de la Comisión Europea, *Una estrategia para un crecimiento inteligente, sostenible e integrador*, de 3 de marzo de 2010, COM(2010) 2020 final, que son citadas en José María PORRAS RAMÍREZ, *loc. cit.*, p. 148.

este caso con la Comisión Europea, tratándose por tanto de un acto de derecho institucional o derivado, concertado con personas físicas externas (un acto heternormativo) a la propia institución[712].

3. RECEPCIÓN, EJECUCIÓN Y CONTROL DE LAS NORMAS Y OBLIGACIONES INTERNACIONALES EN EL ÁMBITO DE LAS RELACIONES MONETARIAS Y FINANCIERAS INTERNACIONALES Y ALGUNAS CONSIDERACIONES RELATIVAS A LA SOLUCIÓN PACÍFICA DE CONTROVERSIAS

3.1 Recepción y ejecución

Por lo que respecta a la recepción y ejecución de las normas internacionales en esta materia encontramos en ocasiones un doble escalón, ya que su incorporación puede producirse tanto a nivel de la Unión Europea como a nivel del ordenamiento jurídico interno, simultáneamente. Pensemos en el Plan General de Contabilidad en España regulado a través de Real Decreto[713] que pretende hacerse eco de las normas internacionales de contabilidad adoptadas

---

712 A título de ejemplo puede mencionarse el Código de conducta para la provisión de microcréditos en la UE, Oficina de Publicaciones de la Unión Europea, 2022, elaborado *"por el Dr Karl Dayson y por el Dr Pål Vik de Community Finance Solutions, Universidad de Salford (UK), bajo un contrato firmado con la Comisión Europea"*.

713 Real Decreto 1/2021, de 12 de enero, por el que se modifican el Plan General de Contabilidad aprobado por el Real Decreto 1514/2007, de 16 de noviembre; el Plan General de Contabilidad de Pequeñas y Medianas Empresas aprobado por el Real Decreto 1515/2007, de 16 de noviembre; las Normas para la Formulación de Cuentas Anuales Consolidadas aprobadas por el Real Decreto 1159/2010, de 17 de septiembre; y las normas de adaptación del Plan General de Contabilidad a las entidades sin fines lucrativos aprobadas por el Real Decreto 1491/2011, de 24 de octubre, BOE nº 26, de 30 de enero de 2021.

por la Unión Europea a partir de su incorporación de las normas internacionales de información financiera elaboradas por la Junta de Normas Internacionales de Contabilidad (IASB) de naturaleza privada y con sede en Londres[714]. La Ley del Mercado de Valores en España contiene una invitación genérica para la recepción de las normas/directrices que puedan adoptar los organismos y comités internacionales y que la Comisión Nacional del Mercado de Valores puede hacer suyas[715]. ¿Cuál es el margen de maniobra para la adap-

---

714 Se trata de armonizar sobre la base de las normas internacionales de contabilidad elaboradas por IASB las normas contables sobre las que las empresas cotizadas, incluyendo bancos y compañías de seguros, deben elaborar sus cuentas consolidadas y estados financieros, a los efectos de facilitar su comparabilidad. En este proceso de asimilación de las normas internacionales existe un proceso regulatorio y un proceso técnico en el que intervienen dos organismos, uno regulatorio y otro consultivo, con papel teóricamente relevante de la Comisión Europea, véanse el Reglamento (CE) n° 1606/2002 del Parlamento Europeo y del Consejo, de 19 de julio de 2002, relativo a la aplicación de normas internacionales de contabilidad, DOUE L 243, 11 de septiembre de 2002, así como el Reglamento (CE) nº 1126/2008 de la Comisión, de 3 de noviembre de 2008, por el que se adoptan algunas normas internacionales de contabilidad de conformidad con el Reglamento (CE) nº 1606/2002 del Parlamento Europeo y del Consejo, DOUE L 320, de 29 de noviembre de 2008.

715 Así, la Comisión Nacional del Mercado de Valores *"podrá hacer suyas, y transmitir como tales, así como desarrollar las guías que, dirigidas a los sujetos sometidos a su supervisión, aprueben los organismos o comités internacionales activos, relativas a los criterios, prácticas o procedimientos convenientes para favorecer el mejor cumplimiento de las normas de ordenación y disciplina de los mercados de valores y la supervisión de su cumplimiento"*, se indica en el artículo 267.2 de la Ley 6/2023, de 17 de marzo, de los Mercados de Valores y de los Servicios de Inversión, BOE nº66, de 18 de marzo de 2023. Esta ley a su vez transpone diversas directivas europeas relativas a la supervisión prudencial de las empresas de servicios de inversión y ha sido desarrollada por el Real Decreto 813/2023, de 8 de noviembre, sobre el régimen jurídico de las empresas de servicios de inversión y de las demás entidades que prestan servicios de inversión, BOE nº 268,

tación/desarrollo normativo de las normas internacionales en uno y otro caso? En el caso de la Unión Europea hay una clara tendencia hacia el *endurecimiento* de las normas financieras internacionales de *soft law*: puede observarse en torno a los denominados acuerdos de Basilea III (orientados a mejorar la resiliencia del sector bancario en Europa mejorando sus ratios de liquidez, fondos propios[716], ca-

de 9 de noviembre de 2023. También ha sido desarrollada dicha ley en virtud de los siguientes reglamentos: Real Decreto 814/2023, de 8 de noviembre, sobre instrumentos financieros, admisión a negociación, registro de valores negociables e infraestructuras de mercado, BOE nº 268, 9 de noviembre de 2023; y en segundo lugar, el Real Decreto 815/2023, de 8 de noviembre, en relación con los registros oficiales de la Comisión Nacional del Mercado de Valores, la cooperación con otras autoridades y la supervisión de empresas de servicios de inversión, BOE nº 268, de 9 de noviembre de 2023, pp.149087-149115; y, en tercer lugar, también con causa en la adaptación al Derecho de la Unión Europea, el Real Decreto 816/2023, de 8 de noviembre, por el que se modifica el Reglamento de desarrollo de la Ley 35/2003, de 4 de noviembre, de Instituciones de Inversión Colectiva, aprobado por el Real Decreto 1082/2012, de 13 de julio, BOE nº 268, de 9 de noviembre de 2023, pp. 149116-149137.

716 Además de su incorporación al derecho derivado mediante actos de la Unión Europea, como se expone en la siguiente nota, la implementación de este marco *Basilea III* implica de aquí a 2028 para las entidades de financieras la necesidad de incrementar en un 15% sus fondos propios de calidad óptima, en una cuantía de 1200 millones de euros según indica el presidente de la Autoridad Bancaria Europea, José Manuel Campa, véase Agencia Europa, *Bulletin Quotidien Europe*, nº 13049, 25 de octubre de 2022, pp. 13-14. Algunos de los escollos que están siendo limados en el Coreper para alcanzar el acuerdo tendente a culminar el paquete legislativo de implementación de Basilea III y reforzar la supervisión prudencial bancaria tienen que ver con el umbral mínimo de recursos propios (*output floor*), con la supervisión de sucursales de grupos bancarios de terceros países, y con los riegos medioambientales, sociales y de gobernanza, véase, Agencia Europa, *Bulletin Quotidien Europe*, nº 13055, de 3 de noviembre de 2022, pp. 5-7.

pitalización...)[717], así como en la regulación de la remuneración de ejecutivos en el sector financiero (buscando evitar que esta propicie

[717] Este marco reglamentario global conocido como Basilea III y adoptado en 2010 por el Comité de Supervisión Bancaria de Basilea inicialmente sin valor jurídico vinculante ha dado lugar a una adaptación probablemente todavía a día de hoy incompleta en el ordenamiento jurídico de la Unión Europea a través, entre otros, de los siguientes actos: Directiva 2013/36/UE del Parlamento Europeo y del Consejo, de 26 de junio de 2013, relativa al acceso a la actividad de las entidades de crédito y a la supervisión prudencial de las entidades de crédito y las empresas de inversión, por la que se modifica la Directiva 2002/87/CE y se derogan las Directivas 2006/48/CE y 2006/49/CE Texto pertinente a efectos del EEE, DOUE L 176, de 27 de junio de 2013; así como el Reglamento (UE) n° 575/2013 del Parlamento Europeo y del Consejo, de 26 de junio de 2013, sobre los requisitos prudenciales de las entidades de crédito y las empresas de inversión, y por el que se modifica el Reglamento (UE) n° 648/2012, DOUE L 176, de 27 de junio de 2013; completado en virtud del Reglamento Delegado (UE) 2015/61 de la Comisión, de 10 de octubre de 2014 , por el que se completa el Reglamento (UE) n° 575/2013 del Parlamento Europeo y del Consejo en lo que atañe al requisito de cobertura de liquidez aplicable a las entidades de crédito, DOUE L 11, de 17 de enero de 2015; y finalmente, el Reglamento (UE) 2019/876 del Parlamento Europeo y del Consejo, de 20 de mayo de 2019, por el que se modifica el Reglamento (UE) n.° 575/2013 en lo que se refiere a la ratio de apalancamiento, la ratio de financiación estable neta, los requisitos de fondos propios y pasivos admisibles, el riesgo de crédito de contraparte, el riesgo de mercado, las exposiciones a entidades de contrapartida central, las exposiciones a organismos de inversión colectiva, las grandes exposiciones y los requisitos de presentación y divulgación de información, y el Reglamento (UE) n.° 648/2012, DOUE L 150, de 7 de junio de 2019. Véase Emily LEE, "The Soft Law Nature of Basel III and International Financial Regulations", *Journal of International Banking Law and Regulation,* Vol. 29, n° 10, 2014, pp. 603-612. En 2024 han sido adaptados los teóricos últimos pasos para la implementación total de Basilea III con la referida directiva CRD VI y el reglamento CRR III (Directiva (UE) 2024/1619 del Parlamento Europeo y del Consejo de 31 de mayo de 2024, *loc. cit.*; y del Reglamento (UE) 2024/1623 del Parlamento Europeo y del Consejo, de 31 de mayo de 2024, *loc. cit.*

la asunción desmedida por parte de las entidades de inversión de riesgos a corto plazo a expensas del bienestar a largo plazo)[718] o en la supervisión macroprudencial de las entidades aseguradoras y sus requisitos de capital (Solvencia II y su futura adaptación a los riesgos climáticos y derivados de la pérdida de biodiversidad)[719]. También

---

718 En esta materia el Consejo de Estabilidad Financiera adoptó sin valor vinculante en septiembre de 2009 los *Principles for Sound Compensation Practices*, con el objetivo de alinear la retribución en el sector financiero con una asunción de riesgos más prudente y una mejor supervisión. La Comisión Europea también había adoptado el 30 de abril de 2009 una Recomendación *sobre las políticas de remuneración en el sector de los servicios financieros*, DOUE L 120/22, de 15 de mayo de 2009; y finalmente, ha sido adoptada una normativa vinculante en materia de remuneraciones, así véase el artículo 30 de la Directiva 2019/2034 del Parlamento Europeo y del Consejo de 27 de noviembre de 2019 relativa a la supervisión prudencial de las empresas de servicios de inversión, y por la que se modifican las Directivas 2002/87/CE, 2009/65/CE, 2011/61/UE, 2013/36/UE, 2014/59/UE y 2014/65/UE, DOUE L 314/64, de 5 de diciembre de 2019. Al respecto véase, Luis Miguel HINOJOSA MARTÍNEZ, "The regulation of financial markets and the european social model", *op. cit.*, pp. 58-63. Para agilizar esta labor de supervisión prudencial, la Autoridad Bancaria Europea y la Autoridad Europea de los Mercados y los Valores, han adoptado directrices conjuntas: Directrices sobre procedimientos y metodologías comunes para el proceso de revisión y evaluación supervisora (PRES) en virtud de la Directiva (UE) 2019/2034, 21 de julio de 2022.

719 Véase la Directiva 2009/138/CE del Parlamento Europeo y del Consejo, de 25 de noviembre de 2009, sobre el seguro de vida, el acceso a la actividad de seguro y de reaseguro y su ejercicio (Solvencia II), DOUE L 335/1, de 17 de diciembre de 2009. Fue modificada por la Directiva (UE) 2019/2177 del Parlamento Europeo y del Consejo de 18 de diciembre de 2019, DOUE L 334/155, de 27 de diciembre de 2019. También ha sido modificada por la Directiva (UE) 2025/2 del Parlamento Europeo y del Consejo, de 27 de noviembre de 2024, en lo que respecta a la proporcionalidad, la calidad de la supervisión, la presentación de información, las medidas de garantía a largo plazo, los instrumentos macroprudenciales, los riesgos de sostenibilidad y la supervisión de grupo y transfronteriza, DOUE L/2, de 8 de enero de 2025.

hay ocasiones en que el legislador español se ha aventurado a adelantarse incluso de forma unilateral (y quijotesca) a que cristalice en la Unión una cooperación reforzada en la que España pretendía ser vanguardia, tal y como muestra el ejemplo de la célebre *Tasa Tobin*, cuya formulación teórica se remonta a 1971[720].

Como se ha apuntado, además de esta tendencia hacia el endurecimiento normativo y al aumento de la juridicidad de las normas internacionales mediante los actos legislativos de la Unión, en muchos casos, existe una adaptación normativa en un *doble escalón* al ser el instrumento elegido una directiva de la Unión. En lo que respecta a la ejecución de las normas financieras internacionales de carácter técnico *"se confía en la capacidad de las autoridades nacionales de regulación y supervisión financiera [...] para incorporar estas normas a sus derechos nacionales. La independencia y el carácter tecnocrático de estas autoridades facilitan la adopción de estas normas internas sin tener que recurrir a los procedimientos clásicos del DIP (intervención parlamentaria para autorizar la celebración de tratados, recepción de los tratados, legislación interna para los tratados que no son self-executing, etc.). Las normas técnicas financieras internacionales son incorporadas directamente a normas administrativas elaboradas por las autoridades de regulación y supervisión financiera, como los bancos centrales, o se incorporan a leyes internas, que deben aprobar los parlamentos, pero cuyos proyectos suelen contar con una intervención muy relevante de estas autoridades"*[721].

---

720 Ley 5/2020, de 15 de octubre, del Impuesto sobre las Transacciones Financieras, BOE nº 274, de 16 de octubre de 2020. Las ideas de este célebre Premio Nobel de Economía estadounidense, James Tobin, se han visto redivivas con la obra de Thomas PIKETTY, *Le Capital au XXIe siècle*, Seuil, París, 2013. Conectando con las ideas de este autor, se ha señalado cómo la regulación jurídica contribuye a la formación de capital e incide en la distribución de la riqueza generando desigualdades, Katharina PISTOR, *The Code of Capital: How the Law Creates Wealth and Inequality*, Princeton University Press, 2019.

721 Manuel LÓPEZ ESCUDERO, "La protección de la estabilidad financiera como bien público global", *op. cit.*, p. 668.

La Unión Europea también ha hecho uso del procedimiento legislativo ordinario para incorporar "*normas mundiales acordadas con los socios internacionales de la UE, en particular con el Comité de Supervisión Bancaria de Basilea*"[722] así como de los organismos internacionales de normalización como el Consejo de Estabilidad Financiera a efectos de mejorar la resiliencia, capacidad de absorción de pérdidas y recapitalización de las entidades financieras de importancia sistémica global (sus ratios de apalancamiento, niveles de fondos propios y pasivos admisibles...)[723]. Estos ejemplos muestran que la técnica jurídica empleada para la recepción en

---

[722] Reglamento (UE) 2022/2036 del Parlamento Europeo y del Consejo de 19 de octubre de 2022 por el que se modifican el Reglamento (UE) nº 575/2013 y la Directiva 2014/59/UE en lo que respecta al tratamiento prudencial de entidades de importancia sistémica mundial con una estrategia de resolución basada en una activación múltiple y métodos para la suscripción indirecta de instrumentos admisibles de cara a cumplir el requisito mínimo de fondos propios y pasivos admisibles, DOUE L 275/1, de 25 de octubre de 2022. La Comisión de Asuntos Económicos y Monetarios del Parlamento Europeo se ha mostrado partidaria de integrar los estándares adoptados por el Comité de Supervisión Bancaria de Basilea recientemente en relación con la exposición bancaria a los criptoactivos a la hora de completar el paquete legislativo de medidas necesarias para dar aplicación a los acuerdos de Basilea III, véase Agencia Europa, *Bulletin Quotidien Europe*, nº 13104, de 21 de enero de 2023, pp. 8-9. Asimismo, Comité de Supervisión Bancaria, *Prudential treatment of cryptoasset exposures*, diciembre de 2022, disponible en: https://www.bis.org/bcbs/publ/d545.pdf

[723] Reglamento (UE) 2019/876 del Parlamento Europeo y del Consejo, de 20 de mayo de 2019, por el que se modifica el Reglamento (UE) n.° 575/2013 en lo que se refiere a la ratio de apalancamiento, la ratio de financiación estable neta, los requisitos de fondos propios y pasivos admisibles, el riesgo de crédito de contraparte, el riesgo de mercado, las exposiciones a entidades de contrapartida central, las exposiciones a organismos de inversión colectiva, las grandes exposiciones y los requisitos de presentación y divulgación de información, y el Reglamento (UE) n.° 648/2012 (Texto pertinente a efectos del EEE.), DOUE L 150/1, de 19 de junio de 2019.

el Derecho de la Unión y en el Derecho español de las normas financieras internacionales elaboradas por los organismos internacionales *(standard-setting bodies)* no es exactamente monista. A título de ejemplo, en relación con las normas internacionales de contabilidad y las obligaciones de las empresas de elaborar estados financieros e informes de gestión, una directiva de la Unión, un acto autónomo de esta, establece la obligación para sus Estados miembros de velar en su derecho interno porque los estados financieros e informes de gestión presentados por las empresas se ajusten no solo a la directiva, sino también a su vez a las propias normas internacionales de contabilidad (adoptadas en virtud del Reglamento CE nº 1606/2002)[724]. Este doble (e incluso triple) escalón para la recepción se aprecia también en algunas normas internas que dan aplicación a los avances en materia de fiscalidad internacional que han sido preconizados en los últimos años por la OCDE[725]. Por tanto, la transposición al derecho interno en

724 Véase el artículo 33 de la Directiva 2013/34/UE DEL Parlamento Europeo y del Consejo de 26 de junio de 2013 sobre los estados financieros anuales, los estados financieros consolidados y otros informes afines de ciertos tipos de empresas, por la que se modifica la Directiva 2006/43/CE del Parlamento Europeo y del Consejo y se derogan las Directivas 78/660/CEE y 83/349/CEE del Consejo, DOUE L 182/19, de 29 de junio de 2013.

725 Así el denominado Plan de acción con el objetivo de evitar la erosión de la base imponible y el traslado de beneficios (Plan BEPS) impulsado por la OCDE, ha dado lugar a la Ley 11/2021, de 9 de julio, de medidas de prevención y lucha contra el fraude fiscal, de transposición de la Directiva (UE) 2016/1164, del Consejo, de 12 de julio de 2016, por la que se establecen normas contra las prácticas de elusión fiscal que inciden directamente en el funcionamiento del mercado interior, de modificación de diversas normas tributarias y en materia de regulación del juego, BOE nº 164, de 10 de julio de 2021, pp. 82584 y ss. Del mismo modo, el denominado *Global Agreement on Corporate Taxation* que parte de una propuesta del G-7 y fue auspiciado por el G-20 y adoptado en la OCDE proyecta en sus *dos pilares* reglas para una tasación mínima y efectiva en los impuestos de sociedades (un 15% de gravamen mínimo), así como

esta materia puede estar igualmente sujeta a la reserva de ley, e incluso de ley orgánica con arreglo a las normas constitucionales (además de la materia tributaria y fiscal, en materia penal[726], o en

para los grandes grupos de empresas. En el plano interno, español, es necesario lógicamente dar aplicación a estas reformas mediante modificaciones pertinentes en las leyes tributarias. Existe una propuesta para traducir una porción de lo recaudado en virtud del primer pilar en un nuevo recurso propio mediante una contribución nacional al presupuesto de la Unión Europea: *"La cuestión es que el desarrollo del Pilar uno está sujeto a la conclusión, y posterior entrada en vigor, de un Convenio Multilateral (CM) celebrado entre los Estados participantes en el Marco Inclusivo del BEPS. Las negociaciones del CM están avanzando, pero la previsión actual es que se concluya durante la primera mitad del 2023 y entre en vigor durante el año 2024. En consecuencia, es materialmente imposible que el recurso propio que se generaría después de la entrada en vigor de la Directiva que incorporase el contenido del CM sea aprobada antes del 1 de enero de 2023"*, Andreu OLESTI RAYO, "El programa Next Generation EU y el presupuesto de la Unión Europea", *loc. cit.*, p. 742. En cuanto al segundo pilar, pueden verse la Directiva (UE) 2022/2523 del Consejo de 14 de diciembre de 2022 relativa a la garantía de un nivel mínimo global de imposición para los grupos de empresas multinacionales y los grupos nacionales de gran magnitud en la Unión, DOUE L 328/1, de 22 de diciembre de 2022; y en España, la Ley 7/2024, de 20 de diciembre, por la que se establecen un Impuesto Complementario para garantizar un nivel mínimo global de imposición para los grupos multinacionales y los grupos nacionales de gran magnitud, un Impuesto sobre el margen de intereses y comisiones de determinadas entidades financieras y un Impuesto sobre los líquidos para cigarrillos electrónicos y otros productos relacionados con el tabaco, y se modifican otras normas tributarias, BOE nº 307, de 21 de diciembre de 2024.

726 Ley Orgánica 1/2019, de 20 de febrero, por la que se modifica la Ley Orgánica 10/1995, de 23 de noviembre, del Código Penal, para transponer Directivas de la Unión Europea en los ámbitos financiero y de terrorismo, y abordar cuestiones de índole internacional, BOE nº 45, de 21 de febrero de 2019, que tiene por objeto: *"la transposición a nuestro ordenamiento interno de la Directiva 2014/57/UE del Parlamento Europeo y del Consejo, de 16 de abril de 2014, sobre las sanciones penales aplicables al abuso de mercado, la Directiva 2017/541/UE del Parlamento Europeo y del Consejo, de 15 de marzo de 2017, relativa a la lucha contra*

cuestiones que afectan a derechos fundamentales). Tanto la normativa europea, como la nacional de transposición, pueden verse complementadas a modo de desarrollo reglamentario mediante circulares de la Comisión Nacional del Mercado de Valores[727].

3.2 Control/sanción y solución pacífica de controversias

A todas luces es patente que se trata en este subepígrafe de dos cuestiones nítidamente diferenciadas en los planos teórico y doctrinal, así como en la práctica jurídica, pero a efectos de esta sumaria exposición quedarán agrupadas: pasando a hablar indistintamente de forma somera en las siguientes breves líneas tanto de los mecanismos de control/sanción como del arreglo pacífico de controversias en este campo de los asuntos monetarios y financieros internacionales.

Nos referiremos en un primer momento al caso particular del GAFI, cuyos instrumentos normativos inicialmente están desprovistos de fuerza normativa. El GAFI se caracteriza por su voluntad de imponer de forma multilateral sus estándares que han sido concebidos inicialmente de forma plurilateral. Sus prácticas institucionales de control son variadas (evaluaciones por pares, elaboración de listas negras -*name and shame*- con ju-

---

el terrorismo y la Directiva (UE) 2017/1371 del Parlamento Europeo y del Consejo, de 5 de julio de 2017, sobre la lucha contra el fraude que afecta a los intereses financieros de la Unión a través del Derecho penal, así como el perfeccionamiento de la transposición de la Directiva 2014/62/UE del Parlamento Europeo y del Consejo, de 15 de mayo de 2014, relativa a la protección penal del euro y otras monedas frente a la falsificación".

727 Sirva de ejemplo, la Circular 1/2024, de 17 de diciembre, de la Comisión Nacional del Mercado de Valores, por la que se deroga la Circular 1/2022, de 10 de enero, relativa a la publicidad sobre criptoactivos presentados como objeto de inversión, BOE nº 312, de 27 de diciembre de 2024, p. 181242.

risdicciones no cooperativas[728]...). Pero ante todo resulta muy destacable que la pertinencia de estos estándares en materia de lucha contra la financiación del terrorismo haya sido incluso reconocida por el Consejo de Seguridad[729].

En el caso del Consejo de Estabilidad Financiera existe un marco para intensificar el seguimiento de la incorporación de los estándares a las jurisdicciones internas a través de informes de progreso periódicos que son puestos en común en las cumbres del G-20 (*FSB's Coordination Framework for Implementation Monitoring*); el propio Consejo de Estabilidad Financiera efectúa revisiones periódicas por pares (temáticas y por países). Con este marco se busca alentar una adherencia (adhesión) global de los Estados a los estándares en materia de regulación y supervisión financiera identificados como mejores prácticas en aquellas áreas señaladas como prioritarias (actualmente Basilea III, instituciones financieras de importancia sistémica, remuneraciones de ejecutivos en el

---

728 La mera posibilidad de ser *listado* ha hecho que un poder ascendente como China elija adecuarse a sus estándares, al respecto, Armin VON BOGDANDY, Matthias GOLDMANN y Ingo VENZKE, *loc. cit.*, p. 142.

729 La Resolución 1617 (2015) del Consejo de Seguridad, S/RES/1617 (2005), en su apartado nº 7, otorga valor *erga omnes* a estos estándares: *"Insta encarecidamente a todos los Estados Miembros a que pongan en práctica las normas internacionales completas incorporadas en las cuarenta recomendaciones sobre el blanqueo de dinero del Grupo de Acción Financiera y sus nueve recomendaciones especiales sobre la financiación del terrorismo"*. Asimismo, en el ámbito regional de la Unión Europea, la Directiva 2015/2366/UE del Parlamento Europeo y del Consejo de 25 de noviembre de 2015 sobre servicios de pago en el mercado interior y por la que se modifican las Directivas 2002/65/CE, 2009/110/CE y 2013/36/UE y el Reglamento (UE) no 1093/2010 y se deroga la Directiva 2007/64/CE, DOUE L 337/35, de 23 de diciembre de 2015, conocida coloquialmente como "Directiva PSD2" hace suya la *"Recomendación especial VI del Grupo de Acción Financiera Internacional sobre el Blanqueo de Capitales (GAFI)"*. En junio de 2023 la Comisión ha presentado una propuesta para modernizar los servicios de pago digitales se trataría de la PSD3.

sector financiero, reformas en el mercado de derivados extrabursátiles *'Over-the-counter'*, marcos relativos a la resolución de entidades financieras e intermediación financiera no bancaria[730]). En este proceso existe retroalimentación con el Programa de Evaluación del Sector Financiero (FMI y Banco Mundial) y en su informe anual sobre la estabilidad financiera global el Consejo de Estabilidad Financiera incluye un *dashboard* con la puntuación obtenida en las diferentes áreas prioritarias por las distintas jurisdicciones estatales. Este *soft law* se beneficia así de incentivos para su endurecimiento y su incorporación en los derechos internos: a los ojos del FMI y del Banco Mundial, su grado de cumplimiento otorga una apariencia de solidez de los sistemas financieros de la que se derivan efectos reputacionales y de mercado[731]. Ahora bien, las apariencias son engañosas y como se demostró en 2008 el esquema normativo existente a la sazón fue a todas luces insuficiente para prevenir y encauzar la crisis financiera global y sus consecuencias.

Por su parte, el FMI cuenta con una amplia panoplia de medios de control y de sanción: medios de control *a priori* y *a posteriori* (informes, consultas bilaterales, aprobación previa…) así como medios de sanción (presión moral haciendo públicos informes especiales, el arma financiera decretando inaccesibles para un Estado incumplidor los recursos de la cuenta general del Fondo,

---

730 Esta intermediación financiera no bancaria es conocida como *shadow banking* y presenta importantes riesgos de transmisión de inestabilidad al sistema bancario tradicional en la medida en que dichas actividades de intermediación están sujetas a una menor regulación y supervisión que la actividad bancaria. En este sentido se han propuesto en el Comité de Basilea unas directrices tendentes a mitigar dichos riesgos, Comité de Supervisión Bancaria de Basilea, *Guidelines on Identification and management of step-in risk*, Banco de Pagos Internacionales, 2017.

731 Manuel LÓPEZ ESCUDERO, "Capítulo 12. El Sistema Monetario Internacional (II): Grupos, Foros y Organizaciones Internacionales", *op. cit.*, pp. 304-306.

medidas disciplinarias como la suspensión del derecho de voto e incluso la expulsión y pérdida de la condición de miembro…)[732].

En el caso del Banco Mundial fue instaurado en 1993 el Panel de Inspección: este ha establecido una suerte de control cuasi jurisdiccional, permitiendo el acceso a individuos y grupos afectados por los proyectos financiados por el Banco Mundial, así como la integración de los intereses sociales y ambientales de las comunidades indígenas, y, cuenta, además, desde 2018 con una función consultiva[733]. El Banco Mundial se ha provisto también de mecanismos de sanciones ante el fraude y la corrupción y correlativamente se han creado remedios de carácter cuasi jurisdiccional para permitir el acceso a los actores no estatales[734].

---

[732] Dominique CARREAU y Patrick JUILLARD, *op.cit.*, pp. 619-622. El Artículo XXVI, Sección 2 a) del Convenio Constitutivo del Fondo establece: *"Si un país miembro dejase de cumplir cualquiera de sus obligaciones según este Convenio, el Fondo podrá declararlo inhabilitado para utilizar los recursos generales del Fondo"*.

[733] Ángel J. RODRIGO HERNÁNDEZ, "Los actos de las organizaciones internacionales entre el hard y el soft law", *op. cit.*, pp. 125-126. Asimismo, Eugenia LÓPEZ-JACOISTE DÍAZ, "El control 'cuasi jurisdicional' del Panel de Inspección del Banco Mundial", *Anuario Español de Derecho Internacional*, nº 29, 2013, pp. 111-164. En 2020 ha sido complementado este mecanismo, véase Diane DESIERTO, Anibal PEREZ-LINAN, Khawla WAKKAF, Rachel GAGNON y Belén CARRIEDO, "The 'New' World Bank Accountability Mechanism: Observations from the ND Reparations Design and Compliance Lab", *EJIL:Talk! Blog of the European Journal of International Law*, 11 de noviembre de 2020, disponible en: https://www.ejiltalk.org/the-new-world-bank-accountability-mechanism/ Finalmente, puede verse también, Björn ARP, "La integración de los derechos humanos en la labor del Banco Mundial el caso del Ombudsman y asesor en materia de observancia", *Revista Española de Derecho Internacional*, Vol. 64, nº 1, 2012, pp. 11-42.

[734] Laurence BOISSON DE CHAZOURNES y Edouard FROMAGEAU, "Balancing the Scales: The World Bank Sanctions Process and Access to Remedies", *European Journal of International Law*, Vol. 23, nº 4, 2012, pp. 963-989.

En el ámbito regional europeo el Banco Central Europeo posee un extraordinario poder sancionador[735] que le permite dirigir sanciones pecuniarias y que se ha visto incrementado en el marco de sus funciones en el ámbito del Mecanismo Único de Supervisión[736]. La Autoridad Europea de los Valores y de los

---

735 El Banco Central Europeo puede con arreglo a una decisión de su Consejo de Gobierno de 18 de diciembre de 2023 imponer sanciones consistentes en el cobro de intereses de recuperación a aquellos bancos centrales nacionales que incumplan la prohibición de financiación monetaria contenida en el artículo 123.1 TFUE. Sin ser una manifestación de poder sancionador *stricto sensu* el Banco Central Europeo sí que llevó ante el Tribunal de Justicia para su anulación una decisión de relevar al gobernador del Banco Central de Letonia que no fue ajustada a Derecho, recuérdese la Sentencia de la Gran Sala del Tribunal de Justicia de 26 de febrero de 2019, *Ilmārs Rimšēvičs y Banco Central Europeo c. Letonia*, asuntos acumulados C-202/18 y C-238/18, ECLI:EU:C:2019:139; en este sentido, véase Paz Andrés SÁENZ DE SANTA MARÍA, "Relevo del mandato del gobernador del banco central nacional y papel del Tribunal de Justicia: la independencia justifica el control. Comentario a la sentencia del Tribunal de Justicia (Gran Sala) de 26 de febrero de 2019, "Rimšēvičs y BCE/ Letonia"", *Revista General de Derecho Europeo*, nº 63, 2019, pp. 629-649.

736 Reglamento 569/2014/UE del Banco Central Europeo de 16 de abril de 2014, por el que se modifica el Reglamento (CE) no 2157/1999 sobre las competencias del Banco Central Europeo para imponer sanciones (BCE/1999/4), DOUE L 141/51, de 14 de mayo de 2014. Véase a título de ejemplo la Decisión de 7 de diciembre de 2022 en virtud de la cual el Banco Central Europeo ha impuesto una sanción pecuniaria de 3.145.000 Euros a la entidad financiera española ABANCA Corporación Bancaria S.A. por no informar de un incidente cibernético significativo ocurrido en febrero de 2019 dentro del plazo preceptivo de dos horas estipulado en una previa Decisión del Banco Central Europeo, véase: https://www.bankingsupervision.europa.eu/banking/sanctions/html/index.en.html

Estos procedimientos de supervisión de las entidades financieras que pueden desembocar en la imposición de medidas de obligado cumplimiento acompañadas de medidas coercitivas se extienden a nuevos retos como controlar el blanqueo de capitales y también los

Mercados (ESMA) ha demostrado también que dispone de capacidad sancionadora frente a particulares[737]. No debemos olvidar que en la supervisión económica y presupuestaria de la zona euro, no solo el Banco Central Europeo, sino también la Comisión Europea ha dado muestras del ejercicio de un importante poder sancionador ante la manipulación de datos estadísticos relativos al déficit público por parte de una entidad subestatal (en concreto una Comunidad Autónoma)[738]. Por supuesto, la tradicional *joya de la corona*, el derecho relativo a la defensa de la libre competencia también ha entrado en acción, imponiendo contundentes sanciones a entidades financieras por prácticas colusorias en los mercados de títulos de deuda pública[739].

---

riesgos asociados al cambio climático, véase Carmen HERNÁNDEZ SASETA y David BÁEZ SEARA, *loc. cit.*, p. 170.

737 La ESMA ha efectuado un leve tirón de orejas a la agencia de calificación crediticia S&P Global Ratings Europe Limited imponiéndole una multa de 1.110.000 euros por difundir una calificación crediticia antes de que ciertos valores fueran emitidios, véase, Agencia Europa, *Bulletin Quotidien Europe*, nº 13149, 25 de marzo de 2023, p. 10.

738 Siendo por este motivo la responsabilidad principal *ad intra* de la Comunidad Valenciana, aunque no en exclusiva, se impuso por la Comisión Europea una multa al Reino de España de 18.93 millones de euros que se vio confirmada por el Tribunal de Justicia, Sentencia de la Gran Sala de 20 de diciembre de 2017, *Reino de España c. Consejo y Comisión*, asunto C-521/15, ECLI:EU:C:2017:982. Un comentario a la misma en Merijn CHAMON, "Fining Member States under the SGP, or how enforcement is different from implementation under Article 291 TFEU: Spain v. Council", *Common Market Law Review*, Vol. 55, nº 5, 2018, pp. 1495-1519.

739 Así, por ejemplo, los bancos Crédit Agricole y Credit Suisse, junto a Deutsche Bank, Bank of America, fueron sancionados por participar en un cartel relativo a bonos suprasoberanos, bonos soberanos y bonos del Estado denominados en dólares estadounidenses, véase la Sentencia del Tribunal General de 6 de noviembre de 2024, *Crédit Agricole c. Comisión*, asuntos T-386/21 y T-406/21, ECLI:EU:T:2024:776; del mismo modo, siete bancos de inversión–UBS, Natixis, UniCredit, Nomura, Bank of America y Portigon (anteriormente WestLB) y Natwest (anteriormente

En cuanto a los mecanismos de solución de controversias, en otro orden de cosas, únicamente cabe efectuar una observación superficial, breve: en este ámbito, no existe ninguna peculiaridad con respecto a las posibilidades de combinar medios diplomáticos/jurisdiccionales de solución de controversias con arreglo al principio de libertad de elección de medios pacíficos para solución de controversias; de hecho, ha habido casos donde se ha combinado la solución arbitral[740] y el recurso al Tribunal Internacional de Justicia[741], aunque es cierto que hasta la fecha son relativamente

---

Royal Bank of Scotland)- fueron encontrados como responsables de establecer un cartel en la emisión, negociación y comercialización de obligaciones estatales europeas, véase la Sentencia del Tribunal General de 26 de marzo de 2025, *UBS Group AG y otros c. Comisión*, asuntos acumulados T-441/21, T-449/21, T-453/21 y T-455/21, ECLI:EU:T:2025:337.

740 Por razones de oportunidad dedicaremos en este análisis un brevísimo espacio a las decisiones arbitrales que puedan incidir en esta materia en el marco de tratados de protección de inversiones.

741 El Acuerdo sobre reparaciones de Alemania, sobre el establecimiento de una Agencia Interaliada de Reparaciones y sobre la restitución del oro monetario, hecho en París, el 14 de enero de 1946, Recueil des Traités, Naciones Unidas, 1966, creó una suerte de organización internacional con capacidad legal internacional en la jurisdicción de los Estados parte (*Inter-Allied Reparation Agency and on the restitution of monetary gold*), en cuyo marco era posible el recurso al arbitraje. Del mismo modo, en aplicación de la Parte III de dicho acuerdo los gobiernos de Estados Unidos, Francia y Reino Unido crearon en septiembre de 1996 una Comisión Tripartita (*Tripartite Gold Commission*) que decidieron disolver mediante una Declaración conjunta en septiembre de 1998. Debe tenerse presente la Sentencia de 15 de junio de 1954 del Tribunal de Justicia (Excepciones Preliminares), *Asunto del oro amonedado sacado de Roma en 1943 (Italia c. Estados Unidos, Francia y Reino* Unido), Rec. 1954, p. 19. En ella el Tribunal Internacional de Justicia no pudo afirmar su jurisdicción en ausencia del consentimiento de Albania, puesto que la demanda de Italia, era dependiente en cuanto al fondo de resolver con carácter previo en qué proporción el oro saqueado por la Alemania nazi de Roma en 1943 pertenecía al Banco Nacional de Albania. Este principio del *oro amonedado* ha sido recordado a propósito

escasos los contenciosos que se han planteado en este campo ante el órgano judicial principal de Naciones Unidas (*Monetary Gold removed from Rome in 1943, Certain Norwegian Loans, Certain Iranian Assets*...)[742]. Merece la pena detenerse en este último asunto, *Certain Iranian Assets*[743], donde el Tribunal Internacional de Justicia dadas las limitaciones de su jurisdicción contenciosa anclada *stricto sensu* al objeto del litigio, soslaya y pasa de puntillas cuestiones de especial trascendencia: es un asunto donde las *sanciones unilaterales* de Estados Unidos reciben un cierto correctivo en el marco de un tratado bilateral de amistad y comercio de 1955 con Irán que fue denunciado en 2018 por Estados Unidos; el origen de la con-

---

de una reciente demanda ante el Tribunal Internacional de Justicia presentada por Nicaragua contra Alemania por su apoyo a Israel en la campaña emprendida sobre Gaza tras los ataques de Hamás del 7 de octubre de 2023 sobre la base de la Convención para la prevención y sanción del delito de genocidio: véase Abhishek TRIVEDI, "Monetary Gold Principle and the Case of Nicaragua v. Germany", *Chinese Journal of International Law,* Vol. 23, nº 2, 2024, pp 387-397.

742 En la Sentencia del Tribunal Internacional de Justicia de 6 de julio de 1957 (Excepciones Preliminares), *Asunto relativo a ciertos empréstitos noruegos (Francia c. Noruega),* Rec. 1957, p. 9, el Tribunal descartó su jurisdicción a la vista de declaraciones unilaterales coincidentes en excluir los asuntos pertenecientes a la jurisdicción interna (a condición de reciprocidad). En su declaración facultativa al abrigo del artículo 36.2 del Estatuto del Tribunal Internacional de Justicia, Francia excluía de la jurisdicción del Tribunal los asuntos pertenecientes esencialmente a la jurisdicción nacional, y la declaración de Noruega fundada en condición de reciprocidad permitió al Tribunal declinar su jurisdicción al entender que la controversia planteada en relación con los empréstitos noruegos emitidos en Francia se circunscribía a dicha esfera doméstica. De este modo el Tribunal no entró a enjuiciar el fondo del asunto planteado por Francia: si Noruega estaba obligada internacionalmente a satisfacer los cupones de dichos bonos en valor oro para tener carácter liberatorio; Noruega desde 1914 había abandonado en diversas ocasiones la convertibilidad de su moneda nacional en oro.

743 Sentencia de 30 de marzo de 2023, *Determinados activos iraníes (República Islámica de Irán contra Estados Unidos de América),* Rec. 2023, p. 51.

troversia se sitúa en las medidas estadounidenses que decretan la congelación de activos del Banco Central de la República Islámica de Irán e impiden la repatriación de fondos de los títulos adquiridos por este en los mercados financieros estadounidenses. Dichas medidas fueron adoptadas para exigir responsabilidad internacional a Irán por su implicación en atentados terroristas acaecidos en 1983 en Beirut contra Marines norteamericanos. Fuera de la jurisdicción del Tribunal Internacional de Justicia en este asunto queda determinar si la actividad del Banco Central (*Bank Markazi*) estaba o no amparada por las inmunidades soberanas; eso sí, a juicio del Tribunal Internacional de Justicia la actividad de inversión llevada a cabo por el Banco Central de Irán parece guardar una conexión inseparable con las funciones soberanas. Como Viterbo apunta, la cuestión de fondo de este asunto guarda una evidente conexión sustancial, no explorada por el Tribunal (*ultra petitum*), con el Derecho del FMI: en particular, determinar si las sanciones unilaterales -impropias- norteamericanas, pueden considerarse implícitamente admitidas como excepción de seguridad a los movimientos de capital, así como hipotéticas restricciones plausibles a transferencias y pagos por transacciones corrientes en los términos del artículo VIII, sección 2 a) del Convenio Constitutivo del Fondo. Una de las funciones del FMI es la de recibir la notificación por parte de sus Estados miembros y autorizar (eventualmente mediante silencio positivo tras treinta días)[744] las solicitudes de este tipo de *restricciones cambiarias* a pagos y transferencias[745].

En el seno del Banco de Pagos Internacionales, como fue indicado con anterioridad, llegó a constituirse un Tribunal Arbitral con arreglo al artículo XV de la Convención firmada en la Haya el 20 de enero de 1930: fue establecida su jurisdicción

---

[744] Debe verse la Decisión nº 144-(52/51), del Directorio Ejecutivo del FMI de 14 de agosto de 1952.

[745] Annamaria VITERBO, "Certain Iranian Assets (Iran v. United States)", *American Journal of International Law,* Vol. 118, nº 1, 2024, pp. 145-153.

para resolver disputas relativas a la interpretación y aplicación de esta Convención de la Haya de 1930 y de los Estatutos del Banco de Pagos Internacionales, ante él tienen *ius standi* bancos centrales, instituciones financieras o bancos que aparezcan mencionados en los Estatutos o que sean "accionistas" del Banco de Pagos Internacionales. Desde 2001 únicamente pueden ser accionistas bancos centrales, el Tribunal Arbitral confirmó la legalidad de la exclusión de los accionistas privados, así como fijó el montante de la compensación financiera que debían recibir.

Existe un voluminoso contencioso que enfrenta a tenedores de bonos (inversores) y Estados en el marco de la gobernanza y crisis de las deudas soberanas[746]: el Derecho Internacional, en ausencia de un marco jurídico multilateral vinculante atinente a la insolvencia soberana y la reestructuración de la deuda[747], se encuentra en una encrucijada en la que no es capaz de encontrar un equilibrio apropiado entre la protección de los inversores y los procesos de reestructuración y gobierno de las crisis de deuda soberanas (donde deberían verse atendidos intereses generales de la comunidad internacional, como su eventual impacto en los derechos humanos[748]). En este sentido, parece ser que el riesgo de *defaults* soberanos puede verse aplacado y aplazado mediante la cada vez más frecuente introducción de las denominadas *Cláusulas de Acción*

---

746 Kei NAKAJIMA, *The International Law of Sovereign Debt Dispute Settlement*, Cambridge University Press, 2022. Asimismo, en la doctrina española, Javier DÍEZ-HOCHLEITNER, "El arbitraje de inversiones frente a los *defaults* soberanos. (A propósito de los laudos sobre jurisdicción en los asuntos *Abaclat* y *Ambiente Ufficio*)", *op.cit.*

747 En noviembre de 2020 el G-20 reunido en Arabia Saudí endosó un marco para el tratamiento y reestructuración de la deuda (de naturaleza no convencional), más allá de la iniciativa de suspensión del servicio de la deuda (abanderada en la pandemia por el Banco Mundial y el FMI para los países más pobres).

748 Ilias BANTEKAS, "A Human Rights-Based Arbitral Tribunal for Sovereign Debt", *American Review of International Arbitration*, Vol. 29, nº1, 2018.

Colectiva, que permitirían mediante una supermayoría de tenedores de títulos de deuda (no siendo imperativa la unanimidad) facilitar negociaciones y reprogramaciones de los pagos del denominado *servicio de la deuda* (cupones, vencimientos del principal…). Una de estas *Cláusulas de Acción Colectiva* ha sido insertada en el Tratado constitutivo del MEDE (en su artículo 12.3)[749]. La litigación internacional relativa al endeudamiento soberano ha tenido lugar tanto en el marco de tribunales arbitrales insituidos bajo el paraguas de tratados de protección de inversiones[750], como del CIADI (organización internacional autónoma vinculada a la órbita del Banco Mundial)[751], como en los tribunales internos: se observa una tendencia hacia la *relativización* de la inmunidad soberana, cuando se aplican leyes internas de Estados Unidos o Reino Unido, que propicia las correlativas dificultades de los Estados afectados en estos contenciosos para acceder a la financiación en los mercados internacionales de capital[752]. Pueden tomarse como botones de muestra los recientes y archiconocidos casos de Argentina y Grecia para cotejar y quizá extraer la conclusión de que el marco jurídico

---

749 *"A partir del 1 de enero de 2013, se incluirán cláusulas de acción colectiva en todos los nuevos títulos de deuda soberana con vencimiento superior a un año de Estados miembros de la zona del euro, de un modo que asegure que sus efectos jurídicos sean idénticos"*.

750 Livia HINZ, "International investment agreements and sovereign debt: an empirical analysis", *Capital Markets Law Journal*, Vol. 18, nº 3, 2023, pp. 365-390. Ante la inadecuación de los primeros tratados de protección de inversores para abordar las cuestiones relativas a la deuda soberana, parece haber una tendencia gradual en la elaboración de los tratados de protección de inversiones hacia la convergencia regulatoria con la problemática de la deuda soberana.

751 Michael WAIBEL, "ICSID arbitration on sovereign debt", en Michael WAIBEL, *Sovereign Defaults before International Courts and Tribunals*, Cambridge Studies in International and Comparative Law, Cambridge University Press, 2011, pp. 209-251.

752 Julian SCHUMACHER, Christoph TREBESCH y Henrik ENDERLEIN, *Sovereign defaults in court*, Banco Central Europeo, nº 2135, febrero de 2018.

de la Unión Europea, aún de un modo improvisado, ha permitido una mejor amortiguación de este tipo de episodios.

4. CONCLUSIONES

PRIMERA- La estabilidad monetaria y financiera constituye un bien público global jurídicamente indeterminado y que ha alcanzado una verdadera *dimensión constitucional* en el Derecho de la Unión Europea. Ello a pesar de no estar explícitamente reflejado en su Derecho originario: se ha convertido en un metavalor de carácter imperativo, cuya persecución se erige en objetivo de interés general susceptible de constituir un límite admisible al derecho fundamental a la propiedad. Evidentemente, la ausencia de estabilidad monetaria y financiera internacional constituye una fuente de males públicos: vivimos y viviremos en un mundo cada vez más fraccionado y fracturado, también en el plano monetario y financiero y con respecto a los sistemas de pagos internacionales, tiempos de *permacrisis,* donde la propia estabilidad financiera se ve convertida prácticamente en un *oxímoron*[753]. La estabilidad monetaria y financiera internacional ha propiciado en el modelo de integración regional europea un espectacular desarrollo institucional y normativo. No es un valor aséptico, se trata de un objetivo que aspira a mantener y reflejar el *statu quo* preexistente de forma estática: la Gran Recesión de 2008 supuso la puesta en escena de la doctrina del *too big to fail,* originada en Estados Unidos y convertida posteriormente en una crisis de deudas soberanas en la eurozona, con nocivos efectos redistributivos a nivel social y político que perduran hoy en día. Este círculo vicioso entre la insolvencia real o probable de entidades financieras privadas y las

753 No deja de ser el de estabilidad financiera, un concepto engañoso, tramposo, equívoco, de doble filo, sesgado: en un mundo financiero donde se gestionan ingentes riesgos imponderables con mínimas o insignificantes dosis de *prudencia valorativa* se convierte casi en una *contradictio in terminis.*

finanzas públicas (el servicio de la deuda) ilustra en un contexto de interdependencia compleja, financiarización de la economía e "*hipertrofia*" del sector financiero *transnacional*[754] la imposibilidad de distinguir entre moneda y finanzas. La Unión Europea ha dedicado importantes esfuerzos legislativos desde entonces para intentar atajar y contener dicho círculo vicioso. Lejos quedaron aquellos tiempos donde la quiebra, bancarrota, de entidades financieras (cambistas) conducía a sus responsables a la infamia y también a reducir su ingesta a *pan y agua.*

SEGUNDA -La relación e interfaz entre el sistema comercial internacional y el sistema monetario y financiero internacional está sujeta a *un doble desajuste, económico y jurídico,* que la convierte en disfuncional: en el plano económico, el sistema monetario y financiero, hipertrofiado y desconectado de la actividad productiva y comercial, conduce a librar *guerras comerciales* por medio de las cuales se enmascaran *guerras de divisas*; dicho de otro modo, aquello que llamamos *dinero,* no es ya la savia, la sangre de una economía real orientada a la producción de bienes y servicios, sino que se ha convertido a todas luces en una *res intra commercium.* En dicho sistema monetario y financiero internacional se mantiene la centralidad del *dólar* con sus privilegios exorbitantes y déficits gemelos que no se compadece bien con la realidad actual del comercio internacional (puede pensarse en los superávits comerciales recientes de China con el resto del mundo). Un *orden monetario* adecuado es una precondición para el funcionamiento armónico del sistema comercial y financiero. Estados Unidos, por su parte, mantiene una ventaja abismal como exportador de Inversión Extranjera Directa con respecto a China. La economía también

---

754 Este término, hipertrofia, es empleado por el Catedrático de Economía Aplicada de la Universidad de Sevilla D. Juan Torres López en su conferencia titulada "Las grandes fracturas de la economía mundial: riesgos y alternativas" pronunciada en el marco del Club de la Constitución (Granada) el 19 de noviembre de 2024, disponible en https://www.youtube.com/watch?v=ov2TtuTDoeE

se ha convertido en la *continuación de la guerra por otros medios*[755]. Una vez pasados más de ochenta años, no puede decirse que uno de los fines principales del Fondo Monetario Internacional como es el de lograr lograr un *"crecimiento equilibrado del comercio internacional"* haya sido conseguido. En el plano jurídico, también hay un importante *desajuste*: en la medida en que la regulación del comercio internacional, de un lado, y del sistema monetario y financiero internacional, de otro, han dado lugar a regímenes jurídicos autónomos, concebidos como compartimentos estancos: la Organización Mundial del Comercio erigida sobre la base de un tratado multilateral, francamente en situación de *impasse*; y, del lado del sistema monetario y financiero, todo un enjambre de organizaciones internacionales (con el Fondo Monetario

[755] En 1990 encontrábamos ya voces que advertían contra las ilusorias promesas del *fin de la historia* (que hiciera Francis Fukuyama en 1992, ante ensoñaciones de un momento unipolar estadounidense dominado por la conjunción democracia-libre mercado). Señalaba, así, Pierre Vellas *"Il peut avoir de guerre écomomique malgré l'interdépendence. Il convient de distinguer interdépendence et intérêt commun. C'est lorsqu'il existe un intérêt commun qu'il peut y avoir une action"*, cabe desear que la acción común comience antes de la desaparición del interés común que puede haber en el logro de esa paz económica, vid. Pierre VELLAS, *Aspects du droit international économique*, París, 1990, p. 20. Igualmente incide en la relevancia de la geoeconomía/geopolítica, Edward N. LUTTWAK, "From Geopolitics to Geo-Economics: Logic of Conflict, Grammar of Commerce", *The National Interest*, nº 20 1990, pp. 17-23. Este autor advertía de que con el fin de la Guerra Fría el elemento militar daría paso a la preeminencia de la competición y rivalidad geoeconómicas sobre la geopolítica. A medio y largo plazo no es descartable el paso desde un sistema monetario internacional dominado por la unipolaridad del dólar a otro multidivisa o incluso tripolar (Estados Unidos, eurozona, China): si se produce esta transición *"lo más conveniente es que la sociedad estadounidense acepte esa realidad de manera pacífica"*, Miguel OTERO IGLESIAS, "De la unipolaridad del dólar a un sistema multipolar de divisas: ¿consecuencias para la estabilidad de la economía mundial", *Real Instituto Elcano*, Documento de Trabajo, nº 3, 2012, p. 17.

Internacional, a la cabeza) y de *standard-setting bodies* de más endeble densidad jurídica. El *excepcionalismo monetario y financiero norteamericano* perdurará más allá de su paulatina erosión y de sus debilidades coyunturales presentes, como pueden ser: la disminución de los volúmenes de inversión en sus mercados financieros, la caída en la tenencia de su deuda pública, la disminución de los *stocks* de reservas en dólares...Es indiscutible que el proceso de pérdida de confianza en el dólar ha comenzado e implicará importantes transformaciones del *sistema monetario y financiero internacional.* Sin embargo, no hay en el momento presente ninguna potencia capaz de desafiar y dispuesta a reemplazar en el corto y medio plazo esta *estabilidad hegemónica,* y tampoco alcanzamos a imaginar qué suerte de cataclismo y de qué dimensiones podría propiciar esta sustitución. En el plano funcional, económico, *moneda y finanzas* se han convertido en realidades indisociables, entrelazadas e imposibles de delimitar de forma nítida; sin embargo, su grado de regulación jurídica e institucionalización en el plano internacional ha experimentado rumbos diferentes: si bien inicialmente los asuntos monetarios se intentaron encauzar a través de una organización internacional de ámbito universal como el Fondo Monetario Internacional, esta misma organización ha evolucionado y virado con posterioridad hacia funciones del ámbito *financiero* habiendo aparcado y atenuado ese rol monetario; por su parte las finanzas en el ámbito internacional siguen dominadas por una institucionalización débil, a través de grupos, foros, redes informales y *standard-setting bodies* de distinto pelaje que crean un *derecho blando,* que se ve particularmente endurecido tras su recepción posterior en el ámbito regional de la Unión Europea. En suma, ni el Derecho Internacional Público ni la denominada *arquitectura financiera internacional* han prestado, más allá de sus evidentes vasos comunicantes, la atención debida en grado suficiente a la total interdependencia entre el comercio, la moneda y los mercados financieros. Cada vez son más acusadas las voces que claman por la *reforma* en aras del desarrollo de esta denominada *arquitectura financiera internacional,* manifiestamente injusta: claro también ha habido llamamientos *hueros*, estériles, de incierto recorrido a esta reforma. La autopoiésis es consustancial a la composición y formación de esta *arquitectura financiera internacional* donde se observan una mayor polifonía institucional y normativa y una menor unidad e institucionalización que en la regulación jurídica del comercio internacional.

TERCERA – La denominada *arquitectura financiera internacional* está integrada por una densa red de organizaciones internacionales, grupos y foros informales, *standard-setting bodies* sin un centro claro[756], ni una jerarquía formal entre ellos, de carácter deslavazado y difuso, y de escasa densidad institucional con la palmaria excepción del Fondo Monetario Internacional: ante la patente laminación del sistema de la Organización de Naciones Unidas de la *gobernanza* de los asuntos monetarios y financieros internacionales, es este entramado reticular y pléyade de organismos sin un centro claro el que viene a paliar el fracaso de un multilateralismo imperfecto, consagrándose más bien un *elitismo plurilateral* o un *plurilateralismo elitista*, con instancias de distinta catadura jurídica. Los *no sujetos* producen *no derecho*, así el G-20 ha ganado cierta centralidad *global* como centro de imputación política que endosa estándares previamente elaborados por las asociaciones internacionales de reguladores y supervisores nacionales (*standard-setting bodies*), teóricamente bajo la égida del Consejo de Estabilidad Financiera (que recibe el apoyo administrativo de una enigmática organización internacional como es el Banco de Pagos Internacionales, al igual que el Comité de Supervisión Bancaria de Basilea). Este derecho *suave* posteriormente adquiere mayor juridicidad al ser respaldado por el Fondo Monetario Internacional en sus actividades de supervisión económico-financiera y de evaluación del sector financiero (junto con el Banco Mundial para los países en vías de desarrollo). A pesar de la membresía cuasi universal en el Fondo Monetario Internacional y de las impor-

---

756 No existe algo así como un *sheriff global* de las finanzas.

tantes funciones de asistencia financiera que este desarrolla, no ocupa un lugar central en esta arquitectura debido a diferentes motivos: la inexistencia de un vínculo formal, jerárquico con la red de organismos referidos; el hecho de que su legitimidad se encuentre cuestionada -en segundo lugar- debido a los procesos de cambio en la distribución del poder en la sociedad internacional y a la condicionalidad practicada por el Fondo en décadas pasadas; y, en tercer lugar, el hecho de que el Fondo efectúe tan solo una disciplina *suave* de algunas materias centrales del sistema monetario y financiero internacional como son los tipos de cambio, la composición y gestión de las reservas de divisas, o la referida supervisión económico-financiera de sus miembros. Las actuales tensiones sistémicas entre la potencia dominante hasta ahora (Estados Unidos) y la potencia en ascenso (China) se han traducido entre otras transformaciones en la aparición de un objeto geopolítico/geoeconómico no identificado como son los BRICS, que aprovecha las fisuras provocadas por este multilateralismo imperfecto sin poder de momento dar reemplazo a las instituciones internacionales impulsadas en 1944 por la Conferencia de Bretton Woods. A pesar de las supuestas bondades de corrientes teóricas en boga como el *Derecho Administrativo Global*, el Derecho Internacional Público no puede permanecer ajeno al funcionamiento *en red* de este enjambre de organismos a los que se encomienda, con sus limitaciones, el ejercicio de funciones propias de una *autoridad pública internacional* en aras de un interés general de la sociedad/comunidad internacional, un bien público, en los términos referidos en esta obra como es el caso de la *estabilidad monetaria y financiera internacional*. Desde el prisma de las relaciones exteriores de la Unión Europea, se plantea una difícil cohabitación entre las instituciones de la Unión y sus Estados miembros en estos organismos en aras de la *unidad de representación internacional* de la misma, máxime si cabe con la dualidad entre la Unión Económica y Monetaria, y sus geometrías variables, y la eurozona (que aglutina solo a veinte de sus Estados miembros en la actualidad).

CUARTA – En el ámbito de la Unión Europea, en su Unión Económica y Monetaria, la crisis financiera internacional desatada desde 2008 ha propiciado importantes transformaciones institucionales y normativas, pulsando sus *límites constitucionales*: desde entonces ha habido diferentes esfuerzos para cortar el círculo vicioso entre la posible insolvencia de las entidades financieras privadas y el riesgo de las deudas soberanas (especialmente en la zona euro), consagrándose la persecución de la *estabilidad finanicera* como un metavalor de verdadera trascendencia constitucional, equiparado al Derecho originario sin tener en él un reflejo explícito. En los primeros momentos de emergencia de la crisis de deudas soberanas en la zona euro desde 2012 se recurrió a técnicas jurídicas de Derecho Internacional Público, como los tratados *inter se* (MEDE, Pacto Fiscal, Fondo Único de Resolución Bancaria) que, en algunos casos, atribuyeron tareas a las instituciones de la Unión fuera del marco jurídico y de la disciplina de los tratados. También se produjo una intensificación del fenómeno de la *agencificación* con la instauración desde 2010 de las Autoridades Europeas de Supervisión, a la par que objetos jurídicos no identificados como el Eurogrupo y las *Cumbres del Euro* han ido ganando relevancia y protagonismo, acentúandose el intergubernamentalismo a la par que un espectacular acrecimiento de poderes del Banco Central Europeo (como ha sucedido en el marco del Mecanismo Único de Supervisión); asimismo, se pudo observar el *préstamo institucional* por parte de una organización internacional externa como fue el caso del Fondo Monetario Internacional para participar de la célebre *troika* en momentos más difíciles de la crisis del euro (Grecia, Portugal, Irlanda, Chipre). La Unión Económica y Monetaria, con sus asimetrías congénitas a favor de esta última, ha avanzado en los últimos años mediante la cimentación de la *Unión Bancaria* y sus tres pilares, como un requisito indispensable para afianzar la solidez interna de la moneda única. Ahora bien, es un profundo reflejo de la fragmentación y geometrías variables de la integración económica europea: estando el núcleo aglutinante y verdadero epicentro de la *Unión Bancaria* en torno a la eurozona, no deja de ser un instrumento nacido del mercado interior y que en él reposa jurídicamente, contribuyendo esta integración diferenciada a fragmentar la unidad del mercado interior y a hacer más difícilmente inteligible la interfaz entre mercado interior y moneda única. La Unión Bancaria, como complemento indispensable de la Unión Económica y Monetaria, no deja de pulsar junto con otros factores (la pandemia covidiana, ahora el rearme) en favor de una necesaria y progresiva *Unión Fiscal* que los límites constitucionales de la Unión Europea no permiten, pero cuyo embrión comienza a gestarse de forma muy limitada, tímida e incipiente en sus márgenes: el euro es un experimento supranacional de moneda única sin esa *Unión Fiscal*, sin un Tesoro; esto ha supuesto que el Banco Central Europeo haya auxiliado sin violentar los límites del TFUE a la política fiscal de los Estados miembros de la eurozona más menesterosos dentro de su competencia exclusiva en materia de política monetaria para socorrer a la moneda única. Si algo demuestra la relación entre Economía y Derecho es que las categorías económicas, funcionales, no son susceptibles de embridarse dentro de los compartimentos estancos como son los propios del principio de competencias por atribución que rigen la integración europea desde el punto de vista jurídico: ello explica que el Tribunal de Justicia profese una indiscutible deferencia técnica hacia el Banco Central Europeo en el control de validez de sus actos. Esta peculiar relación entre Economía y Derecho también se manifiesta en la incapacidad de disciplinar mediante reglas duras, el rendimiento y la actuación macroeconómicos de los Estados miembros de la eurozona, a través del Pacto de Estabilidad y Crecimiento y sus sucesivas reformas tendentes a mejorar la *gobernanza* fiscal y presupuestaria de la moneda única. Es en este contexto donde ha aparecido en junio de 2023 la propuesta legislativa de crear un *euro digital*: esto es un proyecto de crear una divisa digital que pondría en funcionamiento el Banco Central Europeo dentro de la política monetaria una vez finalice un procedimiento legislativo de complejos contornos, en un contexto internacional donde la interoperabilidad futura de las CBDC arroja serias dudas y no termina de estar claro el objetivo geoeconómico/geopolítico al que obedecería este lanzamiento; ¿mejorar la autonomía estratégica abierta de la Unión? ¿podría llegar a ser el *euro digital* un verdadero elemento federalizador y que suponga una centralización de poderes equiparable a los de la *Unión Bancaria*? El *euro digital* nace ligado a la Unión Monetaria, pero puede ser un vector de compleción del mercado interior, reduciendo los costes de transacción y mejorando la infraestructura de pagos transfronterizos, cabe desear que aparezca en un mundo donde el rol global del euro mejore aprovechando la progresiva *retirada* del dólar. En todo caso, por mucho que la Unión Europea perfeccione su ordenamiento jurídico y se encomiende a la autonomía de este sacralizada por el Tribunal de Justicia en una visión *autorreferencial*, la Unión no podrá mantenerse *como una isla de estabilidad financiera* si se produce el fracaso macroeconómico endógeno y/o exógeno[757]. El modelo europeo es sin duda el que

---

757 Estas palabras escritas en 2012 por el profesor Remiro Brotons, siguen siendo atinadas trece años más tarde, si se tiene presente cuál es la situación y porvenir de nuestros modelos económicos y sociales (*Welfare States*) aún desde nuestra óptica *primimundista*: *"Estamos en la más absoluta oscuridad, presentimos en las voces y las plumas de los iniciados que nuestro bienestar colectivo, asentado sobre bases social-demócratas, ha llegado a su fin envuelto en un halo de fatalidad, y cuando, combinando el pánico con la desesperación, gritamos que queremos volver a la normalidad, escuchamos como un rumor tenebroso la sentencia de los oráculos de la casta dominante y de sus menestrales que martillea nuestros oídos: ¡estúpido!, ya estás en la normalidad. Cautiva contemplar el carácter técnico con el que se pretende emboscar las gravísimas consecuencias sociales de las medidas de austeridad. Se produce una creciente segregación social, una perversa redistribución de rentas. Las recetas técnicas hacen más ricos a los ricos, mendigos a los pobres y pobre a la clase media, partida por la mitad"*, Antonio REMIRO BROTÓNS, "De la seguridad, el lenguaje y otras calamidades", op. cit. p. 103.

mayor solidez y equilibrio presenta, en el plano institucional y normativo, pero claro está ni la Unión Económica y Monetaria ni la propia Unión y su mercado interior constituyen un *átomo* aislado del resto del mundo, y encontramos en este ámbito como en otros la gran dificultad -por no decir aporía- de hacer que el resto del mundo, y el plano multilateral, se hagan eco de dicho equilibrio posible. Como sucede en otros campos, si no exportamos seguridad, importamos inseguridad...Al mismo tiempo el propio modelo de producción jurídica de la Unión se ve expuesto a reivindicaciones en aras de una mayor *claridad y simplificación* normativas. Consolidar a la Unión como esa *isla* de estabilidad financiera entronca con la consecución aspiracional de la *autonomía estratégica abierta*, en un momento donde Estados Unidos presenta pulsiones que parecen querer derruir o cambiar por la fuerza las bases del sistema económico internacional establecido tras la Segunda Guerra Mundial.

QUINTA – Desde el punto de vista normativo, en atención a los procesos de *nomogénesis*, más allá de la visión tradicional de la *tríada de fuentes* (tratado, costumbre, principios generales del Derecho), con una perspectiva atinente a las interacciones y diferentes densidades jurídicas, encontramos en el Derecho monetario y financiero internacional y europeo un verdadero *laboratorio de modernidad jurídica.* Tampoco puede conducir esta visión a un abandono total de las categorías formales reduciendo el Derecho Internacional a un mero proceso: dicho continuo conduciría a un área gris donde distinguir Derecho y no Derecho resultaría impracticable. Existe, eso sí, la clara tendencia hacia la *huida del Derecho,* hacia la creación de normas suaves que obedecen a la *demanda* de los principales operadores de los mercados financieros. Así, bajo la apariencia de resultar un pretendido *Derecho global* se encuentra más cerca hoy en día de ser un instrumento al servicio de los mercados financieros que un verdadero *sistema jurídico público* capaz de regular los intereses generales de la comunidad internacional -a pesar de que en él *existe un lugar para el Derecho Internacional*-. La regulación jurídica del sistema monetario y financiero ha hecho saltar por los aires la *summa divisio* entre derecho interno y Derecho Internacional, así como entre derecho privado y derecho público. Se trata de una amalgama de normas convencionales, actos unilaterales de organizaciones internacionales, actos unilaterales de Estados, actos concertados no convencionales, *soft law*, prácticas de bancos centrales y actos de otros actores transnacionales que están lejos de constituir un conjunto coherente. En este ámbito, continuando con la relación entre *Derecho y Economía* observamos una clara disociación entre la forma jurídica y la eficacia económica real de las reglas instauradas mediante textos jurídicos: la norma convencional o el derecho derivado vinculante, *hard law* formal por excelencia, no garantiza mejores resultados de desempeño en términos macroeconómicos que las normas suaves o blandas; para muestra, piénsese en el sempiterno Pacto de Estabilidad y Crecimiento erigido en el epicentro de la Unión Económica y Monetaria que ha tenido que ser reformado para permitir una mayor flexibilidad ante sus incumplimientos. La *suavidad*, la laxitud, puede ser sustancial, material, no únicamente atinente al continente formal de la norma. Por otro lado, en este ámbito resulta particularmente incierta la línea divisoria entre lo que son *meros acuerdos políticos* y el *soft law*. La denominada *arquitectura financiera internacional* da muestras, sin un centro claro, de una división tácita del trabajo, en la que se alcanza una suerte de normatividad no programada, una legalidad entreverada en un contexto de evidente *desestatalización* de la producción normativa, en el que algunos de sus estándares internacionales se ven convertidos en *hard law* en el Derecho de la Unión Europea, siguiendo un proceso de *solidificación*, como dan buena cuenta de ello los *acuerdos de Basilea* elaborados por el Comité de Supervisión Bancaria o la incorporación de las recomendaciones del GAFI. Ahora bien ese endurecimiento normativo, esa solidificación en el ámbito regional europeo es muchas veces más de carácter formal que sustantivo. Una muestra de esa *huida del Derecho* la encontramos en la falta de sometimiento a una disciplina jurídica vinculante de carácter multilateral de cuestiones cruciales como son la insolvencia soberana y los procesos de reestructuración de deudas soberanas, así como los supuestos de insolvencia transfronteriza de entidades financieras (más allá del ámbito regional europeo). Tampoco está sometida a una verdadera disciplina jurídica multilateral vinculante la composición y gestión de las reservas monetarias que pueden albergar y atesorar los bancos centrales. Los vasos comunicantes de estas cuestiones *monetarias y financieras* con la regulación internacional del comercio siguen siendo sumamente tenues a tenor de la realidad y alcance de sus efectos económicos (será difícil que en el futuro puedan continuar existiendo a modo de *universos paralelos*). Desde el punto de vista de su incardinación en las categorías jurídicas formales, encontramos dificultades notables para encuadrar algunos *objetos jurídicos indeterminados* como son los instrumentos jurídicos empleados para vehiculizar la asistencia financiera: tanto en el plano internacional (*los acuerdos de confirmación con el Fondo Monetario Internacional*); como en el plano regional europeo (los MOU celebrados en nombre del MEDE con un Estado miembro). Constituye una singularidad reseñable de la nomogénesis en este ámbito la relevancia de los *unilateralismos* de los Estados, sean estos *convergentes* o *divergentes*, a la hora de robustecer o debilitar el Derecho Internacional debido a las denominadas externalidades de red. Asimismo, no resulta del todo sencillo delimitar en qué medida resulta aplicable el ordenamiento jurídico internacional o deben excluirse sus efectos ante la avalancha de *actos concertados no convencionales* que proliferan en esta materia.

DESIDERÁTUM – Cabe finalizar estas reflexiones finales, más con una profusión y profesión de deseos que de conclusiones propiamente dichas. En el contexto del futuro e incierto nacimiento de un *euro digital* ligado a la Unión Monetaria pero qué duda cabe orientado a su vez a reforzar el mercado interior y disminuir costes de transacción de pagos transfronterizos, cabe desear también que el euro pueda incrementar su rol como moneda global (a pesar de la voracidad de los bancos centrales a la hora de atesorar oro en ingentes cantidades, disparada en tiempos recientes). Esperamos que las retóricas y ampulosas invocaciones de alianzas globales contra el hambre y la pobreza, en aras de la protección social...dejen de ser meras concreciones de un lenguaje anodino y vano que no se traduce en la mejora de la arquitectura financiera internacional. Como hemos visto los Estados, so pretexto del mejor conocimiento técnico, delegan funciones de regulación en estas redes regulatorias transnacionales y recuperan más tarde el protagonismo en la fase de recepción/ejecución, juridificando estos compromisos: en el ámbito de la Unión Europea se produce una doble recepción, en un doble escalón, mediante la adopción de normas de derecho derivado, y posteriormente, en algunos casos de derecho nacional. Teóricamente del cumplimiento del *soft law* se derivan benéficos efectos reputacionales, de mercado, que otorgan *apariencia de solidez a los sistemas financieros, cabe desear que en esta ocasión el Rey no vaya desnudo*...cuando llegue la próxima crisis de deuda pública-privada, indisociable. Como dejara escrito Baltasar Gracián: *Donde acaba el deseo comienza el temor*...Y este libro comienza y finaliza, con el serio temor de que la alquimia de las finanzas nos lleve de lleno más que hacia una *realidad cuántica* alentada por el ilusionismo del determinismo tecnológico hacia el verdadero problema de la Ciencia Económica: la escasez.

Bibliografía

Monografías y obras generales

- George AKERLOF y Robert SHILLER, *Animal spirits. Cómo influye la psicología humana en la economía,* Gestión 2000, 2009.
- George AKERLOF y Robert SHILLER, *La economía de la manipulación. Cómo caemos como incautos en las trampas del mercado,* Deusto, 2016.
- Ricardo ALONSO GARCÍA y Paz ANDRÉS SÁENZ DE SANTA MARÍA, *El sistema europeo de fuentes,* Madrid, Fundación Coloquio Jurídico Europeo, 2022.
- Vicente ÁLVAREZ GARCÍA, *Las normas técnicas armonizadas (una peculiar fuente del Derecho Europeo),* Iustel, 2020.
- Paz ANDRÉS SÁENZ DE SANTA MARÍA, *Sistema de Derecho Internacional Público,* 6ª ed., Civitas-Thomson Reuters, 2020.
- Marco ARGENTINI, "Sovereign Wealth Funds and State Immunity", *Queen Mary Studies in International Law,* Vol.54, Brill/Nijhoff, 2024.
- Miguel J. ARJONA SÁNCHEZ, *El Euro, entre la nostalgia posmoderna al oro y un supra-federalismo europeo, un debate constitucional,* Thomson Reuters Aranzadi, 2021.
- Mathias AUDIT (Dir.), *Insolvabilité des États et dettes souveraines,* L.G.D.J., 2011.
- Romualdo BERMEJO GARCÍA, *Comercio internacional y sistema monetario: aspectos jurídicos,* Civitas, 1990.
- Jagdish BHAGWATI, *In Defense of Globalization,* Oxford University Press, 2004.
- Antonio BLANC ALTEMIR (Dir.) et al., *La Unión Europea y los BRICS (Brasil, Rusia, India, China y Sudáfrica),* Thomson Reuters-Aranzadi, Cruz Menor (Navarra), 2015.
- Jordi BONET PÉREZ, *La internormatividad entre las dimensiones económica y social del ordenamiento jurídico internacional. ¿Un espacio jurídico para la actividad de los derechos económicos, sociales y culturales?,* Barcelona, Huygens Editorial, 2019.

- Ian BREMMER, *The End of the Free Market: Who Wins the War Between States and Corporations?*, Portfolio, 2010.
- Ian BREMMER, *Every Nation for Itself, Winners and Losers in a G-Zero World*, Portfolio-Penguin, 2012.
- Bartram S. BROWN, *United States and The Politicization of the World Bank: Issues of International Law and Policy*, Graduate Institute of International Studies, Geneva, Ed. Kegan Paul, 1992.
- Chris BRUMMER, *Soft Law and the Global Financial System: Rule Making in the 21st Century*, Cambridge University Press, 2012.
- Lorenzo M. BUJOSA VADELL, Nadia MANSOUR, y Walter REIFARTH MUÑOZ (Eds.), *The Role of Fintech in the Post-Covid-19 World: Law and Regulation*, Atelier, 2022.
- Jean CARBONNIER, *Derecho flexible. Para una sociología no rigurosa del derecho*, Tecnos, 1974.
- Dominique CARREAU y Patrick JUILLARD, *Droit International Économique*, 4ª Edición, Dalloz, 2010.
- Juan Antonio CARRILLO SALCEDO, "Las formaciones G en las relaciones internacionales contemporáneas. Entre el poder y la legitimidad dos modelos para la gobernabilidad mundial", *Anales de la Real Academia de Ciencias Morales y Políticas*, nº 88, 2011, pp. 59-68.
- Oriol CASANOVAS y Ángel J. RODRIGO, *Compendio de Derecho Internacional Público*, Tecnos, 2020.
- Manuel CASTILLA CUBILLAS, *Titulización de Créditos*, Aranzadi, 2003.
- Philip Caryl JESSUP, *Transnational Law*, Yale University Press, New Haven, 1956.
- Adela CORTINA ORTS, *¿Ética o ideología de la inteligencia artificial? El eclipse de la razón comunicativa en una sociedad tecnologizada*, Paidós, 2024.
- Patrick DAILLIER, Alain PELLET y Nguyen QUOC DIHN, *Droit International Public*, 7ª Edición, L.G.D.J., 2002.
- Agathe DEMARAIS, *Backfire: How Sanctions Reshape the World Against U.S. Interests*, Columbia University Press, 2022.
- Olivier DE SCHUTTER, *Changer de boussole: La croissance ne vaincra pas la pauvreté*, Les Liens qui Libèrent, 2023.
- Erika de WET y Jure VIDMAR (Eds.), *Hierarchy in International Law: The Place of Human Rights*, Oxford University Press, 2012.
- Barry EICHENGREEN, *La globalización del capital. Historia del sistema monetario internacional*, Antoni Bosch, 1996.

- Barry EICHENGREEN, *The populist temptation. Economic grievance and political reaction in the modern era*, Oxford University Press, 2018.
- Carlos ESPÓSITO, Yuefen LI y Pablo BOHOSLAVSKY (Eds.), *Sovereign Financing and International Law. The UNCTAD Principles on Responsible Sovereign Lending and Borrowing*, Oxford University Press, 2013.
- Teresa FAJARDO DEL CASTILLO, *El soft law en el Derecho Internacional y Europeo: su capacidad para dar respuesta a los desafíos normativos actuales*, Valencia, Tirant lo Blanch, 2024.
- Christian FELBER, *Change everything: creating an economy for the common good*, 2015.
- Daniel FERNÁNDEZ, *Dinero. Un viaje desde Mesopotamia hasta el Bitcoin*, Deusto, 2025.
- Miguel Ángel FERNÁNDEZ ORDÓÑEZ, *Adiós a los Bancos. Una visión distinta del dinero y la banca*, Penguin Random House, 2020.
- Luigi FERRAJOLI, *Poderes salvajes. La crisis de la democracia constitucional*, Trotta, Madrid, 2011.
- Ilda Cristina FERREIRA, "The Legal Status of the Financial Action Task Force in the International Legal System", *International and Comparative Business Law and Public Policy*, Vol. 7, Brill/Nijhoff, 2025.
- Francis FUKUYAMA, *El liberalismo y sus desencantados. Cómo defender y salvaguardar nuestras democracias liberales*, Deusto, 2022.
- Rosana GARCIANDÍA GARMENDIA, *La deuda externa en la actualidad: nuevas perspectivas para el endeudamiento internacional de los Estados*, Editorial Comares, Granada, 2011.
- Bahram GHAZI, *The IMF, the World Bank Group and the Question of Human Rights*, Transnational Publishers, Nueva York, 2005.
- Christos GORTSOS, *Fundamentals of Public International Financial Law. International Banking Law within the system of Public International Financial Law*, Nomos, 2012.
- Seraina GRUENEWALD, *The Resolution of Cross-Border Banking Crises in the EU. A Legal Study from the Perspective of Burden Sharing*, Kluwer, 2014.
- Peter I. HAJNAL, *The G8 System and the G20. Evolution, Role and Documentation*, Ashgate, 2007.
- Gérard Marie HENRY, *Le FMI*, Studyrama, 2012.
- Alicia HINAREJOS y Robert SCHÜTZE (Eds.), *EU Fiscal Federalism: Past, Present, Future*, Oxford University Press, 2023.

- Luis Miguel HINOJOSA MARTÍNEZ, *La regulación de los movimientos internacionales de capital desde una perspectiva europea*, McGraw-Hill, 1997.
- Luis M. HINOJOSA MARTÍNEZ y Javier ROLDÁN BARBERO (Coords.), *Derecho Internacional Económico*, Tirant lo Blanch, Valencia, 2022.
- Francisco JIMÉNEZ GARCÍA, *Derecho Internacional Líquido ¿Efectividad frente a legitimidad?*, Thomsom Reuters Aranzadi, 2021.
- Paul JORION, *L'implosion. La finance contre l'économie, ce que révèle et annonce la 'crise des subprimes'*, Fayard, 2008.
- Paul JORION, *Le dernier qui s'en va éteint la lumière. Essaie sur l'extinction de l'humanité*, Fayard, 2016.
- Charles P. KINDLEBERGER, *The World in Depression 1929-1939*, University of California Press, 1973.
- Charles P. KINDLEBERGER, *Historia Financiera de Europa*, Libros de Historia, 2011.
- Daniel LACALLE, *El nuevo orden económico mundial. EE. UU., China, Europa y el descontento global*, Deusto, 2025.
- Tillmann C. LAUK, *The Triple Crisis of Western Capitalism. Democracy, Banking and Currency*, Palgrave Macmillan, 2014.
- Rosa Mª LASTRA, *International Financial and Monetary Law*, 2ª Edición, Oxford University Press, 2015.
- Matthias LEHMANN, *Crypto Economy and International Law. Determining the Regulatory and Private Law Rules Governing the Blockchain*, Brill/Nijhoff, 2025.
- Gianni LO SCHIAVO, *The Role of Financial Stability in EU Law and Policy*, Kluwer Law International, 2016.
- Eugenia LÓPEZ-JACOISTE DÍAZ, *El Banco Mundial, el Fondo Monetario Internacional y los Derechos Humanos*, Pamplona, Thomson Reuters Aranzadi, 2013.
- Manuel LÓPEZ ESCUDERO, *El euro en el sistema monetario internacional*, Tecnos, 2004.
- Araceli MANGAS MARTÍN y Diego J. LIÑÁN NOGUERAS, *Instituciones y Derecho de la Unión Europea*, Tecnos, 11ª Edición, 2024.
- Pablo J. MARTÍN RODRÍGUEZ, *Los paradigmas del Derecho Internacional. Ensayo interparadigmático sobre la comprensión científica del Derecho Internacional*, Editorial Universidad de Granada, 2008.
- Donella H. MEADOWS, Dennis L. MEADOWS, Jørgen RANDERS y William W. BEHRENS III, *The Limits to Growth. A Report for the Club of Rome's Project on the Predicament of Mankind*, 1972.

- Agustín José MENÉNDEZ MENÉNDEZ, *De la crisis económica a la crisis constitucional de la Unión Europea*, Eolas, León, 2012.
- Branko MILANOVIC, *Capitalismo, nada más. El futuro del sistema que domina el mundo,* Taurus, 2020.
- Kei NAKAJIMA, *The International Law of Sovereign Debt Dispute Settlement*, Cambridge University Press, 2022.
- Santiago NIÑO BECERRA, *El crash de 2010. Toda la verdad sobre la crisis,* Los libros del lince, 15ª Edición, 2009.
- Eduardo OLIER ARENAS, *Codicia financiera. Cómo los abusos financieros han destrozado la economía real*, Ed. Pearson, 2013.
- Ivette ORDÓÑEZ NÚÑEZ, *El G-20 en la era Trump: El nacimiento de una nueva diplomacia mundial*, Los Libros de la Catarata, Madrid, 2017.
- Joost PAUWELYN, Ramses A. WESSEL y Jan WOUTERS (Eds.), *et al.*, *Informal International Lawmaking*, Oxford University Press, 2012.
- Pierre PENET y Juan FLORES ZENDEJAS (Eds.). *Sovereign Debt Diplomacies: Rethinking sovereign debt from colonial empires to hegemony*, Oxford University Press, 2021.
- Carmela PÉREZ BERNÁRDEZ, *Las relaciones de la Unión Europea con organizaciones internacionales: análisis jurídico de la práctica institucional*, Comunidad de Madrid, Consejeria de Educación, Dirección General de Universidades, 2003.
- Jordi PIGEM, *La nueva realidad. Del economicismo a la conciencia cuántica*, Kairós, 2013.
- Jordi PIGEM, *Técnica y totalitarismo. Digitalización, deshumanización y los anillos del poder global*, Fragmenta Editorial, 2023.
- Eswar Shanker PRASAD, *The Dollar trap. How the U.S. Dollar tightened its grip on global finance*, Princeton University Press, 2015.
- Eswar Shanker PRASAD, *El futuro del dinero. Cómo la revolución digital está transformando las monedas y las finanzas,* La Esfera de los Libros, Madrid, 2022.
- María PRENDES VALLE, *El Mecanismo de Resolución Bancaria: ¿Procedimiento singular o expropiación forzosa?*, Iustel, 2022.
- Antonio REMIRO BROTÓNS, *et al.*, *Derecho Internacional. Curso General*, Tirant lo Blanch, Valencia, 2010.
- James RICKARDS, *Currency Wars. The making of the next global crisis,* Penguin, 2011.
- Javier ROLDÁN BARBERO, *Democracia y Derecho Internacional*, Civitas, 1994.

- Jacques RUEFF, *l'Europe se fera par la monnaie ou ne se fera pas*, 1950.
- José Luis SAMPEDRO, *El mercado y la globalización*, Ediciones Destino, 2002.
- Inmaculada SÁNCHEZ RUIZ DE VALDIVIA (Dir.) y Luis Miguel HINOJOSA MARTÍNEZ (Pr.), *Blockchain. Impacto en los sistemas financiero, notarial, registral y judicial*, Aranzadi Thomson Reuters, 2020.
- María Gabriela SARMIENTO, *El proceso legal de recuperación de activos derivados de la corrupción transnacional: Análisis jurídico de la práctica del centro financiero offshore suizo*, Atelier, 2022.
- Lucía SATRAGNO, Monetary Stability as a Common Concern in International Law. Policy Cooperation and Coordination of Central Banks, Brill/Nijhoff, Leiden/Boston, 2022.
- Klaus SCHWAB y Thierry MALLERET, *Covid-19: El Gran Reinicio*, Foro Económico Mundial, 2020.
- Kumiharu SHIGEHARA (Ed.), *The Limits of Surveillance and Financial Market Failure. Lessons from the Euro-Area Crisis*, Palgrave Macmillan, 2014.
- Robert SHILLER, *Exuberancia Irracional*, Deusto, 3ª Edición, 2015.
- Jean-Marc SOREL, "Quelle normativité pour le droit des relations monétaires et financières internationales ?", *Collected Courses of The Hague Academy of International Law–Recueil des cours*, Vol. 404, 2019, pp. 235-403.
- Juan SOROETA LICERAS (Dir.), *Los Derechos Económicos, Sociales y Culturales en tiempos de crisis, Cursos de Derechos Humanos de Donostia-San Sebastián*, Volumen XII, Thomson Reuters Aranzadi, 2012.
- Meir STATMAN, *A Wealth of Well-Being: A Holistic Approach to Behavioral Finance*, Ed. John Wiley & Sons, 2024.
- Joseph STIGLITZ, *El Euro. Cómo la moneda común amenaza el futuro de Europa*, Penguin Random House, 2016.
- Joseph E. STIGLITZ, *Camino de libertad: La economía y la buena sociedad*, Taurus, 2025.
- Susan STRANGE, *Casino Capitalism*, Basil Blackwell, Nueva York, 1986.
- Adam TOOZE, *El apagón. Cómo el coronavirus sacudió la economía mundial*, Editorial Planeta, 2021.
- Arnold J. TOYNBEE, "VIII Edades Heroicas. XXIX. El Curso de la Tragedia: 3. El cataclismo y sus consecuencias" en *Estudio de la Historia (2). Compendio de D. C. Somervell. Vols. V-VIII*, Alianza Editorial, 3ª Edición, 1975.
- Paul TUCKER, *Unelected Power: The Quest for Legitimacy in Central Banking and the Regulatory State*, Princeton University Press, 2018.

- Jorge URBANEJA CILLÁN, *La ordenación internacional de las entidades de crédito. En especial, el sistema de supervisión financiera en la Unión Europea*, Universidad de Extremadura, 2015.
- Jorge URBANEJA CILLÁN, *La ordenación internacional y europea de las entidades de crédito. La Unión Bancaria*, Tirant lo Blanch, Valencia, 2018.
- Pierre VELLAS, *Aspects du droit international économique*, París, 1990.
- Vicente VERDÚ, *El estilo del mundo: La vida en el capitalismo de ficción*, Anagrama, 2003.
- Albrecht WEBER (Ed.), *Festschrift für Prof. Dr. Hugo J. Hahn zum 70*, Baden-Baden, 1997, pp. 201-213.
- Jan WOUTERS, "Le Statut Juridique des Standards Publics et Privés dans les Relations Économiques Internationales", *Collected Courses of The Hague Academy of International Law–Recueil des cours*, Vol. 407, 2020.
- Rafael ZAFRA ESPINOSA DE LOS MONTEROS, *La deuda externa: aspectos jurídicos del endeudamiento internacional*, Universidad de Sevilla, 2001.
- Jean ZIEGLER, *Hay que cambiar el mundo*, Foca, 2017.

Artículos y capítulos de libros, y otras publicaciones

- Tobias ADRIAN, Tara IYER y Mahvash S. QURESHI, "Crypto Prices Move More in Sync With Stocks, Posing New Risks", *Blog del Fondo Monetario Internacional*, 11 de enero de 2022,
- Shekhar AIYAR y Anna ILYNA, "Charting Globalization's Turn to Slowbalization After Global Financial Crisis", *IMF Blog*, 8 de febrero de 2023.
- Rosa Ana ALIJA FERNÁNDEZ, "Los efectos de la crisis sobre la situación del personal docente universitario español a la luz de los estándares internacionales en la materia y los objetivos de la Unión Europea: la calidad del sistema universitario en entredicho", en Joaquín ALCAIDE FERNÁNDEZ y Eulalia W. PETIT DE GABRIEL (Eds.), *España y la Unión Europea en el Orden Internacional*, Tirant lo Blanch, Valencia, 2017, pp. 433-446.
- Frédéric ALLEMAND, "Article 125 ["No-Bail-Out" Clause] (ex-Article 103 TEC)", en Robert BÖTTNER y Hermann-Josef BLANKE, (Eds.), *Treaty on the Functioning of the European Union -A Commentary Volume II: Articles 90-164*, Springer Commentaries on International and European Law, 2024, pp. 651-688.
- Franklin ALLEN y Xian GU, "Shadow banking in China compared to other countries", *The Manchester School*, Vol. 89, nº 5, 2021, pp. 407-419.

- Philip ALSTON, "The Populist Challenge to Human Rights", *Journal of Human Rights Practice*, Vol. 9, nº 1, 2017, pp. 1-15.
- Karen J. ALTER y Sophie MEUNIER, "The Politics of International Regime Complexity", *Perspectives on Politics*, Vol. 7, nº 1, 2009, pp. 13-24.
- Vicente ÁLVAREZ GARCÍA, "La confirmación por parte de la jurisprudencia del Tribunal de Justicia de la Unión Europea de la capacidad normativa de los sujetos privados y sus lagunas jurídicas. El asunto "James Elliott Construction Limited contra Irish Asphalt Limited", *Revista General de Derecho Administrativo*, nº 46, 2017.
- Alessia AMIGHINI, *Money and Might: Along the Belt and Road Initiative*, Bocconi Editore, 2021.
- Alessia AMIGHINI y Alicia GARCÍA-HERRERO "Third time lucky? China's push to internationalise the renminbi", *Bruegel Policy Brief*, nº 20, 2023.
- Paz ANDRÉS SÁENZ DE SANTA MARÍA, "El principio de integración sistémica y la unidad del Derecho internacional", en Ángel J. RODRIGO, Caterina GARCÍA (eds.), *Unidad y Pluralismo en el Derecho internacional Público y en la Comunidad internacional*, Coloquio en Homenaje a Oriol Casanovas, Barcelona, 21-22 de mayo de 2009, Tecnos, Madrid, 2011, pp. 356-374.
- Paz ANDRÉS SÁENZ DE SANTAMARÍA, "El préstamo de instituciones de la UE al MEDE: singularidades a la luz del derecho internacional", en la obra *Estudios conmemorativos del 60 aniversario del Tratado de Roma. 35 aniversario de la Asociación Española para el Estudio del Derecho Europeo (AEDEUR)*, Madrid, 2017, pp. 31-42.
- Paz Andrés SÁENZ DE SANTA MARÍA, "Relevo del mandato del gobernador del banco central nacional y papel del Tribunal de Justicia: la independencia justifica el control. Comentario a la sentencia del Tribunal de Justicia (Gran Sala) de 26 de febrero de 2019, "Rimšēvičs y BCE/ Letonia"", *Revista General de Derecho Europeo*, nº 63, 2019, pp. 629-649.
- Björn ARP, "La integración de los derechos humanos en la labor del Banco Mundial el caso del Ombudsman y asesor en materia de observancia", *Revista Española de Derecho Internacional*, Vol. 64, nº 1, 2012, pp. 11-42.
- Serkan ARSLANALP, Barry J. EICHENGREEN y Chima SIMPSON-BELL, "The Stealth Erosion of Dollar Dominance: Active Diversifiers and the Rise of Nontraditional Reserve Currencies", *IMF Working Papers*, 58/2022, de 24 de marzo de 2022.
- Roger AUBOIN, "The Bank for International Settlements 1930-1955", *Essays in International Finance*, nº 22, Princeton University, 1955.

- Anthony AUST, "Limping Treaties: Lessons from Multilateral Treaty-making", *Netherlands International Law Review*, Vol. 50, nº 3, 2003, pp. 243-266.
- Miguel AZPITARTE SÁNCHEZ, "La rigidez fiscal alemana se adapta a un mundo en cambio", *Agenda Pública*, 17 de marzo de 2025.
- Ernst BALTENSPERGER y Thomas COTTIER, "The Role of International Law in Monetary Affairs", en Thomas COTTIER, John H. JACKSON y Rosa Mª LASTRA, *International Law in Financial Regulation and Monetary Affairs*, Oxford University Press, 2012, pp. 357-381.
- Banco Central Europeo, *Guía sobre riesgos relacionados con el clima y medioambientales. Expectativas supervisoras en materia de gestión y comunicación de riesgos*, Noviembre de 2020.
- Banco Central Europeo, *Financial Stability Review*, Noviembre de 2021.
- Banco Central Europeo, *The international role of the euro*, junio de 2024.
- Banco Mundial, *COVID-19 (coronavirus): Iniciativa de Suspensión del Servicio de la Deuda*, 8 de diciembre de 2021.
- Ilias BANTEKAS, "A Human Rights-Based Arbitral Tribunal for Sovereign Debt", *American Review of International Arbitration*, Vol. 29, nº1, 2018.
- Stefania BARONCELLI, "Differentiated Governance in European Economic and Monetary Union: From Maastricht to Next Generation EU", *European Papers*, Vol. 22, nº 7, 2022, pp. 867-887.
- Esther BARBÉ, "El sistema internacional: imagen y análisis de las Relaciones Internacionales", en José María BENEYTO y Carlos JIMÉNEZ PIERNAS, (Dirs.), *Concepto y Fuentes del Derecho Internacional*, Tirant lo Blanch, Valencia, 2022, pp. 105-164.
- Michael S. BARR y Geoffrey P. MILLER, "Global Administrative Law: The View from Basel", *European Journal of International Law*, Vol. 17, nº 1, 2006, pp. 15-46.
- Fernando BELINCHÓN, "¿Qué son los 'CoCos' y por qué están en el ojo del último huracán financiero?", *Cinco Días. El País*, 22 de marzo de 2023.
- Alexandre BELLE, "Mamatas and Others v. Greece: How the European Court of Human Rights Could Change Sovereign Debt Restructuration", en John D. HASKELL y Akbar RASULOV (Eds.), *New Voices and New Perspectives in International Economic Law. European Yearbook of International Economic Law*, 2020, pp. 153-171.
- Elias BENGTSSON, "Repoliticalization of accounting standard setting -The IASB, the EU and the global financial crisis", *Critical Perspectives on Accounting*, Vol. 22, nº 6, 2011, pp. 567-580.

- Didier BENSADON, "L'Union européenne face aux normes internationales de reporting financier (IFRS): une mise en perspective historique", *Politiques et management public*, Vol. 33, nº 2, 2016, pp. 135-154.
- Romualdo BERMEJO GARCÍA, "Las relaciones de complementariedad entre regímenes internacionales", en Ángel José RODRIGO HERNÁNDEZ y Caterina GARCÍA SEGURA (Coords.), *Unidad y pluralismo en el Derecho Internacional Público y en la Comunidad Internacional. Coloquio en homenaje a Oriol Casanovas, Barcelona, 21-22 de mayo de 2009*, Tecnos, 2011, pp. 214-225.
- Romualdo BERMEJO GARCÍA, "La evolución del sistema monetario y financiero internacional a la luz de la reciente crisis financiera", *Anuario Español de Derecho Internacional*, Vol. 29, 2013, pp. 7-60.
- Romualdo BERMEJO GARCÍA, "El uso de la fuerza, la Sociedad de Naciones y el Pacto Briand-Kellogg", en Yolanda GAMARRA CHOPO, Carlos R. FERNÁNDEZ LIESA (Coords.), *Los orígenes del derecho internacional contemporáneo: estudios conmemorativos del Centenario de la Primera Guerra*, Institución Fernando El Católico, Excma. Diputación de Zaragoza, Zaragoza, 2015, pp. 217-245.
- Juan Pablo BOHOSLAVSKY, "Deuda privada y derechos humanos. El *default* en casa", *Revista Anfibia*, 3 de marzo de 2020, disponible en: https://www.revistaanfibia.com/el-default-en-casa/ .
- Christian de BOISSIEU, "Quel prêteur international en dernier ressort?", en VV.AA., Régis CHEMAIN (Dir.), *La Refondation du Système Monétaire et Financier International. Évolutions réglementaires et institutionnelles. Actes du colloque des 16-17 mars 2010*, Cahiers Internationaux nº 25, Éditions Pedone, 2011, pp. 33-38.
- Laurence BOISSON DE CHAZOURNES y Edouard FROMAGEAU, "Balancing the Scales: The World Bank Sanctions Process and Access to Remedies", *European Journal of International Law*, Vol. 23, nº 4, 2012, pp. 963-989.
- Hanna BOKOR-ZEGÖ, "Les príncipes généraux du Droit", en Mohamed BEDJAOUI (Dir.), VV.AA, *Droit International. Bilan et Perspectives*, Vol. 1, Éd. Pedone, Unesco, 1991, pp. 223-230.
- Christian BORDES, " 'L'histoire ne se répète pas, elle rime': un nouveau Plaza pour encadrer les fluctuations du dollar?", *Revue d'économie financière*, Vol. 145, nº 1, 2022, pp. 87-128.
- Michael BORDO y Harold JAMES, "A long-term perspective on the euro", en Marco BUTI, Servaas DEROOSE, Vitor GASPAR y João NOGUEIRA MARTINS (Eds.), *The Euro. The First Decade*, Cambridge University Press, 2010, pp. 37-71.

- James M. BOUGHTON, "Harry Dexter White and the International Monetary Fund", *Finance & Development. A quarterly magazine of the IMF*, Vol. 35, nº 3, 1998.
- Jutta BRUNNÉE y Stephen J. TOOPE, "International Law and the Practice of Legality: Stability and Change", *Victoria University of Wellington Law Review*, Vol. 49, nº 4, 2018, pp. 429-445.
- Congyan CAI, Huiping CHEN, y Yifei WANG (Eds.), "The BRICS in the New International Legal Order on Investment. Reformers or Disruptors", *Silk Road Studies in International Economic Law*, Vol. 4, 2020.
- Santiago CARBÓ VALVERDE y Francisco RODRÍGUEZ FERNÁNDEZ, "Las agencias de calificación y la imagen de España", *Panorama Social*, nº 16, 2012, pp. 63-70.
- Santiago CARBÓ VALVERDE, "Lehman y Europa", *El País*, 11 de septiembre de 2018.
- Dominique CARREAU, "The European Union in the International Monetary and Financial System", en Piet Eeckhout y Manuel López Escudero (Eds.), *The European Union's External Action in Times of Crisis*, Hart Publishing, 2016, pp. 375-390.
- Andrea CARRERA, "Sobre el actual sistema de pagos internacionales y sus alternativas", *Instituto Complutense de Estudios Internacionales*, abril de 2025.
- Francisco Jesús CARRERA HERNÁNDEZ, "La incorporación del Tratado de Estabilidad, Coordinación y Gobernanza en la Unión Económica y Monetaria (TECG) al marco jurídico de la Unión Europea", *Revista General de Derecho Europeo*, nº 48, 2019.
- Francisco Jesús CARRERA HERNÁNDEZ, "Del Mecanismo Europeo de Estabilidad (MEDE) al nuevo Mecanismo de Recuperación y Resiliencia (MRR). ¿Ha sido necesaria una pandemia para reforzar la solidaridad financiera en la Unión Europea?", *Revista Española de Derecho Europeo*, nº 75, 2020, pp. 9-54.
- Oriol CASANOVAS Y LA ROSA, "Unidad y pluralismo en Derecho internacional público", en VV.AA., *Cursos Euromediterráneos Bancaja de Derecho Internacional*, Vol. II, Aranzadi, 1998, pp. 35-267.
- Ramón CASILDA BÉJAR, "Un nuevo sistema monetario y financiero internacional: Bretton Woods III", *Documento de Opinión. Instituto Español de Estudios Estratégicos*, nº 65, 2022.
- Emanuel CASTELLARIN, "L'Union économique et monétaire dans la première phase de la crise de Covid-19", *Revue Trimestrielle de Droit Europeen*, Vol. 56, nº 3, 2020, pp. 593-620.

- Celia CHALLET, "Les sanctions de l'Union européenne adoptées en réaction à la guerre en Ukraine", *Revue des Affaires Européennes*, nº 1, agosto 2023, pp. 169-182.
- Marcos CHAMON, Erik KLOK, Vimal THAKOOR, y Jeromin ZETTELMEYER, "Debt-for-Climate Swaps: Analysis, Design, and Implementation", *FMI Working Paper*, WP/22/162, 2022.
- Merijn CHAMON, "Fining Member States under the SGP, or how enforcement is different from implementation under Article 291 TFEU: Spain v. Council", *Common Market Law Review*, Vol. 55, nº 5, 2018, pp. 1495-1519.
- Merijn CHAMON y Nathan DE ARRIBA-SELLIER, "FBF: On the Justiciability of Soft Law and Broadening the Discretion of EU Agencies ECJ (Grand Chamber) 15 July 2021, Case C-911/19, Fédération Bancaire Française (FBF) v Autorité de Contrôle Prudentiel et de Résolution, ECLI:EU:C:2021:599", *European Constitutional Law Review*, Vol. 18, nº 2, 2022, pp. 286-314.
- Merijn CHAMON, "The non-emergency economic policy competence in Article 122(1) TFEU", *Common Market Law Review*, Vol. 61, nº 6, 2024, pp. 1501-1526.
- Iris H-Y CHIU, "Building out the Crypto Economy in Europe: a Proposal for Central Bank Digital Euros", *European Law Review*, nº 4, 2021, pp. 435-459.
- Paola CHIRULLI y Luca DE LUCIA, "Fundamental procedural rights and ECB banking supervision: An ECB Hearing Officer?", *Common Market Law Review*, Vol. 61, nº 5, 2024, pp. 1191-1222.
- Ángel G. CHUECA SANCHO, "Contratos entre Estados y empresas extranjeras y Derecho Internacional Público", en *Cursos de derecho internacional de Vitoria-Gasteiz*, nº 1, 1990, pp. 311-378.
- Giulia CILIBERTO, "The Challenges of Redressing Violations of Economic and Social Rights in the Aftermath of the Eurozone Sovereign Debt Crisis", *Goettingen Journal of International Law*, Vol. 11, nº 1, 2021, pp. 15-58.
- Francesco CORRADINI, "The Struggle for International Financial Standards: An Historical Analysis of Entangling Legalities in Finance", en Nico KRISCH (Ed.), *Entangled Legalities Beyond the State*, Cambridge University Press, 2021, pp. 289-317.
- Consejo de Estabilidad Financiera, *Assessment of Risks to Financial Stability from Crypto-assets*, 16 de febrero de 2022.
- Consejo de Estabilidad Financiera, *FSB Chair's letter to G20 Finance Ministers and Central Bank Governors*, 17 de febrero de 2022.

- Consejo de Estabilidad Financiera, *International Regulation of Crypto-asset Activities. A proposed framework–for consultation,* 11 de octubre de 2022.
- Consejo de Estabilidad Financiera, *FSB Global Regulatory Framework for Crypto-Asset Activities,* 17 de julio de 2023.
- Justo CORTI VARELA, "Direct recapitalization of banks ans sovereign debt: the ESM direct recapitalization instrument and its impact on sovereign debt", en Luis Miguel HINOJOSA MARTÍNEZ y José María BENEYTO PÉREZ (Eds.), *European Banking Union. The The New Regime,* Wolters Kluwer, The Netherlands, 2015, pp. 121-136.
- Thomas COTTIER y Lucía SATRAGNO, "The potential of law and legal methodology in monetary affairs", en Thomas COTTIER, Rosa Mª LASTRA, Christian TIEJTE y Lucía SATRAGNO, *The Rule of Law in Monetary Affairs,* World Trade Forum, Cambridge University Press, 2014, pp. 411-433.
- Thomas COTTIER, "Linking the Traits of International Economic Law", *Journal of World Investment & Trade,* nº 23, 2022, pp. 1-7.
- Paul CRAIG, "The stability, coordination and Governance Treaty: principle, politics and pragmatism", *European Law Review,* nº 3, 2012, pp. 231-248.
- Jay CULLEN, "Central Banks and Climate Change: Mission Impossible?", *Journal of Financial Regulation,* Vol. 9, nº 2, 2023, pp. 174–209.
- Jean D'ASPREMONT, "The Politics of Deformalization in International Law", *Goettingen Journal of International Law,* Vol. 3, nº 2, 2011, pp. 503-550.
- Kristina DAUGIRDAS, "How and Why International Law Binds International Organizations", *Jean Monnet Working Paper,* nº 16, Nueva York, 2015.
- Laurent DECHÂTRE, "La décision de Karlsruhe sur le mécanisme européen de stabilité financière: une validation sous condition et une mise en garde sibylline pour l'avenir", *Cahiers de Droit Européen,* Vol. 47, nº 1, 2011, pp. 303-342.
- Erik DENTERS, "Manipulation of Exchange Rates in International Law: The Chinese Yuan", *American Society of International Law Insights,* Vol. 8, nº 24, 2003.
- Paul DERMINE y Menelaos MARKAKIS, "Bailouts, the legal status of Memoranda of Understanding, and the scope of application of the EU Charter: Florescu", *Common Market Law Review,* Vol. 55, nº 2, 2018, pp. 643-671.
- Paul DERMINE, "La Banque Centrale Européenne et le principe d'exclusivité. Les compétences de l'Union européenne en matière de politique monétaire et de surveillance financière et leurs limites", *Cahiers de Droit Européen,* Vol. 57, nº3, 2021, pp. 667-724.

- Alberto DE GREGORIO MERINO, "Reflexiones preliminares sobre la Unión Bancaria", *Revista General de Derecho Europeo,* nº 33, 2014.
- Diane DESIERTO, Anibal PEREZ-LINAN, Khawla WAKKAF, Rachel GAGNON y Belén CARRIEDO, "The 'New' World Bank Accountability Mechanism: Observations from the ND Reparations Design and Compliance Lab", *EJIL:Talk! Blog of the European Journal of International Law,* 11 de noviembre de 2020, disponible en: https://www.ejiltalk.org/the-new-world-bank-accountability-mechanism/
- Carlo DE STEFANO, "Reforming the Governance of International Financial Law in the Era of Post-Globalization", *Journal of International Economic Law,* Vol. 20, 2017, pp. 509-533.
- Sara DE VIDO, "Soft Organizations, Hard Powers: The FATF and the FSB as Standard-Setting Bodies", *Global Jurist,* Vol. 19, nº 2, 2019, pp. 1-12.
- Bruno DE WITTE, "Using international law in the Euro crisis: causes and consequences", ARENA Centre for European Studies –Oslo-, *ARENA Working Papers,* nº 4, 2013.
- Bruno DE WITTE, "Euro Crisis Responses and the EU Legal Order: Increased Institutional Variation or Constitutional Mutation?", *European Constitutional Law Review,* Vol. 11, nº 3, 2015, pp. 434-457.
- Bruno DE WITTE, "The European Union's COVID-19 recovery plan: The legal engineering of an economic policy shift", *Common Market Law Review,* Vol. 58, nº 3, 2021, pp. 635-682.
- Bruno DE WITTE, "The innovative European response to COVID-19: decline of differentiated integration and reinvention of cohesion policy", en Banco Central Europeo, *Continuity and change –how the challenges of today prepare the ground for tomorrow-,* ECB Legal Conference 2021, abril de 2022, pp. 394-402.
- Javier DÍEZ-HOCHLEITNER, "El arbitraje de inversiones frente a los *defaults* soberanos. (A propósito de los laudos sobre jurisdicción en los asuntos *Abaclat* y *Ambiente Ufficio*)", en Diego Javier LIÑÁN NOGUERAS (Dir.) y Antonio SEGURA SERRANO (Coord.), *Las crisis políticas y económicas: nuevos escenarios internacionales,* Tecnos, 2014, pp. 129-160.
- Daniela DOBRE, "Chrysostomides: completando el puzzle constitucional de la unión económica y monetaria", *Teoría y Realidad Constitucional,* nº 49, 2022, pp. 437-460.
- Shawn DONNELLY, "Brexit, EU Financial Markets and Differentiated Integration", *European Papers,* Vol. 7, nº 3, 2022, pp. 1265-1285.

- Burkhard DREES, Garry J. SCHINASI, Charles Frederick KRAMER y R. S. CRAIG, *Modern Banking and OTC Derivatives Markets. The Transformation of Global Finance and its Implications for Systemic Risk,* Fondo Monetario Internacional, 2001.
- Zlata DRNAS DE CLÉMENT, "El sistema internacional contemporáneo: su dimensión normativa", en José María BENEYTO y Carlos JIMÉNEZ PIERNAS, (Dirs.), *Concepto y Fuentes del Derecho Internacional,* Tirant lo Blanch, Valencia, 2022, pp. 165-216.
- Olivier DUNANT y Michele WASSMER, "Swiss Bank Secrecy: Its Limits under Swiss and International Laws", *Case Western Reserve Journal of International Law,* Vol. 20, nº 2, 1988, pp. 541-575.
- Barry EICHENGREEN, "*Sui generis* EMU", en Marco BUTI, Servaas DEROOSE, Vitor GASPAR y João NOGUEIRA MARTINS (Eds.), *The Euro. The First Decade,* Cambridge University Press, 2010, pp. 72-101.
- Barry EICHENGREEN, Camille MACAIRE, Arnaud MEHL, Eric MONNET y Alain NAEF, "Is Capital Account Convertibility Required for the Renminbi to Acquire Reserve Currency Status?", *Working Paper Series nº 892, Banque de France Publications,* noviembre de 2022.
- Barry EICHENGREEN, "El trilema de las monedas digitales de los bancos centrales", 11 de noviembre de 2022, disponible en: https://www.eleconomista.es/opinion/noticias/12033147/11/22/El-trilema-de-las-monedas-digitales-de-los-bancos-centrales.html
- Nicolas EMERIC, "Droit souple + droit fluide = droit liquide. Réflexion sur les mutations de la normativité juridique à l'ère des flux", *Revue interdisciplinaire d'études juridiques,* Vol. 79, nº 2, 2017, pp. 5-38.
- Javier ESTEBAN RÍOS, "La supervisión del sector bancario de la Unión Europea ¿un mecanismo único para controlarlos a todos?", *Revista General de Derecho Administrativo,* nº 55, 2020.
- José Elías ESTEVE MOLTÓ, "Los Principios Rectores sobre las empresas transnacionales y los derechos humanos en el marco de las Naciones Unidas para 'proteger, respetar y remediar' ¿hacia la responsabilidad de las corporaciones o la complacencia institucional?", *Anuario Español de Derecho Internacional,* nº 27, 2011, pp. 317-351.
- Peter FERDINAND y Jue WANG, "China and the IMF: from mimicry towards pragmatic international institutional pluralism", *International Affairs,* Vol. 89, nº 4, 2013, pp. 895-910.
- Juan Carlos FERNÁNDEZ CELA, "Trump y la fractura del orden financiero global: cinco escenarios prospectivos", *Instituto Español de Estudios Estratégicos,* Documento de Investigación 33/2025, 9 de mayo de 2025.

- Xavier FERNÁNDEZ PONS, "La alineación de los tipos de cambio como interés público global y las actuales "guerras de divisas" ¿Algún rol para el Derecho de la OMC?", en en Núria BOUZA, Caterina GARCÍA SEGURA, Ángel J. RODRIGO HERNÁNDEZ (Dirs.) y Pablo PAREJA ALCARAZ (Coord.), *La gobernanza del interés público global: XXV Jornadas de la Asociación Española de Profesores de Derecho Internacional y Relaciones Internacionales, Barcelona, 19-20 de septiembre de 2013*, Tecnos, 2015, pp.773-785.
- Jaume FERRER LLORET, "Las 'consecuencias particulares' de las violaciones graves de normas de 'ius cogens' en el Proyecto de la CDI de 2022: ¿desarrollo progresivo del Derecho Internacional?", *Anuario Español de Derecho Internacional*, Vol. 39, pp.149-207.
- Karina Patrício FERREIRA LIMA, "Sovereign Solvency as Monetary Power", *Journal of International Economic Law*, Vol. 25, nº 3, 2022, pp. 424-446.
- Fondo Monetario Internacional, *De Facto Classification of Exchange Rate Regimes and Monetary Policy Framework*, 31 de julio de 2006, disponible en: https://www.imf.org/external/np/mfd/er/2006/eng/0706.htm
- Fondo Monetario Internacional, *Global Financial Stability Report. Preempting a Legacy of Vulnerabilities*, Abril de 2021.
- Fondo Monetario Internacional, "El Directorio Ejecutivo del FMI analiza la evaluación ex post del acceso excepcional de Argentina en el marco del Acuerdo Stand-By de 2018", Comunicado de Prensa nº 21/401, 22 de diciembre de 2021.
- Fondo Monetario Internacional, *Global Financial Stability Report*, 19 de abril de 2022.
- Fondo Monetario Internacional -Ficha Técnica-, Préstamos del FMI, enero de 2023, disponible en: https://www.imf.org/es/About/Factsheets/IMF-Lending
- Mathias FORTEAU, "Le défaut souverain en droit international public. Les instruments de droit international public pour remédier à l'insolvabilité des États", en Mathias AUDIT (Dir.), *Insolvabilité des États et dettes souveraines*, L.G.D.J., 2011, pp. 209-232.
- Giorgio GAJA, "The Protection of General Interests in the International Community", *Collected Courses of The Hague Academy of International Law–Recueil des cours*, Vol. 364, 2012, pp. 9-185.
- José Manuel GARCÍA-MARGALLO, "Torear la supervisión financiera", *El País*, 18 de mayo de 2010.

- Luis GARICANO y Rosa Mª LASTRA, "Towards a New Architecture for Financial Stability: Seven Principles", *Journal of International Economic Law*, 2010, pp. 597-621.
- Gregorio GARZÓN CLARIANA (ed.), *La democracia en la nueva gobernanza económica de la Unión Europea*, Marcial Pons, Madrid, 2015.
- André GATTOLIN y Emmanuel VÉRON, "Les BRICS, un enjeu géopolitique ignoré de l'Union", *Foundation Robert Schuman -Schuman Paper*, Policy Paper nº 736, 12 de febrero de 2024, pp. 1-5.
- Anna GELPERN, "Hard, soft, and embedded: Implement principles on promoting responsible sovereign lending and borrowing", en Carlos ESPÓSITO, Yuefen LI y Pablo BOHOSLAVSKY (eds.), *Sovereign Financing and International Law. The UNCTAD Principles on Responsible Sovereign Lending and Borrowing*, Oxford University Press, 2013, pp. 347-384.
- Giulia GENTILE, "To be or not to be (legally binding)? Judicial review of EU soft law after BT and Fédération Bancaire Française", *Revista de Derecho Comunitario Europeo*, nº 70, 2021, pp. 981-1005.
- Kristalina GEORGIEVA y Rhoda WEEKS-BROWN, "The IMF's Evolving Role Within a Constant Mandate", *Journal of International Economic Law*, Vol. 26, nº 1, 2023, pp. 17-29.
- R. G. GIDADHUBLI y Abhijit BHATTACHARYA, "Russia's Big-Bang Entry into IMF", *Economic and Political Weekly*, Vol. 27, nº 33, 1992, pp. 1728-1730.
- Christine GILBERT y Henri GUÉNIN, "The COVID-19 crisis and massive public debts: What should we expect?", *Critical Perspectives on Accounting*, Vol. 98, 2024.
- Mario GIOVANOLI, "The international monetary and financial architecture -some institutional aspects-", en Thomas COTTIER, Rosa Mª LASTRA, Christian TIETJE y Lucía SATRAGNO, *The Rule of Law in Monetary Affairs*, World Trade Forum, Cambridge University Press, 2014, pp. 45-77.
- Joseph GOLD, "Public International Law in the International Monetary System", *Southwestern Law Journal*, Vol. 38, nº 3, 1984, pp. 799-852.
- Doron GOLDBARSHT y Louis de KOKER, "From Paper Money to Digital Assets: Financial Technology and the Risks of Criminal Abuse", en Doron GOLDBARSHT y Louis de KOKER (Eds.), *Financial Technology and the Law. Combating Financial Crime*. Law, Springer, 2022, pp. 1-15.
- Gabriel Jaime GONZÁLEZ, "La moneda, ¿reflejo de la reconfiguración geopolítica en África Occidental?", *Instituto Español de Estudios Estratégicos*, Documento de Opinión 25/2024, de 4 de marzo de 2024.

- Sergio GORJÓN, "El papel de los criptoactivos como moneda de curso legal: el ejemplo de EL Salvador", *Artículos Analíticos. Boletín Económico. Banco de España*, nº 4, 2021.
- Robert GREENE, "What Will Be the Impact of China's State-Sponsored Digital Currency?", *Carnegie Endowment for International Peace*, Comentario, 1 de julio de 2021.
- Seraina GRÜNEWALD, Corinne ZELLWEGER-GUTKNECHT y Benjamin GEVA, "Digital Euro and ECB Powers", *Common Market Law Review*, nº 58, 2021, pp. 1029-1056.
- Sebastian GRUND y Armin STEINBACH, "European Union debt financing: leeway and barriers from a legal perspective", *Bruegel Working Paper*, nº 15, 2023.
- Sebastian GRUND y Armin STEINBACH, "Debt-financing the EU", *Common Market Law Review*, Vol. 61, nº 4, 2024, pp. 993-1018.
- Sean HAGAN y José VIÑALS, *Resolution of Cross-Border Banks—A Proposed Framework for Enhanced Coordination*, Legal and Monetary and Capital Markets Departments, Fondo Monetario Internacional, 11 de junio de 2010.
- Mohamed S. HELAL, "On Coercion in International Law", *New York University Journal on International Law and Politics*, Vol. 52, nº 1, 2019, pp. 98-108.
- Peter Holcombe HENLEY y Niels M. BLOKKER, "The Group of 20: A Short Legal Anatomy from the Perspective of International Institutional Law", *Melbourne Journal of International Law*, Vol. 14, nº 2, 2013, pp. 550-607.
- Francisco HERNÁNDEZ HERNÁNDEZ, "Hacia una moneda digital europea. El euro 2.0", *Revista de Derecho Comunitario Europeo*, nº 70, 2021, pp. 1006-1033.
- Carmen HERNÁNDEZ SASETA y David BÁEZ SEARA, "El Banco Central Europeo, una institución en adaptación constante al contexto económico cambiante: de la unión monetaria a la unión bancaria", *Revista de Derecho Comunitario Europeo*, nº 80, 2025, pp. 131-174.
- Alicia HINAREJOS, "Fiscal Union by other Means? The ECB and the Courts", en Alicia HINAREJOS y Robert SCHÜTZE (Eds.), *EU Fiscal Federalism: Past, Present, Future*, Oxford University Press, 2023, pp. 263-276.
- Luis Miguel HINOJOSA MARTÍNEZ, "Globalización y soberanía de los Estados", *Revista Electrónica de Estudios Internacionales*, nº 10, 2005.
- Luis Miguel HINOJOSA MARTÍNEZ, "Transparency in International Financial Institutions", en Andrea BIANCHI y Anne PETERS (Eds.), *Transparency in International Law*. Nueva York, Cambridge University Press, 2013. pp. 77-111.

- Luis Miguel HINOJOSA MARTÍNEZ y José María BENEYTO PÉREZ (Eds.), *European Banking Union. The The New Regime,* Wolters Kluwer, The Netherlands, 2015.
- Luis Miguel HINOJOSA MARTÍNEZ, "The role of the ECB in the supervision of credit institutions", en Luis Miguel HINOJOSA MARTÍNEZ y José María BENEYTO PÉREZ (Eds.), *European Banking Union. The The New Regime,* Wolters Kluwer, The Netherlands, 2015, pp. 47-68.
- Luis Miguel HINOJOSA MARTÍNEZ, "The regulation of financial markets and the european social model", en Luis Miguel HINOJOSA MARTÍNEZ y Pablo Jesús MARTÍN RODRÍGUEZ (Dirs.), *La regulación internacional de los mercados y la erosión del modelo político y social europeo,* Thomson Reuters, Aranzadi, 2019, pp. 25-65.
- Luis Miguel HINOJOSA MARTÍNEZ, "Clearing the crypto-assets wilderness: the EU Commission MiCA proposal", *Revista General de Derecho Europeo,* nº 55, 2021.
- Luis Miguel HINOJOSA MARTÍNEZ, "Euro digital o criptoeuro: ¿Está en juego la soberanía monetaria europea?", *Revista de Derecho Comunitario Europeo,* nº 69, 2021, pp. 471-508.
- Luis Miguel HINOJOSA MARTÍNEZ, "Capítulo 1. La regulación jurídica del sistema económico internacional", en Luis M. HINOJOSA MARTÍNEZ y Javier ROLDÁN BARBERO (Coords.), *Derecho Internacional Económico,* Tirant lo Blanch, Valencia, 2022, pp. 3-28.
- Luis Miguel HINOJOSA MARTÍNEZ, "Capítulo 13. La regulación de los movimientos internacionales de capital y de las inversiones extranjeras", en Luis M. HINOJOSA MARTÍNEZ y Javier ROLDÁN BARBERO (Coords.), *Derecho Internacional Económico,* Tirant lo Blanch, Valencia, 2022, pp. 311-345.
- Livia HINZ, "International investment agreements and sovereign debt: an empirical analysis", *Capital Markets Law Journal,* Vol. 18, nº 3, 2023, pp. 365-390.
- Dermot HODSON, "The IMF as a *de facto* institution of the EU: A multiple supervisor approach", *Review of International Political Economy,* Vol. 22, nº 3, 2015, pp. 570-598.
- Robert HOWSE, "The Concept of Odious Debt in Public International Law", *United Nations Conference on Trade and Development Discussion Papers,* nº 185, julio de 2007, disponible en: https://unctad.org/system/files/official-document/osgdp20074_en.pdf

- Robert HOWSE, "Towards an equitable integration of monetary and financial matters, trade and sustainable development", en Thomas COTTIER, Rosa Mª LASTRA, Christian TIETJE y Lucía SATRAGNO, *The Rule of Law in Monetary Affairs*, World Trade Forum, Cambridge University Press, 2014, pp. 285-325.
- Robert HOWSE, "Concluding remarks in the light of international law", Carlos ESPÓSITO, Yuefen LI y Pablo BOHOSLAVSKY (eds.), *Sovereign Financing and International Law. The UNCTAD Principles on Responsible Sovereign Lending and Borrowing*, Oxford University Press, 2013, pp. 385-390.
- Thomas F. HUERTAS, "Variable geometry: the role of the European Banking Union authority under Banking Union", en Luis Miguel HINOJOSA MARTÍNEZ y José María BENEYTO PÉREZ (Eds.), *European Banking Union. The The New Regime*, Wolters Kluwer, The Netherlands, 2015, pp. 69-76.
- Rosario HUESA VINAIXA, "La costumbre internacional", en José María BENEYTO y Carlos JIMÉNEZ PIERNAS, (Dirs.), *Concepto y Fuentes del Derecho Internacional*, Tirant lo Blanch, Valencia, 2022, pp. 588-647.
- Gary HUFBAUER y Daniel DANXIA XIE, "Financial Stability and Monetary Policy: need for international surveillance", *Journal of International Economic Law*, Vol. 13, nº 3, 2010, pp. 939-953.
- Ian HURD, *International Organizations Politics, Law, Practice*, 4th Edition, Cambridge University Press, 2020.
- John H. JACKSON, "Reflections on International Economic Law", *University of Pennsylvania Journal of International Law*, Vol. 17, 1996, pp. 17-28.
- John H. JACKSON, "The Quest for International Law in Financial Regulation and Monetary Affairs", *Journal of International Economic Law*, Vol. 13, nº 3, 2010, pp. 525-526.
- Menno T. KAMMINGA, "Confiscating Russia's Frozen Central Bank Assets: A Permissible Third-Party Countermeasure?", *Netherlands International Law Review*, Vol. 70, 2023, pp. 1-17.
- Anastasia KARATZIA, Menelaos MARKAKIS, "Financial assistance conditionality and effective judicial protection: Chrysostomides", *Common Market Law Review*, Vol. 59, nº 2, 2022, pp. 501-542.
- Claire KILPATRICK, "Are the bailouts immune to EU social challenge because they are not EU law?", *European Constitutional Law Review*, Vol. 10, nº 3, 2014, pp. 393-421.
- Klaas KNOT, *Navigating change in the global financial system: the role of the FSB*, Consejo de Estabilidad Financiera, 17 de febrero de 2022.

- Markus KRAJEWSKI, "Human rights and austerity programmes", en Thomas COTTIER, Rosa Mª LASTRA, Christian TIEJTE y Lucía SATRAGNO, *The Rule of Law in Monetary Affairs,* World Trade Forum, Cambridge University Press, 2014, pp. 490-518.
- Paul KRUGMAN, "Bitcoin is Evil", *New York Times,* 28 de diciembre de 2013.
- Mikel LARREINA, "Finanzas artificiales: ¿finanzas inteligentes?", *El País,* 7 de enero de 2024.
- Rosa Mª LASTRA y Geoffrey WOOD, "The Crisis of 2007-2009: Nature, Causes and Reactions", en Thomas COTTIER, John H. JACKSON y Rosa Mª LASTRA, *International Law in Financial Regulation and Monetary Affairs,* Oxford University Press, 2012, pp. 9-27.
- Rosa María LASTRA y Jean-Victor LOUIS, "European Economic and Monetary Union: History, Trends, and Prospects", *Yearbook of European Law,* Vol. 32, nº 1, 2013, pp. 57–206.
- Rosa Mª LASTRA, "The Coming of Age of International Monetary and Financial Law after the Global Crisis", *Journal of International Economic Law,* Vol. 19, 2016, pp. 371-373.
- Emily LEE, "The Soft Law Nature of Basel III and International Financial Regulations", *Journal of International Banking Law and Regulation,* Vol. 29, nº 10, 2014, pp. 603-612.
- Päivi LEINO-SANDBERG y Matthias RUFFERT, "Next Generation EU and its constitutional ramifications: A critical assessment", *Common Market Law Review,* Vol. 59, nº 2, 2022, pp. 433-472.
- Yuefen LI, "Soft Law on Sovereign Borrowing and Lending: UNCTAD Principles on Promoting Responsible Sovereign Lending and Borrowing", *International Banker,* 12 de septiembre de 2022.
- Katerina LINOS, Elena CHACHKO, Luis Miguel HINOJOSA MARTÍNEZ y Carmela PÉREZ BERNÁRDEZ, *Sanctions in Comparative Perspective,* Podcast Berkeley Law, *Borderlines,* Episode #22, 21 de diciembre de 2023.
- Diego Javier LIÑÁN NOGUERAS, "Capítulo 14: el Banco Central Europeo", en Araceli MANGAS MARTÍN y Diego J. LIÑÁN NOGUERAS, *Instituciones y Derecho de la Unión Europea,* Tecnos, 11ª Edición, 2024, pp. 359-384.
- Gianni LO SCHIAVO, "The European Banking Union", en Robert BÖTTNER y Hermann-Josef BLANKE, (Eds.), *Treaty on the Functioning of the European Union -A Commentary Volume II: Articles 90-164,* Springer Commentaries on International and European Law, 2024, pp. 1175-1259.
- Severina Melissa Hubahib LOJA, *International Agreements Between Non -State Actors as a Source of International Law,* Hart Publising, 2022.

- Manuel LÓPEZ ESCUDERO, “El Derecho monetario internacional en la era de la globalización financiera”, *Cursos de Derecho Internacional y Relaciones Internacionales de Vitoria-Gasteiz*, 2003, pp. 55-102.
- Manuel LÓPEZ ESCUDERO, “La politique de taux de change de l’euro vis-à-vis des monnaies de pays tiers”, en *Mélanges en hommage à Jean-Victor Louis*, Bruylant, Bruxelles, 2003, pp. 281-300.
- Manuel LÓPEZ ESCUDERO, “Crisis y reforma del Fondo Monetario Internacional”, *Revista Española de Derecho Internacional*, Vol. LIX, nº 2, 2007, pp. 531-534.
- Manuel LÓPEZ ESCUDERO, “El Banco Central Europeo en el Tratado de Lisboa”, *Revista de Derecho Constitucional Europeo*, nº 9, 2008, pp. 151-174.
- Manuel LÓPEZ ESCUDERO, “La politique de change de l’euro”, *Cahiers de Droit Européen*, Vol. 47, nº 2, 2011, pp. 369-432.
- Manuel LÓPEZ ESCUDERO, “Estabilidad económico-financiera y derecho internacional”, *Anuario de la Facultad de Derecho de la Universidad Autónoma de Madrid*, nº 16, 2012, pp. 367-406.
- Manuel LÓPEZ ESCUDERO, “Las interminables reformas de la gobernanza económica de la zona euro”, *Revista General de Derecho Europeo*, nº 27, 2012.
- Manuel LÓPEZ ESCUDERO, “La Unión Bancaria en la Unión Europea: un tortuoso camino para un gran avance”, en Diego Javier LIÑÁN NOGUERAS (Dir.) y Antonio SEGURA SERRANO (Coord.), *Las crisis políticas y económicas: nuevos escenarios internacionales*, Tecnos, 2014, pp. 186-211.
- Manuel LÓPEZ ESCUDERO, “EU Banking Union and International Financial Law”, en Luis Miguel HINOJOSA MARTÍNEZ y José María BENEYTO PÉREZ (Eds.), *European Banking Union. The New Regime*, Wolters Kluwer, The Netherlands, 2015, pp. 179-212.
- Manuel LÓPEZ ESCUDERO, “La nueva gobernanza económica de la Unión Europea: ¿una auténtica unión económica en formación?”, *Revista de Derecho Comunitario Europeo*, nº 50, 2015, pp. 361-433.
- Manuel LÓPEZ ESCUDERO, “La protección de la estabilidad financiera como bien público global”, en Núria BOUZA, Caterina GARCÍA SEGURA, Ángel J. RODRIGO HERNÁNDEZ (Dirs.) y Pablo PAREJA ALCARAZ (Coord.), *La gobernanza del interés público global: XXV Jornadas de la Asociación Española de Profesores de Derecho Internacional y Relaciones Internacionales, Barcelona, 19-20 de septiembre de 2013*, Tecnos, 2015, pp. 645-680.
- Manuel LÓPEZ ESCUDERO, “La degradación de las exigencias del Estado de Derecho en el ámbito de la Unión Económica y Monetaria”, en Diego

Javier LIÑÁN NOGUERAS y Pablo Jesús MARTÍN RODRÍGUEZ (Dirs.), *Estado de Derecho y Unión Europea*, Tecnos, Madrid, 2018, pp. 189-229.

- Manuel LÓPEZ ESCUDERO, "Capítulo 11. El Sistema Monetario Internacional (I): el Fondo Monetario Internacional", en Luis M. HINOJOSA MARTÍNEZ y Javier ROLDÁN BARBERO (Coords.), *Derecho Internacional Económico*, Tirant lo Blanch, Valencia, 2022, pp. 261-290.
- Manuel LÓPEZ ESCUDERO, "Capítulo 12. El Sistema Monetario Internacional (II): Grupos, Foros y Organizaciones Internacionales", en Luis M. HINOJOSA MARTÍNEZ y Javier ROLDÁN BARBERO (Coords.), *Derecho Internacional Económico*, Tirant lo Blanch, Valencia, 2022, pp. 291-310.
- Manuel LÓPEZ ESCUDERO, "Article 123 [Prohibition of Credit Facilities] (ex-Article 101 TEC)", en Robert BÖTTNER y Hermann-Josef BLANKE, (Eds.), *Treaty on the Functioning of the European Union -A Commentary Volume II: Articles 90-164*, Springer Commentaries on International and European Law, 2024, pp. 617-641.
- Eugenia LÓPEZ-JACOISTE DÍAZ, "El control 'cuasi jurisdicional' del Panel de Inspección del Banco Mundial", *Anuario Español de Derecho Internacional*, nº 29, 2013, pp. 111-164.
- Eugenia LÓPEZ-JACOISTE DÍAZ, "Los principios rectores sobre la deuda externa y los derechos humanos: algunas reflexiones desde el Derecho internacional", en Núria BOUZA, Caterina GARCÍA SEGURA, Ángel J. RODRIGO HERNÁNDEZ (Dirs.) y Pablo PAREJA ALCARAZ (Coord.), *La gobernanza del interés público global: XXV Jornadas de la Asociación Española de Profesores de Derecho Internacional y Relaciones Internacionales*, Barcelona, 19-20 de septiembre de 2013, Tecnos, 2015, pp. 786-799.
- José María LÓPEZ JIMÉNEZ, "Las monedas digitales de los bancos centrales: contexto e implicaciones geopolíticas, con especial atención al euro digital", *Diario La Ley*, nº 88, 2024.
- Fernando LOSADA y Klaus TUORI, "Integrating Macroeconomics into the EU Single Legal Order: The Role of Financial Stability in Post-crisis Europe", *European Papers*, Vol. 6, nº 3, 2021, pp. 1367-1396.
- Jean-Victor LOUIS, "L'espace euro, l'Union européenne et le FMI", *Revue d'économie financière*, nº 88, 2007, pp. 123-139.
- Federico LUPO-PASINI, "Financial Stability as a Common Concern of Humankind", en Thomas COTTIER (Ed.), *The Prospects of Common Concern of Humankind in International Law*, Cambridge University Press, 2021, pp. 400-428.

- Edward N. LUTTWAK, "From Geopolitics to Geo-Economics: Logic of Conflict, Grammar of Commerce", *The National Interest*, nº 20 1990, pp. 17-23
- Iain MACNEIL, "Credit rating agencies: regulation and financial stability", en Thomas COTTIER, Rosa Mª LASTRA, Christian TIETJE y Lucía SATRAGNO, *The Rule of Law in Monetary Affairs. World Trade Forum*, Cambridge University Press, 2014, pp. 178-203.
- Giorgio MALINVERNI, "Le règlement des différends dans le cadre des organizations internationales", en Mohamed BEDJAOUI (Dir.), VV.AA, *Droit International. Bilan et Perspectives*, Vol. 1, Éd. Pedone, Unesco, 1991, pp. 571-630.
- Covadonga MALLADA FERNÁNDEZ, "La legislación internacional y nacional ante el fenómeno de la financiación del terrorismo. ¿Estamos en el camino correcto?", *Anuario de Derecho Penal y Ciencias Penales*, Tomo 73, nº 1, pp. 421-465.
- Araceli MANGAS MARTÍN, "El nuevo equilibrio institucional en tiempos de excepción", *Revista de Derecho Comunitario Europeo*, nº 50, 2015, pp. 13-42.
- Araceli MANGAS MARTÍN, "Europa desafiada: reacción a la agresión rusa en Ucrania", *Anales de la Real Academia de Ciencias Morales y Políticas*, año 75, n º 100, curso 2022-2023.
- Gabrielle Z. MARCEAU y John J. MAUGHAN, "The WTO dispute settlement mechanism in matters involving exchange rates and trade", en Thomas COTTIER, Rosa Mª LASTRA, Christian TIETJE y Lucía SATRAGNO, *The Rule of Law in Monetary Affairs*, World Trade Forum, Cambridge University Press, 2014, pp. 358-383.
- José Rafael MARÍN AÍS, "La Nueva Ruta de la Seda y la seguridad económica de la Unión Europea", en Consuelo RAMÓN CHORNET (Coord.), *Dimensiones de la seguridad en la política europea y global*, 2021, pp.165-190.
- Pablo MARTÍN RODRÍGUEZ, "A Missing Piece of European Emergency Law: Legal Certainty and Individuals' Expectations in the EU Response to the Crisis", *European Constitutional Law Review*, Vol. 12, 2016, pp. 265-293.
- Pablo J. MARTÍN RODRÍGUEZ, "Y sonaron las trompetas a las puertas de Jericó...en forma de sentencia del Bundesverfassungsgericht", *Revista General de Derecho Europeo*, nº 52, 2020.
- José MARTÍN Y PÉREZ DE NANCLARES, "El nuevo Tratado de Estabilidad, Coordinación y Gobernanza en la Unión Económica y Monetaria: reflexiones a propósito de una peculiar reforma realizada fuera de los Tratados constitutivos", *Revista de Derecho Comunitario Europeo*, nº 42, 2012, pp. 397-431.

- Carmen MARTÍNEZ CAPDEVILA, "¿Son los acuerdos inter se una alternativa a la cooperación reforzada en la UE? Reflexiones al hilo del Tratado de Prüm", *Revista Española de Derecho Europeo*, nº 40, 2011, pp. 419-439.
- Francesco MARTUCCI, "Le défaut souverain en droit de l'Union européenne. Les instruments de droit de l'Union européenne pour rémedier à l'insolvabilité des États", en Mathias AUDIT (Dir.), *Insolvabilité des États et dettes souveraines*, L.G.D.J., 2011, pp. 233-276.
- Francesco MARTUCCI, "Non-EU Legal Instruments (EFSF, ESM, AND Fiscal Compact)", en Fabian AMTENBRINK, Christoph HERRMANN, and René REPASI (Eds.), *The EU Law of Economic and Monetary Union*, Oxford Academic, New York, 2020, pp. 293-325.
- Johannes MASING, "Preservación de la identidad constitucional respecto de la UE en la jurisprudencia constitucional alemana", *Revista de Derecho Comunitario Europeo*, nº 72, 2022, pp. 393-410.
- Siobhán McINERNEY-LANKFORD, "International Financial Institutions and Human Rights: Select Perspectives on Legal Obligations", en Daniel D. BRADLOW y David B. HUNTER, *International Financial Institutions and International Law*, Kluwer Law International, 2010, pp. 239-285.
- Siobhán McINERNEY-LANKFORD, "Chapter 24: Human rights, international financial institutions and environmental and social due diligence: The value added of HRIA", en Nora GÖTZMANN (Ed.), *Handbook on Human Rights Impact Assessment*, Edward Elgar, 2019, pp. 405–423.
- Bibiana MEDIALDEA GARCÍA y Antonio SANABRIA MARTÍN, "La financiarización de la economía mundial: hacia una caracterización, *Revista de Economía Mundial*, nº 33, 2013, pp. 195-227.
- María Elvira MÉNDEZ PINEDO, "Nota a la sentencia Icesave del Tribunal de la Asociación Europea de Libre Comercio (AELC) de 28 de enero de 2013. Garantía de depósitos bancarios, discriminación territorial y deuda soberana tras la crisis financiera en Islandia", *Revista de Derecho Comunitario Europeo*, nº 46, 2013, pp. 1093-1117.
- Agustín José MENÉNDEZ, "Editorial: A European Union in Constitutional Mutation?", *European Law Journal*, Vol. 20 nº 2, 2014, pp. 127-141.
- Éric MONNET, "La nouvelle géopolitique monétaire et ses enjeux démocratiques", *Revue d'Économie Financière*, Vol. 145, nº 1, 2022, pp. 173-185.
- Nicholas MULDER, The Sanctions Weapon, *Finance and Development*, junio de 2022.
- Sami NAÏR, *Europa encadenada. El neoliberalismo contra la Unión*, Galaxia Gutenberg, 2025.

- Jim O' NEILL, "Building Better Global Economic BRICs", *Goldman Sachs -Global Economics Paper*, nº 66, 2001.
- Thu NGUYEN y Martijn VAN DEN BRINK, "An early Christmas Gift from Karlsruhe? The Bundesverfassungsgericht's NextGeneration EU Ruling", Policy Brief, *Hertie School Jacques Delors Centre*, 9 de diciembre de 2022.
- Ana NÚÑEZ CIFUENTES, "Mecanismos de sanción internacional a través del sistema financiero: un arma económica contra Putin", *Instituto Español de Estudios Estratégicos*, Documento Marco nº 2/2023, de 14 de febrero de 2023.
- (OCDE) OECD, *Artificial Intelligence, Machine Learning and Big Data in Finance: Opportunities, Challenges, and Implications for Policy Makers*, 2021.
- Ivan ODONNAT, "Changement climatique et politique monétaire en pratique", *Revue d'économie financière*, Vol. 145, nº 1, 2022, pp. 163-172.
- Andreu OLESTI RAYO, "La estabilidad financiera en la Unión Europea y la supervisión prudencial de las entidades de crédito", *Revista de Derecho Comunitario Europeo*, nº 48, 2014, pp. 403-442.
- Andreu OLESTI RAYO, "La consolidación institucional de la Unión Económica y Monetaria en el seno de la Unión Europea: propuestas y realizaciones", *Revista Catalana de Dret Public*, nº 59, 2019, pp. 36-51.
- Andreu OLESTI RAYO, "El programa Next Generation EU y el presupuesto de la Unión Europea", *Revista de Derecho Comunitario Europeo*, nº 73, 2022, pp. 727-745.
- Andreu OLESTI RAYO, "La revisión del mecanismo europeo de estabilidad", en Francisco Javier DONAIRE VILLA y Andreu OLESTI RAYO (Dirs.), *Futuro y retos jurídicos de la Unión Económica y Monetaria Europea*, Tirant lo Blanch, 2022, pp. 111-148.
- Eduardo OLIER, "Geopolítica y finanzas internacionales", *Instituto Español de Estudios Estratégicos*, Documento de Investigación 1/2025, 31 de marzo de 2025.
- Miguel OTERO IGLESIAS y Federico STEINBERG, "The future of the Banking Union", en Luis Miguel HINOJOSA MARTÍNEZ y José María BENEYTO PÉREZ (Eds.), *European Banking Union. The New Regime*, Wolters Kluwer, The Netherlands, 2015, pp. 213-228.
- Miguel OTERO IGLESIAS, "De la unipolaridad del dólar a un sistema multipolar de divisas: ¿consecuencias para la estabilidad de la economía mundial", *Real Instituto Elcano*, Documento de Trabajo, nº 3, 2012, p. 17.

- José PARDO DE SANTAYANA, "La asociación estratégica chino-rusa sigue gozando de buena salud", *Documento de Análisis del Instituto Español de Estudios Estratégicos*, nº 3/2023, 18 de enero de 2023.
- Pablo PAREJA ALCARAZ, "Las relaciones entre la Unión Europea y Asia Oriental en el escenario post-Brexit", pronunciada en el Centro de Documentación de la Universidad de Granada, el 1 de marzo de 2022, disponible en: https://www.youtube.com/watch?v=QOFeK8D2Z7E
- Águeda PARRA PÉREZ, "Los titanes tecnológicos como modelo de emprendimiento de China y su papel en el desarrollo de la economía digital", *Instituto Español de Estudios Estratégicos*, Documento de Opinión nº 19/2022, 1 de marzo de 2022.
- Águeda PARRA PÉREZ, "Yuan digital, ¿un rival geopolítico inesperado?", *El País*, 2 de abril de 2022.
- Jonathan PASS, "China's institutional Statecraft within the liberal international order: the Asian Infraestructure Investment Bank", *Revista Española de Derecho Internacional*, Vol. 72, nº 2, 2020, pp. 89-115.
- Giorgios PAVLIDIS, "El Grupo de Acción Financiera (GAFI) treinta años después: el futuro de la lucha internacional contra el blanqueo de capitales y la financiación del terrorismo", *Revista de Estudios Jurídicos de la Universidad de Jaén*, nº 2, 2020, pp. 434-447.
- Georgios PAVLIDIS, "Europe in the digital age: regulating digital finance without suffocating innovation", *Law, Innovation and Technology*, Vol. 13, nº 2, 2021, pp. 464-477.
- Alain PELLET, "Postface", en VV.AA., Régis CHEMAIN (Dir.), *La Refondation du Système Monétaire et Financier International. Évolutions réglementaires et institutionnelles.* Actes du colloque des 16-17 mars 2010, Cahiers Internationaux nº 25, Éditions Pedone, 2011, pp. 347-356.
- Alain PELLET, "The Normative Dilemma: Will and Consent in International Law-Making", *Australian Year Book of International Law*, Vol. 12, 1988-1989, pp. 22-53.
- Lluís PELLICER, "Bernanke, Diamond y Dybvig, galardonados con el Premio Nobel de Economía", *El País*, 10 de octubre de 2022.
- Manuel A. PÉREZ ÁLVAREZ, "Nueva asignación de Derechos Especiales de Giro", *Banco de España. Documentos Ocasionales* nº 2201, 2022.
- Carmela PÉREZ BERNÁRDEZ, "Las sanciones internacionales de la UE: el caso de Rusia", en Francisco ALDECOA y José Elías ESTEVE (dirs), *Retos y Oportunidades de la Presidencia Española del Consejo de la*

Unión Europea: Aportaciones de la Conferencia sobre el Futuro de Europa, Valencia, Tirant lo Blanch, 2023, pp. 35-61.

- Antoni PIGRAU SOLÉ, "Las políticas del FMI y del Banco Mundial y los Derechos de los Pueblos", *Fundació CIDOB Afers Internacionals,* nº 29-30, 1995, pp.139-175.
- Thomas PIKETTY, *Le Capital au XXIe siècle,* Seuil, París, 2013.
- Augusto PIQUERAS GARCÍA, "Legalidad y legitimidad en la actividad legislativa de la Unión Europea", en Diego Javier LIÑÁN NOGUERAS y Pablo Jesús MARTÍN RODRÍGUEZ (Dirs.), *Estado de Derecho y Unión Europea,* Tecnos, Madrid, 2018, pp. 313-343.
- Katharina PISTOR, *The Code of Capital: How the Law Creates Wealth and Inequality,* Princeton University Press, 2019.
- P. M. "¿Crisis de deuda mundial a la vista?", *El País,* 31 de mayo de 2022.
- José María PORRAS RAMÍREZ, "La reforma del marco de gobernanza económica y presupuestaria de la Unión Europea: ¿una revisión realista del Pacto de Estabilidad y Crecimiento?", *Revista de Derecho Comunitario Europeo,* nº 79, 2024, pp. 143-174.
- Eswar Shanker PRASAD, "Gaining Currency: The Rise Of The Renminbi", *IMF Blog,* 4 de agosto de 2017.
- Liam PROUD, "La inversión en banca y el terror del mundo de la posverdad", *Cinco Días. El País,* 25 de marzo de 2023.
- Aniruddha RAJPUT, "The BRICS as 'Rising Powers' and the Development of International Law", en Heike KRIEGER, Georg NOLTE, y Andreas ZIMMERMANN (Eds.), *The International Rule of Law: Rise or Decline?* Oxford Academic, 2019, pp. 105-124.
- Antonio REMIRO BROTÓNS, "De la seguridad, el lenguaje y otras calamidades", en *Cursos de derecho internacional y relaciones internacionales de Vitoria-Gasteiz = Vitoria-Gasteizko nazioarteko zuzenbide eta nazioarteko herremanen ikastaroak,* nº 1, 2012, pp. 21-108.
- Hélène REY, "*Prepárense para el euro global*", El País, 18 de mayo de 2025.
- Jackson E. REYNOLDS, "The Legal Structure of the Bank for International Settlements", *American Bar Association Journal,* Vol. 19, nº 5, 1933, pp. 289-293.
- Eibe RIEDEL, "Standards and Sources. Farewell to the Exclusivity of the Sources Triad in International Law?", *European Journal of International Law,* Vol. 2, nº 2, 1991, pp. 58-84.

- François RIGAUX, "Les sociétés transnationales", en Mohamed BEDJAOUI (Dir.), VV. AA, *Droit International. Bilan et Perspectives,* Vol. 1, Éd. Pedone, Unesco, 1991, pp. 129-140.
- Anthea ROBERTS, Henrique Choer MORAES y Victor FERGUSON, "Toward a Geoeconomic Order in International Trade and Investment", *Journal of International Economic Law,* nº 22, 2019, pp. 655-676.
- Ángel J. RODRIGO HERNÁNDEZ, "Los actos de las organizaciones internacionales entre el *hard* y el *soft law*", en Ana Mª BADIA MARTÍ, Laura HUICI SANCHO (Dirs.) y Ana SÁNCHEZ COBALEDA (Ed.), *Las organizaciones internacionales en el siglo XXI,* Marcial Pons, 2021, pp. 103-129.
- Ángel J. RODRIGO HERNÁNDEZ, "La ciencia del Derecho internacional", en José María BENEYTO y Carlos JIMÉNEZ PIERNAS, (Dirs.), *Concepto y Fuentes del Derecho Internacional,* Tirant lo Blanch, Valencia, 2022, pp. 341-411.
- Carlos José RODRÍGUEZ GARCÍA y Alejandra BERNAD HERRERA, "Algunas cuestiones relevantes en el proceso internacional de convergencia contable: IASB vs. FASB", *Estabilidad Financiera,* Banco de España, nº 13, 2007, pp. 9-32.
- Javier ROLDÁN BARBERO, "La participación de la Unión Europea en organismos internacionales", en Fernando M. MARIÑO MENÉNDEZ, *Acción exterior de la Unión Europea y comunidad internacional,* BOE Universidad Carlos III de Madrid, 1998, pp. 243-271.
- Javier ROLDÁN BARBERO, "El consentimiento del Estado y la formación de los acuerdos internacionales", en *Cursos Euromediterráneos Bancaja de Derecho Internacional,* Vol. VIII/IX, 2004/2005, Tirant lo Blanch, pp. 761-854.
- Javier ROLDÁN BARBERO, "Internal democracy and international law", *Spanish Yearbook of International Law,* nº 22, 2018, pp. 181-202.
- Javier ROLDÁN BARBERO y Luis Miguel HINOJOSA MARTÍNEZ, "Capítulo 2. El Derecho Internacional Económico", en Luis M. HINOJOSA MARTÍNEZ y Javier ROLDÁN BARBERO (Coords.), *Derecho Internacional Económico,* Tirant lo Blanch, Valencia, 2022, pp. 29-52.
- Sonia Elise ROLLAND, "The BRICS' Contributions to the Architecture and Norms of International Economic Law", *Proceedings of the Annual Meeting (American Society of International Law),* Vol. 107, *International Law in a Multipolar World,* 2013, pp. 164-170.
- Francesca SACCHI, "Bank Regulation and Disclosure to Foster Climate-Related Risk Analysis", *International Banker,* 20 de octubre de 2022.

- Antonio SÁINZ DE VICUÑA BARROSO, "La Unión de Mercados de Valores: una nueva frontera para Europa", *Revista de Derecho Comunitario Europeo,* nº 50, 2015, pp. 321-359.
- Ana SALINAS DE FRÍAS, "La reafirmación del necesario control parlamentario de la actividad convencional del ejecutivo comentario a la Sentencia 155/2005, de 9 de junio, del Tribunal Constitucional", *Revista Española de Derecho Internacional,* Vol. 57, nº 1, 2005, pp. 121-143.
- José Antonio SANAHUJA, "El G-20 y la gobernanza económica global: cuestiones de representatividad, legitimidad y eficacia", *Anuario Sociolaboral. Fundación 1º de Mayo,* 2012, pp. 197-213.
- Álvaro SÁNCHEZ, "El bitcoin enciende las alarmas: pierde la mitad de su valor en menos de tres meses", *El País,* 24 de enero de 2022.
- Álvaro SÁNCHEZ, "Un nuevo criptoestado emerge en el Himalaya: Bután posee el doble de bitcoins que El Salvador", *El País,* 30 de septiembre de 2024.
- Lucia SATRAGNO, "International Monetary Stability as a Common Concern of Humankind", en Thomas Cottier (Ed.), *The Prospects of Common Concern of Humankind in International Law,* Cambridge University Press, 2021, pp. 347-399.
- Oscar SCHACHTER, "The Twilight Existence of Nonbinding International Agreements", *American Journal of International Law,* Vol. 71, nº 2, 1977, pp. 296-304.
- Oscar SCHACHTER, "Les actes concertés à caractère non conventionnel", en Mohamed BEDJAOUI (Dir.), VV.AA, *Droit International. Bilan et Perspectives,* Vol. 1, Éd. Pedone, Unesco, 1991, pp. 277-295.
- Julian SCHUMACHER, Christoph TREBESCH y Henrik ENDERLEIN, *Sovereign defaults in court,* Banco Central Europeo, nº 2135, febrero de 2018.
- Georg SCHWARZENBERGER, "The Province and Standards of International Economic Law", *The International Law Quarterly*, Vol. 2, nº3, 1948, pp. 402-420.
- Francesco SEATZU, "The Current Italian Banking Crisis: An Ultimate Litmus Test for Measuring the Growing Mood of Euro-Skepticism in the 'Belpaese'?", *Revista General de Derecho Europeo,* nº 42, 2017.
- Antonio SEGURA SERRANO, "International Economic Law at a Crossroads: Global Governance and Normative Coherence", *Leiden Journal of International Law,* Vol. 27, nº 3, 2014, pp. 677-700.
- Xavier SERRA STECHER, "The IMF's concessional lending policy: situation and Outlook", *Banco de España Economic Bulletin,* nº 2, 2018.

- Gregory SHAFFER, "International Law and Global Public Goods in a Legal Pluralist World", *European Journal of International Law,* Vol. 23, nº 3, 2012, pp. 669-693.
- Maria SHAGINA, "Central Bank Digital Currencies and the implications for the global financial infrastructure: The transformational potential of Russia's digital rouble and China's digital renminbi", *Finish Institute of International Affairs,* Briefing Paper nº 329, 25 de enero de 2022.
- Maria SHAGINA, "Western financial warfare and Russia's de-dollarization strategy: How sanctions on Russia might reshape the global financial system", *Finish Institute of International Affairs,* Briefing Paper nº 339, 24 de mayo de 2022.
- Deborah E. SIEGEL, "Legal Aspects of the IMF/WTO Relationship: The Fund's Articles of Agreement and the Wto Agreements", *American Journal of International Law,* Vol. 96, nº 3, 2002, pp. 561-599.
- Beth A. SIMMONS, "Why innovate? Founding the Bank for International Settlements", *World Politics,* nº 45, 1993, pp. 361-405.
- Marta SIMONCINI, "Different shades of legal standing and the right to judicial protection of private parties in the Banking Union: Trasta Komercbanka", *Common Market Law Review,* Vol. 57, nº 6, 2020, pp. 1867-1886.
- Krishna SRINIVASAN, "Opening Remarks at Peer-Learning Series on Digital Money/Technology: Central Bank Digital Currency and the Case of China", *IMF Communications Department,* 7 de julio de 2022.
- José Manuel SOBRINO HEREDIA y Montserrat ABAD CASTELOS, "Reflexiones sobre la formación del Derecho Internacional en un escenario mudable", *Anuario Español de Derecho Internacional,* nº 17, 2001, pp. 195-236.
- José Manuel SOBRINO HEREDIA, "La pérdida de institucionalidad en las Organizaciones Internacionales, y su declive en la Sociedad Internacional contemporánea", *Peace & Security – Paix et Sécurité Internationales,* nº 9, 2021.
- Jean-Marc SOREL, "Sur quelques aspects juridiques de la conditionnalité du F.M.I. et leurs consequences", *European Journal of International Law,* Vol. 7, 1996, pp. 42-66.
- Jean-Marc SOREL, "L'évolution des institutions financières internationales: entre redéploiement et fragilité, une restructuration systémique en chantier", *Annuaire Français de Droit International,* Vol. 52, 2006. pp. 481-504.
- Armin STEINBACH, "The Trend towards Non-Consensualism in Public International Law: A (Behavioural) Law and Economics Perspective", *European Journal of International Law,* Vol. 27, nº 3, 2016, pp. 643-668.

- Randall W. STONE, "The Scope of IMF Conditionality", *International Organization*, Vol. 62, nº 4, 2008, pp. 589-620.
- Eisuke SUZUKI, "Responsibility of International Financial Institutions under International Law", en Daniel D. BRADLOW y David B. HUNTER, *International Financial Institutions and International Law, Kluwer Law International*, 2010, pp. 63-102.
- Joseph E. STIGLITZ y Jonathan D. OSTRY, "El FMI sigue rezagado en el control de capitales", *El País*, 22 de mayo de 2022.
- Joseph E. STIGLITZ, Kevin P. GALLAGHER, Martín GUZMÁN y Marilou UY, "El FMI pide a los países pobres que paguen los platos rotos del resto", *El País*, 6 de octubre de 2024.
- Oliver STUENKEL, "Emerging Powers and Status: The Case of the First BRICs Summit", *Asian Perspective*, Vol. 38, nº 1, 2014, pp. 89-109.
- Christian TIETJE, "The role of law in monetary affairs: taking stock", en Thomas COTTIER, Rosa Mª LASTRA, Christian TIETJE y Lucía SATRAGNO, *The Rule of Law in Monetary Affairs*, World Trade Forum, Cambridge University Press, 2014, pp. 11-44.
- María Isabel TORRES CAZORLA, "Las aportaciones de la Corte Internacional de Justicia al concepto (y elementos conformadores) de las organizaciones internacionales", en Ana Mª BADIA MARTÍ, Laura HUICI SANCHO (Dirs.) y Ana SÁNCHEZ COBALEDA (Ed.), *Las organizaciones internacionales en el siglo XXI*, Marcial Pons, 2021, pp. 75-102.
- Jean-Marc THOUVENIN, "Les objectifs du 'système monétaire et financier international': stabilité du cadre et croissance de l'économie mondiale", en VV.AA., Régis CHEMAIN (Dir.), *La Refondation du Système Monétaire et Financier International. Évolutions réglementaires et institutionnelles. Actes du colloque des 16-17 mars 2010*, Cahiers Internationaux nº 25, Éditions Pedone, 2011, pp. 15-29.
- Jean-Marc THOUVENIN, "Gel des fonds des banques centrales et immunité d'exécution", en Anne PETERS, Evelyne LAGRANGE, Stefan OETER y Christian TOMUSCHAT, *Immunities in the Age of Global Constitutionalism*, Brill/Nijhoff, 2015, pp. 209-219.
- Abhishek TRIVEDI, "Monetary Gold Principle and the Case of Nicaragua v. Germany", *Chinese Journal of International Law*, Vol. 23, nº 2, 2024, pp 387-397.
- Jorge URBANEJA CILLÁN, "Los mecanismos de gestión de crisis bancarias como garantía de estabilidad financiera en la Unión Europea. El

Tribunal General desestima los recursos contra la resolución del Banco Popular", *Revista de Derecho Comunitario Europeo*, nº 73, 2022, pp. 995-1039.

- Flore VANACKÈRE y Yuliya KASPIAROVICH, "European Institutions acting outside the EU legal order: the impact of the Euro crisis on the EU's 'single institutional framework'", *European Papers*, Vol. 7, nº 1, 2022, pp. 481-506.
- Xavier VIDAL-FOLCH, "Privilegio exorbitante", *El País*, 14 de diciembre de 2014.
- Beatriz VÁZQUEZ RODRÍGUEZ, "Buena gestión financiera y respeto del estado de derecho en la UE: el mecanismo de condicionalidad para la protección del presupuesto de la UE", *Revista General de Derecho Europeo*, nº 58, 2022.
- Macarena VIDAL LIY, "China intensifica su campaña contra las criptomonedas y declara ilegal toda actividad con ellas", *El País*, 24 de septiembre de 2021.
- Carlos VIÑUELA VALCARCE, Juan SAPENA BOLUFER, y Gonzalo WANDOSELL FERNÁNDEZ DE BOBADILLA, *¿Una nueva era monetaria?: El depósito en el Banco Central (CBDC)*, Ediciones Pirámide, 2023.
- Annamaria VITERBO, "International Monetary Stability and Global Financial Stability as Global Public Goods and the Role of International Economic Law", en Annamaria VITERBO, *International Economic Law and Monetary Measures. Limitations to States' Sovereignty and Dispute Settlement*, Edward Elgar, 2012, pp. 4-55.
- Annamaria VITERBO, "Certain Iranian Assets (Iran v. United States)", *American Journal of International Law*, Vol. 118, nº 1, 2024, pp. 145-153.
- Jochen VON BERNSTORFF, "International Law and Global Justice: On Recent Inquiries into the Dark Side of Economic Globalization", European Journal of International Law, Vol. 26, nº 1, 2015, pp. 279-293.
- Armin VON BOGDANDY, Matthias GOLDMANN y Ingo VENZKE, "From Public International to International Public Law: Translating World Public Opinion into International Public Authority", *European Journal of International Law*, Vol. 28, nº 1, 2017, pp. 115-145.
- Michael WAIBEL, "ICSID arbitration on sovereign debt", en Michael WAIBEL, *Sovereign Defaults before International Courts and Tribunals*, Cambridge Studies in International and Comparative Law, Cambridge University Press, 2011, pp. 209-251.
- Michael WAIBEL, "Out of Thin Air? Tracing the Origins of the UNCTAD Principles in Customary International Law", en Carlos ESPÓSITO,

Yuefen LI y Pablo BOHOSLAVSKY (eds.), *Sovereign Financing and International Law. The UNCTAD Principles on Responsible Sovereign Lending and Borrowing*, Oxford University Press, 2013, pp. 87-112.

- Prosper WEIL, "Le droit international économique mythe ou réalité", en Société Française pour le Droit Iinternational, *Aspects du droit international économique; élaboration, contrôle, sanction. Colloque d'Orléans, 25, 26, 27 mai 1971*, A. Pédone, París, 1972, pp. 3-34.
- Prosper WEIL, "Towards Relative Normativity in International Law?", *American Journal of International Law*, Vol. 77, nº 3, 1983, pp. 413-442.
- Karl-Philipp WOJCIK, "Bail-in in the Banking Union", *Common Market Law Review*, Vol. 53, nº 1, 2016, pp. 93-94.
- Jan WOUTERS y Jed ODERMATT, "Comparing the 'Four Pillars' of Global Economic Governance: A Critical Analysis of the Institutional Design of the FSB, IMF, World Bank, and WTO", *Journal of International Economic Law*, Vol. 17, nº 1, 2014, pp. 49-76.
- Yang YAO, "Beijing Consensus Or Washington Consensus. What Explains China's Economic Success?", *World Bank Economic Review*, Vol. 13, nº 1, 2011, pp. 26-31.
- Giovanni ZACCARONI, "Decentralized Finance and EU Law: The Regulation on a Pilot Regime for Market Infrastructures Based on Distributed Ledger Technology", *European Papers*, Vol. 7, nº 2, 2022, pp. 601-613.
- Claus D. ZIMMERMANN, "Exchange rate misalignment and International Law", *The American Journal of International Law*, Vol. 105, nº 3, 2011, pp. 423-476.
- Claus D. ZIMMERMANN, "The Concept of Monetary Sovereignty Revisited", *European Journal of International Law*, Vol. 24, nº 3, 2013, pp. 797-818.